Der Begriff des Sachmangels
im deutschen und im englischen Kaufrecht

Saarbrücker Studien
zum Privat- und Wirtschaftsrecht

Herausgegeben von Johann Paul Bauer,
Michael Martinek (geschäftsführender Herausgeber)
und Helmut Rüßmann

Band 25

PETER LANG
Frankfurt am Main · Berlin · Bern · Bruxelles · New York · Oxford · Wien

Monika Prieß

Der Begriff des Sachmangels im deutschen und im englischen Kaufrecht

Reformbedarf aufgrund der Verbrauchsgüterkauf-Richtlinie 1999/44/EG

PETER LANG
Europäischer Verlag der Wissenschaften

Die Deutsche Bibliothek - CIP-Einheitsaufnahme

Prieß, Monika:

Der Begriff des Sachmangels im deutschen und im englischen Kaufrecht : Reformbedarf aufgrund der Verbrauchsgüterkauf-Richtlinie 1999/44/EG / Monika Prieß. - Frankfurt am Main ; Berlin ; Bern ; Bruxelles ; New York ; Oxford ; Wien : Lang, 2001
(Saarbrücker Studien zum Privat- und Wirtschaftsrecht ; Bd. 25)
Zugl.: Saarbrücken, Univ., Diss., 2000
ISBN 3-631-37749-5

D 291
ISSN 1433-8866
ISBN 3-631-37749-5

www.peterlang.de

Saarbrücker Studien zum Privat- und Wirtschaftsrecht

herausgegeben von
Prof. Dr. Johann Paul Bauer
Prof. Dr. Dr. Michael Martinek
Prof. Dr. Helmut Rüßmann

Die Schriftenreihe "Saarbrücker Studien zum Privat- und Wirtschaftsrecht" bildet in erster Linie ein Forum für rechtswissenschaftliche Doktorarbeiten der Universität des Saarlandes auf zwei juristischen Schwerpunktgebieten. Zum einen sollen Dissertationen im klassischen Privatrecht, vor allem im bürgerlichen Vermögensrecht der ersten drei Bücher des BGB und ihrer Nebengesetze vorgestellt werden. Zum anderen findet das Wirtschaftsrecht im Sinne des Wirtschaftsprivatrechts besondere Berücksichtigung, womit namentlich die Gebiete des Handelsrechts einschließlich des Bilanzrechts, des Personen- und Kapitalgesellschaftsrechts einschließlich des Konzernrechts, des Gewerblichen Rechtsschutzes sowie des Wettbewerbs- und Kartellrechts bezeichnet sind. Es versteht sich, daß nicht nur rechtsdogmatische Studien, sondern auch rechtstatsächlich, rechtspolitisch oder interdisziplinär angelegte Arbeiten in die Schriftenreihe Aufnahme finden. Denn die Rechts- und Wirtschaftswissenschaftliche Fakultät der Universität des Saarlandes vereinigt unter *einem* Dach die Fachbereiche Rechtswissenschaft und Wirtschaftswissenschaft und regt damit Studenten und Hochschullehrer in besonderer Weise zu fachübergreifender Lehre und Forschung an. Die Schriftenreihe steht aber nicht nur sehr guten und ausgezeichneten Dissertationen, sondern auch anderen "Studien" zu privat- und wirtschaftsrechtlichen Themen offen, bis hin zu Materialien und Skripten des akademischen Unterrichts. Die drei Herausgeber, die zugleich stellvertretend für ihre anderen Saarbrücker Fakultätskollegen des Privat- und Wirtschaftsrechts handeln, verbinden mit den "Saarbrücker Studien zum Privat- und Wirtschaftsrecht" den Wunsch, daß die hier veröffentlichten Arbeiten die verdiente Resonanz in der breiteren juristischen Fachöffentlichkeit finden.

VORWORT

Die vorliegende Arbeit wurde im Sommersemester 2000 von der Rechtswissenschaftlichen Fakultät der Universität des Saarlandes als Dissertation angenommen. Nach diesem Zeitpunkt erschienene Literatur wurde im Rahmen der Veröffentlichung nur teilweise berücksichtigt.

All denen, die mich bei der Erstellung der Arbeit unterstützt haben, möchte ich an dieser Stelle danken. Insbesondere Herrn Professor Hans-Claudius Taschner bin ich für die engagierte Betreuung dieser Arbeit zu großem Dank verpflichtet. Er hatte für alle Probleme, die sich stellten, stets ein offenes Ohr. Ferner gilt mein besonderer Dank Herrn Professor Michael Martinek, der nicht nur die Zweitkorrektur übernommen, sondern bereits im Vorfeld wertvolle Anregungen geliefert hat.

Vor allem aber danke ich meinen Eltern, die mich während meiner gesamten Ausbildung stets ermutigt und gefördert haben. Ihnen möchte ich diese Arbeit widmen.

Frankfurt a.M, im Mai 2001

INHALTSVERZEICHNIS

LITERATURVERZEICHNIS

24. DEUTSCHER NOTARTAG, Verhandlungen, Hamburg 1993, Zweite Arbeitssitzung, Schuldrechtsreform und notarielle Vertragsgestaltung; Sonderheft der Deutschen Notar-Zeitschrift; München, 1993; zit.: REFERENT, 24. DNT.

60. DEUTSCHER JURISTENTAG, Verhandlungen: Empfiehlt sich die von der Schuldrechtskommission vorgeschlagene Neuregelung des allgemeinen Leistungsstörungsrechts, der Mängelhaftung bei Kauf- und Werkvertrag und des Rechts der Verjährung?, Teil K, Band II/1 (Sitzungsberichte - Referate und Beschlüsse); Hrsg. von der Ständigen Deputation des Deutschen Juristentages; München, 1994; zit.: REFERENT, 60. DJT.

AHRENS, Martin: Unmöglichkeit, Leistungsstörung, Pflichtverletzung. Eine Teilkritik am Entwurf der Kommission zur Überarbeitung des Schuldrechts; in: ZRP 1995, S. 417; zit.: AHRENS, ZRP 1995.

ANTWEILER, Clemens: Beweislastverteilung im UN-Kaufrecht insbesondere bei Vertragsverletzungen des Verkäufers; Frankfurt a.M. (u.a.), 1995 (zugl. Mainz, Univ., Diss., 1994) ; zit.: ANTWEILER, Beweislastverteilung im UN-Kaufrecht).

AMTENBRINK, Fabian / SCHNEIDER, Claudia: Europäische Vorgaben für ein neues Schuldrecht und deutsche Schuldrechtsreform; in: VuR 1999, S. 293; zit.: AMTENBRINK/SCHNEIDER, VuR 1999.

ATIYAH, P(atrick) S(elim): An Introduction to the Law of Contract; 5th ed., Oxford: Clarendon Press, 1995; zit.: ATIYAH, Law of Contract.

ATIYAH, P(atrick) S(elim) / ADAMS, J(ohn) N.: The Sale of Goods; 9th ed., London: Pitman Publishing Ltd, 1995; zit.: ATIYAH/ADAMS, Sale of Goods.

AUE, Joachim: Mängelgewährleistung im UN-Kaufrecht unter besonderer Berücksichtigung stillschweigender Zusicherungen; Frankfurt a.M. (u.a.), 1989 (zugl. Heidelberg, Univ., Diss., 1988); zit.: AUE, Mängelgewährleistung im UN-Kaufrecht.

BASEDOW, Jürgen: Die Reform des deutschen Kaufrechts. Rechtsvergleichendes Gutachten des Max-Planck-Instituts für ausländisches und internationales Privatrecht im Auftrag des Bundesministers der Justiz; Köln, 1988; zit.: BASEDOW, Reform des deutschen Kaufrechts.

BAUMANN, Horst: Grundlinien eines „beweglichen Systems" der Sachmängelhaftung beim Kauf. Zugleich Überlegungen anläßlich der Pläne des Bundesjustizministeriums zur Überarbeitung des Schuldrechts; in: AcP 187 (1987), S. 511; zit.: BAUMANN, AcP 187 (1987).

BAUMBACH, Adolf / DUDEN, Konrad / HOPT,Klaus J.: Handelsgesetzbuch; 29. Aufl.; München, 1995; zit.: BAUMBACH/HOPT, HGB.

BAUMBACH, Adolf / HEFERMEHL, Wolfgang: Wettbewerbsrecht; 21. Aufl.; München, 1999; zit.: BAUMBACH/HEFERMEHL, Wettbewerbsrecht.

BAUMGÄRTEL, Gottfried: Handbuch der Beweislast im Privatrecht, Band 1; Köln (u.a.), 1981; zit.: BAUMGÄRTEL, Handbuch der Beweislast.

BENJAMIN, (ohne Vornamen): Benjamin's Sale of Goods; Common-Law-Library Number 11; 4th ed.; London: Sweet & Maxwell, 1992; zit.: BEARBEITER in Benjamin.

BERGH, Roger van den / LEHMANN, Michael: Informationsökonomie und Verbraucherschutz im Wettbewerbs- und Warenzeichenrecht; in: GRUR Int. 1992, S. 592; zit.: VANDENBERGH/LEHMANN, GRUR Int. 1992.

BIANCA, C(esare) M(assimo) / BONELL, M(ichael) J(oachim): Commentary on the International Sales Law. The 1980 Vienna Sales Convention; Milan-Giuffrè, 1987; zit.: BIANCA-BONELL, International Sales Law.

BÖCKLER, Rolf: Die Entwicklung der Zusicherung in der Rechtsprechung des Reichsgerichts und Bundesgerichtshofs. Ein Beitrag zur Fortbildung des gewährleistungsrechtlichen Schadensersatzanspruches (§§ 463 S. 1, 480 II BGB) zu einem in der Vertragsstruktur fundierten typisierten Haftungsbehelf des Käufers; Berlin, 1987; zit.: BÖCKLER, Zusicherung.

BRAUN, Johann: Vom Beruf unserer Zeit zur Überarbeitung des Schuldrechts; in: JZ 1993, S. 1; zit.: BRAUN, JZ 1993.

BRIDGE, M.G.: The Sale of Goods; Oxford: Clarendon Press, 1997; zit.: BRIDGE, Sale of Goods.

BROX, Hans: Besonderes Schuldrecht; 24. Aufl.; München, 1999; zit.: BROX, SchuR BT.

BROX, Hans / ELSING, Siegfried: Die Mängelhaftung bei Kauf, Miete und Werkvertrag; in: JuS 1976, S. 1; zit.: BROX/ELSING, JuS 1976.

BRÜGGEMANN, Dieter: Grundfragen der Falschlieferung nach bürgerlichem Recht und nach Handelsrecht; in: JA 1977, S. 198; zit.: BRÜGGEMANN, JA 1977.

BRÜGGEMANN, Dieter: Grundfragen der Falschlieferung nach bürgerlichem Recht und nach Handelsrecht (2. Teil); in: JA 1977, S. 245; zit.: BRÜGGEMANN, JA 1977.

BUNDESMINISTER DER JUSTIZ (Hrsg.): Abschlußbericht der Kommission zur Überarbeitung des Schuldrechts; Köln: Bundesanzeiger, 1992; zit.: SCHURKOM, Abschlußbericht.

CAEMMERER, Ernst von: Falschlieferung; in: Festschrift für Martin Wolff, S. 3; Hrsg. Von Ernst von Caemmerer u.a.; Tübingen, 1952; zit.: VON CAEMMERER, FS Wolff.

CAEMMERER, Ernst von: Die wesentliche Vertragsverletzung im international einheitlichen Kaufrecht; in: Europäisches Rechtsdenken in Geschichte und Gegenwart - Festschrift für Helmut Coing zum 70. Geburtstag, Band II, S. 33; Hrsg. von Norbert Horn; München, 1982; zit.: VON CAEMMERER, FS Coing.

CAEMMERER, Ernst von / SCHLECHTRIEM, Peter: Kommentar zum einheitlichen UN-Kaufrecht. Das Übereinkommen der Vereinten Nationen über Verträge über den internationalen Warenkauf (CISG-Kommentar); 3. Aufl.; München, 2000; zit.: Schlechtriem-BEARBEITER.

CHITTY, (ohne Vornamen): Chitty On Contracts, Volume I: General Principles; Common-Law-Library Number 1; 26th ed.; London: Sweet & Maxwell, 1989; zit.: BEARBEITER in Chitty, Vol. I.

CHITTY, (ohne Vornamen): Chitty On Contracts, Volume II: Specific Contracts; Common-Law-Library Number 2; 26th ed.; London: Sweet & Maxwell, 1989; zit.: BEARBEITER in Chitty, Vol. II.

CHRISTOFFEL, Roman: Die Garantie im Rahmen kaufrechtlicher Sachmängelgewährleistung unter Berücksichtigung des Schuldrechtsreformvorschlags; Frankfurt a.M. (u.a.), 1984; zit.: CHRISTOFFEL, Garantie.

COLLINS, Hugh: The Law of Contract; 2nd ed.; London (u.a.): Butterworths & Co (Publishers) Ltd, 1993; zit.: COLLINS, Law of Contract.

DAUSES, Manfred: Die Rechtsprechung des EuGH zum Verbraucherschutz und zur Werbefreiheit im Binnenmarkt; in: EuZW 1995, S. 425; zit.: DAUSES, EuZW 1995.

DIEDERICHSEN, Uwe: „Schadensersatz wegen Nichterfüllung" und Ersatz von Mangelfolgeschäden; in: AcP 165 (1965), S. 150; zit.: DIEDERICHSEN, AcP 165 (1965).

DORALT, Peter (Hrsg.): Das UNCITRAL-Kaufrecht im Vergleich zum österreichischen Kaufrecht. Referate und Diskussionen des Symposiums in Baden bei Wien 17.-19. April 1983. Band 1; Wien, 1985; zit.: REFERENT in Doralt.

DÜRRSCHMIDT, Armin: Werbung und Verbrauchergarantien. Zur Notwendig-keit einer Novellierung des § 13a UWG vor dem Hintergrund der europäischen Rechtsentwicklung; München, 1997 (zugl. München, Univ., Diss., 1997); zit.: DÜRRSCHMIDT, Werbung und Verbrauchergarantien.

EDYE, Herbert: Gattungskauf und Spezieskauf; in: MDR 1961, S. 908; zit.: EDYE, MDR 1961.

EGGERT, Christoph: Händlerhaftung für TÜV-Fehler; in: NJW 1990, S. 549; zit.: EGGERT, NJW 1990.

EHRICKE, Ulrich: Zur Begründung der Privatautonomie bei der ergänzenden Vertragsauslegung; in: RabelsZ 60 (1996), S. 661; zit.: EHRICKE, RabelsZ 60 (1996).

EHMANN, Horst / RUST, Ulrich: Die Verbrauchsgüterkaufrichtlinie; in: JZ 1999, S. 853; zit.: EHMANN/RUST, JZ 1999.

EMMERICH, Volker: Das Recht des unlauteren Wettbewerbs; 5. Aufl.; München, 1998; zit.: EMMERICH, Recht des unlauteren Wettbewerbs.

ENDERLEIN, Fritz / MASKOW, Dietrich / STROHBACH, Heinz: Internationales Kaufrecht. Kaufrechtskonvention, Verjährungskonvention, Vertretungskonvention, Rechtsanwendungskonvention; 1. Aufl.; Berlin, 1991; zit.: BEARBEITER in Internationales Kaufrecht.

ENGEL, Arno Johann: Ein Europäisches Zivilrechtsgesetzbuch? Zukunftsperspektiven aus dem Blickwinkel der Gemeinschaftskompetenz; in: ZfRV 1999, S. 121; zit.: ENGEL, ZfRV 1999.

ENNECCERUS, Ludwig / LEHMANN, Heinrich: Recht der Schuldverhältnisse; 15. Aufl.; Tübingen, 1958; zit.: ENN-LEHMANN, SchuldR.

ERBS, Georg / KOHLHAAS, Max: Strafrechtliche Nebengesetze, Band IV; Hrsg. von Generalstaatsanwalt Friedrich Ambs; München; Loseblattsammlung; zit.: ERBS/KOHLHAAS/BEARBEITER.

ERMAN, (Walter): Handkommentar zum Bürgerlichen Gesetzbuch, 1. Band, (§§ 1- 853, MHG, ProdHaftG, VerbrKrG, HausTWG, AGBG); 9. Aufl.; Münster, 1993; zit.: Erman-BEARBEITER.

ERNST, Wolfgang: Kernfragen der Schuldrechtsreform; in: JZ 1994, S. 801; zit.: ERNST, JZ 1994.

ERNST, Wolfgang: Zum Kommissionsentwurf für eine Schuldrechtsreform; in: NJW 1994, S. 2177; zit.: ERNST, NJW 1994.

ERNST, Wolfgang: Rechtsmängelhaftung; Tübingen, 1995; zit.: ERNST, Rechtsmängelhaftung.

ERNST, Wolfgang: Literaturbesprechung - Ulrich Rust, Das kaufrechtliche Gewährleistungsrecht. Eine kritische Untersuchung der Reformvorschläge der Schuldrechtskommission / Wilhelm Reinhardt, Die Gefahrtragung beim Kauf unter besonderer Berücksichtigung der Regelungsvorschläge des Schuldrechtsreformentwurfs; in: AcP 199 (1999), S. 361; zit.: ERNST, AcP 199 (1999).

ERVINE, W.C.H.: Durability, Consumers and the Sale of Goods Act; in: (1984) J.R. 147; zit.: ERVINE, (1984) J.R..

ESSER, Josef / WEYERS, Hans-Leo: Schuldrecht, Band II, Besonderer Teil, Teilband 1; 8. Aufl.; Heidelberg, 1998; zit.: ESSER-WEYERS, SchuldR.

FABRICIUS, Fritz: Schlechtlieferung und Falschlieferung beim Kauf. 1. Teil: Vertragswidrige Lieferung beim Spezieskauf; in: JuS 1964, S. 1; zit.: FABRICIUS, JuS 1964.

FABRICIUS, Fritz: Schlechtlieferung und Falschlieferung beim Kauf. 2.Teil: Vertragswidrige Lieferung beim Gattungskauf; in: JuS 1964, S. 46; zit.: FABRICIUS, JuS 1964.

FABRICIUS, Fritz: Die mangelhafte Lieferung beim Kauf beweglicher Sachen; in: JZ 1967, S. 464; zit.: FABRICIUS, JZ 1967.

FIKENTSCHER, Wolfgang: Schuldrecht; 8. Aufl.; Berlin-New York, 1992; zit.: FIKENTSCHER, SchuldR.

FLUME, Werner: Eigenschaftsirrtum und Kauf; Regensburg-Münster, 1948; zit.: FLUME, Eigenschaftsirrtum.

FLUME, Werner: Allgemeiner Teil des Bürgerlichen Rechts, Zweiter Band: Das Rechtsgeschäft; 3. Aufl.; Berlin (u.a.), 1979; zit.: FLUME, BGB AT.

FLUME, Werner: Gesetzesreform der Sachmängelhaftung beim Kauf? Zu dem Entwurf der Kommission zur Überarbeitung des Schuldrechts; in: AcP 193 (1993), S. 89; zit.: FLUME, AcP 193 (1993).

FLUME, Werner: Zu dem Vorhaben der Neuregelung des Schuldrechts; in: ZIP 1994, S. 1497 ff.; zit.: FLUME, ZIP 1994.

FOERSTE, Ulrich: Der Fehlerbegriff im Kaufrecht; in: JuS 1994, S. 202; zit.: FOERSTE, JuS 1994.

GALSTON, Nina / SMIT, Hans (Editors): International Sales: the United Nations Convention on Contracts for the International Sale of Goods; New York, 1984; zit.: BEARBEITER in Galston/Smit.

GASS, Peter: Die Schuldrechtsüberarbeitung nach der politischen Entscheidung zum Inhalt der Richtlinie über den Verbrauchsgüterkauf; in: Festschrift für Walter Rolland zum 70. Geburtstag, S. 131; Hrsg. Von Uwe Diederichsen u.a.; Köln, 1999; zit.: GASS, FS Rolland.

GEORGES, Gesa: Kaufrecht und Garantie; in: Deutsches und internationales Wirtschaftsrecht, Band 15: Europäisches Privatrecht.Ein Studienbuch zum Privatrecht der Europäischen Gemeinschaft; Hrsg. von Marian Paschke und Constantin Iliopoulus; Hamburg, 1998; zit.: GEORGES, Dt. und Int. Wirtschaftsrecht, Bd. 15.

GIESEN, Dieter: Zur Konstruktion englischer Vertragsvereinbarungen; in: JZ 1993, S. 16; zit.: GIESEN, JZ 1993.

GILLIG, Franz-Peter: Nichterfüllung und Sachmängelgewährleistung. Ein Beitrag zum System der Vertragshaftung; Tübingen, 1984; zit.: GILLIG, Nichterfüllung und Sachmängelgewährleistung.

GOODE, Roy: Commercial Law; London: Penguin Books, 1982; zit.: GOODE, Commercial Law, 1. Aufl..

GOODE, Roy: Commercial Law; 2nd ed.; London: Penguin Books, 1995; zit.: GOODE, Commercial Law.

GRAUE, Eugen Dietrich: Die mangelfreie Lieferung beim Kauf beweglicher Sachen; Heidelberg, 1964 (zugl. München, Univ., Habilschr., 1962); zit.: GRAUE, Mangelfreie Lieferung beim Kauf.

GREULICH, Peter: Die stillschweigende Zusicherung von Eigenschaften beim Kauf. Gedanken einer Systematisierung der Anspruchsvoraussetzungen und Würdigung der Tendenzen der Rechtsprechung; in: Festschrift für Wassermann zum 60. Geburtstag, S. 667; Hrsg. Von Christian Broda u.a.; Darmstadt-Neuwied, 1985; zit.: GREULICH, FS Wassermann.

GRUNEWALD, Barbara: Die Grenzziehung zwischen Sach- und Rechtsmängelhaftung beim Kauf; Bonn, 1980 (zugl. Bielefeld, Univ., Diss., 1980); zit.: GRUNEWALD, Sach- und Rechtsmängelhaftung.

HAAS, Lothar: Vorschläge zur Überarbeitung des Schuldrechts: Die Mängelhaftung bei Kauf- und Werkverträgen; in: NJW 1992, S. 2389; zit.: HAAS, NJW 1992.

HAGER, Günter: Die Zulässigkeit von Freizeichnungsklauseln im Gebrauchtwagenhandel; in: NJW 1975, S. 2276; zit: HAGER, NJW 1975.

HAGER, Günter: Zum Schutzbereich der Produzentenhaftung; in: AcP 184 (1984); zit.: HAGER, AcP 184 (1984).

HARVEY, Brian W. / PARRY, Deborah L.: The Law of Consumer Protection and Fair Trading; 4th ed.; London (u.a.): Butterworths & Co (Publishers) Ltd, 1992; zit.: HARVEY/PARRY, Law of Consumer Protection.

HAYMANN, Franz: Fehler und Zusicherung beim Kauf; in: Die Reichsgerichtspraxis im deutschen Rechtsleben, Festgabe der juristischen Fakultäten zum 50jährigen Bestehen des Reichsgerichts (1. Oktober 1929), Dritter Band: Zivil- und Handelsrecht (Fortsetzung), S. 317; Hrsg. von Otto Schreiber; Berlin-Leipzig, 1929; zit.: HAYMANN, Fehler und Zusicherung.

HECK, Philipp: Grundriß des Schuldrechts; Tübingen, 1929; zit.: HECK, SchuldR.

HEFERMEHL, Wolfgang: Die Rechte des durch unlauteren Wettbewerb zum Vertragsschluß bestimmten Käufers; in: Privatautonomie, Eigentum und Verantwortung, Festgabe für Hermann Weitnauer zum 70. Geburtstag, S. 347; Hrsg. von Horst Ehmann u.a.; Berlin, 1980; zit.: HEFERMEHL, FG Weitnauer.

HEILMANN, Jan: Mängelgewährleistung im UN-Kaufrecht. Voraussetzungen und Rechtsfolgen im Vergleich zum deutschen internen Kaufrecht und zu den Haager Einheitlichen Kaufgesetzen; Berlin, 1994 (zugl. Hamburg, Univ., Diss., 1992); zit.: HEILMANN, Mängelgewährleistung im UN-Kaufrecht.

HENCKEL, Wolfram: Die ergänzende Vertragsauslegung; in: AcP 159 (1960), S. 106; zit.: HENCKEL, AcP 159 (1960).

HENRICH, Dieter: Einführung in das englische Privatrecht; 2. Aufl.; Darmstadt, 1993; zit.: HENRICH, Einführung in das englische Privatrecht.

HENSELER, Peter: Zusicherung von Eigenschaften beim Kauf durch Angabe von DIN-Normen?; in: BB 1969, S. 24; zit.: HENSELER, BB 1969.

HERBER, Rolf / CZWERWENKA, Beate: Internationales Kaufrecht; München, 1991; zit.: HERBER/CZERWENKA, Internationales Kaufrecht.

HERBERGER, Klaus: Rechtsnatur, Aufgabe und Funktion der Sachmängelhaftung nach dem Bürgerlichen Gesetzbuch; Berlin, 1974 (zugl. Heidelberg, Univ., Diss., 1972/73); zit.: HERBERGER, Sachmängelhaftung.

HERRMANN, Harald: Kaufrechtliche Grenzen der Händlerwerbung; in: AcP 183 (1983), S. 248; zit.: HERRMANN, AcP 183 (1983).

HONNOLD, John O.: Uniform Law for International Sales under the 1980 United Nations Convention; 3rd ed.; The Hague (u.a.), 1999; zit.: HONNOLD, Uniform Law.

HONNOLD, John O.: Documentary History of the Uniform Law for International Sales. The studies, deliberations and decisions that led to the 1980 United Nations Convention with introductions and explanations; Philadelphia, 1989; zit.: QUELLE in Documentary History of the ULIS.

HONSELL, Heinrich (Hrsg.): Kommentar zum UN-Kaufrecht. Übereinkommen der Vereinten Nationen über Verträge über den Internationalen Warenkauf (CISG); Berlin (u.a.), 1997; zit.: Honsell-BEARBEITER.

HONSELL, Heinrich / MAYER-MALY, Theo / SELB, Walter: Römisches Recht; 4. Aufl.; Berlin (u.a.), 1987; zit.: HONSELL u.a., Römisches Recht.

HORN, Norbert: Zur ökonomischen Rationalität des Privatrechts. Die privatrechtstheoretische Verwertbarkeit der „Economic Analysis of Law"; in: AcP 176 (1976), S. 307; zit.: HORN, AcP 176 (1976).

HUBER, Ulrich: Leistungsstörungen: Empfiehlt sich die Einführung eines Leistungsstörungsrechts nach dem Vorbild des Einheitlichen Kaufgesetzes? Welche Änderungen im Gesetzestext und welche praktischen Auswirkungen im Schuldrecht würden sich dabei ergeben?; in: Gutachten und Vorschläge zur Überarbeitung des Schuldrechts, Band I; Hrsg. vom Bundesminister der Justiz; Köln, 1981; zit.: HUBER, Gutachten I.

HUBER, Ulrich: Der UNCITRAL-Entwurf eines Übereinkommens über internationale Warenkaufverträge; in: RabelsZ 43 (1979), S. 413; zit.: HUBER, RabelsZ 43 (1979).

HÜFFER, Uwe: Rechtsfragen des Handelskaufs (2. Teil);in: JA 1981, S. 143; zit.: HÜFFER, JA 1981.

IMMENGA, Ulrich: Fehler oder zugesicherte Eigenschaft?; in: AcP 171 (1971), S. 1; zit.: IMMENGA, AcP 171 (1971).

JAKOBS, Horst Heinrich: Gesetzgebung im Leistungsstörungsrecht (Zur Ordnung des Rechts der Leistungsstörungen im BGB und nach Einheitlichem Kaufrecht); Paderborn (u.a.), 1985; zit.: JAKOBS, Gesetzgebung im Leistungsstörungsrecht.

JANSSEN, André: Kollision des einheitlichen UN-Kaufrechts mit dem Verbraucherschutzrecht am Beispiel der Richtlinie über den Verbrauchsgüterkauf und –garantien; in: VuR 1999, S. 324; zit.: JANSSEN, VuR 1999.

JUNKER, Abbo: Vom Bürgerlichen zum kleinbürgerlichen Gesetzbuch - Der Richtlinienvorschlag über den Verbrauchsgüterkauf; in: DZWir 1997, S. 271 ff.; zit.: JUNKER, DZWir 1997.

KAROLLUS, Martin: UN-Kaufrecht. Eine systematische Darstellung für Studium und Praxis; Wien-New York, 1991; zit.: KAROLLUS, UN-Kaufrecht.

KASER, Max: Römisches Privatrecht; 16. Aufl.; München, 1992; zit.: KASER, Römisches Privatrecht.

KATZENMEIER, Christian: Vertragliche und deliktische Haftung in ihrem Zusammenspiel: dargestellt am Problem der „weiterfressenden Mängel"; Berlin, 1994 (zugl. Heidelberg, Univ., Diss., 1992/93); zit.: KATZENMEIER, Haftung.

KEMPER, Rainer: Verbraucherschutzinstrumente; 1. Aufl.; Baden-Baden, 1994; zit.: KEMPER, Verbraucherschutzinstrumente.

KIRCHER, Wolfgang: Zum Vorschlag für eine Richtlinie über den Verbrauchsgüterkauf und –garantien; in: ZRP 1997, S. 290 ff.; zit.: KIRCHER, ZRP 1997.

KNÖPFLE, Robert: Zur Problematik des subjektiven Fehlerbegriffs im Kaufrecht; in: JZ 1978, S. 121; zit.: KNÖPFLE, JZ 1978.

KNÖPFLE, Robert: Subjektiver Fehlerbegriff und Gleichbehandlung von Schlechtlieferung und Falschlieferung beim Gattungskauf; in: JZ 1979, S. 11; zit.: KNÖPFLE, JZ 1979.

KNÖPFLE, Robert: Der Begriff des Fehlers im Sinne des § 459 I BGB bei beweglichen Sachen und seine praktischen Auswirkungen, insbesondere bei Produkten mit schlechten Testergebnissen; in: AcP 180 (1980), S. 462; zit.: KNÖPFLE, AcP 180 (1980).

KNÖPFLE, Robert: Zum Inhalt des Fehlers und der Zusicherung i.S. des § 459 I, II BGB; in: NJW 1987, S. 801; zit.: KNÖPFLE, NJW 1987.

KNÖPFLE, Robert: Aliud-Lieferung beim Gattungskauf - Nichterfüllungs- oder Gewährleistungsrecht?; in: NJW 1989, S. 871; zit.: KNÖPFLE, NJW 1989.

KNÖPFLE, Robert: Der Fehler beim Kauf; München, 1989; zit.: KNÖPFLE, Fehler beim Kauf.

KÖHLER, Helmut: Das Verhältnis der Gewährleistungsansprüche zu anderen Rechtsbehelfen des Käufers; in: JA 1982, S. 157; zit.: KÖHLER, JA 1982.

KÖHLER, Helmut: Zivilrechtliche Aspekte des Mindesthaltbarkeitsdatums bei Lebensmitteln; in: BB 1985, S. 215; zit.: KÖHLER, BB 1985.

KÖHLER, Helmut: Das Rücktrittsrecht nach § 13a UWG; in: JZ 1989, S. 262; zit.: KÖHLER, JZ 1989.

KÖHLER, Helmut / PIPER, Henning: Gesetz gegen den unlauteren Wettbewerb; München, 1995; zit.: KÖHLER/PIPER, UWG.

KÖNDGEN, Johannes: Selbstbindung ohne Vertrag. Zur Haftung aus geschäftsbezogenem Handeln; Tübingen, 1981 (zugl. Tübingen, Univ., Habilschr., 1979/80); zit.: KÖNDGEN, Selbstbindung ohne Vertrag.

KOLLER, Ingo: Umweltfehler und zugesicherte Sacheigenschaft; in: NJW 1981, S. 1768; zit.: KOLLER, NJW 1981.

KORINTENBERG, Werner: Abschied von der Gewährleistung; in: Rechtswissenschaftliche Arbeiten aus dem Justizprüfungsamt Köln, Heft 1/2: Die Rechtspolitische Grosstat der ädilizischen Rechtsbehelfe vor 2000 Jahren und heute, S. 7; Hrsg. von Schetter, Rudolf und Korintenberg, Werner; Köln, 1948; zit.: KORINTENBERG, Abschied von der Gewährleistung.

KRESS, Hugo: Lehrbuch des Allgemeinen Schuldrechts; München, 1929; zit.: KRESS, Allg. SchuldR.

LANDSBERG, Gerd: Die Abgrenzung zwischen Sach- und Rechtsmängeln beim Kauf; Bonn, Univ., Diss., 1981; zit.: LANDSBERG, Abgrenzung zwischen Sach- und Rechtsmängeln:

LARENZ, Karl: Lehrbuch des Schuldrechts, Zweiter Band, Besonderer Teil, 1. Halbband; 13. Aufl.; München, 1986; zit.: LARENZ, SchuldR.

LARENZ, Karl: Ergänzende Vertragsauslegung und dispositives Recht; in: NJW 1963, S. 737; zit.: LARENZ, NJW 1963.

LEHMANN, Michael: Handelsrechtliche Bedeutung einer vertraglichen Garantiehaftung des Herstellers „für den es angeht“; in: BB 1980, S. 964; zit.: LEHMANN, BB 1980.

LAW COMMISSION / SCOTTISH LAW COMMISSION: Report on a Reference under Section 3 (1) (e) of the Law Commissions Act 1965 (LAW COM. No. 160) (SCOT LAW COM. No. 104) - Sale and Supply of Goods; Represented to Parliament by the Lord High Chancellor and the Lord Advocate by Command of Her Majesty May 1987; London, Her Majesty's Stationery Office, Cm. 137; zit.: LAW COM., Sale and Supply of Goods.

LEHMANN, Michael: Vertragsanbahnung durch Werbung. Eine juristische und ökonomische Analyse der bürgerlich-rechtlichen Haftung für Werbeangaben gegenüber dem Letztverbraucher; München, 1981 (zugl. München, Univ., Habilschr., 1980); zit.: LEHMANN, Vertragsanbahnung.

LEHMANN, Michael: Die bürgerlich-rechtliche Haftung für Werbeangaben; in: NJW 1981, S. 1233; zit.: LEHMANN, NJW 1981.

LEHMANN, Michael: Die UWG-Neuregelungen 1987 - Erläuterungen und Kritik; in: GRUR 1987, S. 199; zit.: LEHMANN, GRUR 1987.

LEHMANN, Michael / DÜRRSCHMIDT, Armin: Haftung für irreführende Werbung über Garantien. Zum Vorschlag einer Richtlinie des Europäischen Parlaments und des Rates über den Verbrauchsgüterkauf und -garantien vom 18.6.1996;in: GRUR 1997, S. 549; zit.: LEHMANN/DÜRRSCHMIDT, GRUR 1997.

LEHR, Wolfgang / WENDEL, Heiko: Die EU-Richtlinie über Verbrauchsgüterkauf und –garantien; in: EWS 1999, S. 321; zit.: LEHR/WENDEL, EWS 1999).

LEISNER, Walter: Der mündige Verbraucher in der Rechtsprechung des EuGH. Zur europarechtlichen Zulässigkeit abstrakter Gefährdungstatbestände (§§ 6a, 6b UWG); in: EuZW 1991, S. 498; zit.: LEISNER, EuZW 1991.

LEWISON, Kim: The Interpretation of Contracts; 2nd ed.; London: Sweet & Maxwell, 1997; zit.: LEWISON, Interpretation of Contracts.

LINDACHER, Walter F.: Zur Gewährleistungshaftung des Händlers bei Veräußerung von Lebensmitteln nach Ablauf des Mindesthaltbarkeitsdatums; in: NJW 1985, S. 2933; zit.: LINDACHER, NJW 1985.

LOCHER, Eugen: Geschäftsgrundlage und Geschäftszweck; in: AcP 121 (1923), S. 1; zit.: LOCHER, AcP 121 (1923).

LORENZ, Werner: Rechtsvergleichendes zur Haftung des Warenherstellers und Lieferanten gegenüber Dritten; in: Festschrift zum 75. Geburtstag von Herrman Nottarp, S. 59; Hrsg. von Paul Mikat; Karlsruhe, 1961; zit.: LORENZ, FS Nottarp.

LOWE, Robert / WOODROFFE, Geoffrey: Consumer Law and Practice; 4th ed.; London: Sweet & Maxwell, 1995; zit.: LOWE/WOODROFFE, Consumer Law.

MACLEOD, J.K.: Consumer Sales Law. The law relating to consumer sales and financing of goods; London-Edinburgh: Butterworths & Co (Publishers) Ltd, 1989; zit.: MACLEOD, Consumer Sales Law.

MANGOLD, Wolfgang: Eigentliche und ergänzende Vertragsauslegung; in: NJW 1961, S. 2284; zit.: MANGOLD, NJW 1961.

MARBURGER, Peter: Die Sachmängelhaftung beim Handelskauf; in: JuS 1983, S.1; zit.: MARBURGER, JuS 1983.

MARK, Michael: Chalmers' Sale of Goods Act 1979; 18th ed.; London: Butterworths & Co (Publishers) Ltd, 1981; zit.: MARK, Chalmers' Sale of Goods Act.

MARKERT, Kurt: Die Schadenshaftung des Warenherstellers gegenüber dem Verbraucher; in: BB 1964, S. 231; zit.: MARKERT, BB 1964.

MC GREGOR, (ohne Vornamen): Mc Gregor On Damages; Common-Law-Library Number 9; 15th ed.; London: Sweet & Maxwell, 1988; zit.: BEARBEITER in McGregor.

MEDICUS, Dieter: Schuldrecht II, Besonderer Teil; 9. Aufl.; München, 1999; zit.: MEDICUS, SchuldR II.

MEDICUS, Dieter: Vorschläge zur Überarbeitung des Schuldrechts: Das allgemeine Recht der Leistungsstörungen; in: NJW 1992, S. 2384 ff.; zit.: MEDICUS, NJW 1992.

MEDICUS, Dieter: Ein neues Kaufrecht für Verbraucher?; in: ZIP 1996, S. 1925; zit.: MEDICUS, ZIP 1996.

MENKE, Burkhart: Die moderne, informationsökonomische Theorie der Werbung und ihre Bedeutung für das Wettbewerbsrecht, dargestellt am Beispiel der vergleichenden Werbung; in: GRUR 1993, S. 718; zit.: MENKE, GRUR 1993.

MENKE, Burkhart: Haftung für reklamemäßige Garantieerklärungen im deutschen Recht?; in: VuR 1994, S. 223; zit.: MENKE, VuR 1994.

MEYER, Alfred Hagen: Das Verbraucherleitbild der Europäischen Gemeinschaft. Abkehr vom „flüchtigen Verbraucher"; in: WRP 1993, S. 215; zit.: A. MEYER, WRP 1993.

MEYER, Thomas J.: Ablauf des Mindesthaltbarkeitsdatums und zivilrechtlicher Fehlerbegriff; in: BB 1987, S. 287; zit.: T. MEYER, BB 1987.

MEZGER, Hans-Robert: Gewährleistung beim Gattungskauf; in: MDR 1962, S. 253; zit.: MEZGER, MDR 1962.

MICHALSKI, Lutz / RIEMENSCHNEIDER, Markus: Die zivilrechtliche Bedeutung des Mindesthaltbarkeitsdatums für den Verbraucher; in: BB 1993, S. 2097; zit.: MICHALSKI/RIEMENSCHNEIDER, BB 1993.

MICKLEBURGH, John: Consumer Protection; Abingdon: Professional Books, 1979; zit.: MICKLEBURGH, Consumer Protection.

MICKLITZ, Hans W.: Ein einheitliches Kaufrecht für Verbraucher in der EG?; in: EuZW 1997, S. 229; zit.: MICKLITZ, EuZW 1997.

MOTIVE zu dem Entwurfe eines Bürgerlichen Gesetzbuches für das Deutsche Reich, Band II, Recht der Schuldverhältnisse; 2. Aufl.; Berlin, 1896; zit.: Mot. II.

MÜLLER, Klaus: Zur Haftung des Warenherstellers gegenüber dem Verbraucher; in: AcP 165 (1965), S. 285; zit.: MÜLLER, AcP 165 (1965).

MÜNCHENER KOMMENTAR zum Bürgerlichen Gesetzbuch:

- Band 1: Allgemeiner Teil (§§ 1-240); 3. Aufl.; München, 1993; zit.: Müko-BEARBEITER:
- Band 2: Schuldrecht - Allgemeiner Teil (§§ 241-432); 3. Aufl.; München, 1994; zit.: Müko-BEARBEITER.
- Band 3: Schuldrecht - Besonderer Teil 1 (§§ 433-606); 3. Aufl.; München, 1995; zit.: Müko-BEARBEITER.

MURDOCH, J.R.: Sale by Sample - A Distinction without a Difference?; in: (1981) 44 M.L.R. 388; zit.: MURDOCH, (1981) 44 M.L.R..

NEYMAYER; Karl H.: Offene Fragen zur Anwendung des Abkommens der Vereinten Nationen über den internationalen Warenkauf; in: RIW 199, S. 99; zit.: NEYMAYER, RIW 1994.

NEYMAYER, Karl H. / MING, Catherine: Convention de Vienne sur les Contracts de Vente Internationale de Marchandises: Commentaire; Lausanne, 1993; zit.: NEYMAYER/MING, Vente Internationale.

NICHOLAS, (ohne Vornamen): The Vienna Convention on International Sales Law; in: 105 L.Q.R. 201 (1989); zit.: NICHOLAS, 105 L.Q.R. (1989).

OERTMANN, Paul: Die Geschäftsgrundlage. Ein neuer Rechtsbegriff; Leipzig-Erlangen, 1921; zit.: OERTMANN, Geschäftsgrundlage.

OSTLER, Fritz: Sachmängelhaftung beim Gattungskauf - Eine Erwiderung auf Edye in MDR 1961, 908; in: JR 1962, S. 295; zit.: OSTLER, JR 1962.

PALANDT, (Otto): Bürgerliches Gesetzbuch; 60. Auflage; München, 2001; zit.: Palandt-BEARBEITER.

PFEIFER, Axel: Produktfehler oder Fehlverhalten des Produzenten; Berlin, 1987 (zugl. Hamburg, Univ., Diss., 1985/86); zit.: PFEIFER, Produktfehler.

PILTZ, Burghard: Internationales Kaufrecht. Das UN-Kaufrecht (Wiener Übereinkommen von 1980) in praxisorientierter Darstellung; München, 1993; zit.: PILTZ, Kaufrecht.

PROTOKOLLE der Kommission für die zweite Lesung des Bürgerlichen Gesetzbuchs, Band I, Allgemeiner Teil und Recht der Schuldverhältnisse, Abschnitt I, Abschnitt II, Tit. I; Berlin, 1897; zit.: Prot. I.

RAAPE, Leo: Sachmängelhaftung und Irrtum beim Kauf; in: AcP 150 (1949), S. 481; zit.: RAAPE, AcP 149 (1950).

RABE, Dieter: Vorschläge zur Überarbeitung des Schuldrechts: Verjährung; in: NJW 1992, S. 2395; zit.: RABE, NJW 1992.

RABEL, Ernst: Das Recht des Warenkaufs, Eine rechtsvergleichende Darstellung, 1. Band; Berlin, 1957; zit.: RABEL, Recht des Warenkaufs, Bd. I.

RABEL, Ernst: Das Recht des Warenkaufs, Eine rechtsvergleichende Darstellung, 2. Band; Berlin-Tübingen, 1958; zit.: RABEL, Recht des Warenkaufs, Bd. II.

REICH, Norbert: Die Umsetzung der Richtlinie 1999/44/ EG in das deutsche Recht; in: NJW 1999, S. 2397; zit.: REICH, NJW 1999.

REICH, Norbert / TONNER, Klaus: Werbung, zugesicherte Eigenschaft und Verbraucherschutz - BGH, NJW 1975, 1693; in: JuS 1976, S. 576; zit.: REICH/TONNER, JuS 1976.

REINHARDT, Wilhelm: Gefahrtragung beim Kauf unter besonderer Berücksichtigung der Regelungsvorschläge des Schuldrechtsreformentwurfs; in: JR 1998, S. 446; zit.: REINHARDT, JR 1998.

REINHART, Gert: UN-Kaufrecht. Kommentar zum Übereinkommen der Vereinten Nationen vom 11. April 1980 über Verträge über den internationalen Warenkauf; Heidelberg, 1991; zit.: REINHART, UN-Kaufrecht.

REINICKE, Dieter / TIEDTKE, Klaus: Kaufrecht einschließlich Abzahlungsgeschäfte, AGB-Gesetz, Eigentumsvorbehalt, Factoring, finanzierte Kaufverträge, Haustürgeschäfte, Leasing, Pool-Vereinbarungen, Produzentenhaftung, Time-sharing, UN-Kaufrecht und Verbraucherkreditgesetz; 6. Aufl.; Neuwied (u.a.), 1997; zit.: REINICKE-TIEDTKE, Kaufrecht.

RIEGER, Gregor: Die Richtlinie zu bestimmten Aspekten des Verbrauchsgüterkaufs und der Garantien für Verbrauchsgüter vor dem Hintergrund des geltenden Rechts; in: VuR 1999, S. 287; zit.: RIEGER, VuR 1999.

RGRK: Das Bürgerliche Gesetzbuch - mit besonderer Berücksichtigung der Rechtsprechung des Reichsgerichts und des Bundesgerichtshofes (Kommentar), Band II, 2. Teil: §§ 414-610 (Anhang nach § 455: Abzahlungsgesetz); Hrsg. von den Mitgliedern des Bundesgerichtshofes; 12. Aufl.; Berlin-New York, 1978; zit.: RGRK-BEARBEITER.

ROLLAND, Walter: Schuldrechtsreform - Allgemeiner Teil; in: NJW 1992, S. 2377 ff.; zit.: ROLLAND, NJW 1992.

RUST, Ulrich: Das kaufrechtliche Gewährleistungsrecht. Eine kritische Untersuchung der Reformvorschläge der Schuldrechtskommission; Berlin, 1997 (zugl. Trier, Univ., Diss., 1996/97); zit.: RUST, Gewährleistungsrecht.

SACK, Rolf: Das Rücktrittsrecht gemäß § 13a UWG; in: BB 1987, Beilage 2 zu Heft 5/1987; zit.: SACK, BB 1987.

SCHACK, Haimo: Die Zusicherung beim Kauf; in: AcP 185 (1985), S. 353; zit.: SCHACK, AcP 185 (1985).

SCHAPP, Jan: Probleme der Reform des Leistungsstörungsrechts; in: JZ 1993, S. 637 ff.; zit.: SCHAPP, JZ 1993.

SCHAEFER, Erich: Vertragslösung wegen irreführender Werbung; in: ZIP 1987, S. 554; zit.: SCHAEFER, ZIP 1987.

SCHÄFER, Peter / PFEIFFER, Karen: Die EG-Richtlinie über den Verbrauchsgüterkauf; in: ZIP 1999, S. 1829; zit.: SCHÄFER/PFEIFFER, ZIP 1999.

SCHERER, Inge: Zur Frage der Schutzgesetzqualität von §§ 1, 3 UWG für Verbraucher; in: WRP 1992, S. 607; zit.: SCHERER, WRP 1992.

SCHILLER, Sabine: Europäische Union: Die Richtlinie über Verbrauchsgüterkauf und –garantien; in: PHi 1999, S. 118; zit.: SCHILLER, PHi 1999.

SCHLECHTRIEM, Peter: Einheitliches UN-Kaufrecht. Das Übereinkommen der Vereinten Nationen über internationale Warenkaufverträge. Darstellung und Texte; Tübingen, 1981; zit.: SCHLECHTRIEM, Einheitl. UN-Kaufrecht.

SCHLECHTRIEM, Peter: Uniform Sales Law. The UN-Convention on Contracts for the International Sale of Goods; Wien, 1986; zit.: SCHLECHTRIEM, Uniform Sales Law.

SCHLECHTRIEM, Peter (Hrsg.): Einheitliches Kaufrecht und nationales Obligationenrecht. Referate und Diskussionen der Fachtagung Einheitliches Kaufrecht am 16./17.2.1987 veranstaltet von der Gesellschaft für Rechtsvergleichung, Fachgruppe für vergleichendes Handels- und Wirtschaftsrecht; 1. Aufl., Baden-Baden, 1987; zit.: REFERENT in Schlechtriem.

SCHLECHTRIEM, Peter: Rechtsvereinheitlichung in Europa und Schuldrechtsreform in Deutschland; in: ZEuP 1993, S. 217; zit.: SCHLECHTRIEM, ZEuP 1993.

SCHLECHTRIEM, Peter: Internationales UN-Kaufrecht. Ein Studien- und Erläuterungsbuch zum Übereinkommen der Vereinten Nationen über Verträge über den internationalen Warenkauf (CISG); Tübingen, 1996; zit.: SCHLECHTRIEM, Internat. UN-Kaufrecht.

SCHLECHTRIEM, Peter: Vertragsmäßigkeit der Ware als Frage der Beschaffenheitsvereinbarung; in: IPrax 1996, S. 12; zit.: SCHLECHTRIEM, IPrax 1996.

SCHLECHTRIEM, Peter: Verbraucherkaufverträge - ein neuer Richtlinienentwurf; in: JZ 1997, S. 441; zit.: SCHLECHTRIEM, JZ 1997.

SCHLEGELBERGER, (Franz): Handelsgesetzbuch, Band V: §§ 373-382; 5. Aufl.; München, 1982; zit.: Schlegelberger-BEARBEITER.

SCHMIDT, Eike: Schlechtleistung und Händlerrisiko; in: Recht im Spannungsfeld von Theorie und Praxis - Festschrift für Helmut Heinrichs zum 70. Geburtstag, S. 511; Hrsg. von Andreas Heldrich u.a.; München, 1998; zit.: E. SCHMIDT, FS Heinrichs.

SCHMIDT, Rudolf: Die Falschlieferung beim Kauf; in: NJW 1962, S. 710; zit.: R. SCHMIDT, NJW 1962.

SCHMIDT-RÄNTSCH, Jürgen: Zum Stand der Kaufrechtsrichtlinie; in: ZIP 1998, S. 849; zit.: SCHMIDT-RÄNTSCH, ZIP 1998.

SCHMIDT-RÄNTSCH, Jürgen: Gedanken zur Umsetzung der kommenden Kaufrechtsrichtlinie; in: ZEuP 1999, S. 294; zit.: SCHMIDT-RÄNTSCH, ZEuP 1999.

SCHMIDT-RÄNTSCH, Jürgen: Der Entwurf eines Schuldrechtsmodernisierungsgesetzes; in: ZIP 2000, S. 1639; zit: SCHMIDT-RÄNTSCH, ZIP 2000.

SCHNYDER, Anton K. / STRAUB, Ralf Michael: Das EG-Grünbuch über Verbrauchsgütergarantien und Kundendienst - Erster Schritt zu einem einheitlichen EG-Kaufrecht?; in: ZEuP 1996, S. 8; zit.: SCHNYDER/STRAUB, ZEuP 1996.

SCHOLLMEYER, Friedrich: Erfüllungspflicht und Gewährleistung für Fehler beim Kauf; in: Jher. Jb. 49 (1905), S. 93; zit.: SCHOLLMEYER, Jher. Jb. 49 (1905).

SCHRICKER, Gerhard: Schadensersatzansprüche der Abnehmer wegen täuschender Werbung?; in: GRUR 1975, S. 111; zit.: SCHRICKER, GRUR 1975.

SCHRICKER, Gerhard: Zur Reform des Gesetzes gegen den unlauteren Wettbewerb. Schadensersatzansprüche der Abnehmer und Rücktritt vom Vertrag bei irreführender und unlauterer Werbung; in: GRUR 1979, S. 1; zit.: SCHRICKER, GRUR 1979.

SCHUBEL, Christian: Nacherfüllung im Kaufrecht; in: ZIP 1994, S. 1330 ff.; zit.: SCHUBEL, ZIP 1994.

SCHUBERT, Werner: Anmerkungen zu BGH JR 1992, 328; in: JR 1992, S. 332; zit.: SCHUBERT, JR 1992.

SCHULTZ, Dietrich: Aliud und Gewährschaftsrecht: in: NJW 1980, S. 2172; zit.: SCHULTZ, NJW 1980.

SCHULZE, Reiner: Grundprobleme der Dritthaftung bei Verletzung von Auskunfts- und Beratungspflichten in der neueren Rechtsprechung; in: JuS 1983, S. 81; zit.: SCHULZE, JuS 1983.

SCHURR, Francesco A.: Die neue Richtlinie 99/44/EG über den Verbrauchsgüterkauf und ihre Umsetzung - Chancen und Gefahren für das deutsche Kaufrecht; in: ZfRV 1999, S. 222; zit.: SCHURR, ZfRV 1999.

SEMLER, Franz-Jörg: Warenbeschreibung oder Zusicherung einer Eigenschaft; in: NJW 1976, S. 406; zit.: SEMLER, NJW 1976.

SIMITIS, Spiros: Grundfragen der Produzentenhaftung; Tübingen, 1965; zit.: SIMITIS, Produzentenhaftung.

SINGER, Reinhard: Sonderprivatrecht für Kaufleute? Zu den Rechtsfolgen der Schlecht- und Falschlieferung im Bürgerlichen Recht und Handelsrecht; in: ZIP 1992, S. 1058; zit.: SINGER, ZIP 1992.

SOERGEL, Hans Theodor: Bürgerliches Gesetzbuch mit Einführungsgesetz und Nebengesetzen.

- I. Band: Einleitung, Allgemeiner Teil, Recht der Schuldverhältnisse, Allgemeiner Teil (§§ 1 bis 432); 9. Aufl.; Stuttgart, 1959; zit.: Soergel-BEARBEITER, 9. Aufl..
- Band 1: Allgemeiner Teil (§§ 1- 240); 11. Aufl.; Stuttgart (u.a.), 1978; zit.: Soergel-BEARBEITER, 11. Aufl..
- Band 1: Allgemeiner Teil (§§ 1-240), HaustürWiderrufsG; 12.Aufl.; Stuttgart (u.a.), 1988; zit.: Soergel-BEARBEITER.

- Band 2: Schuldrecht I (§§ 241-432); 12. Aufl.; Stuttgart (u.a.), 1990; zit.: Soergel-BEARBEITER.
- Band 3: Schuldrecht II (§§ 433-515), AGB-Gesetz, AbzG, EAG, EKG, UN-KaufAbk; 12. Aufl.; Stuttgart (u.a.), 1991; zit.: Soergel-BEARBEITER.

SOERGEL, Hans Theodor / SIEBERT, W.: Bürgerliches Gesetzbuch mit Einführungsgesetz und Nebengesetzen, Band 2: Schuldrecht I (§§ 241-610); 10. Aufl.; Stuttgart (u.a.), 1967; zit.: Soergel-BEARBEITER, 10. Aufl..

STAUDENMAYER, Dirk: Die EG-Richtlinie über den Verbrauchsgüterkauf; in: NJW 1999, S. 2393; zit.: STAUDENMAYER, NJW 1999.

STAUDINGER, J(ulius) von: Kommentar zum Bürgerlichen Gesetzbuch mit Einführungsgesetz und Nebengesetzen.

- Erstes Buch: Allgemeiner Teil, §§ 134-163; 13. Aufl.; Berlin, 1996; zit.: Staudinger-BEARBEITER.
- Zweites Buch: Recht der Schuldverhältnisse, Einleitung zu §§ 241 ff; §§ 241-243; 13. Aufl.; Berlin, 1995; zit.: Staudinger-BEARBEITER.
- Zweites Buch: Recht der Schuldverhältnisse, §§ 433-534; 13. Aufl.; Berlin, 1995; zit.: Staudinger-BEARBEITER.

STOLL, Hans: Buchbesprechungen - Vertragsanbahnung durch Werbung; in: NJW 1982, S. 152; zit.: STOLL, NJW 1982.

STÜRNER, Rolf: Empfiehlt sich die von der Schuldrechtskommission vorgeschlagene Neuregelung des allgemeinen Leistungsstörungsrechts, der Mängelhaftung beim Kauf- und Werkvertrag und des Rechts der Verjährung?; in: NJW 1994, Beilage Heft 25, S. 2*; zit.: STÜRNER, NJW 1994.

SÜß, Theodor: Wesen und Rechtsgrund der Gewährleistung für Sachmängel. Ein dogmatischer Beitrag zur Lehre von der Gewährleistung; Leipzig, 1931; zit.: SÜß, Gewährleistung für Sachmängel.

TASCHNER, Hans Claudius / FRIETSCH, Erwin: Produkthaftungsgesetz und EG-Produkthaftungsrichtlinie; 2. Auflage; München, 1990; zit.: TASCHNER/FRIETSCH, Produkthaftungsgesetz.

TEICHMANN, Arndt: Haftet der Warenhersteller ohne Verschulden?; in: BB 1966, S. 173; zit.: TEICHMANN, BB 1966.

TEICHMANN, Arndt: Schadensersatz bei fehlerhafter Ware - BGHZ 48, 118; in: JuS 1968, S. 315; zit.: TEICHMANN, JuS 1968.

TEPLITZKY, Otto: Wettbewerbsrechtliche Ansprüche: Unterlassung – Beseitigung - Schadensersatz; Anspruchsdurchsetzung und Anspruchsabwehr; 7. Aufl.; Köln (u.a.), 1997; zit.: TEPLITZKY, Wettbewerbsrechtliche Ansprüche.

TONNER, Klaus: Verbraucherschutz im UWG und die UWG-Reform von 1986; in: NJW 1987, S. 1917; zit.: TONNER, NJW 1987.

TONNER, Klaus: Verbrauchsgüterkauf - Richtlinie und Europäisierung des Zivilrechts; in: BB 1999, S. 1769; zit.: TONNER, BB 1999.

TREITEL, G(ünter) H(einz): Remedies for Breach of Contract (Courses of Action Open to a Party Aggrieved); in: International Encyclopedia of Comparative Law, Vol. VII Contracts in General; Arthur von Mehren (chief editor); Tübingen (u.a.): J.C.B. Mohr, 1976; zit.: TREITEL, Remedies.

TREITEL, G(ünter) H(einz): An Outline of the Law of Contract; 4th ed.; London: Butterworths & Co (Publishers) Ltd, 1989; zit.: TREITEL, Outline.

TREITEL, G(ünter) H(einz): The Law of Contract; 8th ed.; London: Sweet & Maxwell, 1991; zit.: TREITEL, Law.

TRIEBEL, Volker / HODGSON, M.A. / KELLENTER, Wolfgang / MÜLLER, Georg: Englisches Handels- und Wirtschaftsrecht; 2. Aufl.; Heidelberg, 1995; zit.: TRIEBEL u.a., Englisches Handels- und Wirtschaftsrecht.

TRINKNER, Reinhold: Schutz des Verbrauchers vor irreführender Werbung; in: BB 1975, S. 1493; zit.: TRINKNER, BB 1975.

UNCITRAL: Yearbook.

- Volume VIII: 1977; New York, 1978; zit.: YB VIII.
- Volume IX: 1978; New York, 1981; zit.: YB IX.

VOLLKOMMER, Max: Die Konkurrenz des allgemeinen Leistungsstörungsrechts mit den Leistungsstörungsinstituten der besonderen Schuldvertragstypen; in: AcP 183 (1983), S. 525; zit.: VOLLKOMMER, AcP 183 (1983).

WALTER, Gerhard: Handbuch des Schuldrechts in Einzeldarstellungen, Band 6: Kaufrecht; Hrsg. von Joachim Gernhuber; Tübingen, 1987; zit.: WALTER, Kaufrecht.

WESTPHALEN, Friedrich Graf von (Hrsg.): Das Kaufvertragsrecht in den EG-Staaten einschließlich Österreich, Schweiz und UN-Kaufrecht; Köln, 1992; zit.: BEARBEITER in v. Westphalen.

WILLEMSEN, Heinz Josef: Zum Verhältnis von Sachmängelhaftung und culpa in contrahendo beim Unternehmenskauf; in: AcP 182 (1982), S. 515; zit.: WILLEMSEN, AcP 182 (1982).

WINDSCHEID, Bernhard: Die Lehre des römischen Rechts von der Voraussetzung; Düsseldorf, 1850; zit.: WINDSCHEID, Voraussetzung.

WHINCUP, Michael H.: Contract Law and Practice; 2nd ed.; Deventer (u.a.): Kluwer, 1992; zit.: WHINCUP, Contract Law.

WOLF, Sabine: Reform des Kaufrechts durch EG-Richtlinie - ein Vorteil für die Wirtschaft ? Die möglichen Auswirkungen einer Richtlinie über den Verbrauchsgüterkauf und -garantien auf das deutsche Kaufrecht und die Wirtschaft; in: RIW 1997, S. 899; zit.: WOLF, RIW 1997.

WOLFF, Max: Sachmängel beim Kauf; in: Jher. Jb. 56 (1910); zit.: M.WOLFF, Jher. Jb. 56 (1910).

WRONKA, Georg: Werberechtsreform und Verbraucherschutz; in: UFITA 80 (1977), S. 221; zit.: WRONKA, UFITA 80 (1977).

ZITELMANN, Ernst: Irrtum und Rechtsgeschäft. Eine psychologisch-juristische Untersuchung; Leipzig, 1879; zit.: ZITELMANN, Irrtum und Rechtsgeschäft.

ZWEIGERT, Konrad / KÖTZ, Hein: Einführung in die Rechtsvergleichung auf dem Gebiete des Privatrechts; 3. Aufl.; Tübingen, 1996; zit.: ZWEIGERT/ KÖTZ, Rechtsvergleichung.

Es wurden allgemein gebräuchliche Abkürzungen verwendet. Siehe dazu:

KIRCHNER, Hildebert: Abkürzungsverzeichnis der Rechtssprache; 4. Aufl.; Berlin-New York, 1993.

Halsbury's Laws of England: Guide to Halsbury's Laws Services, Current Service, Binder 1; Editor: Karen Wain; London: Butterworths & Co (Publishers) Ltd..

VERZEICHNIS ENGLISCHER ENTSCHEIDUNGEN

- *Ashington Piggeries Ltd. v. Christopher Hill Ltd.* (1972) A.C. 441
- *Arcos Ltd. v. E. A. Ronaasen & Son* (1933) A.C. 470
- *Baldry v. Marshall* (1925) 1 K.B. 260
- *Bank of Nova Scotia v. Hellenic Mutual War Risk Association (Bermuda) Ltd.* (1990) Q.B. 818
- *Bartlett v. Sidney Marcus Ltd.* (1985) 1 W.L.R. 1013
- *Beale v. Taylor* (1967) 1 W.L.R. 1193
- *Beecham (H.) & Co. Pty. Ltd. v. Francis Howard & Co. Pty. Ltd.* (1921) V.L.R. 428
- *Bentsen v. Taylor, Sons & Co.* (1893) 2 Q.B. 274
- *Bunge Corp. v. Tradax Export S.A.* (1981) 1 W.L.R. 711
- *Bristol Tramways, &c., Carriage Company, Ltd. v. Fiat Motors, Ltd.* (1910) 2 K.B. 831
- *B S Brown & Son Ltd. v. Craiks Ltd.* (1970) 1 All E.R. 823
- *Cammel Laird & Co. Ltd. v. Manganese Bronze and Brass Ltd.* (1934) A.C. 402
- *Carlill v. Carbolic Smoke Ball Co.* (1893) 1 Q.B. 256
- *Cehave N.V. v. Bremer Handelsgesellschaft m.b.H. (The Hansa Nord)* (1976) Q.B. 44
- *Chanter v. Hopkins* (1838) 4 M. & W. 399
- *Charterhouse Credit Co. Ltd. v. Tolly* (1963) 2 Q.B. 683
- *Comptoir Commercial Anversois v. Power, Son & Co.* (1920) 1 K.B. 868
- *Crowther v. Shannon Motor Co.* (1975) 1 W.L.R. 30
- *Dick Bentley (Productions) Ltd. v. Harold Smith (Motors) Ltd.* (1965) 2 All E.R. 65
- *Drummond v. Van Ingen* (1887) 12 App. Cas. 284
- *Frost v. The Aylesbury Dairy Co. Ltd.* (1905) 1 K.B. 608
- *Geddling v. Marsh* (1920) 1 K.B. 668
- *Godley v. Perry* (1960) 1 W.L.R. 9
- *Grant v. Australian Knitting Mills Ltd.* (1936) A.C. 85
- *Grenfell v. E.B. Meyrowitz* (1936) 2 All E.R. 1313
- *Griffith v. Peter Conway Ltd.* (1939) 1 All E.R. 685

- *Hadley v. Baxendale* (1843-60) All E.R. Rep. 461
- *Harlington & Leinster Enterprises Ltd. v. Christopher Hull Fine Arts Ltd.* (1991) 1 Q.B. 564
- *Harrison v. Knowles and Foster* (1917) 2 K.B. 606
- *Healy v. Howlett & Sons* (1917) 1 K.B. 337
- *Henry Kendall & Sons v. William Lillico & Sons Ltd.* (1969) 2 A.C. 31
- *Hong Kong Fir Shipping Co. Ltd. v. Kawasaki Kisen Kaisha Ltd.* (1962) 2 Q.B. 26
- *Howard E. Perry & Co. v. British Railways Board* (1980) 1 W.L.R. 1375
- *Lambert v. Lewis* (1982) A.C. 225
- *Lemy v. Watson* (1915) 3 K.B. 731
- *Lister v. Romford Ice and Cold Storage Co. Ltd.* (1957) A.C. 555
- *Liverpool City Council v. Irwin* (1977) A.C. 239
- *Lloyd v. Stanbury* (1971) W.L.R. 535
- *Luxor (Eastbourne) Ltd. v. Cooper* (1941) A.C. 108
- *MacPherson Train v. Ross* (1955) 1 W.L.R. 640
- *Mash & Murrell, Ltd. v. Joseph I. Emanuel, Ltd.* (1961) 1 All E.R. 485
- *Maubre Saccharine Co. v. Corn Products* (1911) A.C. 394
- *M/S Aswan Engineering Establishment Co. v. Lupdine Ltd.* (1987) 1 W.L.R. 1
- *National Bank of Greece S.A. v. Pinios Shipping Co. (No. 1)* (1990) 1 A.C. 637
- *Niblett v. Confectioners`Materials Co. Ltd.* (1921) 3 K.B. 387
- *Oscar Chess Ltd. v. Williams* (1957) 1 W.L.R. 370- *Parsons (H.) (Livestock) Ltd. v. Uttley Ingham & Co. Ltd.* (1978) Q.B. 791
- *Photo Production Ltd. v. Securior Transport Ltd.* (1980) A.C. 827
- *Pinnock Bros. v. Lewis and Peat Ltd.* (1923) 1 K.B. 690
- *Preist v. Last* (1903) 2 K.B. 148
- *Reardon Smith Line Ltd. v. Yngvar Hansen-Tangen* (1976) 1 W.L.R. 989
- *Reigate v. Union Manufacturing Co. (Ramsbottom) Ltd.* (1918) 1 K.B. 592
- *Re Moore & Co. and Landauer & Co.* (1921) 1 K.B. 73
- *Rogers v. Parish (Scarborough) Ltd.* (1987) Q.B. 933
- *Ruben (E. and S.) Ltd. v. Faire Bros. & Co. Ltd.* (1949) 1 K.B. 254
- *Shanklin Pier Ld. v. Detel Products Ld.* (1951) 2 K.B. 854
- *Shell U.K. Ltd. v. Lostock Garage Ltd.* (1976) 1 W.L.R. 1187
- *Shipton Anderson & Co. v. Weil Bros. & Co.* (1912) 1 K.B. 574

- *Shirlaw v. Southern Foundries (1926) Ltd.* (1939) 2 K.B. 206; (1940) A.C. 701
- *Sky Petroleum Ltd. v. V.S.P. Petroleum Ltd.* (1974) 1 W.L.R. 576
- *South Australia Asset Management Corporation v. York Montagru Ltd.* (1996) 3 W.L.R. 87
- *Suisse Atlantique Société D'Armement Maritime S.A. v. N.V. Rotterdamsche Kolen Centrale* (1967) 1 A.C. 361
- *Sumner Permain & Co. Ltd. v. Webb & Co. Ltd.* (1922) 1 K.B. 55
- *Tai Hing Cotton Mill Ltd. v. Liu Chong Hing Bank Ltd.* (1986) A.C. 80
- *Taylor v. Combined Buyers Ltd.* (1924) N.Z.L.R. 627
- *Teheran-Europe Co. Ltd. v. S.T. Belton (Tractors) Ltd.* (1968) 2 Q.B. 545
- *Trollope & Colls Ltd. v. N.W. Metropolitan Regional Hospital Board* (1973) 1 W.L.R. 601
- *Varley v. Whipp* (1900) 1 Q.B. 513
- *Wallis, Son & Wells v. Pratt & Heynes* (1910) 2 K.B. 1003
- *Wells (Merstham) Ltd. v. Buckland Sand and Silica Ltd.* (1965) 2 Q.B. 170
- *Wilensko Slaski Towarzystwo Drewno v. Fenwick Co. Ltd.* (1938) 3 All E.R. 429
- *Wilson v. Rickett Cockerell & Co. Ltd.* (1954) 1 Q.B. 598
- *Wren v. Holt* (1903) 1 K.B. 610

§ 1 Einleitung und Abgrenzung des Themas

Am 25.5.1999 wurde die „Richtlinie 1999/44/EG zu bestimmten Aspekten des Verbrauchsgüterkaufs und der Garantien für Verbrauchsgüter" (RL)[1] verabschiedet, durch die für den Verbraucher, der im Binnenmarkt ein mangelhaftes Produkt erwirbt, einheitliche Mindestrechte geschaffen werden. Damit ist ein langwieriges Verfahren zum Abschluß gekommen, das seinen Ursprung in den Vorarbeiten zur Verabschiedung der Richtlinie über mißbräuchliche Klauseln in Verbraucherverträgen[2] findet. Schon zu diesem Zeitpunkt schlug die Kommission eine Harmonisierung des kaufrechtlichen Gewährleistungsrechts der Mitgliedstaaten vor, da die letztgenannte Richtlinie bestimmte Klauseln in Verbraucherverträgen für unwirksam erklärt, ohne anzugeben, welche Regelungen an deren Stelle treten sollen[3]. Über die vorgesehene Angleichung des Mangelbegriffs und der Gewährleistungsrechte des Verbrauchers[4] konnte während der Beratungen jedoch keine Einigkeit erzielt werden. Daher forderte der Rat die Kommission auf, die Möglichkeiten für eine Angleichung der mitgliedstaatlichen Garantieregelungen in Verbraucherverträgen zu untersuchen und gegebenenfalls einen gesonderten Richtlinienvorschlag auszuarbeiten[5].

Auf der Grundlage dieses Mandats verfaßte die Kommission zunächst das Grünbuch über Verbrauchsgütergarantien und Kundendienst[6], das sie am 15.11.1993 der Öffentlichkeit vorstellte. Neben einer Analyse der diesbezüglichen Rechtslage in den Mitgliedstaaten und einer Darstellung der in diesem Zusammenhang bestehenden Probleme von Verbrauchern, Händlern und Herstellern werden dort verschiedene Lösungsvarianten aufgezeigt, um dem europäischen Verbraucher hinsichtlich gesetzlicher und kommerzieller Garantien[7] sowie hinsichtlich des zur Wartung der Produkte angebotenen Kundendienstes gewisse Mindestrechte zu sichern. Am 18.6.1996 legte die Kommission sodann einen Vorschlag für eine Richtlinie über den Verbrauchsgüterkauf und -garantien[8] vor, der im Gegensatz zum Grünbuch in den Mitgliedstaaten wesentlich mehr Beachtung fand. Obwohl eine Regelung des Kundendienstes mit dem Hinweis auf die Komplexität und die

---

[1] ABl. L 171 vom 7.7.1999, S. 12. Sie wird nachfolgend als „Richtlinie" bezeichnet.
[2] Richtlinie 93/13/EWG vom 5.4.1993, ABl. L 95 vom 21.4.1993, S. 29.
[3] MICKLITZ, EuZW 1997, S. 229.
[4] Vgl. Klausel c) der dem ursprünglichen Kommissionsvorschlag als Anhang beigefügten Verbotsliste (ABl. C 243 vom 28.9.1990, S. 2) sowie Art. 6 des geänderten Kommissionsvorschlags (ABl. C 73 vom 24.3.1992, S. 7).
[5] MICKLITZ, EuZW 1997, S. 229; SCHILLER, PHi 1999, S. 118 f..
[6] KOM (93) 509 endg.. Vgl. dazu die eingehende Untersuchung von SCHNYDER/STRAUB, ZEuP 1996, S. 8 ff..
[7] Zur Bedeutung dieser Begriffe siehe S. 28.
[8] KOM (95) 520 endg.; ABl. C 307 vom 16.10.1996, S. 8.

Vielgestaltigkeit von Service-Leistungen ausgeklammert wurde[9], sah sich die Kommission in Anbetracht der harschen Kritik namentlich von deutscher Seite[10] zu einer Überarbeitung dieses Entwurfs veranlaßt[11]. Am 1.4.1998 legte sie einen geänderten Richtlinienvorschlag[12] vor, dessen weiteres Zustandekommen nach dem Mitentscheidungsverfahren gemäß Art. 251 EGV (Art. 189b EGV a.F.) hier nicht im einzelnen nachgezeichnet werden soll.

Der wesentliche Regelungszweck der Richtlinie liegt darin, durch die Verbesserung des Verbraucherschutzes beim Verbrauchsgüterkauf ein effizientes Funktionieren des Binnenmarktes zu gewährleisten[13]. Dementsprechend versteht sie sich als eine Maßnahme zur Binnenmarktverwirklichung im Sinne von Art. 95 EGV (Art. 100a EGV a.F.), bei deren Erlaß gemäß Art. 153 Abs. 1, 3 lit. a) EGV (Art. 129 Abs. 1 EGV a.F.) die Erreichung eines hohen Verbraucherschutzniveaus anzustreben ist. Da dem europäischen Gesetzgeber eine umfassende Kompetenz zur Privatrechtsharmonisierung fehlt, arbeitet er gestützt auf diese Vorschriften am schrittweisen Aufbau eines europäischen Verbraucherrechts. Seit der Richtlinie über mißbräuchliche Vertragsklauseln berühren die in diesem Bereich erlassenen Richtlinien allerdings nicht mehr allein Sondergebiete des Zivilrechts, sondern sie dringen zunehmend in dessen Kernmaterien vor[14]. In dieser Hinsicht stellt die hier in Rede stehende Richtlinie den bislang bedeutsamsten Eingriff dar, weil das kaufrechtliche Gewährleistungsrecht ein zentraler Bestandteil des nationalen Schuldrechts ist[15].

Folglich verwundert es nicht, daß die bezüglich ihrer Notwendigkeit angeführten Erwägungsgründe vielfach angezweifelt wurden. Tatsächlich erscheint es fragwürdig, ob die unterschiedlichen kaufrechtlichen Vorschriften in den einzelnen Mitgliedstaaten zur Folge haben, daß die einzelstaatlichen Absatzmärkte für Verbrauchsgüter unterschiedlich sind und bei den Verkäufern Wettbewerbsver-

---

[9] KOM (95) 520 endg., Kommentierung zu Art. 2 Abs. 3, S. 13.

[10] Neben ablehnenden Stimmen aus der Literatur (MEDICUS, ZIP 1996, S. 1925 ff.; KIRCHER, ZRP 1997, S. 290 ff.; JUNKER, DZWir 1997, S. 271 ff.) äußerte sich insbesondere der Bundesrat in seiner Stellungnahme vom 8.11.1996 in Bezug auf die Notwendigkeit und den Regelungsinhalt der Richtlinie sehr kritisch (BR-Drs. 696/96).

[11] SCHILLER, PHi 1999, S. 119.

[12] KOM (1998) 217 endg.; ABl. C 148 vom 14.5.1998, S. 12.

[13] GEORGES, Dt. und Int. Wirtschaftsrecht, Bd. 15, S. 230; AMTENBRINK/SCHNEIDER, VuR 1999, S. 367.

[14] TONNER, BB 1999, S. 1769; MICKLITZ, EuZW 1997, S. 229 jeweils mit Beispielen.

[15] TONNER, BB 1999, S. 1769; STAUDENMAYER, NJW 1999, S. 2393; SCHÄFER/PFEIFFER, S. 1829.

zerrungen eintreten können[16]. Zwar könnte die Angleichung der nationalen Sachmängelrechte den Verbraucher veranlassen, insbesondere mit Hilfe der neuen Fernkommunikationstechniken vermehrt im Ausland einzukaufen[17]. Oft hält ihn aber nicht sein mangelndes Vertrauen in fremde Rechtsordnungen vom grenzüberschreitenden Warenkauf ab, sondern die eigentlichen Hindernisse bestehen meist in Sprachschwierigkeiten sowie in den aus der Distanz zum Kaufort resultierenden Transportproblemen[18]. Da die Entscheidung über die Erforderlichkeit einer Binnenmarktangleichung jedoch dem Gemeinschaftsgesetzgeber vorbehalten ist[19], kommt diesen Zweifeln seit dem Inkrafttreten der Richtlinie keine praktische Bedeutung mehr zu[20].

Allerdings werden der Begründung des ersten Kommissionsvorschlags zufolge neben dem Primärziel der Vermeidung von Wettbewerbsverzerrungen noch weitere Sekundärziele verfolgt, die im Hinblick auf die von den Mitgliedstaaten vorzunehmende Umsetzung bis zum 1.1.2002 (Art. 11 Abs. 1 RL) weiterhin von Bedeutung sind. Demnach soll die Richtlinie zum einen dem Anliegen des Europäischen Parlaments gerecht werden, unbedingt auf eine Angleichung des Privatrechts der Mitgliedstaaten hinzuarbeiten, und zum anderen durch eine Angleichung der bestehenden einzelstaatlichen Regelungen an das Übereinkommen der Vereinten Nationen über Verträge über den Internationalen Warenkauf vom 11. April 1989 (CISG)[21] zur Vereinfachung der nationalen Vorschriften beitragen[22]. Die erste Zielsetzung betrifft die bereits seit längerem lebhaft geführte Diskussion über das Für und Wider eines europäischen Privatrechts, die an dieser Stelle nicht weitergeführt werden soll[23]. Den Anknüpfungspunkt für die vorliegende Arbeit bildet vielmehr die Kritik, die hinsichtlich der zweiten Zielsetzung geäußert wurde. Es wurde vorgebracht, daß die ausschließlich für Gewerbetreibende getroffenen Regelungen des UN-Kaufrechts nicht auf Verbraucherkäufe übertragbar seien, so daß zusätzlich nur für Verbraucher geltende Vorschriften erlassen werden müßten. Ferner enthielten die Richtlinienbestimmungen diverse sachliche Unklarheiten und seien teilweise nicht mit den beste-

---

[16] EHMANN/RUST, JZ 1999, S. 854; JUNKER, DZWir 1997, S. 276 zu Erwägungsgrund (3) der Richtlinie (ABl. L 171 vom 7.7.1999, S. 12).
[17] ABl. L 171 vom 7.7.1999, S. 12, Erwägungsgrund (4); AMTENBRINK/SCHNEIDER, VuR 1999, S. 300.
[18] SCHLECHTRIEM, JZ 1997, S. 442; JUNKER, DZWir 1997, S. 275 f.; WOLF, RIW 1997, S. 903.
[19] REICH, NJW 1999, S. 2398 m.w.N.
[20] EHMANN/RUST, JZ 1999, S. 854.
[21] Es wird nachfolgend als „UN-Kaufrecht“ oder „Übereinkommen“ bezeichnet.
[22] KOM (95) 520 endg., S. 6.
[23] Vgl. SCHLECHTRIEM, JZ 1997, S. 442 m.w.N.. Zur Frage der Gemeinschaftskompetenz vgl. ENGEL, ZfRV 1999, S. 121 ff. m.w.N..

henden nationalen Regeln vereinbar. Es bestünde daher Anlaß zu der Befürchtung, daß die nationalen Rechte durch die Richtlinienumsetzung nicht einfacher, sondern komplizierter würden[24].

Diese Problematik soll im folgenden aufgegriffen werden, indem im Rahmen einer rechtsvergleichenden Untersuchung des Sachmangelbegriffs im deutschen und im englischen Kaufrecht[25] erörtert wird, ob und inwieweit durch die Umsetzung der in diesem Zusammenhang relevanten Richtlinienvorschriften in den genannten Rechtsordnungen alte Probleme beseitigt bzw. neue Probleme heraufbeschworen werden. Dabei werden angesichts der angestrebten Parallelität zum UN-Kaufrecht auch dessen Regelungen dargestellt[26]. Anhand der gefundenen Ergebnisse soll abschließend sowohl eine Bewertung der von der Richtlinie getroffenen Regelung vorgenommen als auch ein Vorschlag in Bezug auf die Art und Weise der Richtlinienumsetzung gemacht werden.

Insoweit ist festzuhalten, daß im englischen Recht noch ungeklärt ist, ob die Richtlinie als besonderes Verbraucherkaufrecht umgesetzt oder auf alle Arten von Kaufverträgen ausgedehnt und in das bestehende Kaufrecht integriert wird. Im deutschen Recht wird eine Umsetzung als besonderes Verbraucherkaufrecht hingegen überwiegend abgelehnt[27]. Denn eine derartige ergänzende Regelung führt zu einer weiteren Zersplitterung des deutschen Kaufrechts, das neben dem allgemeinen Kaufrecht (§§ 433 ff. BGB), dem Handelskauf (§§ 373 ff. HGB) und dem Einheitlichen UN-Kaufrecht um eine weitere vierte Schicht ergänzt würde[28]. Die aus dem Nebeneinander dieser Regelungsebenen resultierenden Abgrenzungsschwierigkeiten hätten eine enorme Rechtsunsicherheit zur Folge[29]. Dies kann allein dadurch vermieden werden, daß die Bestimmungen der Richtlinie in

---

[24] MEDICUS, ZIP 1996, S. 1925; JUNKER, DZWir 1997, S. 277 f..

[25] Entsprechend dem deutschen Sprachgebrauch ist im folgenden mit dem Begriff „englisches Recht" das Recht Großbritanniens (England, Wales, Schottland, Nordirland) gemeint, wobei gegebenenfalls bestehende Sonderregelungen für Schottland jedoch unberücksichtigt bleiben. Dementsprechend ist, soweit von einer Umsetzung in England die Rede ist, die Umsetzung im Vereinigten Königreich gemeint.

[26] Nicht erörtert werden dagegen die Vorschläge der Lando-Kommission, die nach Art der amerikanischen Law Restatements gemeinsame Prinzipien im Recht der Mitgliedstaaten herausarbeitet, um die erforderlichen wissenschaftlichen Grundlagen für die fortschreitende Rechtsangleichung zu schaffen (vgl. TONNER, BB 1999, S. 1770 m.w.N.).

[27] SCHLECHTRIEM, JZ 1997, S. 446; WOLF, RIW 1997, S. 902 f.; TONNER, BB 1999, S. 1772; SCHMIDT-RÄNTSCH, ZIP 1998, S. 853; ders., ZEuP 1999, S. 296 ff.; EHMANN/RUST, JZ 1999, S. 854; AMTENBRINK/SCHNEIDER, VuR 1999, S. 295; SCHILLER, PHi 1999, S. 128; SCHÄFER/PFEIFFER, S. 1830 f.; a.A. SCHURR, ZfRV 1999, S. 223 f., 228 f..

[28] SCHLECHTRIEM, JZ 1997, S. 441.

[29] WOLF, RIW 1997, S. 903; SCHILLER, PHi 1999, S. 128.

das Bürgerliche Gesetzbuch eingearbeitet werden. Dabei kommt sowohl eine punktuelle Änderung oder eine grundlegende Überarbeitung des geltenden Schuldrechts in Betracht. Die erstgenannte Option beinhaltet eine Anpassung der von den Richtlinienvorgaben abweichenden Vorschriften und eine Ergänzung fehlender Regelungen, wobei im wesentlichen die §§ 459 ff. BGB betroffen wären[30]. Die letztgenannte Option zielt demgegenüber auf eine Erneuerung des gesamten Schuldrechts, bei der die Umsetzung der europäischen Normen mit der Verwirklichung deutscher Reformbestrebungen verbunden werden könnte[31].

Konkrete Überlegungen, das Schuldrecht neu zu ordnen, kamen erstmals im Zusammenhang mit den Vorbereitungen des AGB-Gesetzes auf[32]. Mehrere Bundesländer befürchteten angesichts der Vielzahl von Sonderregelungen außerhalb des Bürgerlichen Gesetzbuchs eine Zersplitterung des bürgerlichen Rechts und sahen aufgrund der richterlichen Rechtsfortbildung in vielen schuldrechtlichen Bereichen die Rechtssicherheit in Gefahr, da das praktizierte Recht im Gesetzeswortlaut kaum noch erkennbar sei. Sie forderten deshalb eine umfassende Überprüfung des allgemeinen und besonderen Schuldrechts, wobei vor allem zu klären sei, ob praktisch verbreitete Vertragstypen gesetzlich geregelt, richterrechtliche Regeln in Gesetzesform gebracht, überholte Vorschriften des Bürgerlichen Gesetzbuchs modernisiert und im Zuge dieser Überlegungen die Regeln des Vertragsrecht an geltende internationale Übereinkommen angepaßt werden sollten. Daraufhin holte das Bundesministerium der Justiz 24 Gutachten von Wissenschaftlern und Praktikern ein, um im Wege einer aktualisierten Problemdarstellung die Grundlagen für die Entscheidung über Art und Umfang einer Schuldrechtsreform zu schaffen[33]. Ihr genauer Inhalt wurde erst Anfang 1984 festgelegt, als die Kommission für die Überarbeitung des Schuldrechts[34] eingesetzt wurde. Sie erhielt den Auftrag, „Vorschläge zu erarbeiten, die es dem Gesetzgeber erlauben, das allgemeine Leistungsstörungsrecht, das Gewährleistungsrecht des Kauf- und Werkvertrags sowie das Verjährungsrecht unter Berücksichtigung insbesondere der Ergebnisse der Rechtsprechung und der Praxis übersichtlicher und zeitgemäßer zu gestalten. Sie soll ihre Arbeitsergebnisse als Bericht vorlegen, der mit einem Gesetzesvorschlag mit Begründung abschließt. Sollte die Kommission im Verlaufe der Arbeit erkennen, daß weitere

---

[30] SCHÄFER/PFEIFFER, S. 1830.
[31] SCHÄFER/PFEIFFER, S. 1831.
[32] ROLLAND, NJW 1992, S. 2378.
[33] SCHURKOM, Abschlußbericht, S. 14. Insoweit wird im folgenden insbesondere das Gutachten HUBERS zum Leistungsstörungsrecht eine Rolle spielen, in dem er die Ausgestaltung desselben nach dem Vorbild des Einheitlichen Kaufgesetzes befürwortet (Gutachten I, S. 647 ff.).
[34] Sie wird nachfolgend als „Schuldrechtskommission“ bezeichnet.

Bereiche des Schuldrechts der Überarbeitung bedürfen, so sollte sie ihre Überlegungen hierzu ebenfalls in der Form eines Berichts unterbreiten."[35]

Von der letzteren Möglichkeit machte die Schuldrechtskommission zwar keinen Gebrauch[36], ihr im Dezember 1991 veröffentlichter Abschlußbericht beinhaltet allerdings eine weitreichende dogmatische Umstrukturierung des allgemeinen Leistungsstörungsrechts, des Gewährleistungsrechts bei Kauf- und Werkverträgen und eine Vereinheitlichung des Verjährungsrechts[37]. Denn in diesen Bereichen stellt sie im geltenden Recht diverse Mängel fest. So rügt sie in Bezug auf das allgemeine Leistungsstörungsrecht dessen Ausrichtung am Tatbestand der Unmöglichkeit der Leistung, die mangelnde Kodifizierung bedeutsamer richterrechtlicher Rechtsinstitute (positive Forderungsverletzung, Verschulden bei Vertragsschluß, Wegfall der Geschäftsgrundlage, Kündigung aus wichtigem Grund) sowie die Alternativität von Schadensersatz und Rücktritt[38]. Im Hinblick auf das Gewährleistungsrecht bei Kauf- und Werkverträgen kritisiert die Schuldrechtskommission die mangelnde Verzahnung mit dem allgemeinen Leistungsstörungsrecht, die durch Abgrenzungsschwierigkeiten zur positiven Forderungsverletzung gekennzeichnete Schadensersatzhaftung des Verkäufers und Werkunternehmers, die zu kurze Dauer der Gewährleistungfristen sowie das Fehlen eines Nacherfüllungsanspruchs des Käufers und eines Rechts zur zweiten Andienung des Verkäufers[39]. Das Verjährungsrecht wird u.a. wegen systematischer Mängel und der unangemessenen Dauer der Verjährungsfristen als überarbeitungsbedürftig angesehen[40].

Die wegen der vielfältigen Kritik ohnehin schleppenden Bemühungen, den Reformentwurf der Schuldrechtskommission zu verwirklichen, gerieten mit der Entstehung der Richtlinie jedoch ins Stocken, weil ein zweimaliges Eingreifen des Gesetzgebers in einem so zentralen Rechtsgebiet vermieden werden sollte und nicht absehbar war, ob die gemeinschaftsrechtlichen Vorgaben ihrem Vorschlag die Grundlage nicht entziehen würde[41]. Die nunmehr erlassenen Richtlini-

---

[35] SCHURKOM, Abschlußbericht, S. 14 f.. Entgegen dem durch die vorbereitenden Gutachten erweckten Eindruck sollte somit nicht der „Abschied vom BGB" eingeläutet werden, sondern es ging um eine Überarbeitung, bei der unter Wahrung der systematischen Grundstrukturen, methodischen Ansätze und Grundwertungen des Gesetzes gewissermaßen die Erfahrungen aus acht Jahrzehnten seiner Anwendung aufgearbeitet werden (SCHURKOM, Abschlußbericht, S. 15).
[36] ROLLAND, NJW 1992, S. 2378.
[37] RUST, Gewährleistungsrecht, S. 28; SCHURKOM, Abschlußbericht, S. 29 ff..
[38] SCHURKOM, Abschlußbericht, S. 16 ff..
[39] SCHURKOM, Abschlußbericht, S. 20 ff..
[40] SCHURKOM, Abschlußbericht, S. 26 ff..
[41] GASS, FS Rolland, S. 136 f..

enbestimmungen stehen mit den Regelungen des Schuldrechtsreformentwurfs (KE) aber weitgehend in Einklang. Denn mit diesem wurde ebenso wie mit der Richtlinie eine weitgehende Angleichung an das Recht für den internationalen Kauf angestrebt, auch wenn die Schuldrechtskommission manche Vorschriften des UN-Kaufrechts mangels Eignung für das nationale Schuldrecht nicht übernahm[42]. Die von ihr vorgesehenen Änderungen könnten somit für die Richtlinienumsetzung nutzbar gemacht werden. Dies belegt auch der am 4. August 2000 vom Bundesjustizministerium veröffentlichte Diskussionsentwurf eines Schuldrechtsmodernisierungsgesetzes (SMGE), der u.a. der Umsetzung der hier in Rede stehenden Richtlinie dient und die von der Schuldrechtskommission vorgeschlagenen Reformen mit wenigen Abweichungen übernimmt[43]. Die Regelungen des Schuldrechtsreformentwurfs werden deshalb, soweit sie für die vorliegende Arbeit relevant sind, im Rahmen der rechtsvergleichenden Würdigungen erörtert.

---

[42] ROLLAND, NJW 1992, S. 2380.

[43] Dieser Diskussionsentwurf (im folgenden zitiert: BMJ, Diskussionsentwurf) ist abrufbar unter *www.bundesjustizministerium.de/ggv/eschurmo.pdf*. Siehe dazu im einzelnen S. 229 ff..

§ 2 Die Systeme der kaufrechtlichen Gewährleistung

Eine rechtsvergleichende Betrachtung des Sachmangelbegriffs bedarf zunächst einer kurzen Erörterung der Systeme der kaufrechtlichen Gewährleistung, in die er eingebettet ist. Denn die rechtlichen Wertungen, die darin zum Ausdruck kommen, bilden die Grundlage für die Lösung von Einzelfragen.

A. Das System des deutschen Rechts

Im deutschen Recht ist die kaufrechtliche Sachmängelhaftung in den §§ 459 ff. BGB geregelt. Bei Handelskäufen gelten ergänzend die §§ 373 ff. HGB. Die Kontrolle Allgemeiner Geschäftsbedingungen erfolgt anhand des AGB-Gesetzes.

I. Die Gewährleistungshaftung des Verkäufers

Gemäß § 459 BGB haftet der Verkäufer dafür, daß die verkaufte Sache im Zeitpunkt des Gefahrübergangs mangelfrei ist, d.h. daß sie keine Fehler aufweist (Abs. 1) und die zugesicherten Eigenschaften vorhanden sind (Abs. 2). Seine Haftung kann aber, abgesehen von der Möglichkeit besonderer vertraglicher Vereinbarungen[1], gesetzlich ausgeschlossen sein. So tritt sie nicht ein, wenn der Käufer den Mangel bei Vertragsabschluß kennt (§ 460 S. 1 BGB) oder wenn er ihm infolge grober Fahrlässigkeit unbekannt bleibt und der Verkäufer den Fehler nicht arglistig verschwiegen oder seine Abwesenheit zugesichert hat (§ 460 S. 2 BGB). Der Käufer, der den Mangel der Sache bei deren Übergabe kennt, behält seine Rechte nur, wenn er sich diese bei der Annahme vorbehält (§ 464 BGB). Bei beiderseitigen Handelskäufen muß er die Ware unverzüglich nach der Ablieferung untersuchen und dem Verkäufer die erkennbaren Mängel unverzüglich sowie im Rahmen der Untersuchung nicht erkennbare Mängel unverzüglich nach ihrer Entdeckung anzeigen (§ 377 Abs. 1, 3 HGB), da die Ware sonst als genehmigt gilt (§ 377 Abs. 2, 3 HGB) und er seine Gewährleistungsrechte verliert.

Die Rechtsbehelfe des Käufers einer mangelhaften Sache werden für den Stückkauf in §§ 462 ff. BGB und für den Gattungskauf in § 480 BGB geregelt. Bei Stückkäufen hat der Käufer stets das Recht, den Kaufvertrag rückgängig zu

---

[1] Derartige Vereinbarungen sind gemäß § 476 BGB unwirksam, wenn dem Verkäufer Arglist zur Last fällt. Erfolgen sie durch die Einbeziehung Allgemeiner Geschäftsbedingungen, so sind darüber hinaus die Grenzen des AGB-Gesetzes zu beachten (Staudinger-HONSELL, Vorbem zu §§ 459 ff, Rn. 91).

machen (Wandelung, §§ 462, 465, 467, 346 ff. BGB) oder den Kaufpreis herabzusetzen (Minderung, §§ 462, 465, 472 BGB)[2]. Schadensersatz wegen Nichterfüllung kann er stattdessen nur geltend machen, wenn der Sache zur Zeit des Kaufs[3] eine zugesicherte Eigenschaft fehlt (§ 463 S.1 BGB), wenn der Verkäufer einen Fehler arglistig verschwiegen (§ 463 S.2 BGB) oder wenn er die Fehlerfreiheit arglistig vorgespiegelt hat (§ 463 S. 2 BGB analog[4]). Hinsichtlich dessen Berechnung stehen dem Käufer nach seiner Wahl zwei Möglichkeiten zur Verfügung: Er kann entweder die mangelhafte Sache behalten und bloß die Differenz zum vertragsmäßigen Zustand ersetzt verlangen (sog. kleiner Schadensersatz) oder aber sie zurückgeben und das volle Erfüllungsinteresse geltend machen (sog. großer Schadensersatz)[5]. Der genaue Anspruchsumfang ist umstritten. Ein großer Teil der Lehre sieht auch die durch die mangelhafte Kaufsache nur mittelbar verursachten Mangelfolgeschäden als von § 463 BGB erfaßt an, da diese bei ordnungsgemäßer Erfüllung ebenfalls nicht eingetreten wären[6]. Demgegenüber schienen nach Ansicht des BGH zunächst nur die unmittelbar verursachten Mangelschäden darunter zu fallen[7]. Nunmehr hat er sich zumindest für den Bereich des § 463 S. 1 BGB der Auffassung des Schrifttums angeschlossen und ermittelt durch Auslegung des Kaufvertrages, ob mit der Zusicherung der Eigenschaft auch eine Haftung für Mangelfolgeschäden übernommen werden sollte[8]. Bei Gattungskäufen hat der Käufer neben den auch bei Stückkäufen geltenden Mängelrechten wahlweise einen Anspruch auf Lieferung einer mangelfreien

---

[2] Die Wirkungen von Wandelung und Minderung treten nicht bereits aufgrund des einseitigen Verlangens des Käufers ein. Vielmehr ist für ihren Vollzug gemäß § 465 BGB erforderlich, daß sich der Verkäufer mit dem Verlangen des Käufers einverstanden erklärt. Zur umstrittenen Frage, wie dieser Vollzug im einzelnen herbeigeführt wird, vgl. Müko-WESTERMANN, § 462, Rn. 3 ff.; LARENZ, SchuldR, S. 53 ff..

[3] Da dieser Rechtsbehelf „statt der Wandelung oder Minderung" eingeräumt wird, müssen die sonstigen Voraussetzungen der Sachmängelhaftung zusätzlich vorliegen, d.h. die zugesicherte Eigenschaft darf weder bei Vertragsabschluß noch bei Gefahrübergang vorhanden sein (BGH WM 1987, 1041 (1043); Palandt-PUTZO, § 463, Rn. 6, 8; BROX, SchuR BT, Rn. 88).

[4] Dieser Fall wird von der h.M. dem im Gesetz geregelten Fall des arglistigen Verschweigens eines Mangels gleichgestellt (RGZ 66, 335 (338); 83, 241 (243); BGH WM 1978, 1175; Müko-WESTERMANN, § 463, Rn. 10; MEDICUS, SchuldR II, Rn. 70).

[5] REINICKE-TIEDTKE, Kaufrecht, Rn. 460 ff.; MEDICUS, SchuldR II, Rn. 71; BROX, SchuR, BT, Rn. 90. Der große Schadensersatz kombiniert also im Grunde die Wandelung und den Ersatz weitergehender Schäden und der kleine Schadensersatz die Minderung und den Ersatz weitergehender Schäden, obwohl § 463 BGB Schadensersatz nur alternativ neben diesen Rechtsbehelfen gewährt. Zur Zulässigkeit dieser Berechnungsweise, vgl. Soergel-HUBER, § 463, Rn. 40 ff..

[6] MEDICUS, SchuldR II, Rn. 72; BROX, SchuR BT, Rn. 91; DIEDERICHSEN, AcP 165 (1965), S. 155 ff.; Staudinger-HONSELL, § 463, Rn. 53 ff..

[7] BGH WM 1962, 516 (517).

[8] BGHZ 50, 200; BGH NJW 1973, 843 (845).

Sache, auf den die für die Wandelung geltenden Vorschriften Anwendung finden (§ 480 Abs. 1 BGB)[9]. Ein Nachbesserungsrecht ist zwar nicht gesetzlich vorgesehen, kann aber, wie sich aus § 11 Nr. 10 lit. b) AGBG ergibt, von den Parteien vereinbart werden.

Die genannten Ansprüche verjähren innerhalb von sechs Monaten beginnend mit der Übergabe (§§ 477 Abs. 1, 480 Abs. 1 S. 2 BGB), wobei es unerheblich ist, ob der Käufer innerhalb dieser Frist Kenntnis von dem Mangel erlangte oder erlangen konnte[10]. Die 30jährige Frist des § 195 BGB gilt nur, wenn der Verkäufer den Mangel arglistig verschwiegen oder die Fehlerfreiheit arglistig vorgespiegelt hat (§ 477 Abs. 1 S. 1 BGB).

II. Die Sonderstellung der Sachmängelhaftung im BGB

Während auf die sonstigen Hauptpflichten des Verkäufers, d.h. die Pflicht zur Übergabe und Übereignung der Kaufsache frei von Rechten Dritter (§§ 433 Abs. 1 S. 1, 434 BGB), gemäß § 440 Abs. 1 BGB die Vorschriften über die Nichterfüllung (§§ 320 ff. BGB) Anwendung finden, ist die Sachmängelhaftung in den §§ 459 ff. BGB einer gesonderten Regelung unterworfen.

1. Historische Grundlagen

Diese Sonderregelung hat rechtshistorische Gründe. Das geltende Gewährleistungsrecht hat sich aus dem römischen Recht entwickelt. Dort galt ursprünglich der Grundsatz, daß die Sache so gekauft wird, wie sie ist (*tale quale*). Eine Haftung des Verkäufers für die sachliche Beschaffenheit der Kaufsache entwikkelte sich erst allmählich[11]. Bis zur klassischen Zeit war anerkannt, daß er bei

---

[9] Zur streitigen Frage, ob es sich hierbei um den ursprünglichen Erfüllungsanspruch oder aber um einen mit diesem nicht identischen besonderen Gewährleistungsanspruch handelt, vgl. Soergel-HUBER, Vor § 459, Rn. 159 ff. m.w.N..

[10] LARENZ, SchuldR, S. 63. Rechtspolitischer Zweck der kurzen kaufrechtlichen Verjährung ist es, die mit zunehmendem Zeitablauf auftretenden Beweisschwierigkeiten hinsichtlich der bei Gefahrübergang vorhandenen Mängel zu vermeiden und dadurch für das vom Massenumsatz geprägte Kaufrecht möglichst bald nach der Vertragsabwicklung den Rechtsfrieden wiederherzustellen (BGHZ 60, 9; 66, 315 (321); 114, 35 (38); Mot. II, 238; Prot. I, S. 676; Müko-WESTERMANN, § 477, Rn. 1; Staudinger-HONSELL, § 477, Rn. 1). Dies wird im Hinblick auf verborgene Mängel, die erst nach Ablauf der Frist erkennbar werden und innerhalb dieser nicht geltend gemacht werden können, zunehmend als unbefriedigend empfunden (vgl. zu dieser Diskussion Müko-WESTERMANN, § 477, Rn. 1 m.w.N.).

[11] HONSELL u.a., Römisches Recht, S. 315.

Arglist oder Garantieübernahme in Form von *dicta* oder *promissa* aufgrund des Kaufvertrages auf den Ersatz des negativen Interesses haftete, der vom Käufer im Wege der *actio empti* geltend gemacht werden konnte[12]. Für den Kauf von Sklaven oder Zugtieren galt daneben das Sonderrecht der ädilizischen Edikte, die die besonderen Rechtsbehelfe der *actio redhibitoria* (Wandelung) und der *actio quanti minoris* (Minderung) begründeten. Diese konnten außer in den Fällen der Arglist und der Garantieübernahme geltend gemacht werden, wenn der Verkäufer dem Käufer bestimmte, im Edikt aufgezählte Fehler nicht mitgeteilt oder die Stipulation für diese verweigert hatte. Dabei war es unerheblich, ob der Verkäufer den Fehler kannte oder nicht[13]. Da diese Haftung von den Ädilen kraft ihrer marktpolizeilichen Funktion entwickelt wurde, beruhte sie nicht auf dem Kaufvertrag, sondern stand selbständig neben diesem. Das Nebeneinander endete erst in der nachklassischen Zeit. Indem die ädilizische Haftung auf alle Sachkäufe ausgedehnt und die *actio empti* um die Möglichkeit der Wandelung oder Minderung erweitert wurde, verschmolzen ädilizisches und ziviles Kaufrecht[14]. Die Doppelspurigkeit von Nichterfüllung und Gewährleistung blieb aber erhalten und findet sich auch im geltenden Recht wieder[15], wo die fehlende Angleichung beider Regelungskomplexe zu zahlreichen Abgrenzungsproblemen führt.

2. Abgrenzung und Konkurrenz zu anderen Rechtsbehelfen

Häufig kommen bei der Lieferung einer mangelhaften Sache auch andere Rechtsbehelfe in Betracht. Diese entstammen im wesentlichen dem Anfechtungsrecht (§§ 119 ff. BGB), dem allgemeinen Leistungsstörungsrecht (§§ 320 ff. BGB), den gewohnheitsrechtlichen Instituten der positiven Vertragsverletzung und der *culpa in contrahendo* sowie dem Deliktsrecht (§§ 823 ff. BGB)[16]. Nach Gefahrübergang werden die §§ 459 ff. BGB allgemein als eine abschließende Sonderregelung angesehen, da die Zulassung anderer Ansprüche das vom Gesetzgeber detailliert geregelte Haftungssystem stört[17]. Vor Gefahrübergang kann der Käufer die allgemeinen Rechtsbehelfe hingegen geltend machen und zwar gegebenenfalls in freier Anspruchskonkurrenz zu den Gewährleistungsansprü-

---

[12] FLUME, Eigenschaftsirrtum, S. 57, KASER, Römisches Privatrecht, S. 198; HONSELL u.a., Römisches Recht, S. 316.
[13] KASER, Römisches Privatrecht, S. 198 f.; HONSELL u.a., Römisches Recht, S. 316 f..
[14] FLUME,Eigenschaftsirrtum, S. 58 f.; KASER, Römisches Privatrecht, S. 199.
[15] Staudinger-HONSELL, Vorbem zu §§ 459 ff, Rn.5.
[16] ESSER-WEYERS, SchuldR, S. 65 f.; LARENZ, SchuldR, S. 66.
[17] RGZ 61, 171 (174 ff.); 138, 354 (356 f.); BGHZ 10, 242 (249); 114, 34 (36 f.); ; Müko-WESTERMANN, § 459, Rn. 82; Staudinger-HONSELL, Vorbem zu §§ 459 ff, Rn. 16; BROX, SchuR BT, Rn. 95 ff..

chen, die ihm nach Treu und Glauben bei unbehebbaren Mängeln bereits zu diesem Zeitpunkt zustehen[18].

Die ausschließliche Anwendung des Sachmängelrechts, namentlich die kurze Verjährung nach § 477 BGB und die Beschränkung des Schadensersatzanspruchs aus § 463 BGB auf Zusicherungs- und Arglistfälle, bedingte aber oft unbillige Ergebnisse, die die Rechtsprechung durch die Ergänzung oder Ersetzung der Gewährleistungsvorschriften durch allgemeine Rechtsbehelfe zu vermeiden suchte. Dabei führte ihr auf die Lösung einzelner Konkurrenzfragen beschränktes Vorgehen zu einem unübersichtlichen und in vielerlei Hinsicht widersprüchlichen Abgrenzungssystem[19]. Beispielhaft sei hier nur auf das komplizierte Verhältnis zu den gewohnheitsrechtlichen Rechtsbehelfen der positiven Vertragsverletzung und der *culpa in contrahendo* verwiesen. So erhält der Käufer Mangelschäden nur unter den strengen Voraussetzungen des § 463 BGB ersetzt, während er Ersatz für die durch die Lieferung einer mangelhaften Sache verursachten Mangelfolgeschäden aufgrund einer positiven Vertragsverletzung bereits bei bloß schuldhafter Pflichtverletzung des Verkäufers verlangen kann[20]. Ansprüche aus Verschulden bei Vertragsschluß wegen falscher Angaben über die Kaufsache oder Verschweigens von Mängeln werden nur bei fahrlässigem, nicht aber bei vorsätzlichem Verhalten des Verkäufers ausgeschlossen[21]. Darüber hinaus wird der bei Fahrlässigkeit geltende Ausschluß häufig umgangen, indem die Verletzung einer besonderen Beratungspflicht angenommen oder bei fahrlässig falschen Auskünften über zusicherungsfähige Eigenschaften „im weiteren Sinne“ eine Haftung aus *culpa in contrahendo* zugelassen wird[22]. Die ergänzende Anwendung dieser Rechtsbehelfe wird dadurch wieder eingeschränkt, daß auf

---

[18] BGHZ 34, 32; BGH NJW 1995, 1737 (1738); Müko-WESTERMANN, § 459, Rn. 82; BROX, SchuR BT, Rn. 95. Ein Teil der Lehre befürwortet auch hier eine Verdrängung der allgemeinen Vorschriften durch die §§ 459 ff. BGB (Soergel-HUBER, Vor § 459, Rn. 183 ff.; Palandt-PUTZO, Vorbem v. § 459, Rn. 3; LARENZ, SchuldR, S. 69).

[19] Staudinger-HONSELL, Vorbem zu §§ 459 ff, Rn. 16.

[20] RGZ 52, 18 (19); 53, 200 (202); 56, 166 (168 f.); BGHZ 77, 215 (217); Staudinger-HONSELL, Vorbem zu §§ 459 ff, Rn. 78 ff.;Müko-WESTERMANN, § 459, Rn. 88; Palandt-PUTZO, Vorbem v. § 459, Rn. 6; LARENZ, SchuldR, S. 70.

[21] BGH NJW-RR 1988, 10 (11); WM 1990, 1211 (1212); NJW 1992, 2564 (2565); NJW 1995, 45 (46); Staudinger-HONSELL, Vorbem zu §§ 459 ff, Rn. 56 ff.; Palandt-PUTZO, Vorbem v. § 459, Rn. 7. Teilweise wird unter Berufung auf die in BGHZ 60, 319 enthaltene Einschränkung „abgesehen von Mangelfolgeschäden“ vertreten, daß dieser Ausschluß ebenso wie bei der positiven Vertragsverletzung nur für Mangelschäden gilt (LARENZ, SchuldR, S. 75 f.; ESSER-WEYERS, SchuldR, S. 68 f.; KÖHLER, JA 1982, S. 163).

[22] BGH NJW 1962, 1196 (1197); WM 1970; 132, 133; WM 1977, 712 (714); WM 1981, 308; WM 1984, 1092 (1094); Soergel-HUBER, Vor § 459, Rn. 224 ff.; ESSER-WEYERS, SchuldR, S. 71 f..

sie, soweit sie auf die Mangelhaftigkeit der Kaufsache gestützt werden, die Verjährungsfrist des § 477 BGB entsprechende Anwendung findet[23].

3. Der Rechtsgrund der Sachmängelhaftung

Teilweise wird vertreten, daß die Beurteilung des Verhältnisses der §§ 459 ff. BGB zu den allgemeinen Vorschriften, insbesondere den §§ 320 ff. BGB, von der kontrovers diskutierten Frage des Rechtsgrundes der Sachmängelhaftung abhänge[24]. Tatsächlich sind die praktischen Auswirkungen dieses Theorienstreits aber gering. Denn die Lösung der Konkurrenzprobleme durch Verweis auf Wesen und Grund der Gewährleistungsvorschriften wäre als Rückfall in die Begriffsjurisprudenz zu werten[25]. Da auch die Rechtsprechung zu der Streitfrage nie direkt Stellung genommen hat[26], sondern fallweise über die Anwendung einzelner Vorschriften entschied[27], sollen die jeweiligen Standpunkte hier nur kurz referiert werden. Dabei beschränkt sich die Diskussion zwischen der „Gewährleistungstheorie“ und der „Nichterfüllungstheorie“ auf den Spezieskauf, während für den Gattungskauf aufgrund des Nachlieferungsanspruchs in § 480 Abs. 1 S. 1 BGB allgemein anerkannt ist, daß die Lieferung einer mangelhaften Sache einen Fall der „Nichterfüllung“ darstellt[28].

a) Die Gewährleistungstheorie

Ausgangspunkt der Gewährleistungstheorie ist die Feststellung, daß der Käufer beim Spezieskauf, auch wenn die ihm übergebene Sache mangelhaft ist, diejeni-

---

[23] RGZ 53, 200 (203); 56, 166 (169); BGHZ 77, 215 (219 f.); 114, 35 (38); Müko-WESTERMANN, § 459, Rn. 88; MEDICUS, SchuldR II, Rn. 73. Zur Begründung wird angeführt, daß der Gesetzeszweck der raschen Wiederherstellung des Rechtsfriedens nur dann erreicht werden könne, wenn alle Ansprüche wegen Mängeln der Kaufsache der kurzen Verjährungsfrist des § 477 Abs. 1 BGB unterlägen (RGZ 56, 166 (169); BGHZ 77, 215 (219 f.)).

[24] LARENZ, SchuldR, S. 66; FABRICIUS, JZ 1967, S. 464.

[25] Staudinger-HONSELL, Vorbem zu §§ 459 ff, Rn. 10; Müko-WESTERMANN, § 459, Rn. 1; WALTER, Kaufrecht, S. 135 f..

[26] Müko-WESTERMANN, § 459, Rn. 1.

[27] Danach sind die §§ 320 ff. BGB erst nach Gefahrübergang ausgeschlossen (BGHZ 34, 32 (34 f.); BGH NJW 1995, 1737 (1738)). Insbesondere wurde eine Anwendung der §§ 281, 323 Abs. 2 BGB bejaht, wenn die Sache nach Vertragsschluß und vor Übergabe beschädigt und dadurch fehlerhaft wurde, so daß der Käufer einen Versicherungs- oder Schadensersatzanspruch geltend machen kann (BGHZ 114, 34; BGH NJW 1995, 1737).

[28] Soergel-HUBER, Vor § 459, Rn. 157; Staudinger-HONSELL, Vorbem zu §§ 459 ff, Rn. 7; LARENZ, SchuldR, S. 77.

ge Sache erhalten hat, die er gekauft hat. Da ein Anspruch auf Lieferung einer mangelfreien Sache aufgrund der Eigenart des Spezieskaufs nicht in Betracht komme und ein Nachbesserungsanspruch im Gesetz nicht vorgesehen sei[29], könne die Verschaffung der Kaufsache frei von Sachmängeln folglich nicht als Leistungspflicht des Verkäufers angesehen werden. Dieser habe den Kaufvertrag vielmehr trotz des Sachmangels erfüllt[30]. Zur Begründung wird angeführt, daß die Annahme einer Pflicht zur mangelfreien Lieferung mangels geeigneter rechtlicher Sanktionen in Form eines Erfüllungs- und Schadensersatzanspruchs in §§ 459 ff. BGB jeden Sinn entbehre[31]. Ferner wird darauf verwiesen, daß die Gewährleistungsvorschriften nicht zwischen behebbaren und unbehebbaren Mängeln unterschieden und der Kaufvertrag auch bei unbehebbaren Mängeln nicht gemäß § 306 BGB nichtig sei, obwohl dies im Fall einer Verpflichtung zur mangelfreien Leistung angenommen werden müsse[32].

Statt dessen stuft die Gewährleistungstheorie die Haftung aus §§ 459 ff. BGB als eine selbständige Reaktion auf die Mangelhaftigkeit der Kaufsache ein, zu deren dogmatischer Rechtfertigung verschiedene Gründe herangezogen werden. Auf der Grundlage der Lehre Zitelmanns, wonach Vorstellungen über die Eigenschaften der Kaufsache wegen der logischen Unmöglichkeit der Vereinbarung einer anderen als der tatsächlichen Beschaffenheit niemals den Inhalt, sondern immer nur das Motiv eines Kaufvertrages bilden könnten[33], wurden diese Erklärungen ursprünglich außerhalb der Kaufvertrages angesiedelt. So wurde die Gewährleistung verstanden als ein gesetzlich besonders geregelter Fall des Wegfalls der Geschäftsgrundlage[34] bzw. der Verfehlung des Geschäftszwecks[35]. Andere legten dem Kaufvertrag den virtuellen Vorbehalt des Käufers zugrunde, die Verpflichtung zur Kaufpreiszahlung nur übernehmen zu wollen, wenn er eine

[29] Daß ein solcher Anspruch bei den Gesetzesberatungen offenbar nicht in Erwägung gezogen wurde, mag darin begründet sein, daß der Käufer die Nachbesserung in den Fällen, in denen der Verkäufer ausnahmsweise zur Mangelbehebung imstande ist, durch die Androhung von Wandelung und Minderung erzwingen kann (Soergel-HUBER, Vor § 459, Rn. 16).

[30] SCHOLLMEYER, Jher. Jb. 49 (1905), S. 97; M.WOLFF, Jher. Jb. 56 (1910), S. 4, 10; Soergel-BALLERSTEDT, 10. Aufl., Vor § 459, Rn. 15; LARENZ, SchuldR, S. 67; RAAPE, AcP 150 (1949), S. 482 f.; SÜß, Gewährleistung für Sachmängel, S. 48 ff.; KNÖPFLE, AcP 180 (1980), Fn. 11; FOERSTE, JuS 1994, S. 203.

[31] LARENZ, SchuldR, S. 66 ff.; RAAPE, AcP 150 (1949), S. 485.

[32] LARENZ, SchuldR, S. 67; M.WOLFF, , Jher. Jb. 56 (1910), S. 5; KNÖPFLE, AcP 180 (1980), Fn. 11.

[33] ZITELMANN, Irrtum und Rechtsgeschäft, S. 435 ff, insbes. S. 439 f.; KNÖPFLE, Fehler beim Kauf, S.32 ff.; ders., JZ 1978, S. 123.

[34] OERTMANN, Geschäftsgrundlage, S. 37, 71 f..

[35] LOCHER, AcP 121 (1923), S. 24.

fehlerfreie, seiner Leistung äquivalente Kaufsache erhalte[36]. Im Anschluß an die These Flumes, wonach der rechtsgeschäftliche Wille aufgrund der mangelnden Trennbarkeit von Individualität und Beschaffenheit auf die Leistung eines bestimmten Gegenstandes mit den vorgestellten Eigenschaften gerichtet sei[37], stützen neuere Vertreter der Gewährleistungstheorie die Haftung des Verkäufers auf den Kaufvertrag. Sie führten als Grund die Vertragsgerechtigkeit und die enttäuschte Käufererwartung über die Beschaffenheit der Kaufsache[38] bzw. die Störung der von den Parteien vorausgesetzten „subjektiven" Äquivalenz von Leistung und Gegenleistung[39] an. Der letztgenannte Aspekt liegt als gemeinsamer Grundgedanke letztlich allen Auffassungen zugrunde[40].

b) Die Nichterfüllungstheorie

Die Nichterfüllungstheorie bejaht hingegen eine Pflicht des Verkäufers, eine mangelfreie Kaufsache zu liefern. Die von den Parteien gewollte Äquivalenz ihrer Leistungen, die auch die mangelfreie Beschaffenheit der Sache umfasse, sei nicht nur Motiv, sondern Inhalt des Vertrages. Da eine vertragliche Vereinbarung aber nur dann einen Sinn ergebe, wenn das vertraglich Vereinbarte auch geschuldet sei, müsse eine diesbezügliche Leistungspflicht des Verkäufers bestehen[41]. Dem Einwand des fehlenden Erfüllungs- und Schadensersatzanspruchs wird mit dem Argument begegnet, daß eine Leistungspflicht des Schuldners in unserer Rechtsordnung zwar regelmäßig, aber nicht notwendigerweise mit einem Anspruch auf Erfüllung in Natur korrespondiere. Es handele sich bei der Verpflichtung zur mangelfreien Lieferung ausnahmsweise um eine im Hinblick auf Erfül-

---

[36] SÜß, Gewährleistung für Sachmängel, S. 129 ff., 211.
[37] FLUME, Eigenschaftsirrtum, S. 31 f.; HERBERGER, Sachmängelhaftung, S. 56.
[38] LARENZ, SchuldR, S. 68.
[39] Soergel-BALLERSTEDT, 10. Aufl., Vor § 459, Rn. 15; RAAPE, AcP 150 (1949), S. 484; LEHMANN, S. 197.
[40] Soergel-HUBER, Vor § 459, Rn. 149.
[41] KORINTENBERG, Abschied von der Gewährleistung, S. 33 ff.; ERMAN, S. 41; GRAUE, Mangelfreie Lieferung beim Kauf, S. 288 f.; HERBERGER, Sachmängelhaftung, S. 74 ff.; GILLIG, Nichterfüllung und Sachmängelgewährleistung, S. 43 ff.; Soergel-HUBER, Vor § 459, Rn. 169 ff.; Erman-GRUNEWALD, Vor § 459, Rn. 35. Ähnlich auch FABRICIUS, der von einer aus § 242 BGB herzuleitenden Nebenpflicht ausgeht (JZ 1967, S. 470 f.). Demgegenüber wendet sich FLUME gegen die methodische Anknüpfung des Streits an die Frage des Bestehens einer Erfüllungspflicht des Verkäufers, da die Gewährleistungspflicht keiner Legitimation durch diese bedürfe, sondern ihre Begründung bereits im Kaufvertrag finde. Er sieht daher in der mangelhaften Lieferung zwar die Nichterfüllung des Kaufvertrages, nicht aber die Nichterfüllung einer Erfüllungspflicht (Eigenschaftsirrtum, S. 41 ff.; ähnlich auch RABEL, Recht des Warenkaufs, Bd. II, S. 104 ff.).

lung und Schadensersatz „unentwickelte“[42] Pflicht, deren Verletzung durch die „Ersatzerfüllungsansprüche“ der §§ 459 ff. BGB sanktioniert werde[43]. Gegen den Einwand des Widerspruchs zu § 306 BGB wird angeführt, daß der Rechtssatz *impossibilium nulla est obligatio* nicht zwingend die Rechtsfolge der Nichtigkeit einer auf eine unmögliche Leistung gerichteten Verpflichtung beinhalte, sondern nur einen entsprechenden Erfüllungsanspruch ausschließe. Im übrigen werde er als dispositives Recht durch die §§ 459 ff. BGB als *leges speciales* verdrängt[44]. Grund der Sachmängelhaftung ist demnach die Nichterfüllung der Verkäuferpflicht zur sachmangelfreien Lieferung.

Nach der Gewährleistungstheorie haftet der Verkäufer also, obwohl Mangelfreiheit nicht geschuldet ist[45], nach der Erfüllungstheorie, weil Mangelfreiheit geschuldet ist. Die Gewährleistungsregeln greifen aber nach beiden Auffassungen ein.

B. Das System des englischen Rechts

Ebenso wie das gesamte englische Vertragsrecht basiert auch das englische Kaufrecht auf den durch Richterrecht entwickelten Grundsätzen des *common law*[46]. Diese prägten maßgeblich den Inhalt der Kaufrechtsvorschriften, die vom Gesetzgeber erstmals im Jahre 1893 im *Sale of Goods Act* kodifiziert wurden. Die diversen gesetzlichen Änderungen und Ergänzungen der Folgezeit wurden

---

[42] KRESS, Allg. SchuldR, S. 5 ff., 578 ff..

[43] Soergel-HUBER, Vor § 459, Rn. 153, 173; Erman-GRUNEWALD, Vor § 459, Rn. 35; GRAUE, Mangelfreie Lieferung beim Kauf, S. 288 f.. Nach FLUME handelt es sich hingegen um eine von der Erfüllungspflicht zu unterscheidende Gewährleistungspflicht, die ebenso wie erstere durch den Kaufvertrag begründet werde und lediglich besondere, vom Gesetz zugunsten des Verkäufers abgeschwächte Rechtsfolgen nach sich ziehe (Eigenschaftsirrtum, S. 41 ff.)

[44] Soergel-HUBER, Vor § 459, Rn. 154; HERBERGER, Sachmängelhaftung, S. 83 f..

[45] SÜß, Gewährleistung für Sachmängel, S. 51.

[46] In diesem Zusammenhang meint der Begriff *common law* das in den gerichtlichen Entscheidungen enthaltene Fallrecht im Gegensatz zum *statute law*, d.h. dem vom Gesetzgeber geschaffenen Gesetzesrecht. Daneben wird das *common law* auch noch verstanden als striktes Recht im Gegensatz zur *equity*, d.h. dem zu seiner Korrektur entwickelten Billigkeitsrecht. In einem weiteren Sinne bezeichnet der Begriff schließlich das gesamte englische Recht in Abgrenzung zum *civil law*, worunter früher das römische Recht und heute die kontinentaleuropäischen Rechte verstanden werden (ZWEIGERT/KÖTZ, Rechtsvergleichung, S. 185; HENRICH, Einführung in das englische Privatrecht, S.2).

schließlich im *Sale of Goods Act* 1979 (SGA) neu zusammengefaßt[47]. Die Regeln des *common law* bleiben jedoch nach sec. 62 (2) SGA daneben anwendbar, soweit sie nicht mit den kodifizierten Bestimmungen unvereinbar sind. Ferner finden für die Verjährungsfristen kaufrechtlicher Ansprüche der *Limitation Act* 1980 (LA) und für den Ausschluß von Käuferrechten der *Unfair Contract Terms Act* 1977 (UCTA) und die *Unfair Terms in Consumer Contracts Regulations* 1994 (UTCCR) Anwendung[48].

I. Die Haftung wegen Vertragsbruchs

Kennzeichnend für das *common law* ist, daß es nicht zwischen den einzelnen Formen von Leistungsstörungen bei Schuldverträgen unterscheidet. Ein besonderes Institut der Gewährleistung ist ihm unbekannt[49]. Es geht vielmehr von einem einheitlichen Vertragsbruchtatbestand aus, der unabhängig davon erfüllt ist, ob der Schuldner gar nicht, fehlerhaft oder verspätet leistet[50]. Die Vertragsbruchtheorie beruht auf dem Wesen des Schuldvertrages im englischen Recht, der als ein auf die Herbeiführung eines bestimmten Erfolges gerichtetes Garantieversprechen verstanden wird. Sofern der Schuldner den versprochenen Erfolg nicht herbeiführt und damit gegen eine vertragliche Vereinbarung (*term*) verstößt, haftet er wegen Vertragsbruchs (*breach of contract*)[51]. Diese Haftung ist aufgrund der durch das Erfolgsversprechen begründeten objektiven Einstandspflicht des Schuldners für die Folgen des Vertragsbruchs grundsätzlich unabhängig von einem Verschulden (*principle of strict liability)*, es sei denn, die sog. *doctrine of frustration*[52] greift ein[53].

---

[47] BRIDGE, Sale of Goods, S.1 f.. Die Fassung von 1979 in ihrer durch den *Sale and Supply of Goods Act* 1994 und den *Sale of Goods (Amendment) Act* 1994 ergänzten Form liegt den nachfolgenden Erörterungen zugrunde.

[48] Die im Rahmen dieser Arbeit zitierten englischen Rechtsvorschriften sind in Anhang 1 aufgeführt.

[49] RABEL, Recht des Warenkaufs, Bd. II, S. 105.

[50] TREITEL, Law, S. 731; TRIEBEL u.a., Englisches Handels- und Wirtschaftsrecht, S. 75.

[51] RABEL, Recht des Warenkaufs, Bd. I, S. 263; ZWEIGERT/KÖTZ, Rechtsvergleichung, S. 501 f..

[52] Dieses Rechtsinstitut erfaßt Fälle, die im deutschen Recht über tatsächliche und rechtliche Unmöglichkeit und über den Wegfall der Geschäftsgrundlage gelöst werden. Danach kann eine Vertragspartei vom Gericht bei Auftreten außergewöhnlicher, nicht voraussehbarer und unverschuldeter Umstände von der Leistungsverpflichtung befreit werden, wenn die Vertragserfüllung unmöglich oder die Erfüllungshandlung völlig verschieden von der ursprünglich vereinbarten geworden ist (TRIEBEL u.a., Englisches Handels- und Wirtschaftsrecht, S. 79).

[53] JENKINS/HENSHALL/HOLLAND in v. Westphalen, Rn. 84; TREITEL, Outline, S. 267. Des weiteren bezeichnet TREITEL auch die Fälle, in denen nur die Anwendung angemessener

Maßgeblich zur Beurteilung von Störungen des Schuldverhältnisses sind also stets die *terms*,[54] die entweder ausdrücklich (*express terms*) oder stillschweigend (*implied terms*[55]) getroffen werden können. Aufgrund dieser Vertragssystematik entfällt auf der Tatbestandsebene die oft schwierige Differenzierung nach der Art der Leistungsstörung. Das damit verbundene Rechtsfolgensystem kommt aber nicht ohne wichtige Abgrenzungen aus. Zum einen ergeben sich unterschiedliche Rechtsfolgen je nach dem, ob die Parteierklärungen Vertragsbestandteil (*contractual term*) geworden sind oder ob sie lediglich zum Vertragsabschluß bestimmen sollten, ohne selbst Bestandteil zu werden (*mere representation*). Während dem Gläubiger im Fall des Bruchs eines *term* stets ein Schadensersatzanspruch und nur in bestimmten Fällen ein Recht zur Aufhebung des Vertrages gewährt wird[56], berechtigt ihn eine falsche *representation* (*misrepresentation*) stets zur Aufhebung des Vertrages und nur in bestimmten Fällen zum Schadensersatz[57]. Zum anderen ist im Rahmen der *terms* zur Bestimmung der Rechtsfolgen noch einmal danach zu unterscheiden, ob die verletzte Zusage eine *condition*, eine *warranty* oder einen *innominate term* darstellt. So handelt es sich bei einer *condition* um eine Vertragsbestimmung, deren Bruch neben einem Schadensersatzanspruch grundsätzlich auch ein Recht zur Aufhebung des Vertrags begründet, und bei einer *warranty* um eine Vertragsbestimmung, deren Bruch grundsätzlich nur zu einem Schadensersatzanspruch berechtigt. Demgegenüber sind *innominate terms* Klauseln, bei denen die Frage, ob ihr Bruch zu einem Vertragsaufhebungsrecht oder lediglich zu einem Schadensersatzanspruch führt, von der Natur und den Wirkungen des Verstoßes abhängig ist[58].

Sorgfalt und Sachkunde bei der Erbringung einer Leistung versprochen wurde, als Ausnahme vom Grundsatz der strengen Haftung (Outline, S. 267 f.). Da hier jedoch das Versprechen nicht den Eintritt eines Ereignisses, sondern nur die Leistung unter Anwendung der geforderten *reasonable care and skill* beinhaltet, liegt bei Einhaltung dieses Sorgfaltsmaßstabs m.E. bereits kein Vertragsbruch vor, so daß es auf die Frage des Verschuldens nicht mehr ankommt (so auch TRIEBEL u.a., Englisches Handels- und Wirtschaftsrecht, S. 76).

[54] TREITEL, Outline, S. 265.

[55] Bei solchen stillschweigenden Vertragsklauseln kann es sich um von den Parteien nach den Umständen des Einzelfalls als selbstverständlich vorausgesetzte Vereinbarungen (*terms implied in fact*), um von den Gerichten in derartigen Fällen normativ unterstellte Vereinbarungen (*terms implied in law*) oder um sich aus Verkehrssitte oder Handelsbrauch ergebende Vereinbarungen (*terms implied by custom or usage*) handeln (TREITEL, Law, S. 185 ff.).

[56] REYNOLDS in Benjamin, Rn. 12-017 f..

[57] GUEST/HARRIS/REYNOLDS in Chitty, Vol. II, Rn. 4727.

[58] TREITEL, Outline, S. 279.

II. Die Gewährleistungshaftung des Verkäufers

Auch die Haftung des Verkäufers für die Mangelhaftigkeit des Kaufgegenstandes hängt von den Abreden ab, die die Parteien bezüglich dessen Qualität getroffen haben. Dabei war das englische Recht ursprünglich, abgesehen von der Möglichkeit ausdrücklicher Vereinbarungen oder den Fällen arglistigen Verhaltens des Verkäufers, geprägt durch den Grundsatz des *caveat emptor*, wonach der Käufer das Risiko zu tragen hat, daß die Ware nicht seinen Erwartungen entspricht oder mit unerkannten Fehlern behaftet ist. Dieses Prinzip wurde durch die im Wege des Richterrechts erfolgende Entwicklung von stillschweigenden Vertragsvereinbarungen jedoch zunehmend aufgeweicht. Durch die gegenüber diesem Richterrecht noch weitergehende Kodifizierung solcher *implied conditions and warranties* im *Sale of Goods Act* wurde es schließlich eher in das Prinzip des *caveat venditor* verkehrt[59]. Nunmehr ist der Käufer aufgrund der in dieser Hinsicht allerdings abschließenden[60] Regelungen der ss. 13 bis 15 SGA geschützt gegen die Abweichung des Kaufgegenstandes von der Beschreibung (sec. 13 SGA) oder dem Muster (sec. 15 SGA) sowie bei Beteiligung eines gewerblichen Verkäufers gegen das Fehlen zufriedenstellender Qualität (sec. 14 (2) SGA) und gegen die mangelnde Eignung zum angestrebten Zweck (sec. 14 (3) SGA). Für die Beurteilung ist auf den Zeitpunkt des Gefahrübergangs abzustellen[61]. Ein Haftungsausschluß ist zwar durch ausdrückliche Vereinbarung, Brauch oder Gewohnheit zwischen den Parteien nach sec. 55 (1) SGA grundsätzlich möglich, ihm sind aber vor allem durch den *Unfair Contract Terms Act* Grenzen gesetzt.

Da die stillschweigenden Qualitätsvereinbarungen vom Gesetz als *conditions* eingestuft werden, führt ihr Bruch immer zu einem Recht zur Zurückweisung der Ware und zur Aufhebung des Vertrages sowie zu einem Anspruch auf Schadensersatz[62]. Der Käufer kann die Verletzung einer *condition* aber auch als Bruch einer *warranty* behandeln, indem er am Vertrag festhält und sich auf die Geltendmachung von Schadensersatz beschränkt (sec. 11 (2) SGA). Hingegen kann es sich bei den ausdrücklichen Qualitätsvereinbarungen um eine *condition*, eine *warranty* oder aber einen *innominate term* handeln, so daß ihre Verletzung zwar immer einen Schadensersatzanspruch begründet, das Bestehen eines Zurückweisungs- und Vertragsaufhebungsrechts jedoch von der Beurteilung der Umstände im Einzelfall abhängt[63]. Darüber hinaus kann das Gericht im Falle eines *breach of contract* unter bestimmten Voraussetzungen auf Antrag des Käufers anstelle

---

[59] ATIYAH/ADAMS, Sale of Goods, S. 111 f..
[60] Dies folgt aus sec. 14 (1) SGA.
[61] *Healy v. Howlett & Sons* (1917) 1 K.B. 337 (343).
[62] GUEST/HARRIS/REYNOLDS in Chitty, Vol. II, Rn. 4724.
[63] ATIYAH/ADAMS, Sale of Goods, S. 113.

der genannten Rechtsfolgen auch die Erfüllung des Vertrages anordnen (sec. 52 SGA). Während dies in der Regel nur bei Stückschulden (*specific goods*[64] und *ascertained goods*[65]) in Betracht kommt, gelten die anderen Rechtsbehelfe ebenso für Gattungsschulden (*unascertained goods*)[66].

1. Das Recht zur Zurückweisung der Ware und zur Aufhebung des Vertrages

Das Recht zur Zurückweisung der Ware (*right to reject the goods*) ist vom Recht zur Aufhebung des Vertrages (*right to treat the contract as repudiated*[67]) zu unterscheiden. Die Zurückweisung der Waren beendet nicht notwendigerweise den Vertrag, sondern es ist dem Verkäufer unbenommen, die Lieferung mangelfreier Ware anzubieten, solange der Erfüllungszeitraum noch nicht abgelaufen ist[68]. Dies ist erst dann ausgeschlossen, wenn der Käufer die Annahme des Vertragsbruchs (*acceptance of repudiation*) erklärt und damit den Vertrag beendet[69]. Die Vertragsaufhebung bewirkt zwar nicht die rückwirkende Auflösung des Vertrages, sie führt jedoch dazu, daß die Lieferpflicht des Verkäufers und die Kaufpreiszahlungspflicht des Käufers entfallen[70]. Gegebenenfalls bereits erbrachte Leistungen sind zurückzugewähren. Sofern das Eigentum an der Ware bereits auf den Käufer übergegangen ist, fällt es automatisch wieder an den Verkäufer zurück[71] und der Käufer kann den bereits gezahlten Kaufpreis wegen vollständigen Ausbleibens der Gegenleistung (*total failure of consideration*)

---

[64] Diese sind in sec. 61 (1) SGA definiert als *„...goods identified and agreed on at the time a contract of sale is made."*

[65] Hierunter versteht man *„goods identified in accordance with the agreement after the time a contract of sale is made"* (ATIYAH/ADAMS, Sale of Goods, S. 507).

[66] Hierzu sind auch Sachen aus einem beschränkten Vorrat (*quasi-specific goods*) zu rechnen (BRIDGE, Sale of Goods, S. 41 f.).

[67] Diese Formulierung wurde von den Verfassern des *Sale of Goods Act* bewußt in Abgrenzung zu den sonst für die Vertragsaufhebung bzw. das Recht zur Vertragsaufhebung gängigen Begriffe *„rescission"* und *„right to rescind"* gewählt. Es sollte verdeutlicht werden, daß es sich um eine *rescission for breach of contract* handelt, bei der kumulativ auch ein Recht auf Schadensersatz besteht, während bei einer *rescission for misrepresentation* ein Schadensersatzanspruch nur alternativ in Betracht kommt (TREITEL, Law, S. 660 f.).

[68] ATIYAH/ADAMS, Sale of Goods, S. 449.

[69] Die Vertragsbeendigung wird somit nicht als einseitiges Gestaltungsrecht, sondern als Vertrag konstruiert (TRIEBEL u.a., Englisches Handels- und Wirtschaftsrecht, S. 82).

[70] TREITEL, Outline, S. 291 ff..

[71] ATIYAH/ADAMS, Sale of Goods, S. 456.

zurückverlangen (sec. 54 SGA)[72]. Der Vertrag bleibt aber Grundlage für einen darüber hinausgehenden Schadensersatzanspruch[73]. Auf einen solchen ist der Käufer beschränkt, wenn er das Zurückweisungs- und damit auch das Vertragsaufhebungsrecht verloren hat bzw. dieses ausgeschlossen ist.[74]

Der Käufer kann das Recht zur Zurückweisung der Ware und zur Aufhebung des Vertrages zunächst durch einen ausdrücklichen oder stillschweigenden Verzicht verlieren, es sei denn, er handelt als Verbraucher (sec. 35 (3) SGA). So kann er nach sec. 11 (2) SGA auf alle aus dem Vertragsbruch resultierenden Rechte (*waiver*) oder nur auf das Zurückweisungsrecht, nicht aber auf die Geltendmachung von Schadensersatz verzichten (*affirmation*)[75]. Während es für einen *waiver* als ausreichend angesehen wird, daß der Käufer seinen Verzicht in klarer und eindeutiger Weise erklärt, setzt eine *affirmation* stets die Kenntnis des Käufers vom Vertragsbruch und dem daraus resultierenden Zurückweisungsrecht voraus[76]. Unabhängig von einer solchen Kenntnis normiert der SGA in den Fällen, in denen der Käufer die Ware annimmt, eine stillschweigende *affirmation* (sec. 11 (4) SGA)[77]. Eine Annahme kann erfolgen durch eine ausdrückliche Erklärung gegenüber dem Verkäufer (sec. 35 (1) (a) SGA) oder die Vornahme einer Handlung, die sich mit dem Eigentum des Verkäufers nicht vereinbaren läßt (sec. 35 (1) (b) SGA)[78]. Ferner wird eine Annahme bejaht, wenn der Käufer die Waren über einen angemessenen Zeitraum behält, ohne gegenüber dem Verkäufer die Zurückweisung zu erklären (sec. 35 (4) SGA). Die Frage nach der Dauer eines angemessenen Zeitraums obliegt der Beurteilung des Gerichts im konkreten

---

[72] Bei diesem Anspruch handelt es sich um einen sog. *restitutional remedy*, der seine Grundlage im *common law* hat. Der Käufer hat die Wahl, ob er diesen Anspruch oder den nachfolgend zu erörternden Schadensersatzanspruch geltend macht (RABEL, Recht des Warenkaufs, Bd. II, S. 268). Letzterer kann zwar auch den bereits gezahlten Kaufpreis beinhalten, aber es gelten für den Käufer strengere Anforderungen im Hinblick auf den Schadensnachweis und die Schadensminderungspflicht (REYNOLDS in Benjamin, Rn. 12-065; TREITEL, Outline, S. 359 f.).

[73] TREITEL, Outline, S. 292 f..

[74] ATIYAH/ADAMS, Sale of Goods, S. 457.

[75] REYNOLDS in Benjamin, Rn. 12-045.

[76] REYNOLDS in Benjamin, Rn. 12-046, 12-048.

[77] ATIYAH/ADAMS, Sale of Goods, S. 458. Zur Problematik der teilweisen Annahme der Waren bei nichtteilbaren Verträgen (*non-severable contracts*) siehe S. 67 f..

[78] Die Formulierung des sec. 35 (1) (b) SGA „*...inconsistent with the ownership of the seller...*" ist insofern problematisch, als der Käufer mit der Übergabe der Ware regelmäßig das Eigentum erwirbt und eine mit der Eigentümerstellung des Verkäufers unvereinbare Handlung nicht mehr möglich ist. Da das Eigentum bei Zurückweisung der Ware jedoch an den Verkäufer zurückfällt, ist der Eigentumsübergang zunächst nur bedingt und der Verkäufer hat weiterhin ein anwartschaftliches Interesse (*reversionary interest*) an der Ware, das der Käufer nicht verletzen darf (REYNOLDS in Benjamin, Rn. 12-053).

Fall. Er wird regelmäßig sehr kurz bemessen sein, auch wenn der Mangel erst nach längerer Zeit erkennbar wird. Denn die Rechtsprechung geht davon aus, daß das Recht zur Vertragsaufhebung binnen kurzer Zeit nach dem Vertragsbruch ausgeübt werden soll[79]. Allerdings setzt eine Annahme in jedem der genannten Fälle voraus, daß der Käufer zuvor eine ausreichende Gelegenheit zur Untersuchung der Ware hatte (sec. 35 (2), (5) SGA).

2. Der Anspruch auf Schadensersatz

Im Rahmen des Schadensersatzanspruchs sind zwei verschiedene Konstellationen zu unterscheiden. Erfolgte die Zurückweisung der Waren zu Recht, wird der Verkäufer so angesehen, als habe er überhaupt nicht geliefert, und der Käufer kann den Ersatz weitergehender Schäden nach ss. 51, 54 SGA geltend machen (*damages for non-delivery*). In den sonstigen Fällen, d.h. beim Bruch einer *warranty* oder beim Bruch einer *condition*, der aufgrund eines Ausschlusses des Zurückweisungsrechts oder eines entsprechenden Entschlusses des Käufers lediglich als Bruch einer *warranty* behandelt wird, richtet sich der Schadensersatzanspruch nach ss. 53, 54 SGA (*damages for defective quality*). In beiden Fällen wird Ersatz sowohl für den in der Nichtlieferung bzw. der Mangelhaftigkeit der Ware bestehenden Schaden, als auch für darüber hinausgehende Begleit- und Folgeschäden[80] gewährt, sofern diese zurechenbar sind. Voraussetzung für die Zurechenbarkeit eines Schadens (*remoteness*) ist, daß er zum einen durch den Vertragsbruch kausal verursacht wurde und zum anderen für die vertragsbrüchige Partei vorhersehbar (*not too remote*) ist[81]. Der letztere und für das Vertragsrecht bedeutsamere Aspekt der *remoteness* ist in den ss. 51 (2), 53 (2) und 54 SGA niedergelegt, die die im Fall *Hadley v. Baxendale*[82] entwickelten Grundsätze des *common law* wiedergeben[83]. Nach den in dieser Entscheidung aufge-

---

[79] REYNOLDS in Benjamin, Rn. 12-060.

[80] Hierunter fallen die sog. *expectation losses* (Verluste aufgrund enttäuschter Erwartungen, die durch den Vertrag begründet wurden), die sog. *reliance losses* (Verluste aufgrund von Ausgaben, die im Vertrauen auf den Vertrag getätigt wurden) sowie die sog. *consequential losses* (Körper- und Sachschäden infolge Benutzung der mangelhaften Sache). Die jeweiligen Schadenspositionen können - begrenzt durch das Verbot der Doppelkompensation - auch nebeneinander geltend gemacht werden (TREITEL, Outline, S. 320 ff.).

[81] MCGREGOR, Rn. 122.

[82] (1843-60) All. E.R. Rep. 461: Die Kläger (Mühlenbesitzer) beauftragten den Beklagten (Transportunternehmer) mit der Beförderung eines als Muster für die Neuanfertigung bestimmten Mühlrads, die von diesem jedoch verzögert wurde. Infolge dessen stand die Mühle längere Zeit still. Ein Schadensersatzanspruch wegen Gewinnausfalls wurde aber abgelehnt, da der Beklagte nicht wußte, aus welchem Grund das Mühlrad verschickt wurde.

[83] TREITEL, Outline, S. 333 ff.; HARRIS in Benjamin, Rn. 17-001, 17-045.

stellten sog. *two rules* ist der Schaden zu ersetzen, der vernünftigerweise als direkte und natürliche Folge des Vertragsbruchs anzusehen ist (*1st rule: general damages*) oder der von den Parteien bei Vertragsschluß wegen Kenntnis besonderer Umstände als wahrscheinliche Folge in Betracht gezogen werden konnte (*2nd rule: special damages*)[84]. Den Verkäufer trifft aber keine Ersatzpflicht für Schäden, die eintreten, weil der Käufer ab dem Zeitpunkt des Vertragsbruches zumutbare und angemessene Maßnahmen zur Schadensminderung (*mitigation of damages*) unterläßt. Welche Maßnahmen als zumutbar und angemessen anzusehen sind, ist anhand der Umstände des Einzelfalls zu beurteilen[85].

Beim Ersatz des Schadens für die nichtgelieferte bzw. die mangelhafte Ware handelt es sich um *general damages* im Sinne von ss. 51, 53 SGA. Im Fall der *damages for non-delivery* besteht dieser Schaden nach sec. 51 (3) SGA prima facie in der Differenz zwischen dem Kaufpreis und dem Marktpreis zu der Zeit, zu der eine vertragsmäßige Sache hätte geliefert werden müssen. Haben die in Rede stehenden Waren keinen Marktpreis, so greift die allgemeine Regel der sec. 51 (2) SGA ein und der Käufer erhält die Differenz zwischen dem Vertragspreis und dem Verkehrswert der Waren zu der Zeit, zu der sie hätten geliefert werden müssen[86]. Sofern der Käufer den Kaufpreis bereits gezahlt hat, kann er diesen ebenfalls nach sec. 51 (2) SGA bis zur Höhe des Marktpreises bzw. des Wertes der Waren zur vereinbarten Lieferzeit geltend machen[87]. Im Fall der *damages for defective quality* ergibt sich der Schadensersatz für die mangelhafte Ware nach sec. 53 (3) SGA[88] prima facie aus der Differenz zwischen dem Ver-

---

[84] *Hadley v. Baxendale* (1843-60) All E.R.Rep. 461 (465 f.).

[85] MCGREGOR, Rn. 285, 291; TRIEBEL u.a., Englisches Handels- und Wirtschaftsrecht, S. 87.

[86] Als Anhaltspunkte für die Ermittlung des Verkehrswertes können dem Gericht beispielsweise die Kosten für den Erwerb vergleichbarer Güter oder ein eventueller Weiterverkaufspreis dienen (GUEST/ HARRIS/REYNOLDS in Chitty, Vol. II, Rn. 4938).

[87] REYNOLDS in Benjamin, Rn. 12-024. Sofern der Marktpreis bzw. der Verkehrswert der Waren nach Vertragsschluß gefallen ist, wird der Kaufpreis nach sec. 51 (2) SGA daher nicht in voller Höhe ersetzt. Hier kann sich der Restitutionsanspruch der sec. 54 SGA auch wirtschaftlich als günstiger für den Käufer erweisen, da er unabhängig von zwischenzeitlichen Preis- oder Wertveränderungen der Waren zur Rückerstattung des vollen Kaufpreises führt (REYNOLDS in Benjamin, Rn. 12-065) .

[88] Die Vorschrift betrifft zwar nach ihrem Wortlaut nur den Bruch einer Qualitätsvereinbarung (sec. 14 (2) SGA), doch ist anerkannt, daß ein ähnlicher Maßstab beim Bruch einer Beschaffenheitsvereinbarung nach sec. 13 SGA oder der Vereinbarung einer besonderen Zweckeignung nach sec. 14 (3) SGA gilt (HARRIS in Benjamin, Rn. 17-045).

kehrswert der Waren im Zeitpunkt der Lieferung[89] und dem Verkehrswert der Waren, wenn sie der *warranty* entsprochen hätten[90].

Bei den weitergehenden Begleit- und Folgeschäden handelt es sich um *special damages* im Sinne von sec. 54 SGA. Entsprechend der *2nd rule* der Entscheidung *Hadley v. Baxendale* setzt der Ersatz dieser Schäden daher immer voraus, daß die Parteien bei Vertragsschluß die besonderen Umstände kannten, aufgrund derer ihr Eintritt als wahrscheinliche Folge in Betracht gezogen werden mußte. Ferner werden diese Schäden nur erstattet, wenn sie vor dem Zeitpunkt eingetreten sind, zu dem der Käufer Kenntnis vom Mangel erlangt hat oder hätte erlangen können[91]. Ist dies der Fall, so werden dem Käufer vergebliche Aufwendungen[92] ebenso ersetzt wie entgangener Gewinn, der häufig darin besteht, daß ein geplanter Weiterverkauf nicht zustande kommt[93]. Ferner sind neben Personenschäden des Käufers und seiner Familienmitglieder[94] sowie Schäden am Eigentum des Käufers[95] auch die Kosten der Inanspruchnahme durch Dritte[96] ersatzfähig.

---

[89] Zum Teil wird zugunsten des Käufers statt auf den Zeitpunkt der Lieferung auf einen späteren Zeitpunkt, wie etwa den der Besichtigung der Ware durch den Endabnehmer, abgestellt (GUEST/HARRIS/ REYNOLDS in Chitty, Vol. II, Rn. 4951).

[90] Zur Bestimmung dieser Werte kann das Gericht den Marktpreis der Waren und in Ermangelung eines solchen einen möglichen Weiterverkaufspreis heranziehen (HARRIS in Benjamin, Rn. 17-048 f.). Zur eventuellen Maßgeblichkeit von Nachbesserungs- oder Reparaturkosten, vgl. ATIYAH/ADAMS, Sale of Goods, S. 495 f..

[91] GUEST/HARRIS/REYNOLDS in Chitty, Vol. II, Rn. 4954 ff.. Insoweit kann dem Käufer aber nur vorgeworfen werden, offensichtliche Mängel nicht erkannt zu haben, da ihn keine Pflicht zur eingehenden Untersuchung der Ware trifft (HARRIS in Benjamin, Rn. 17-055).

[92] Hierunter fallen beispielsweise die Gebühren für die Erstellung eines schriftlichen Vertrages (*Lloyd v. Stanbury* (1971) W.L.R. 535).

[93] GUEST/HARRIS/REYNOLDS in Chitty, Vol. II, Rn. 4959 ff.. Allerdings kann der Käufer wegen der Gefahr der Doppelkompensation vergebliche Aufwendungen und entgangenen Gewinn nicht nebeneinander geltend machen, sondern muß zwischen beiden Schadenspositionen wählen (HARRIS in Benjamin, Rn. 17-065).

[94] *Geddling v. Marsh* (1920) 1 K.B. 668; *Preist v. Last* (1903) 2 K.B. 148.

[95] *Parsons (H.) (Livestock) Ltd. v. Uttley Ingham & Co. Ltd.* (1978) Q.B. 791.

[96] Diese können dadurch entstehen, daß der Käufer gegenüber dritten Personen, die durch die mangelhafte Ware verletzt werden (*Lambert v. Lewis* (1982) A.C. 225), oder gegenüber Abnehmern, die ihn wegen der Mangelhaftigkeit der Ware in Anspruch nehmen (*Pinnock Bros. v. Lewis and Peat Ltd.* (1923) 1 K.B. 690), schadensersatzpflichtig wird (GUEST/ HARRIS/REYNOLDS in Chitty, Vol. II, Rn. 4964 ff.).

3. Die Anordnung der Erfüllung des Vertrages

Das Wesen des Vertrages im *common law* besteht nicht in der Verpflichtung zur Leistung, sondern in der Verpflichtung zum Schadensersatz, wenn der versprochene Erfolg nicht eintritt[97]. Demgemäß beschränken sich die Rechtsbehelfe des englischen Rechts auf Vertragsaufhebung und Schadensersatz, während ihm Erfüllungsansprüche wie beispielsweise ein Recht des Käufers auf Nachbesserung oder Ersatzlieferung grundsätzlich unbekannt sind[98].

Diese Besonderheit ist rechtshistorisch begründet. Im mittelalterlichen *common law* ließen sich Ansprüche nur dann gerichtlich durchsetzen, wenn der Kläger eine auf den gegebenen Sachverhalt passende Klageformel (*writ*) hatte. Im Falle einer Vertragsverletzung stand ihm lediglich eine auf Schadensersatz gerichtete Klage zu. Denn die insoweit einschlägige *writ of assumpsit* hatte sich erst allmählich auf der Grundlage der deliktsrechtlichen *writ of trespass* entwickelt[99]. Da sich diese Klagemöglichkeit häufig als ungenügend erwies, entwickelte die *equity*-Rechtsprechung[100] bald den Rechtsbehelf der *specific performance* mit dem der Kläger ausnahmsweise die Erfüllung des Vertrages verlangen konnte. Dieser wurde vor allem in den Fällen gewährt, in denen das Erfüllungsinteresse des Käufers entweder aufgrund der Einzigartigkeit des Vertragsgegenstandes besonders hoch war oder sich nur schwer in Geldbeträgen beziffern ließ, so daß ein Schadensersatzanspruch unzureichend war[101]. Für das Warenkaufrecht ist nunmehr in sec. 52 SGA die Möglichkeit festgeschrieben, ein Urteil zu erlassen, das eine Verpflichtung des Verkäufers zur Vertragserfüllung ausspricht[102]. Ent-

---

[97] RABEL, Recht des Warenkaufs, Bd. I, S. 263; ZWEIGERT/KÖTZ, Rechtsvergleichung, S. 477 f.; WHITTAKER in Chitty, Vol. I, Rn. 1.

[98] KOM (93) 509 endg., S. 52.

[99] ZWEIGERT/KÖTZ, Rechtsvergleichung, S. 181 ff..

[100] Dieser Zweig der Rechtsprechung entwickelte sich aus einem Petitionsverfahren, in dem ursprünglich der König aufgrund einer Bittschrift des Klägers den Ungereimtheiten, die im Rahmen des stark formalisierten Aktionensystems *„at common law"* auftraten, durch eine Billigkeitsentscheidung *„in equity"* abhelfen konnte. Der König delegierte diese Befugnis bald an seinen *Lord Chancellor*, was zur Entstehung eines neuen Gerichts - *Court of Chancery* - führte. Seine Entscheidungen verfestigten sich im Laufe der Zeit zu einem Komplex besonderer Rechtsregeln und entfalteten mit Beginn ihrer regelmäßigen Veröffentlichung gegen Ende des 16. Jahrhunderts auch präjudizielle Bindungswirkung. Erst durch die *Judicature Acts 1873-1875* verschmolzen die *chancery courts* und die *common law courts* zu einer einheitlichen Gerichtsorganisation (ZWEIGERT/KÖTZ, Rechtsvergleichung, S. 184 f.; HENRICH, Einführung in das englische Privatrecht, S. 5 f.).

[101] TREITEL, Remedies, S. 18.

[102] Obwohl die Vorschrift die Gewährung von *specific performance* nicht ausdrücklich auf *specific* oder *ascertained goods* beschränkt, wurde dieser Rechtsbehelf nur vereinzelt bei reinen Gattungsschulden zur Verfügung gestellt, wenn dies aufgrund der näheren Umstände

sprechend ihrer geschichtlichen Entwicklung ist sie jedoch in das Ermessen des Gerichts gestellt und wird von der Rechtsprechung sehr restriktiv gehandhabt. So wird die Erfüllung des Vertrages grundsätzlich nur angeordnet, wenn es sich um Waren handelt, die äußerst selten oder wertvoll oder für den Käufer von hohem Affektionsinteresse sind[103]. Wenn der Käufer die Waren hingegen, wenn auch mit einer gewissen Zeitverzögerung, an anderer Stelle erwerben kann, sehen die Gerichte die Gewährung von Schadensersatz als ausreichend an[104].

4. Die Verjährung der Ansprüche

Die dargestellten Ansprüche verjähren nach sec. 5 LA innerhalb von sechs Jahren und, soweit sie auf den Ersatz von Körperschäden gerichtet sind, nach sec. 11 (4) LA innerhalb von drei Jahren. Die Frist beginnt grundsätzlich mit der Entstehung des Anspruchs (ss. 5, 11 (4) (a) LA), d.h. mit dem Vertragsbruch[105]. Dieser vollzieht sich bei einem Verstoß gegen eine Qualitäts- oder Beschaffenheitsangabe mit der Lieferung der mangelhaften Sache[106]. Während es für die Verjährung nach sec. 5 LA unerheblich ist, ob der Geschädigte innerhalb der Verjährungsfrist von dem Schaden Kenntnis erlangte oder erlangen konnte, kann der Verjährungsbeginn bei Ansprüchen wegen Körperverletzung nach ss. 11 (4) (b), 14 LA auf den späteren Zeitpunkt der Kenntniserlangung des Verletzten verschoben werden. Auch bei arglistiger Täuschung, Vorenthaltung wichtiger Tatsachen und Irrtum beginnt die Frist nach sec. 32 (1) LA erst mit der Entdekkung oder der Entdeckbarkeit dieser Umstände zu laufen.

III. Die sonstigen Pflichten des Verkäufers

Die gleichen Rechtsbehelfe stehen dem Käufer im Fall der Verletzung der weiteren im SGA normierten Verkäuferpflichten zu. Hierbei handelt es sich um die Pflicht zur Lieferung der Waren (ss. 27-29 SGA) zur richtigen Zeit (sec. 29 (3), (5) SGA) und in der richtigen Menge (ss. 30-32 SGA), die Pflicht zur Übertra-

---

des Einzelfalls angemessen erschien. Dabei handelte es sich um Fälle, in denen eine Ersatzbeschaffung durch den Käufer nur unter Schwierigkeiten oder überhaupt nicht möglich war (*Howard E. Perry & Co. v. British Railways Board* (1980) 1 W.L.R. 1375 (1383); *Sky Pertroleum Ltd. v. V.S.P. Petroleum Ltd.* (1974) 1 W.L.R. 576 (578 f.)).

[103] ZWEIGERT/KÖTZ, Rechtsvergleichung, S. 479; RABEL, Recht des Warenkaufs, Bd. II, S. 270.

[104] HARRIS in Benjamin, Rn. 17-090 f..

[105] GUEST in Chitty, Vol. I, Rn. 1931.

[106] GUEST in Chitty, Vol. I, Rn. 1940.

gung eines gültigen Titels am Kaufgegenstand (sec. 12 (1) SGA) sowie die Pflicht zur Übergabe der Ware frei von dem Käufer unbekannten Belastungen und Rechten Dritter (sec. 12 (2) SGA). Mit Ausnahme der letztgenannten, vom Gesetz ausdrücklich als *warranty* bezeichneten Verpflichtung stellen diese Pflichten regelmäßig *conditions* dar[107].

C. Das System der Richtlinie

Wie ihr im Zuge der Beratungen geänderter Titel zum Ausdruck bringt, beinhaltet die Richtlinie keine Harmonisierung des gesamten Kaufrechts für Verbraucher[108]. Vielmehr beschränkt sie sich darauf, Regelungen für die „gesetzliche Garantie" (Art. 2 bis 5 RL) und für die „kommerziellen Garantien" (Art. 6 RL) zu treffen[109]. Dabei bezeichnet der Begriff „gesetzliche Garantie" die ohne Willensbekundung der Vertragsparteien eintretende gesetzliche Haftung des Verkäufers für Mängel der erworbenen Sache, deren Voraussetzungen und Rechtsfolgen sich unmittelbar aus dem Gesetz ergeben[110]. Der Begriff „kommerzielle Garantie" meint die von einem Verkäufer oder Hersteller durch eine Willensbekundung ohne Aufpreis eingegangene Verpflichtung, für Mängel, die an der Sache auftreten, in der von ihm bestimmten Weise und unter den von ihm genannten Bedingungen zu haften[111]. Diese Regelungen müssen die Mitgliedstaaten spätestens bis zum 1.1.2002 in nationales Recht umgesetzt haben (Art. 11 Abs. 1 RL). Darüber hinausgehende Fragestellungen in Zusammenhang mit dem

---

[107] Lediglich im Fall der Verletzung der Verpflichtung zur Lieferung der richtigen Menge (ss. 30-32 SGA) ist es fraglich, ob jeder Verstoß den Käufer *ipso facto* berechtigt, den Vertrag als aufgehoben zu behandeln. Denn die genannten Vorschriften räumen ihm nur ein Recht zur Zurückweisung der Waren ein, so daß ein neues Angebot des Verkäufers zur Lieferung der vertragsgemäßen Menge grundsätzlich möglich bleibt. Da dies aber nur innerhalb des vereinbarten Erfüllungszeitraums erfolgen kann, wird meist ein Vertragsaufhebungsrecht bestehen (GUEST/HARRIS/REYNOLDS in Chitty, Vol. II, Rn. 4849; REYNOLDS in Benjamin, Rn. 12-025). Zur Frage, wann die Nichteinhaltung der Lieferzeit (sec. 29 (3), (5) SGA) einen *breach of condition* darstellt, vgl. ATIYAH/ADAMS, Sale of Goods, S. 97 f..

[108] SCHMIDT-RÄNTSCH, ZEuP 1999, S. 294 f.. Diesen Eindruck erweckte fälschlicherweise der Titel des ursprünglichen (KOM (95) 520 endg.) und des geänderten Kommissionsvorschlags (KOM (1998) 217 endg.), wonach es sich um eine Richtlinie *über den Verbrauchsgüterkauf und -garantien* (Hervorhebung durch die Verf.) handeln sollte (MICKLITZ, EuZW 1997, S. 230; JUNKER, DZWir 1997, S. 271).

[109] Die Richtlinienbestimmungen sind in Anhang 2 aufgeführt.

[110] KOM (93),509 endg., S. 7 f., 17; KOM (95) 520 endg., S. 5. Da dieser Begriff in den Rechtssystemen einiger Mitgliedstaaten unbekannt ist, wird die Bezeichnung „Garantie" in der Richtlinie nur noch für die kommerziellen Garantien verwendet (KOM (95) 520 endg., S. 7).

[111] KOM (93) 509 endg., S. 8, 17; KOM (95) 520 endg., S. 5. Zur genauen Definition vgl. Art. 1 Abs. 2 lit. e) RL.

Zustandekommen und der Wirksamkeit von Verträgen sowie mit der Erfüllung oder Nichterfüllung weiterer Vertragspflichten werden dagegen nicht berührt[112].

I. Der Anwendungsbereich

In den Anwendungsbereich der Richtlinie fallen gemäß Art. 1 Abs. 2 RL alle Kaufverträge über Verbrauchsgüter zwischen „Verbrauchern“ auf der einen und „Verkäufern“ auf der anderen Seite[113]. Der „Verbraucher“ wird definiert als „jede natürliche Person, die im Rahmen der unter diese Richtlinie fallenden Verträge zu einem Zweck handelt, der nicht ihrer beruflichen oder gewerblichen Tätigkeit zugerechnet werden kann“ (Art. 1 Abs. 2 lit. a) RL)[114], und der „Verkäufer“ als „jede natürliche oder juristische Person, die aufgrund eines Vertrags im Rahmen ihrer beruflichen Tätigkeit Verbrauchsgüter verkauft“ (Art. 1 Abs. 2 lit. c) RL). Die Richtlinie bezieht sich also weder auf Verträge unter Beteiligung privater Verkäufer noch auf Verträge unter Beteiligung professioneller, d.h. zu beruflichen oder gewerblichen Zwecken handelnder Käufer[115]. „Verbrauchsgüter“ werden definiert als „bewegliche körperliche Gegenstände“, wobei aufgrund von Zwangsvollstreckungs- oder anderer gerichtlicher Maßnahmen verkaufte Güter, nicht in einem begrenzten Volumen oder in einer bestimmten Menge abgefülltes Wasser oder Gas sowie Strom ausgenommen werden (Art. 1 Abs. 2 lit. b) RL)[116]. Wie schon im ursprünglichen Kommissionsvorschlag werden sowohl neue als auch gebrauchte Güter erfaßt, während unbewegliche Sachen ausgeklammert sind[117].

---

[112] KOM (95) 520 endg., S. 7.

[113] Zum Problem des Viehkaufs vgl. SCHMIDT-RÄNTSCH, ZIP 1998, S. 852 f.; zum Problem des Werklieferungsvertrages (Art. 1 Abs. 4 RL) vgl. EHMANN/RUST, JZ 1999, S. 856; SCHILLER, PHi 1999, S. 121 f.;.

[114] Die gewählte Begriffsbestimmung entspricht nunmehr derjenigen in anderen verbraucherschützenden Richtlinien. Denn der in Art. 1 Abs. 1 lit. a) des ursprünglichen Kommissionsvorschlags (KOM (95) 520 endg.) enthaltene Zusatz, daß zu einem Zweck gehandelt werden müsse, der nicht *unmittelbar* (Hervorhebung durch die Verf.) der beruflichen Tätigkeit zugerechnet werden könne, ist weggefallen (SCHILLER, PHi 1999, S. 121).

[115] SCHMIDT-RÄNTSCH, ZIP 1998, S. 849; SCHILLER, PHi 1999, S. 120.

[116] Aufgrund der Einschränkung der Ausnahme für Wasser und Strom stellt z.B. eine Flasche Mineralwasser oder eine Campingflasche mit Propangas ein Verbrauchsgut im Sinne von Art. 1 Abs. 2 lit. b) RL dar (STAUDENMAYER, NJW 1999, S. 2394).

[117] KOM (95) 520 endg., Kommentierung zur Art. 1 Abs. 2 lit. b, S. 11. Art. 1 Abs. 3 RL räumt den Mitgliedstaaten aber die Möglichkeit ein, gebrauchte Güter dann nicht als Verbrauchsgüter im Sinne der Richtlinie zu behandeln, wenn sie in einer öffentlichen Versteigerung verkauft werden, bei der die Verbraucher die Möglichkeit haben, dem Verkauf persönlich beizuwohnen.

II. Die Gewährleistungshaftung des Verkäufers[118]

Die Richtlinie beschränkt sich der Begründung des ursprünglichen Kommissionsvorschlags zufolge auf die Regelung ausschließlich verbraucherschutzbezogener Aspekte betreffend den Erwerb einer nicht vertragsgemäßen Sache und sieht demgemäß eine Angleichung des Mangelbegriffs und der Gewährleistungsrechte des Verbrauchers vor[119]. Vertragliche und außervertragliche Schadensersatzansprüche des Verbrauchers werden jedoch nicht erfaßt (Art. 8 Abs. 1 RL). Ferner steht es den Mitgliedstaaten nach Art. 8 Abs. 2 RL offen, zur Gewährleistung eines höheren Verbraucherschutzniveaus strengere Vorschriften zu erlassen.

1. Das Prinzip der Vertragsmäßigkeit

In Art. 2 Abs. 1 RL wird bestimmt, daß die Verbrauchsgüter dem Kaufvertrag entsprechen müssen. Damit legt die Richtlinie den Grundsatz der Vertragsmässigkeit fest, der als gemeinsames Element der verschiedenen einzelstaatlichen Rechtsordnungen betrachtet wird[120]. Die Vertragsmäßigkeit wird vermutet, wenn das Verbrauchsgut die in Art. 2 Abs. 2 lit. a) bis d) RL (Übereinstimmung mit Beschreibung und Muster; Eignung für besondere und gewöhnliche Gebrauchszwecke; Vorhandensein der vom Verbraucher zu erwartenden Qualität und Leistungen) näher konkretisierte Beschaffenheit aufweist. Maßgeblicher Beurteilungszeitpunkt ist nach Art. 3 Abs. 1 RL die Lieferung des Gutes. Bei Vertragswidrigkeiten, die innerhalb der ersten sechs Monate nach der Lieferung auftreten, wird gemäß Art. 5 Abs. 3 RL bis zum Beweis des Gegenteils vermutet, daß sie bereits zu diesem Zeitpunkt bestanden, es sei denn, diese Vermutung ist mit der Art des Gutes oder der Art der Vertragswidrigkeit unvereinbar.

2. Der Ausschluß der Haftung

Aufgrund des zwingenden Charakters der Richtlinienbestimmungen kommt ein vertraglicher Haftungsausschluß vor der Unterrichtung des Verkäufers über die Vertragswidrigkeit nicht in Betracht (Art. 7 Abs. 1 Ua. 1 RL). Die Haftung des Verkäufers ist nach Art. 2 Abs. 3 RL aber ausgeschlossen, wenn der Verbrau-

---

[118] Im Hinblick auf das Thema dieser Arbeit werden nachfolgend nur die Bestimmungen über die gesetzliche Garantie dargestellt.
[119] KOM (95) 520 endg., S. 7.
[120] ABl. L 171 vom 7.7.1999, S. 12, Erwägungsgrund (7).

cher bei Vertragsabschluß Kenntnis von der Vertragswidrigkeit hatte oder vernünftigerweise nicht über sie in Unkenntnis sein konnte oder wenn sie auf den von ihm gelieferten Stoff zurückzuführen ist. Ferner räumt Art. 5 Abs. 2 RL den Mitgliedstaaten die Möglichkeit ein, die Geltendmachung der Gewährleistungsrechte davon abhängig zu machen, daß der Verbraucher dem Verkäufer die Vertragswidrigkeit binnen zwei Monaten nach dem Zeitpunkt anzeigt, zu dem er sie festgestellt hat[121].

3. Die Rechtsbehelfe des Verbrauchers

Die Rechtsbehelfe des Verbrauchers sind für Stück- und Gattungskäufe gleichermaßen in Art. 3 Abs. 2 bis 6 RL geregelt. Zunächst kann er die unentgeltliche Nachbesserung, d.h. die Herstellung des vertragsgemäßen Zustands (Art. 1 Abs. 2 lit. f) RL), oder eine unentgeltliche Ersatzleistung verlangen[122], sofern dies nicht unmöglich oder unverhältnismäßig ist (Art. 3 Abs. 2, 3 RL). Die objektiv zu ermittelnde[123] Unverhältnismäßigkeit ist zu bejahen, wenn die Kosten der Abhilfe verglichen mit denen der alternativen Abhilfemöglichkeit dem Verkäufer angesichts des Werts, den das Verbrauchsgut in vertragsgemäßem Zustand hätte, unzumutbar sind. Diese Feststellung ist unter Berücksichtigung der Bedeutung der Vertragswidrigkeit und nach Erwägung der Frage, ob auf die alternative Abhilfemöglichkeit ohne erhebliche Unannehmlichkeiten für den Verbraucher zurückgegriffen werden könnte, zu treffen (Art. 3 Abs. 3 Ua. 2 RL)[124]. Wenn ein derartiger Anspruch nicht besteht oder wenn der Verkäufer nicht innerhalb einer angemessenen Frist bzw. nicht ohne erhebliche Unannehmlichkeiten für den Verbraucher Abhilfe geschaffen hat[125], steht letzterem gemäß

---

[121] Eine derartige Anzeigepflicht sah auch Art. 4 Abs. 1 des ursprünglichen Kommissionsvorschlags (KOM (95) 520 endg.) vor, die allerdings mit einer einmonatigen Frist verbunden war und mit dem Zeitpunkt beginnen sollte, zu dem der Verbraucher die Vertragswidrigkeit festgestellt hat oder hätte feststellen können. Durch diese Regelung sollte im Interesse einer ausgewogenen Pflichtenverteilung unter den Beteiligten (KOM (95) 520 endg., S. 8) eine gewisse Sorgfaltspflicht des Verbrauchers begründet werden, die gekaufte Sache in Augenschein zu nehmen, ohne daß dies eine Verpflichtung zur eingehenden Untersuchung beinhaltete (KOM (95) 520 endg., Kommentierung zu Art. 4 Abs. 1, S. 15).

[122] Der Begriff „unentgeltlich" umfaßt gemäß Art. 3 Abs. 4 RL die für die Herstellung des vertragsgemäßen Zustands erforderlichen Kosten, insbesondere Versand-, Arbeits- und Materialkosten.

[123] ABl. L 171 vom 7.7.1999, S. 13, Erwägungsgrund (11).

[124] Vgl. im einzelnen STAUDENMAYER, NJW 1999, S. 2395.

[125] Insoweit ist sowohl die Art des Verbrauchsguts als auch der Zweck, für den der Verbraucher es benötigte, zu berücksichtigen (Art. 3 Abs. 3 Ua. 3 RL).

Art. 3 Abs. 2, 5 RL das Recht auf angemessene Minderung des Kaufpreises[126] oder, sofern es sich nicht um eine geringfügige Vertragswidrigkeit handelt (Art. 3 Abs. 6 RL), auf Vertragsauflösung[127] zu. Zur Erfüllung dieser Ansprüche ist der Verkäufer verpflichtet (Art. 3 Abs. 1 RL). Soweit die Vertragswidrigkeit auf einem Handeln oder Unterlassen des Herstellers, eines früheren Verkäufers innerhalb derselben Vertragskette oder einer anderen Zwischenperson beruht, sieht Art. 4 RL aber vor, daß der Letztverkäufer die haftbaren Personen nach Maßgabe der nationalen Vorschriften in Regreß nehmen kann, es sei denn, er hat auf dieses Recht verzichtet[128]. Auf diese Weise soll verhindert werden, daß die gesamte Verantwortung für die Vertragswidrigkeit allein dem Letztverkäufer obliegt, da zwischen gewerblichen Personen weiterhin Haftungsausschlüsse und -beschränkungen zulässig sind[129].

4. Die Haftungsdauer

Die materiell-rechtliche Garantiefrist, innerhalb derer der Verkäufer für offenbar werdende Vertragswidrigkeiten haftet, beträgt zwei Jahre und beginnt mit der Lieferung des Verbrauchsguts. Gilt nach innerstaatlichem Recht eine prozessuale Verjährungsfrist, innerhalb derer die Verbraucher die in Art. 3 Abs. 2 RL genannten Ansprüche geltend machen müssen, so darf diese nicht vor Ablauf eines Zeitraums von zwei Jahren ab dem Zeitpunkt der Lieferung enden (Art. 5 Abs. 1 RL)[130]. Nach Art. 7 Abs. 1 Ua. 2 RL können die Mitgliedstaaten jedoch festlegen, daß die Parteien beim Kauf gebrauchter Güter eine kürzere Haftungsdauer vereinbaren können, die allerdings ein Jahr nicht unterschreiten darf.

---

[126] Die Mitgliedstaaten können vorsehen, daß einer seit Lieferung erfolgten Benutzung der Ware durch den Verbraucher durch eine Minderung der ihm zu leistenden Erstattung Rechnung getragen wird (ABl. L 171 vom 7.7.1999, S. 13, Erwägungsgrund (15)).

[127] Die Modalitäten der Durchführung der Vertragsauflösung können im innerstaatlichen Recht geregelt werden (ABl. L 171 vom 7.7.1999, S. 13, Erwägungsgrund (15)).

[128] ABl. L 171 vom 7.7.1999, S. 12 f., Erwägungsgrund (9).

[129] KOM (95) 520 endg., Kommentierung zu Art. 3 Abs. 5, S. 15. Obwohl die Ausgestaltung der Voraussetzungen und des Umfangs dieses Rückgriffs den Mitgliedstaaten überlassen bleibt, bedingt die Verpflichtung zur Schaffung einer Regreßmöglichkeit „auf subtile Art eine gewisse Harmonisierungswirkung" auch für die im Verhältnis von Kaufleuten und Gewerbetreibenden untereinander geltenden Regeln (SCHMIDT-RÄNTSCH, ZIP 1998, S. 50).

[130] Zur Unterscheidung zwischen der materiell-rechtlichen Garantiefrist und der prozessualen Verjährungsfrist vgl. KOM (93) 509 endg., S. 117; STAUDENMAYER, NJW 1999, S. 2396; SCHMIDT-RÄNTSCH, ZIP 1998, S. 852.

III. Angleichung an das UN-Kaufrecht

Der Begründung des ursprünglichen Kommissionsvorschlags zufolge soll eine Vereinfachung der nationalen Vorschriften durch eine Angleichung der bestehenden einzelstaatlichen Regelungen an das UN-Kaufrecht erreicht werden[131], durch das ein wichtiger Teil des Kaufrechts der Vertragsstaaten vereinheitlicht wurde[132].

1. Der Anwendungsbereich

Das Übereinkommen gilt für alle Kaufverträge über Waren[133], sofern die Vertragsparteien ihre Niederlassung in verschiedenen Vertragsstaaten haben (Art. 1 Abs. 1 lit. a) CISG) oder die Regeln des internationalen Privatrechts zur Anwendung des Rechts eines Vertragsstaates führen (Art. 1 Abs. 1 lit. b) CISG). Vornehmlich handelt es sich um Handelskäufe, da der Kauf von Waren für den persönlichen Gebrauch oder den Gebrauch in Familie und Haushalt vom Anwendungsbereich ausgenommen ist, es sei denn, der Verkäufer kannte diesen Gebrauchszweck oder mußte ihn kennen (Art. 2 lit. a) CISG)[134]. Es regelt ferner nicht alle im Zusammenhang mit Kaufverträgen auftretenden Rechtsfragen, sondern nur deren Abschluß und die daraus entstehenden Rechte und Pflichten der Parteien (Art. 4 S. 1 CISG).

2. Das Prinzip der Vertragsmäßigkeit

Zu den Pflichten des Verkäufers gehört auch seine Haftung für die Vertragsmässigkeit der Ware gemäß Art. 35 ff. CISG. Eine Ware ist nach Art. 35 Abs. 1 CISG vertragsgemäß, wenn sie in Menge, Qualität und Art sowie hinsichtlich Verpackung oder Behältnis den Anforderungen des Vertrages entspricht. Sofern die Vertragsparteien keine ausdrücklichen Vereinbarungen über die Eigenschaften der Sache getroffen haben, ist die Vertragsmäßigkeit der Ware anhand der in

---

[131] KOM (95) 520 endg., S. 6.

[132] Das Übereinkommen ist in Deutschland am 1.1.1991 in Kraft getreten. Großbritannien hat es hingegen bislang nicht unterzeichnet.

[133] Als Waren kommen nur bewegliche Sachen, nicht aber Rechte und Immobilien in Betracht (REINHART, UN-Kaufrecht, Art. 1, Rn. 3).

[134] Schlechtriem-FERRARI, Art. 2, Rn. 18. Zur Frage, ob in den Kollisionsfällen, die sich aus der in Art. 2 lit. a) 2. Hs. CISG enthaltenen Einschränkung des Anwendungsausschlusses ergeben, den in nationales Recht umgesetzten Richtlinienbestimmungen oder den Vorschriften des Übereinkommens der Vorrang zukommt, vgl. JANSSEN, VuR 1999, S. 324 ff..

Art. 35 Abs. 2 lit. a) bis d) CISG aufgestellten Kriterien (Eignung für gewöhnliche und besondere Gebrauchszwecke; Übereinstimmung mit einer Probe oder einem Muster; übliche bzw. angemessene Verpackung) zu prüfen. Maßgeblicher Beurteilungszeitpunkt ist nach Art. 36 Abs. 1 CISG grundsätzlich der Gefahrübergang. Bei vorzeitiger Lieferung behält der Verkäufer aber das Recht, die Vertragswidrigkeit bis zu dem für die Lieferung festgesetzten Zeitpunkt zu beheben, es sei denn, daß eine zweite Andienung dem Käufer unzumutbare Unannehmlichkeiten oder unverhältnismäßige Kosten verursachen würde (Art. 37 CISG).

3. Der Ausschluß der Haftung

Die Haftung des Verkäufers ist außer im Fall entsprechender vertraglicher Absprachen[135] ausgeschlossen, wenn der Käufer die Vertragswidrigkeit bei Vertragsabschluß kannte oder über sie nicht in Unkenntnis sein konnte (Art. 35 Abs. 3 CISG). Ferner verliert der Käufer seine Gewährleistungsrechte, wenn er die Ware nicht innerhalb einer so kurzen Frist, wie es die Umstände erlauben, auf Mängel untersucht (Art. 38 CISG) und dem Verkäufer diese innerhalb einer angemessenen Frist nach dem Zeitpunkt, in dem er diese festgestellt hat oder hätte feststellen müssen, angezeigt hat (Art. 39 CISG)[136].

4. Die Rechtsbehelfe des Käufers

Im Rahmen der Rechtsbehelfe geht das UN-Kaufrecht von einem einheitlichen Tatbestand der Vertragsverletzung bzw. der Nichterfüllung[137] aus, der alle Arten der Nichterfüllung oder der nicht gehörigen Erfüllung und damit auch die Lieferung mangelhafter Ware erfaßt[138]. Im Fall einer solchen Vertragsverletzung

---

[135] Unabhängig davon, ob die Freizeichnung individualvertraglich oder formularmäßig erfolgt, richtet sich die Einbeziehung derartiger Klauseln nach Art. 14 ff. CISG und ihre Auslegung nach Art. 8 CISG. Dagegen ist ihre Gültigkeit gemäß Art. 4 lit. a) CISG nach dem jeweils anwendbaren innerstaatlichen Recht zu bestimmen (Schlechtriem-SCHWENZER, Art. 35, Rn. 42).

[136] Der Verkäufer kann sich auf einen Verstoß gegen die Art. 38 und 39 CISG nicht berufen, wenn er die die Vertragswidrigkeit begründenden Tatsachen kannte oder kennen mußte und sie dem Käufer nicht offenbart hat (Art. 40 CISG).

[137] Wenn das Übereinkommen teilweise zwischen diesen beiden Begriffen wechselt, so hat dies sprachliche Gründe. In der Sache bezeichnen sie genau dasselbe (Schlechtriem-HUBER, Art. 45, Rn. 6).

[138] Schlechtriem-HUBER, Art. 45, Rn. 2, 5; PILTZ, Kaufrecht, § 5 Rn. 9.

stehen dem Käufer nach Art. 45 Abs. 1 lit. a) CISG stets das Recht auf Erfüllung (Art. 46 CISG) oder auf Vertragsaufhebung (Art. 49 CISG) zu.

Der Anspruch auf Erfüllung nach Art. 46 CISG umfaßt die Ersatzlieferung (Abs. 2) und die Nachbesserung (Abs. 3) sowie im Fall einer unvollständigen Leistung die Nachlieferung (Abs. 1). Zur Erfüllung dieser Rechtsbehelfe kann der Käufer dem Verkäufer nach Art. 47 CISG eine angemessene Nachfrist setzen, vor deren Ablauf er grundsätzlich keinen anderen Rechtsbehelf wegen Vertragsverletzung ausüben kann. Die Vertragsaufhebung muß innerhalb einer angemessenen Frist erklärt werden, deren Beginn sich nach Art. 49 Abs. 2 lit. b) CISG richtet. Die Ausübung dieses einseitigen Gestaltungsrechts[139] führt zur Befreiung der Parteien von ihren Leistungspflichten (Art. 81 Abs. 1 CISG) und begründet einen Anspruch auf Rückgabe der erbrachten Leistungen (Art. 81 Abs. 2 CISG). Der Verkäufer kann die Vertragsaufhebung jedoch durch nachträgliche Mangelbehebung abwenden, es sei denn, dies führt zu einer unzumutbaren Verzögerung oder unzumutbaren Unannehmlichkeiten für den Käufer (Art. 48 Abs. 1 CISG)[140]. Wenn letzterem nicht vertragsgemäße Ware geliefert wird, kommt ferner wahlweise ein Recht auf Minderung (Art. 50 CISG) in Betracht. Dann wird der Kaufpreis um die Differenz zwischen dem Wert der geschuldeten Ware im Zeitpunkt der Lieferung und dem Wert der tatsächlich gelieferten Ware im Zeitpunkt der Lieferung herabgesetzt, es sei denn, der Verkäufer behebt den Mangel gemäß Art. 37 oder 48 CISG oder der Käufer weigert sich eine derartige Erfüllung durch den Verkäufer anzunehmen[141].

Neben oder anstelle dieser Rechtsbehelfe kann der Käufer jedoch gemäß Art. 45 Abs. 1 lit. b), 2 CISG - mit Ausnahme von Personenschäden (Art. 5 CISG) - Ersatz der ihm durch die Vertragsverletzung entstandenen Schäden verlangen. Der Anspruch ist stets auf Geld gerichtet[142] und umfaßt den gesamten, aufgrund der Vertragsverletzung entstandenen Verlust, einschließlich des entgangenen Gewinns (Art. 74 S. 1 CISG). Vorbehaltlich der Zurechnung des Schadens im Sinne der Äquivalenztheorie (*conditio sine qua non*)[143] werden also nicht nur der eigentliche Mangelschaden, sondern auch darüber hinausgehende Begleit- und Folgeschäden wie etwa vergebliche Transportkosten oder Kosten der Inan-

---

[139] REINHART, UN-Kaufrecht, Art. 49, Rn. 4.

[140] Zur strittigen Frage, ob der Verkäufer dieses Nacherfüllungsrecht bereits mit dem Entstehen der Aufhebungslage oder erst mit der wirksamen Aufhebungserklärung des Käufers verliert, vgl. Honsell-SCHNYDER/STRAUB, Art. 48, Rn. 34 f. m.w.N..

[141] Dieses Recht besteht auch im Fall der nicht ordnungsgemäßen oder unterbliebenen Mängelrüge, sofern der Käufer hierfür eine vernünftige Entschuldigung hat (Art. 44 CISG).

[142] REINHART, UN-Kaufrecht, Art. 74, Rn. 3.

[143] Schlechtriem-STOLL, Art. 74, Rn. 12.

spruchnahme durch Dritte ersetzt[144]. Der Anspruchsumfang wird aber begrenzt durch die Vorhersehbarkeitsregel des Art. 74 S. 2 CISG, wonach die vertragsbrüchige Partei nur die Verluste zu ersetzen hat, welche sie im Zeitpunkt des Vertragsschlusses als mögliche Folge der Vertragsverletzung vorausgesehen hat oder hätte voraussehen müssen. Hierdurch soll sichergestellt werden, daß jede Partei das von ihr zu tragende Haftungsrisiko überschauen kann und nicht mit außergewöhnlichen Verlusten belastet wird[145]. Der nach Art. 74 S.1 CISG zu ersetzende Schaden ist grundsätzlich konkret zu berechnen, wobei zu berücksichtigen ist, ob und welche weiteren Rechtsbehelfe der Käufer neben dem Schadensersatzanspruch geltend macht[146]. Besondere Regeln sehen die Art. 75 und 76 CISG für den Fall der Vertragsaufhebung vor[147]. Allerdings trifft den Käufer insoweit eine Schadensminderungspflicht, als er keinen Ersatz für die Schäden erhält, die dadurch entstanden sind, daß er die den Umständen nach angemessenen Maßnahmen zur Verringerung des aus der Vertragsverletzung folgenden Verlusts versäumt hat (Art. 77 CISG).

Die genannten Ansprüche sind zwar grundsätzlich von einem Verschulden des Verkäufers unabhängig[148], bei Lieferung vertragswidriger Ware ist das Recht auf Ersatzlieferung (Art. 46 Abs. 2 CISG) und Vertragsaufhebung (Art. 49 Abs. 1 lit. a) CISG)[149] jedoch auf wesentliche Vertragsverletzungen im Sinne von Art. 25 CISG beschränkt. Ein derartiger Verstoß wird bejaht, wenn die Pflichtverletzung des Verkäufers die durch den Vertrag konkretisierten und für den Verkäufer oder eine vernünftige Person in seiner Lage vorhersehbaren Interessen des Käufers so schwerwiegend beeinträchtigt, daß letzterem das Festhalten am Vertrag nach Treu und Glauben (Art. 7 Abs. 1 CISG) nicht zuzumuten ist[150].

---

144 Schlechtriem-STOLL, Art. 74, Rn. 13 ff..

145 REINHART, UN-Kaufrecht, Art. 74, Rn. 5; SCHLECHTRIEM, Internat. UN-Kaufrecht, Rn. 302.

146 PILTZ in v. Westphalen, Rn. 163, 165.

147 Im Rahmen des Art. 76 Abs. 1 CISG wird der Schaden ausnahmsweise abstrakt ermittelt und die Differenz zwischen dem Vertragspreis und dem nach Art. 76 Abs. 2 CISG zu berechnenden Marktpreis im Zeitpunkt der Aufhebung des Vertrages oder der Übernahme der Ware, wenn diese vor Vertragsaufhebung erfolgte, ersetzt.

148 Honsell-SCHNYDER/STRAUB, Art. 45, Rn. 10. Lediglich der Schadensersatzanspruch ist ausgeschlossen, sofern zugunsten des Verkäufers ein Entlastungsgrund im Sinne des Art. 79 CISG eingreift (Art. 79 Abs. 5 CISG).

149 Die Möglichkeit der Aufhebung des Vertrages wegen fruchtlosen Ablaufs einer nach Art. 47 CISG gesetzten Nachfrist ist in Art. 49 Abs. 1 lit. b) CISG ausdrücklich auf den Fall der Nichtlieferung beschränkt.

150 Honsell-KAROLLUS, Art. 25, Rn. 15 ff.; PILTZ in v. Westphalen, Rn. 149.

5. Die Haftungsdauer

Die aus einem Mangel resultierenden Rechte erlöschen unabhängig von der Möglichkeit seiner Feststellung spätestens dann, wenn der Käufer ihn nicht innerhalb von zwei Jahren nach der tatsächlichen Übergabe der Ware dem Verkäufer angezeigt hat (Art. 39 Abs. 2 CISG). Nur im Fall der Bösgläubigkeit des Verkäufers kommt diese Ausschlußfrist nicht zur Anwendung (Art. 40 CISG)[151]. Hinsichtlich der Verjährung enthält das UN-Kaufrecht hingegen keine Bestimmungen. Da das diesen Bereich regelnde UN-Übereinkommen vom 14. Juni 1974 über die Verjährung beim internationalen Warenkauf und das zugehörige Protokoll vom 11. April 1980 zur Änderung dieses Übereinkommens weder in Deutschland noch in Großbritannien in Kraft sind, gilt insoweit das nach den Vorschriften des internationalen Privatrechts anzuwendende Recht.

6. Die sonstigen Pflichten des Verkäufers

Nach Art. 30 ff. CISG trifft den Verkäufer ferner die Pflicht zur Lieferung der Ware, zur Übergabe der sie betreffenden Dokumente und zur Verschaffung des Eigentums an der Ware. Die Verletzung dieser Pflichten eröffnet dem Käufer ebenfalls die dargestellten Rechtsbehelfe[152]. Dabei ist aber vielfach zwischen Fällen der Nichtlieferung und Fällen der Lieferung nicht vertragsgemäßer Ware zu unterscheiden. Abgesehen davon, daß die Untersuchungs- und Rügeobliegenheit (Art. 38, 39 CISG) nur im letzteren Fall besteht, kann der Käufer bei Nichtlieferung den Vertrag nicht nur aufheben, wenn eine wesentliche Vertragsverletzung im Sinne von Art. 25 CISG vorliegt (Art. 45 Abs. 1 lit. a) CISG), sondern auch dann, wenn er dem Verkäufer erfolglos eine Nachfrist nach Art. 47 CISG gesetzt hat (Art. 45 Abs. 1 lit. b) CISG)[153]. Ein Minderungsrecht (Art. 50 CISG) kommt dagegen nur bei mangelhafter Lieferung in Betracht.

---

[151] Schlechtriem-SCHWENZER, Art. 39, Rn. 22 ff..

[152] Lediglich für die Zuviellieferung ist in Art. 52 Abs. 2 CISG vorgesehen, daß der Käufer die zuviel gelieferte Menge entweder ganz oder teilweise abnehmen und entsprechend dem vertraglichen Preis bezahlen oder ihre Abnahme verweigern kann.

[153] Dies gilt jedoch nicht für die teilweise Nichtlieferung, die den Käufer gemäß Art. 51 Abs. 2 CISG nur dann zur Vertragsaufhebung berechtigt, wenn sie eine wesentliche Vertragsverletzung darstellt.

D. Rechtsvergleichende Würdigung

An dieser Stelle soll lediglich auf zwei grundlegende Aspekte hingewiesen werden, nämlich die Gleichbehandlung der Nichterfüllung einer Lieferpflicht und der Gewährleistung für Mängel sowie die Einräumung von Erfüllungsansprüchen.

Diese sind in der Richtlinie und im UN-Kaufrecht übereinstimmend geregelt. Zum einen stellen beide im Rahmen der Definition des Mangels auf die Vertragsmäßigkeit der Ware ab und befürworten damit eine Beseitigung der herkömmlichen Differenzierung zwischen der Verpflichtung zur Lieferung und der Gewährleistung für Mängel[154]. Da die Kommission in der Begründung ihres ursprünglichen Vorschlags aber wiederholt betont, nur die wesentlichen Aspekte der gesetzlichen Garantie regeln zu wollen[155], wird den Mitgliedstaaten keine Verpflichtung auferlegt, außerhalb des Regelungsbereichs der Richtlinie bestehende Sonderregelungen abzuschaffen[156]. Zum anderen gewähren sowohl die Richtlinie als auch das Übereinkommen dem Käufer einer mangelhaften Sache Erfüllungsansprüche in Form der Nachbesserung und der Ersatzlieferung[157]. Die Einräumung dieser Rechte dient dem beiden Regelungssystemen immanenten Ziel der Vertragserhaltung[158] und wird im ersten Kommissionsvorschlag darüber hinaus als eine Anpassung des Rechts an die heutigen sozio-ökonomischen Gegebenheiten gewertet, da sowohl Gewerbetreibende als auch Verbraucher in den meisten Fällen die Reparatur oder den Umtausch einer mangelhaften Sache gegenüber der ansonsten regelmäßig erfolgenden Vertragsaufhebung bevorzugten[159].

---

[154] KOM (95) 520 endg., Kommentierung zu Art. 2 Abs. 1, S. 12.

[155] KOM (95) 520 endg., S. 7, 10 f. und Kommentierung zu Art. 7 Abs. 1, S. 17.

[156] MICKLITZ, EuZW 1997, S. 231.

[157] Sofern ein Erfüllungsanspruch besteht, ist seine klageweise Durchsetzung in den *common-law*-Staaten jedoch durch Art. 28 CISG eingeschränkt. Danach kann ein Gericht eine entsprechende Verurteilung ablehnen, wenn es bei einem nicht vom Übereinkommen erfaßten Vertrag aufgrund der Anwendung seiner *lex fori* die gleiche Entscheidung träfe (Honsell-KAROLLUS, Art. 28, Rn. 6, 10 f., 23).

[158] Weder soll der Verkäufer die Möglichkeit haben, sich durch Leistung von Geldersatz seiner Pflicht zur Erfüllung in Natur zu entziehen, noch soll der Käufer die Möglichkeit haben, jede Vertragswidrigkeit zum Anlaß für eine Vertragsaufhebung zu nehmen (Schlechtriem-HUBER, Art. 46, Rn. 1 f.). Um letzteres zu gewährleisten, ist die Vertragsaufhebung bei Lieferung nicht vertragsgemäßer Ware im UN-Kaufrecht auf wesentliche Vertragsverletzungen beschränkt (Art. 49 Abs. 1 lit. a) CISG) und in der Richtlinie unter den Vorbehalt gestellt, daß Nachbesserung und Ersatzlieferung unmöglich oder unverhältnismäßig sind (Art. 3 Abs. 3 RL).

[159] KOM (95) 520 endg., Kommentierung zu Art. 3 Abs. 4, S. 14; zustimmend SCHMIDT-RÄNTSCH, ZEuP 1999, S. 295.

Im deutschen und im englischen Sachmängelrecht finden sich hingegen zum Teil abweichende Regelungen. Das deutsche Recht differenziert zwischen den einzelnen Formen von Leistungsstörungen und regelt die Sachmängelhaftung des Verkäufers gesondert. Erfüllungsansprüche sind ihm aufgrund seines Verständnisses vom Wesen des Vertrages als einem auf Erfüllung gerichteten Leistungsversprechen zwar nicht unbekannt, sie werden im Bereich des Gewährleistungsrechts aber nicht für den Stückkauf, sondern nur für den Gattungskauf in Form eines Nachlieferungsanspruchs eingeräumt (§ 480 Abs. 1 S. 1 BGB). Demgegenüber geht das englische Recht von einem einheitlichen Tatbestand des Vertragsbruchs aus und versteht die Haftung für Sachmängel als Mustertyp eines solchen Vertragsbruchs[160]. Erfüllungsansprüche widersprechen jedoch gänzlich seiner Auffassung vom Wesen des Vertrages als einer Verpflichtung zum Schadensersatz für den Fall des Ausbleibens des versprochenen Erfolges. Aus diesem Grund werden sie dem Käufer einer mangelhaften Sache nur ausnahmsweise gewährt, wenn Vertragsaufhebung und Schadensersatz zu unbilligen Ergebnissen führen.

Im Zuge der Umsetzung der Richtlinie werden hinsichtlich dieser Aspekte in den nationalen Rechten somit Änderungen erforderlich, die in den folgenden Kapiteln näher dargestellt werden sollen.

---

160 ZWEIGERT/KÖTZ, Rechtsvergleichung, S. 502.

§ 3 Der Begriff des Sachmangels im allgemeinen

Der Sachmangel ist als entscheidende Voraussetzung für das Eingreifen des Gewährleistungsrechts der zentrale Begriff der Sachmängelhaftung. Er ist im deutschen Recht in § 459 BGB, im englischen Recht in ss. 13-15 SGA, im UN-Kaufrecht in Art. 35 CISG und in der Richtlinie in Art. 2 RL geregelt. Diese Vorschriften verstehen unter einem Sachmangel übereinstimmend eine Abweichung der tatsächlichen von der geschuldeten Beschaffenheit, also eine Differenz zwischen Soll- und Istbeschaffenheit. Allerdings ist der Regelungsansatz verschieden. Während die Richtlinie ebenso wie das englische Recht und das UN-Kaufrecht positive Vorschriften über die Sollbeschaffenheit enthält, die im einzelnen aufzählen, welche Eigenschaften die Kaufsache zu deren Erfüllung aufweisen muß, bedient sich das deutsche Recht unter Verzicht auf derartige Exemplifizierungen einer negativen Regelungstechnik, indem es den Mangel, d.h. die Nichterfüllung der Sollbeschaffenheit, definiert[1].

A. Subjektive oder objektive Bestimmung

In allen genannten Rechtssystemen ist die Sollbeschaffenheit also der Ausgangspunkt für die Definition des Sachmangels. Diese kann objektiv durch einen allgemein geltenden Qualitätsstandard oder subjektiv durch die diesbezüglichen Vereinbarungen der Parteien bestimmt werden. Die Richtlinie sieht insoweit vor, daß die Kaufsache dem Kaufvertrag entsprechen muß (Art. 2 Abs. 1 RL). Die Eigenschaften vertragsgemäßer Ware werden sodann in Art. 2 Abs. 2 RL aufgezählt.

Im UN-Kaufrecht wird zur Bestimmung der geschuldeten Beschaffenheit der Kaufsache nach Art. 35 Abs. 1 CISG vorrangig auf die ausdrücklichen oder stillschweigenden Vereinbarungen der Parteien abgestellt[2]. In Ermangelung derartiger Absprachen sind die in Art. 35 Abs. 2 CISG aufgezählten Kriterien heranzuziehen. Allerdings herrscht Uneinigkeit, ob diese im Sinne eines gesetzlich garantierten Mindeststandards der Kaufsache zu verstehen[3] oder als konklu-

---

[1] BASEDOW, Reform des deutschen Kaufrechts, S. 44. Dagegen regelt die Schuldrechtskommission in § 435 Abs. 1 KE positiv die Mangelfreiheit der Sache und nennt die für deren Bejahung erforderlichen Eigenschaften, nämlich die Übereinstimmung mit der vereinbarten Beschaffenheit sowie die vertraglich vorausgesetzte und die gewöhnliche Verwendungseignung (SCHURKOM, Abschlußbericht, S. 198 ff.).

[2] Schlechtriem-SCHWENZER, Art. 35, Rn. 6 f..

[3] Honsell-MAGNUS, Art. 35, Rn. 12; BIANCA-BONELL, International Sales Law, Art. 35, Anm. 2.1.; Staudinger-MAGNUS, Art. 35, Rn. 10, 17.

dente Vertragsvereinbarungen anzusehen sind[4]. Diese Frage ist nicht nur dogmatischer Natur, sondern hat durchaus Bedeutung für die Auslegung der genannten Merkmale.

Nach der ersten Ansicht stellt ihre Erfüllung eine die vertraglichen Vereinbarungen nach Art. 35 Abs. 1 CISG ergänzende gesetzliche Verpflichtung dar, deren genauer Inhalt nach den für die Auslegung des Übereinkommens geltenden Grundsätzen gemäß Art. 7 CISG zu ermitteln ist. Nach der zweiten Ansicht handelt es sich um eine vertragliche Verpflichtung, für deren inhaltliche Konkretisierung die Grundsätze der Vertragsauslegung nach Art. 8 CISG heranzuziehen sind. Zwar spielen in beiden Fällen die subjektiven Parteierwartungen eine Rolle, ein Unterschied besteht aber in dem Ausmaß, in dem diese berücksichtigt werden[5]. Bei einer Herleitung *ex lege* ist eine Regelung zu finden, die für alle in den Anwendungsbereich des UN-Kaufrechts fallenden Verträge angemessen ist und daher von den besonderen Umständen des Einzelfalles weitgehend unabhängig sein muß. Demgemäß wird der tatsächliche Parteiwille nur beachtet, wenn eine entsprechende vertragliche Vereinbarung vorliegt[6], und auf den vernünftigen Parteiwillen wird nur zurückgegriffen, wenn dieser einen Grundsatz des guten Glaubens im internationalen Handelsverkehr im Sinne von Art. 7 Abs. 1 CISG bzw. einen dem Übereinkommen zugrunde liegenden allgemeinen Grundsatz im Sinne von Art. 7 Abs. 2 CISG beinhaltet[7]. Dagegen ist die Herleitung *ex contractu* auf die Auslegung eines konkreten Vertrages beschränkt und somit ausschließlich an den Umständen des Einzelfalles orientiert. Hier wird stets auf den

---

[4] SCHLECHTRIEM, Internat. UN-Kaufrecht, Rn. 135; HYLAND in Schlechtriem, S. 318 f..

[5] HYLAND in Schlechtriem, S. 318.

[6] SCHLECHTRIEM, Internat. UN-Kaufrecht, Rn. 135.

[7] Die Anwendung der Grundsätze von Treu und Glauben war ursprünglich auf das Verhalten der Parteien gerichtet. Da eine solche Vorschrift den *common-law*-Staaten jedoch zu unbestimmt war, wurde sie im Zuge der Verhandlungen auf die Auslegung des Übereinkommens durch die Richter beschränkt (YB IX, S. 35 f.; NICHOLAS, 105 L.Q.R. (1989), S. 209). Gleichwohl wird teilweise vertreten, daß das UN-Kaufrecht eine dem § 242 BGB vergleichbare Regelung enthalte. So argumentiert EÖRSI, daß zwischen der Auslegung des Übereinkommens und der Auslegung des Vertrages ohnehin nicht getrennt werden könne (in Galston/Smit, S. 2-8, 2-9). SCHLECHTRIEM führt an, daß die Funktion einer derartigen Generalklausel durch ein in verschiedenen Vorschriften enthaltenes und damit gemäß Art. 7 Abs. 2 CISG verallgemeinerungsfähiges Prinzip erfüllt werde, wonach das Verhalten einer Partei an den Maßstäben einer vernünftigen Person zu messen ist (Uniform Sales Law, S. 39). In jedem Fall dürfen die aus dem Prinzip von Treu und Glauben entwickelten Grundsätze wegen der Notwendigkeit einer einheitlichen Anwendung des UN-Kaufrechts (Art. 7 Abs. 1 CISG) nicht der nationalen Rechtsordnung entnommen werden, sondern müssen auf einem internationalen Einverständnis aller Vertragsstaaten beruhen (Schlechtriem-FERRARI, Art. 7, Rn. 27).

tatsächlichen (Art. 8 Abs. 1 CISG) und in Ermangelung eines solchen auf den vernünftigen Parteiwillen (Art. 8 Abs. 2, 3 CISG) abgestellt[8].

Für eine Qualifizierung der in Art. 35 Abs. 2 genannten Kriterien als konkludente Vertragsvereinbarungen und die damit verbundene subjektive Auslegung spricht vor allem das dem Übereinkommen zugrunde liegende Prinzip der Vertragsmässigkeit. Danach haftet der Verkäufer nur für Abweichungen vom vertraglich vereinbarten Standard, d.h. der Vertrag ist die Grundlage der Sachmängelhaftung und die Voraussetzungen ihres Eingreifens werden allein von den Parteien festgelegt. Die in Art. 35 Abs. 2 CISG normierten Standards können daher nur als Ausdruck eines vermuteten Parteiwillens angesehen werden, der immer im Lichte der Umstände des Einzelfalles ausgelegt werden muß[9]. Darüber hinaus kann auf diese Weise dem Gebot der einheitlichen Auslegung des UN-Kaufrechts (Art. 7 Abs. 1 CISG) besser Rechnung getragen werden. Denn gegebenenfalls erforderliche Differenzierungen können im Rahmen der Vertragsauslegung damit begründet werden, daß es sich um den aus den besonderen Umständen des Falles ermittelten Parteiwillen handelt[10]. Der Maßstab für die Sollbeschaffenheit der Kaufsache wird im Übereinkommen folglich ausschließlich subjektiv bestimmt.

I. Die Lösung des deutschen Rechts

Im deutschen Recht umfaßt der Begriff des Sachmangels zum einen Fehler im Sinne von § 459 Abs. 1 S. 1 BGB und zum anderen das Fehlen zugesicherter Eigenschaften im Sinne von § 459 Abs. 2 BGB. Im Gegensatz zur Zusicherung, deren Inhalt sich nur anhand der von den Parteien getroffenen Vereinbarung ermitteln läßt[11], war hinsichtlich des Fehlerbegriffs des § 459 Abs. 1 S. 1 BGB lange Zeit umstritten, ob dieser subjektiv oder objektiv zu bestimmen ist. Anlaß dieses Streits war der Wortlaut der Vorschrift, der zweierlei erfordert: das Vorliegen eines Fehlers und die Aufhebung oder Minderung des Wertes oder der gewöhnlichen oder vertraglich vorausgesetzten Gebrauchstauglichkeit.

1. Die objektive Theorie

Aus dieser Formulierung folgert die Lehre des objektiven Fehlerbegriffs, daß vor einer Beeinträchtigung des Wertes oder der Gebrauchstauglichkeit stets geson-

---

[8] SCHLECHTRIEM, Uniform Sales Law, S. 39 f..
[9] HYLAND in Schlechtriem, S. 329 f.; SCHLECHTRIEM, Internat. UN-Kaufrecht, Rn. 135.
[10] SCHLECHTRIEM, IPrax 1996, S. 15.
[11] SCHURKOM, Abschlußbericht, S. 199.

dert das Vorliegen eines Fehlers zu prüfen ist. Dieser sei objektiv als eine dem Käufer nachteilige Abweichung von der Normalbeschaffenheit artgleicher Sachen zu definieren. Ausgehend von der Vorstellung, daß alle Sachen zuverlässig in Gattungen und Klassen einteilbar sind, nimmt diese Theorie als Maßstab für die Sollbeschaffenheit also die typischen Eigenschaften der Gattung, der die Kaufsache angehört[12]. Allerdings wird die genaue Art, deren Beschaffenheit die Kaufsache aufweisen muß, aufgrund der von den Parteien getroffenen Vereinbarung festgelegt[13]. .Der .objektive .Fehlerbegriff .läßt somit nur Qualitätsabweichungen als Sachmängel gelten, während er in Fällen der Art-, Umstands- und Individualabweichung, in denen die gekaufte Sache trotz des Fehlens eines vertraglich vereinbarten Beschaffenheitsmerkmals die typischen Eigenschaften ihrer Gattung aufweist, einen Fehler verneint[14]. Um den Käufer in .dieser .Situation nicht schutzlos zu stellen, wird vorgeschlagen, dem Käufer ein Anfechtungsrecht nach § 119 BGB einzuräumen[15] oder das Gewährleistungsrecht analog anzuwenden[16]. Eine andere Spielart dieser Lehre behandelt die unrichtigen Angaben über die Kaufsache entweder uneingeschränkt als Zusicherungen nach § 459 Abs. 2 BGB[17] oder aber als „einfache", d.h. zu Wandelung und Minderung berechtigende Zusicherungen (§§ 459 Abs. 2, 462 BGB), für die im Gegensatz

---

[12] HAYMANN, Fehler und Zusicherung, S. 318 ff.; RAAPE, AcP 150 (1949), S. 488 ff.; R. SCHMIDT, NJW 1962, S. 711 ff.; FABRICIUS, JuS 1964, S. 1 ff.; KNÖPFLE, Fehler beim Kauf, S. 272 ff., ders., JZ 1978, S. 126 ff.; ders., AcP 180 (1980), S. 484 f., 501 ff.; ders., NJW 1987, S. 801. Im Gegensatz zu HAYMANN, der auch Qualitätsklassen innerhalb eines industriellen Produkts sehr weitgehend für unerheblich erklärt und einer einzigen Gattung zurechnet (Fehler und Zusicherung, S. 325), befürworten spätere Vertreter der objektiven Theorie eine weitergehende Unterteilung der einzelnen Arten (FABRICIUS, JuS 1964, S. 1 f.; KNÖPFLE, JZ 1978, S. 127; ders., AcP 180 (1980), S. 485 ff.).

[13] FABRICIUS, JuS 1964, S. 1 f.. Demgegenüber lehnt KNÖPFLE die Berücksichtigung der im Kaufvertrag verwendeten Bezeichnung ab, da diese meist zufällig gewählt sei. Er will stattdessen objektiv ermitteln, welcher Gattung die Kaufsache tatsächlich angehört (Fehler beim Kauf, S. 279 ff. und AcP 180 (1980), S. 485 f.).

[14] KNÖPFLE vertritt jedoch die Ansicht, daß es nicht genüge, nur eine Abweichung von der Normalbeschaffenheit einer Sache der betreffenden Gattung als Fehler zu qualifizieren. Vielmehr sei ein Fehler auch dann anzunehmen, wenn die Gattung selbst fehlerhaft sei (Fehler beim Kauf, S. 308). Dies sei zu bejahen, wenn die gesamte Gattung Qualitätsmängel aufweise, aufgrund derer es dem Käufer unter Berücksichtigung seiner typischen Erwartungen unzumutbar sei, die Kaufsache zu behalten (Fehler beim Kauf, S. 303 ff. und AcP 180 (1980), S. 488 ff.).

[15] R. SCHMIDT, NJW 1962, S. 710 ff..

[16] RAAPE, AcP 150 (1949), S. 489 ff.; ebenso FABRICIUS, der jedoch § 477 BGB von der analogen Anwendung ausnehmen will (JuS 1964, S. 8 ff.).

[17] So KNÖPFLE, der für eine Zusicherung keinen garantieähnlichen Einstandswillen verlangt, so daß jede von den Parteien getroffene Beschaffenheitsvereinbarung unter § 459 Abs. 2 fällt, den er als Grundlage des subjektiven Fehlerbegriffs ansieht (Fehler beim Kauf, S. 145 ff.; AcP 180 (1980), S. 501 ff.; NJW 1987, S. 803 ff.).

zu den „qualifizierten“, d.h. zu Schadensersatz berechtigenden Zusicherungen (§ 463 BGB), die Erklärung der Einstandspflicht durch den Verkäufer nicht nötig ist[18].

2. Die subjektive Theorie

Demgegenüber bestimmt die subjektive Fehlertheorie den Fehler unter Verweis auf das in § 459 Abs. 1 S. 1 BGB enthaltene Kriterium „Tauglichkeit zu .... dem nach dem Vertrag vorausgesetzten Gebrauch“ ausschließlich nach dem Inhalt des konkreten Vertrages. Sie bejaht einen Fehler, wenn die tatsächliche Beschaffenheit der Kaufsache zum Nachteil des Käufers von der im Vertrag vereinbarten Beschaffenheit abweicht. Maßstab für die Sollbeschaffenheit ist demnach allein die von den Parteien getroffene Beschaffenheitsvereinbarung[19], wobei bei mangelnder diesbezüglicher Abrede aufgrund ergänzender Vertragsauslegung (§§ 133, 157 BGB)[20] oder aufgrund der Heranziehung der dispositiven Regelung des § 459 Abs. 1 S. 1 BGB[21] die gewöhnliche Gebrauchstauglichkeit als vereinbart gilt.

Eine modifizierte Form dieser Theorie, nämlich die des subjektiv-objektiven Fehlerbegriffs, sieht in der gewöhnlichen Gebrauchstauglichkeit hingegen ein zwar nur subsidiär für den Fall des Fehlens ausdrücklicher Beschaffenheitsangaben zu berücksichtigendes, aber eigenständiges Element. Danach ist ein Fehler eine für den Käufer ungünstige Abweichung der Istbeschaffenheit der Sache von der vertraglich vereinbarten Beschaffenheit oder, sofern der Vertrag keine diesbezügliche Vereinbarung beinhaltet, von der gewöhnlichen Beschaffenheit. Als Maßstab für die Sollbeschaffenheit dient also primär die Parteivereinbarung und subsidiär die Normalbeschaffenheit der Gattung, der die gekaufte Sache ange-

---

[18] So HAYMANN unter Berufung auf die im klassischen römischen Recht nach dem Ädilenedikt begründete Möglichkeit aufgrund einer unwahren formlosen Zusage (*dictum*) des Verkäufers Wandelung und Minderung geltend zu machen (Fehler und Zusicherung, S. 328 ff.).

[19] HECK, SchuldR, § 88, 9; M.WOLFF, Jher. Jb. 56 (1910), S. 15 ff.; FLUME, Eigenschaftsirrtum, S. 109 ff.; VON CAEMMERER, FS Wolff, S. 13 ff.; JAKOBS; Gesetzgebung im Leistungsstörungsrecht, S. 85 ff.; Soergel-HUBER, Vor § 459, Rn. 29; ESSER-WEYERS, SchuldR, S. 33; LARENZ, S. 38 f.; Erman-GRUNEWALD, Vor § 459, Rn. 4; BROX/ ELSING, JuS 1976, S. 1 f.; Schlegelberger-HEFERMEHL, § 377 HGB, Rn. 18 ff..

[20] Schlegelberger-HEFERMEHL, § 377, Rn. 20; FLUME, Eigenschaftsirrtum, S. 128; ESSER-WEYERS, SchuldR, S. 33.

[21] Soergel-HUBER, Vor § 459, Rn. 31.

hört[22]. Sachliche Unterschiede ergeben sich hieraus jedoch nicht, da der subjektiv-objektive Fehlerbegriff ebenso wie der rein subjektive Fehlerbegriff nicht nur bei Qualitätsabweichungen, sondern auch bei Art-, Umstands- und Individualabweichungen einen Fehler bejaht[23].

3. Die Rechtsprechung

Ob die Rechtsprechung des Reichsgerichts ursprünglich von einem objektiven Fehlerbegriff ausging, ist umstritten[24]. Zwar wird in der bekannten Entscheidung RGZ 97, 351 (*Sologeigenfall*) ein Fehler als „ein Abweichen von der normalen Beschaffenheit“ [25] bezeichnet, es findet sich jedoch auch ein älteres Urteil, in dem in Ermangelung einer derartigen Abweichung auf die von den Parteien getroffene Vereinbarung abgestellt wurde[26]. Letztlich kann diese Frage aber auf sich beruhen. Denn im Laufe der Zeit rückte das Reichsgericht zunehmend das subjektive Element des vertraglich vorausgesetzten Gebrauchs in den Vordergrund[27], indem es als fehlerbegründend „einzig die Untauglichkeit zum Vertragszweck“[28] ansah und den Fehler definierte als eine ungünstige Abweichung „von derjenigen Beschaffenheit, die für den nach dem Vertrage vorausgesetzten Gebrauch erwartet werden muß“[29]. Das ursprünglich bei fehlender Zweckbestimmung oder vertraglicher Vereinbarung noch im Sinne einer subjektiv-objektiven Fehlerdefinition als eigenständiger Maßstab verstandene Merkmal der gewöhnlichen Gebrauchstauglichkeit[30] wird von der neueren Rechtsprechung nur noch im Rahmen der primär maßgeblichen Parteivereinbarung eingeführt. Entsprechend

---

[22] Müko-WESTERMANN, § 459, Rn. 8 f.; Staudinger-HONSELL, § 459, Rn. 20; FIKENTSCHER, SchuldR, Rn. 704; ENN-LEHMANN, SchuldR, S. 433; REINICKE-TIEDTKE, Kaufrecht, Rn. 265 ff.; WALTER, Kaufrecht, S. 142 f.. Auch das Grünbuch legt diesen Fehlerbegriff im Rahmen seiner rechtsvergleichenden Analyse als den in Deutschland herrschenden zugrunde (KOM (93) 509 endg., S. 31).

[23] Staudinger-HONSELL, § 459 ff., Rn. 20 ff. Dies gilt zumindest für Stückkäufe. Bei Gattungskäufen ist die Abgrenzung zwischen Nicht- und Schlechterfüllung bei Artabweichungen hingegen auch unter den Vertretern des subjektiven bzw. des subjektiv-objektiven Fehlerbegriffs strittig (siehe S. 57 ff.).

[24] Bejahend: FLUME, Eigenschaftsirrtum, S. 138 f.; Müko-WESTERMANN, § 459, Rn. 10; Staudinger-HONSELL, § 459, Rn. 18; FABRICIUS, JuS 1964, S. 1; verneinend: Soergel-HUBER, Vor § 459, Rn. 21 f..

[25] RGZ 97, 351 (352).

[26] RGZ 70, 82 (86).

[27] RGZ 99, 147 (148); 115, 286 (287); 131, 343 (348); 135, 339 (341 f.); 161, 330 (335). Zur Kritik dieser Vorgehensweise vgl. FLUME, Eigenschaftsirrtum, S. 139 ff., insbes. S. 146.

[28] RGZ 161, 330 (335).

[29] RGZ 135, 339 (342).

[30] RGZ 70, 82 (85 f.).

einem solchen rein subjektiven Fehlerbegriff bejaht der BGH einen Fehler, wenn die tatsächliche Beschaffenheit der Sache von der im Kaufvertrag vereinbarten bzw. der von den Parteien nach dem Vertragsschluß gemeinsam vorausgesetzten[31] Beschaffenheit abweicht und diese Abweichung den Wert der Sache oder ihre Tauglichkeit zu dem gewöhnlichen oder nach dem Vertrag vorausgesetzten Gebrauch aufhebt oder mindert[32].

4. Stellungnahme

Zwei Gründe waren es, die Rechtsprechung und Schrifttum zu einer Subjektivierung des Fehlerbegriffs veranlaßt haben. Zum einen erspare der Rückgriff auf die vertraglich vereinbarte Beschaffenheit die Einteilung der Kaufsachen in Gattungen, die sich aufgrund der stetig zunehmenden Produktdiversifizierung als mehr oder weniger undurchführbar erweise. Da die Parteien durch die Vereinbarung zusätzlicher Eigenschaften der Kaufsache sowohl eine besondere Qualität festlegen als auch eine neue Gattung begründen könnten, hänge die Feststellung, ob eine Sache von der Normalbeschaffenheit abweiche, ausschließlich davon ab, ob man im konkreten Fall einen engen oder einen weiten Gattungsbegriff zugrunde lege[33]. Zum anderen sei eine Ausweitung des Fehlerbegriffs auf Art-, Umstands- und Individualabweichungen trotz des Widerspruchs zum allgemeinen Sprachgebrauch im Interesse einer sachgerechten juristischen Erfassung dieser Fälle erforderlich, da auf andere Weise ein wirksamer Schutz des Käufers nicht möglich sei. § 119 Abs. 2 BGB werde durch die §§ 459 ff. BGB in Bezug auf Sachmängel ausgeschlossen, und der Qualifizierung als Zusicherung stehe in ihrer uneingeschränkten Form eine unbillige Ausdehnung der Schadensersatzhaftung nach § 463 BGB und in ihrer eingeschränkten Form eine mit dem Wortlaut des Gesetzes nicht zu vereinbarende Unterscheidung zwischen zwei verschiedenen Arten der Zusicherung entgegen[34].

Aber auch darüber hinaus kann der objektive Fehlerbegriff keine Zustimmung finden. Er geht entsprechend der Entstehungsgeschichte des § 459 Abs. 1 S. 1

---

[31] Diese Formulierung wird teilweise wegen der Unklarheit und Unbestimmtheit des Kriteriums der vertraglichen Voraussetzung abgelehnt (FLUME, Eigenschaftsirrtum, S. 126).

[32] BGHZ 16, 54 (55); 90, 198 (202); 98, 100 (104); BGH WM 1983, 934; NJW-RR 1995, 364.

[33] RGZ 135, 339 (342); FLUME, Eigenschaftsirrtum, S. 110 f.; Schlegelberger-HEFERMEHL, § 377, Rn. 18; Erman-GRUNEWALD, Vor § 459, Rn. 4.

[34] RGZ 99, 147; 115, 286; 161, 330; Soergel-HUBER, Vor § 459, Rn. 33; REINICKE-TIEDTKE, Kaufrecht, Rn. 263 ff.; Erman-GRUNEWALD, Vor § 459, Rn. 4; LARENZ, SchuldR, S. 40 f..

BGB zwar auf das ädilizische Recht zurück, in dem ebenfalls ein Fehler nur bei einer Abweichung der Kaufsache von einer im Edikt objektiv festgelegten Beschaffenheit angenommen wurde. Dieses Fehlerverständnis ergab sich aber aus dem polizeirechtlichen Charakter der Vorschriften, die die Verkäuferhaftung auf die Hoheitsgewalt der Ädilen stützten und daher Fehler unabhängig vom Kaufvertrag festlegen mußten. Dagegen ist nach geltendem Recht der Kaufvertrag gerade die Grundlage der Sachmängelhaftung[35]. Die Haftung nach § 459 Abs. 1 BGB tritt ein, weil die Leistung eines fehlerhaften Kaufgegenstandes nicht dem Vertrag entspricht. Da somit jedes Fehlen einer vertraglich vereinbarten Eigenschaft der Kaufsache einen Fehler begründet[36], sind für die Bestimmung der geschuldeten Beschaffenheit der Kaufsache allein die vertraglichen Vereinbarungen der Parteien maßgeblich[37].

Selbst wenn derartige Abreden nicht getroffen wurden, ist die sodann heranzuziehende Normalbeschaffenheit nicht als objektiver Qualitätsstandard, sondern als vom subjektiven Parteiwillen getragener Maßstab anzusehen. Die subjektiv-objektive Fehlertheorie verkennt insoweit, daß der streng subjektive Fehlerbegriff nicht in jedem Fall eine ausdrückliche oder konkludente Absprache der Parteien über die Sollbeschaffenheit der Ware voraussetzt[38]. Vielmehr wird eine solche Vertragslücke im Wege der Vertragsergänzung, d.h. entweder durch die Heranziehung der dispositiven Norm des § 459 Abs. 1 S. 1 BGB oder durch ergänzende Auslegung gemäß §§ 133, 157 BGB, geschlossen. Dabei wird man regelmäßig zu dem Ergebnis gelangen, daß die Parteien die Normalbeschaffenheit der Kaufsache vereinbart hätten, weil beide Wege in Ermangelung eines feststellbaren tatsächlichen Willens der Parteien hinsichtlich der von ihnen nicht bedachten oder bewußt offen gelassenen Frage darauf abstellen, welche Regelung redliche Vertragspartner bei einer angemessenen Abwägung ihrer Interessen nach Treu und Glauben getroffen hätten[39]. Während das dispositive Recht diese

---

[35] Dies gilt auch für die Gewährleistungstheorie, deren neuere Vertreter die Haftung des Verkäufers gleichfalls auf den Kaufvertrag stützen (siehe S. 14 f.). Davon unabhängig ist die Frage, ob die §§ 459 ff. BGB eine Nichterfüllungshaftung oder eine besondere Gewährleistungshaftung statuieren.

[36] FLUME, Eigenschaftsirrtum, S. 119.

[37] FLUME, Eigenschaftsirrtum, S. 124 f.; JAKOBS, Gesetzgebung im Leistungsstörungsrecht, S. 88 f..

[38] Soergel-HUBER, Vor § 459, Rn. 31; so aber die Kritik von KNÖPLE, Fehler beim Kauf, S. 82 ff..

[39] Die Beachtung des Grundsatzes von Treu und Glauben ergibt sich im Rahmen der ergänzenden Auslegung aus dem Wortlaut des § 157 BGB und im Rahmen der Heranziehung dispositiven Gesetzesrechts aus § 242 BGB, der eine von jedem Vertragsteil zu beachtende Verhaltensnorm ausspricht. Somit stehen beide Arten der Lückenfüllung letztlich unter dem gleichen Leitprinzip (LARENZ, NJW 1963, S. 737).

generalisierend für einen bestimmten Vertragstypus festlegt, wird sie im Rahmen der ergänzenden Vertragsauslegung für einen konkreten Vertrag gesucht[40]. Auch wenn die Ermittlung des im letzteren Fall maßgeblichen hypothetischen Parteiwillens[41] stärker an individuellen Merkmalen wie dem Sinn und Zweck des Vertrages und den von Parteien getroffenen Wertungen orientiert ist[42], sind die Grenzen fließend[43]. Denn über die anzuwendende Form der Vertragsergänzung entscheidet - unabhängig von der strittigen Frage, welcher von ihnen der grundsätzliche Vorrang gebührt[44] - die Typizität des Rechtsgeschäfts. Dispositives Recht gilt nur, wenn und soweit der zu ergänzende Vertrag mit dem gesetzlich geregelten Modell übereinstimmt. Bei einer abweichenden Interessenlage, insbesondere einem Widerspruch zum erklärten oder mutmaßlichen Parteiwillen, ist den Besonderheiten des Falles durch ergänzende Auslegung Rechnung zu tra-

---

[40] Müko-MAYER-MALY, § 157, Rn. 27; LARENZ, NJW 1963, S. 737.

[41] Hierbei handelt es sich um ein normatives Kriterium, da es darauf ankommt, wie vernünftige Vertragsparteien die in Rede stehende Vertragslücke unter Berücksichtigung von Treu und Glauben und der Verkehrssitte (§ 157 BGB) geschlossen hätten (Staudinger-ROTH, § 157, Rn. 31; Soergel-WOLF, § 157, Rn. 131).

[42] Teilweise wird vertreten, daß die ergänzende Auslegung ebenso wie die Heranziehung dispositiven Rechts eine Anwendung objektiver Rechtsnormen sei, da eine solchermaßen vorgenommene Schließung einer Vertragslücke nicht mehr vom erklärten Bindungswillen der Parteien gedeckt sei, sondern vom Gericht auf objektiver Grundlage vorgenommen werde (HENCKEL, AcP 159 (1960), S. 121, 124; EHRICKE, RabelsZ 60 (1996), S. 667 ff.; 687). Diese Auffassung läßt jedoch unberücksichtigt, daß der Parteiwille sich auf den Vertrag als sinneinheitliche Regelung bezieht und daher auch sachlich gebotene Vervollständigungen erfaßt. Sofern diese unter Berücksichtigung des Zwecks, des systematischen Zusammenhangs und sonstiger aus dem Vertrag erkennbarer Anhaltspunkte vorgenommen werden, sind sie noch als der Ermittlung seines Inhalts dienende Auslegung zu qualifizieren (Soergel-WOLF, § 157, Rn. 104; Staudinger-ROTH, § 157, Rn. 4).

[43] FLUME, BGB AT, S. 324 f..

[44] Für einen Vorrang der ergänzenden Auslegung wird angeführt, daß der durch sie ermittelte rechtsgeschäftliche Wille der Parteien aufgrund der Privatautonomie den gesetzlichen Regelungen vorgehe (RGZ 131, 343 (351); Soergel-SIEBERT, 9. Aufl., § 157, Rn. 80). Dem wird entgegengehalten, daß dann das dispositive Recht durch die ergänzende Auslegung weitgehend verdrängt und damit obsolet werde (Staudinger-ROTH, § 157, Rn. 22 f.; MANGOLD, NJW 1961, S. 2284). Die Rechtsprechung geht vom Vorrang des dispositiven Rechts aus, indem sie bereits das Vorliegen einer Vertragslücke verneint, wenn die offen gebliebene Frage durch die Heranziehung dispositiven Rechts gelöst werden kann (BGHZ 40, 91 (103); BGH WM 1974, 11 (12); ebenso EHRICKE, RabelsZ 60 (1996), S. 679 f.). Im Interesse der Klarheit sollten das Problem der Lückenfeststellung und das Problem, auf welche Weise die einmal festgestellte Lücke geschlossen werden soll, aber voneinander getrennt werden (Staudinger-ROTH, § 157, Rn. 22 f.; Müko-MAYER-MALY, § 157, Rn. 34).

gen[45]. Aufgrund dieser wertenden Betrachtung der von den Parteien getroffenen Regelung ist die Vereinbarung der Normalbeschaffenheit sowohl im Fall der Heranziehung des § 459 Abs. 1 S. 1 BGB als auch im Fall der ergänzenden Auslegung letztlich Ausdruck des vernünftigen Parteiwillens. Trotz des unklaren Wortlauts des § 459 Abs. 1 S. 1 BGB wird die Sollbeschaffenheit der Kaufsache mithin auch im deutschen Recht subjektiv bestimmt.

II. Die Lösung des englischen Rechts

Das englische Recht scheint zur Beantwortung der Frage, ob die Kaufsache mangelhaft ist, ausschließlich auf den Inhalt des Kaufvertrages abzustellen. Sofern die Parteien keine ausdrücklichen Abreden bezüglich der Sollbeschaffenheit getroffen haben, sind die vom Gesetz als stillschweigende Vertragsvereinbarungen (*implied terms*) ausgestalteten ss. 13-15 SGA heranzuziehen. Gleichwohl qualifizierte bereits Rabel diese Vorschriften als einen den Vertragsinhalt ergänzenden, gesetzlichen Qualitätsstandard, da die Konstruktion einer vertraglichen Vereinbarung auf die Fiktion eines in Wahrheit nicht vorhandenen Parteiwillens hinausliefe[46]. Tatsächlich hat sich in der englischen Rechtsprechung und Literatur eine solche Auffassung durchgesetzt[47].

Insoweit ist zu unterscheiden zwischen den *terms implied in fact* und den *terms implied in law*[48]. *Terms implied in fact* werden einem individuellen Vertrag hinzugefügt und setzen stets einen aus dem Wortlaut und den Umständen des Falles zu ermittelnden übereinstimmenden Willen beider Parteien über die Erforderlichkeit der Vertragsergänzung sowie über die genaue Formulierung der zu ergänzenden Vereinbarung voraus. Sie dürfen also weder einer ausdrücklichen

---

[45] Soergel-WOLF, § 157, Rn. 112; Staudinger-ROTH, § 157, Rn. 23; LARENZ, NJW 1963, S. 740 f.. Im Hinblick auf den Grundsatz der Privatautonomie darf diese jedoch nicht zu einer inhaltlichen Änderung des Vertrages oder zu einer Erweiterung des Vertragsgegenstandes führen (Soergel-WOLF, § 157, Rn. 125 ff.; Müko-MAYER-MALY, § 157, Rn. 46 f.; ZWEIGERT/KÖTZ, Rechtsvergleichung, S. 401 f.).

[46] RABEL, Recht des Warenkaufs, Bd. II, S. 161 f..

[47] *Luxor (Eastbourne) Ltd. v. Cooper* (1941) A.C. 108 (137); *Lister v. Romford Ice and Cold Storage Co. Ltd.* (1957) A.C. 555 (594); ATIYAH, Law of Contract, S. 204; GUEST in Chitty, Vol. I, Rn. 903, 925; TREITEL, Law, S. 189 ff..

[48] Zur Bedeutung dieser im Anschluß an TREITEL verwendeten Begriffe vgl. § 2, Fn. 55. Die Differenzierung ist teilweise als zu scharf kritisiert worden, da sie die Tatsache verwische, daß es sich bei den verschiedenen Formen der *implied terms* nur um Schattierungen eines fortlaufenden Spektrums (*shades of a continous spectrum*) handele (LEWISON, Interpretation of Contracts, Anm. 5.16, Fn. 51).

Vertragsklausel noch dem Wesen des Vertrages zuwiderlaufen[49]. Ein entsprechender mutmaßlicher Parteiwille (*presumed intention*) wird bejaht, wenn eine bestimmte Klausel für eine sinnvolle Vertragsabwicklung notwendig ist („*business efficacy*" *test*) bzw. wenn ihre Geltung für die Parteien so offensichtlich ist, daß eine ausdrückliche Festlegung entbehrlich ist („*officious bystander*" *test*)[50]. Voraussetzung für eine Ergänzung ist jedoch stets, daß der jeweilige *term* für eine sinnvolle Vertragsabwicklung notwendig (*necessary*) und nicht bloß vernünftig (*reasonable*) ist, weil die Gerichte nicht zur Verbesserung der von den Parteien ausgehandelten Verträge eingeschaltet werden sollen[51]. Demgegenüber werden *terms implied in law* entweder allen oder bestimmten standardisierten Vertragsverhältnissen aus allgemeinen oder den jeweiligen Vertragstyp betreffenden Gerechtigkeitserwägungen (*policy considerations*) unterstellt. Außer im Fall eines ausdrücklichen Ausschlusses durch die Parteien geschieht dies auch dann, wenn sich aus den sonstigen Umständen diesbezüglich kein übereinstimmender oder gar ein gegenteiliger Parteiwille ergibt. Daraus wurde gefolgert, daß es sich bei diesen Vorschriften um die Begründung einer gesetzlichen Verpflichtung (*imposition of a legal duty*) handele[52].

---

[49] *Trollope & Colls Ltd. v. N.W. Metropolitan Regional Hospital Board* (1973) 1 W.L.R. 601 (614); *Shell U.K. Ltd. v. Lostock Garage Ltd.* (1976) 1 W.L.R. 1187 (1196 f.); TREITEL, Law, S. 185 ff.; LEWISON, Interpretation of Contracts, Anm. 5.08. Wegen der allgemeinen Vermutung, daß die Parteien alle wesentlichen Vereinbarungen selbst getroffen haben, sind die Gerichte besonders zurückhaltend mit der Ergänzung weiterer *terms*, wenn es um einen sorgfältig und detailliert geregelten Vertrag geht (GUEST in Chitty, Vol. I, Rn. 904).

[50] *Reigate v. Union Manufacturing Co. (Ramsbottom) Ltd.* (1918) 1 K.B. 592 (605); *Comptoir Commercial Anversois v. Power, Son & Co.* (1920) 1 K.B. 868 (899 f.); *Shirlaw v. Southern Foundries* (1926) Ltd. (1939) 2 K.B. 206 (227), bestätigt in (1940) A.C. 701; TREITEL, Law, S. 186 f.; GUEST in Chitty, Vol. I, Rn. 906 ff.; COLLINS, Law of Contract, S. 225 f.. Da eine sinnvolle Vertragsabwicklung regelmäßig dem offensichtlichen Parteiwillen entspricht, überschneiden sich der „*business efficacy*" *test* und der „*officious bystander*" *test* häufig. Ob sie alternativ oder kumulativ anzuwenden sind, ist streitig (vgl. TREITEL, Law, S. 185 ff. und LEWISON, Interpretation of Contracts, Anm. 5.03 jeweils m.w.N.).

[51] *Reigate v. Union Manufacturing Co. (Ramsbottom) Ltd.* (1918) 1 K.B. 592 (605); *Comptoir Commercial Anversois v. Power, Son & Co.* (1920) 1 K.B. 868 (899 f.; 902); *Trollope & Colls Ltd. v. N.W. Metropolitan Regional Hospital Board* (1973) 1 W.L.R. 601 (609); *Liverpool City Council v. Irwin* (1977) A.C. 239 (254; 262; 266); GUEST in Chitty, Vol. I, Rn. 909; kritisch ATIYAH, Law of Contract, S. 206 ff..

[52] *Luxor (Eastbourne) Ltd. v. Cooper* (1941) A.C. 108 (137); *Lister v. Romford Ice and Cold Storage Co. Ltd.* (1957) A.C. 555 (576, 594); *Shell U.K. Ltd. v. Lostock Garage Ltd.* (1976) 1 W.L.R. 1187 (1196); *Liverpool City Council v. Irwin* (1977) A.C. 239 (257 f., 266 ff.); TREITEL, Law, S. 190 ff.; ATIYAH, Law of Contract, S. 204 ff.; GUEST in Chitty, Vol. 1, Rn. 903; COLLINS, Law of Contract, S. 227 ff..

Die schließlich in den ss. 13-15 SGA kodifizierten *implied conditions* und *warranties* über die Beschaffenheit und die Qualität der Kaufsache wurden von den Gerichten aufgrund derartiger *policy considerations* entwickelt, nämlich um den bis dahin geltenden Grundsatz des *„let the buyer beware"* zu Lasten des Verkäufers einzuschränken. Demnach sind sie als gesetzliche Verpflichtung einzustufen, wonach die Kaufsache unabhängig vom mutmaßlichen Parteiwillen einen bestimmten Qualitätsstandard aufweisen muß. Neuerdings mehren sich aber Stimmen, die auch die *terms implied in law* als das von einem übereinstimmenden Parteiwillen getragene Ergebnis einer Vertragsauslegung betrachten, wobei die Begründung variiert. Teilweise wird argumentiert, daß die Parteien durch den Abschluß des Vertrages bzw. durch die Wahl eines bestimmten Vertragstyps ihr Einverständnis mit den insoweit bestehenden *implied terms* erklärten[53]. Teilweise wird auch zur Herleitung der *terms implied in law* auf den *„business efficacy"* *test* und den *„officious bystander"* *test* zurückgegriffen, die sonst nur bei den *terms implied in fact* angewandt werden[54]. Dagegen scheint es nicht auszureichen, die gesetzlich geregelten *implied terms* als Ausdruck des vernünftigen Parteiwillens anzusehen. Dies mag darin begründet sein, daß das englische Recht einen im Rahmen der Vertragserfüllung zu beachtenden Grundsatz von Treu und Glauben nicht kennt[55]. Jedenfalls stellen die ss. 13-15 SGA nach dieser Ansicht stillschweigende Vertragsvereinbarungen dar.

Mithin ist offen, ob der Maßstab für die Sollbeschaffenheit im englischen Recht subjektiv-objektiv oder rein subjektiv determiniert ist. Einerseits spricht die fehlende Berücksichtigung eines anderweitigen stillschweigenden Parteiwillens für die Annahme eines objektiven gesetzlichen Mindeststandards. Andererseits scheint die im Vordringen befindliche Auffassung, die eine rein subjektive Auslegung befürwortet, eher der Vertragsbruchstheorie zu entsprechen. Denn die Lieferung einer mangelhaften Sache kann nur dann einen Vertragsbruch darstellen, wenn jeder Mangel einen Verstoß gegen eine vertragliche Vereinbarung beinhaltet.

---

[53] *South Australia Asset Management Corporation v. York Montagru Ltd.* (1996) 3 W.L.R. 87 (93); LEWISON, Interpretation of Contracts, Anm. 5.01.

[54] *Tai Hing Cotton Mill Ltd. v. Liu Chong Hing Bank Ltd.* (1986) A.C. 80 (104 f.); *National Bank of Greece S.A. v. Pinios Shipping Co (No. 1)* (1990) 1 A.C. 637 (646); *Bank of Nova Scotia v. Hellenic Mutual War Risks Association (Bermuda) Ltd.* (1990) Q.B. 818 (895 f.; 897 ff.); LEWISON, Interpretation of Contracts, Anm. 5.16.

[55] TRIEBEL u.a., Englisches Handels- und Wirtschaftsrecht, S. 66.

III. Rechtsvergleichende Würdigung

Sowohl das UN-Kaufrecht als auch das deutsche Recht betrachten den Vertrag als Grundlage der Sachmängelhaftung. Die in Art. 35 Abs. 2 CISG statuierte Beschaffenheit wird durch Vertragsauslegung gemäß Art. 8 CISG und die Normalbeschaffenheit durch ergänzende Vertragsauslegung gemäß §§ 133, 157 BGB oder durch Heranziehung des § 459 Abs. 1 S. 1 BGB ermittelt. Da hierbei auch die sich aus den Umständen ergebenden Parteivorstellungen zu beachten sind, entspricht das Ergebnis stets dem tatsächlichen bzw. dem vernünftigen Parteiwillen. Im Interesse der Privatautonomie wird die Sollbeschaffenheit also ausschließlich subjektiv bestimmt. Dagegen ist im englischen Recht nach derzeit noch herrschender Auffassung neben dem Vertrag ergänzend eine gesetzliche Verpflichtung Grundlage der Sachmängelhaftung, wonach die Kaufsache den in ss. 13-15 SGA postulierten Kriterien entsprechen muß. Diese Verpflichtung kann allenfalls durch ausdrückliche vertragliche Vereinbarungen, nicht aber durch einen mutmaßlichen anderweitigen Parteiwillen abbedungen werden[56]. Die Privatautonomie wird somit aus Gründen des Käuferschutzes durch einen gesetzlichen Qualitätsstandard eingeschränkt, so daß der Maßstab für die geschuldete Beschaffenheit subjektiv-objektiv determiniert ist.

Die Richtlinie stellt zur Festlegung der geschuldeten Beschaffenheit des Verbrauchsguts ebenfalls vorrangig auf die Vereinbarungen der Parteien ab (Art. 2 Abs. 1 RL). Falls derartige Absprachen fehlen, wird die Vertragsmäßigkeit des Verbrauchsguts vermutet, wenn die Kriterien des Art. 2 Abs. 2 RL erfüllt sind. Diese Vermutung soll zwar alle normalen Situationen abdecken, stellt aber keine Einschränkung des Grundsatzes der Vertragsfreiheit dar. Vielmehr kann sie durch die Umstände des Einzelfalls widerlegt werden, wobei die sich aus den Umständen ergebende Unanwendbarkeit eines einzelnen der grundsätzlich kumulativ geltenden Merkmale die Gültigkeit der übrigen unberührt läßt[57]. Dies bedeutet, daß Art. 2 Abs. 2 RL einen Katalog möglicher (konkludenter) Vertragsvereinbarungen beinhaltet, die durch einen sich aus den Umständen ergebenden anderweitigen Parteiwillen widerlegt werden können.

Für diese Lösung läßt sich ebenso wie im UN-Kaufrecht das dem Entwurf zugrundeliegende Prinzip der Vertragsmäßigkeit anführen, wonach allein der Vertrag Grundlage der Sachmängelhaftung ist. Die damit verbundene uneingeschränkte Geltung der Privatautonomie ist aber insofern problematisch, als die Richtlinie anders als das Übereinkommen und das BGB nicht von Verträgen zwischen gleichberechtigten Partnern, sondern zwischen gewerblichen Verkäu-

---

[56] Zur Möglichkeit eines vertraglichen Ausschlusses dieser Vorschriften siehe S. 195.

[57] ABl. L 171 vom 7.7.1999, S. 12, Erwägungsgrund (8).

fern und Verbrauchern ausgeht (Art. 1 RL). Die Schutzbedürftigkeit letzterer legt eine Qualifizierung als gesetzlicher Qualitätsstandard nahe, der unabhängig vom Willen der Parteien eingreift. Eine solche Konzeption enthielten der ursprüngliche[58] und der geänderte Kommissionsvorschlag[59], in denen die geschuldete Beschaffenheit des Verbrauchsguts aufgrund der zwingenden Geltung der Richtlinienvorschriften bereits gesetzlich vorgegeben war und durch die vertraglichen Vereinbarungen der Parteien allenfalls ergänzt werden konnte[60]. Gleichwohl ist es vorzugswürdig, die in Art. 2 Abs. 2 RL genannten Kriterien als konkludent vereinbarte Beschaffenheitsmerkmale aufzufassen. Da sich allgemein anerkannte objektive Qualitätsmaßstäbe aufgrund der insoweit recht unterschiedlichen Auffassungen in den einzelnen Mitgliedstaaten nur schwer finden lassen, kann auf diese Weise die einheitliche Auslegung und Anwendung der Richtlinie besser gewährleistet werden. Denn die Differenzierungen, die bei verschiedenen Fallgestaltungen notwendig sind, können dann als der aus den besonderen Umständen des Einzelfalles sich ergebende Parteiwille erklärt werden, der im Wege der Auslegung ermittelt wurde. In der Richtlinie wird die Sollbeschaffenheit des Verbrauchsguts mithin ebenfalls subjektiv bestimmt[61].

Im deutschen Recht bereitet die Richtlinienumsetzung in dieser Hinsicht keine Probleme, sondern bietet die Möglichkeit, durch eine Neuformulierung des Mangelbegriffs das gegen den subjektiven Fehlerbegriff erhobene Argument des entgegenstehenden Gesetzeswortlauts zu beseitigen. Ein solcher Vorschlag wurde bereits von der Schuldrechtskommission gemacht, die in § 435 Abs. 1 KE für die Festlegung der geschuldeten Beschaffenheit gleichfalls auf die subjektiven Parteivereinbarungen abstellt[62]. Allerdings beinhaltet eine derartige Neuformulierung nur eine Klarstellung der tatsächlichen Rechtslage[63], da die subjektive Bestimmung der Sollbeschaffenheit im geltenden deutschen Recht kaum noch umstritten ist. Im englischen Recht erweist sich die Umsetzung der Richtlinie hingegen insofern als problematisch, als sämtliche in ss. 13-15 SGA aufgezählten Kriterien nach der überwiegenden Meinung als gesetzlicher Qualitätsstandard angesehen werden. Da durch eine abweichende Bestimmung der Sollbeschaffenheit jedoch die einheitliche Auslegung und Anwendung der Richtlinie gefährdet

---

[58] KOM (95) 520 endg..
[59] KOM (1998) 217 endg..
[60] KOM (95) 520 endg., Kommentierung zu Art. 2 Abs. 1, S. 12.
[61] Demgegenüber ging das Grünbuch, das einen Mangel im Fall der Nichtübereinstimmung mit den berechtigten Erwartungen des Verbrauchers bejahte (siehe S. 142 f.), von einem subjektiv-objektiven Mangelbegriff aus, da das subjektive Kriterium der „Erwartung" aufgrund des Erfordernisses der „Berechtigung" einer objektiven Einschränkung unterlag (vgl. im einzelnen KOM (93) 509 endg., S. 109 f.).
[62] SCHURKOM, Abschlußbericht, S. 201 f..
[63] RUST, Gewährleistungsrecht, S. 90.

wird, sollten die Bestimmungen entsprechend der im Vordringen befindlichen Auffassung als konkludente Vertragsvereinbarungen qualifiziert werden.

B. Falschlieferungen und Mengenabweichungen

Abgesehen von einem subjektiv determinierten Mangelbegriff verbindet die Kommission mit dem Grundsatz der Vertragsmäßigkeit auch die Beseitigung der in den Rechtsordnungen einiger Mitgliedstaaten vorhandenen Unterscheidung zwischen der Nichterfüllung einer Lieferpflicht und der Gewährleistung für Mängel. Denn durch die Einführung eines einheitlichen Leistungsstörungsbegriffs mit im wesentlichen übereinstimmenden Rechtsfolgen könnten die ansonsten auftretenden Abgrenzungsprobleme zwischen Sachmangel und Falschlieferung sowie zwischen Sachmangel und Mengenabweichung vermieden werden[64]. Bei der ersten Unterscheidung ist zu klären, ob es sich bei der gelieferten Ware um eine der geschuldeten Gattung zugehörige, mangelhafte Sache (*peius*) oder um eine einer anderen Gattung angehörende Sache (*aliud*) handelt. Bei der zweiten Unterscheidung geht es um die Frage, ob der Käufer lediglich zuviel oder zuwenig einer ansonsten vertragsgemäßen Ware erhalten hat (Zuviel- oder Zuweniglieferung) oder ob die quantitative Abweichung die Mangelhaftigkeit der Ware begründet (Quantitätsmangel).

Das UN-Kaufrecht beruht auf dem einheitlichen Tatbestand der Vertragsverletzung, der sowohl die Nichtlieferung als auch die vertragswidrige Lieferung umfaßt. Da für beide Formen der Vertragsverletzung im wesentlichen die gleichen Rechtsfolgen[65] gelten, erstreckt sich der Begriff der Vertragswidrigkeit im Sinne von Art. 35 CISG neben Qualitätsabweichungen auch auf Mengenabweichungen und Falschlieferungen, auch wenn letztere im Gegensatz zu Art. 33 Abs. 1 lit. b) EKG nicht mehr ausdrücklich genannt sind[66]. Mit Ausnahme der Fälle der Zuviellieferung, für die in Art. 52 Abs. 2 CISG gesonderte Rechtsbehelfe vorgesehen sind[67], bestehen daher keine Abgrenzungsprobleme. Allerdings werden teilweise Einschränkungen dieser Gleichsetzung befürwortet. In Bezug auf Falschlieferungen wird - unter Hinweis auf den Sekretariatskommentar, wonach die Lieferung von Kartoffeln statt Mais keine Erfüllung der Lieferpflicht

---

[64] KOM (95) 520 endg., Kommentierung zu Art. 2 Abs. 1, S. 12.
[65] Siehe S. 34 ff..
[66] SCHLECHTRIEM, Internat. UN-Kaufrecht, Rn. 134; Honsell-MAGNUS, Art. 35, Rn. 5 f.; Schlechtriem-SCHWENZER, Art. 35, Rn. 8, 10; PILTZ in v. Westphalen, Rn. 135.
[67] Vgl. § 2, Fn 152.

nach Art. 30 CISG sein soll[68] - angeführt, daß wenigstens die krasse Falschlieferung als Nichtlieferung behandelt werden sollte[69]. Ansonsten könne der Verkäufer durch jede beliebige Lieferung die Rügeobliegenheit nach Art. 39 CISG auslösen, deren Nichtbeachtung den Käufer zwinge, die Ware zu behalten[70]. Diese Auffassung findet in der Entstehungsgeschichte des Art. 35 CISG jedoch keine Stütze und begründet durch die Einführung der Differenzierung zwischen normalen und krassen Falschlieferungen[71] neue Abgrenzungsschwierigkeiten[72]. Ferner werden unbillige Ergebnisse meist bereits dadurch vermieden, daß sich der Verkäufer bei krassen Falschlieferungen wegen Kenntnis gemäß Art. 40 CISG nicht auf die Unterlassung der Rüge berufen kann[73]. In Bezug auf Mengenabweichungen wird vertreten, daß nur die aus den Lieferdokumenten nicht ersichtliche Mindermenge eine Vertragswidrigkeit gemäß Art. 35 CISG darstelle. Stimme die gelieferte Menge hingegen mit der in den Dokumenten angegebenen überein, so liege eine partielle Nichtlieferung und gegebenenfalls Teilverzug vor[74]. Der Wortlaut des Art. 35 CISG bietet für eine derartige Auffassung aber keinen Anhaltspunkt[75]. Mithin ist sie gleichfalls abzulehnen.

I. Die Lösung des deutschen Rechts

Im deutschen Recht, das die Fälle der Nicht- und der Schlechterfüllung gesonderten Regelungen unterwirft[76], kommt den genannten Differenzierungen wegen der stark divergierenden Rechtsfolgen hingegen besondere Bedeutung zu. Bejaht man ein *peius* bzw. einen Quantitätsmangel, so kann der Käufer nach den dann eingreifenden Gewährleistungsregeln zwar ohne das Erfordernis einer vorherigen Nachfristsetzung sofort wandeln (§ 462 BGB), seine Ansprüche - einschließlich des Nacherfüllungsanspruchs aus § 480 BGB - verjähren aber innerhalb der

---

[68] SECRETARIAT COMMENTARY, Documentary History of the ULIS, S. 419, Art. 29, Anm. 3.

[69] BIANCA-BONELL, International Sales Law, Art. 35, Anm. 2.4.; NEUMAYER, RIW 1994, S. 105; BYDLINSKI in Doralt, S. 137, 147.

[70] BYDLINSKI in Doralt, S. 147.

[71] Zur Definition der krassen Falschlieferung vgl. NEUMAYER, RIW 1994, S. 105.

[72] Honsell-MAGNUS, Art. 35, Rn. 6; Schlechtriem-SCHWENZER, Art. 35, Rn. 10; ENDERLEIN in Internationales Kaufrecht, Art. 35, Anm. 5; Staudinger-MAGNUS, Art. 35, Rn. 9; HUBER, RabelsZ 43 (1979), S. 483 f..

[73] Schlechtriem-SCHWENZER, Art. 35, Rn. 10; Staudinger-MAGNUS, Art. 35, Rn. 9. Dabei wird ihm das Wissen von Hilfspersonen, d.h. von eigenem Personal und Erfüllungsgehilfen im engeren Sinne, zugerechnet (Schlechtriem-SCHWENZER, Art. 40, Rn. 6).

[74] ENDERLEIN in Internationales Kaufrecht, Art. 35, Anm. 3.

[75] Ebenfalls ablehnend Schlechtriem-SCHWENZER, Art. 35, Rn. 8.

[76] Siehe S. 11.

kurzen Frist des § 477 BGB. Nimmt man dagegen ein *aliud* bzw. eine Zuweniglieferung an, so gelten die Regeln über die (teilweise) Nichterfüllung, und der Käufer kann sich gemäß § 326 BGB grundsätzlich erst nach erfolglosem Ablauf einer dem Verkäufer gesetzten Nachfrist vom Vertrag lösen. Dafür verjährt sein fortbestehender Anspruch auf (restliche) Erfüllung nach den gegenüber § 477 BGB wesentlich längeren allgemeinen Verjährungsfristen (§§ 195, 196 BGB). Im Fall der Zuviellieferung bleibt der Käufer, sofern er nicht aufgrund einer (stillschweigenden) Annahme des entsprechend geänderten Vertragsangebots zur Bezahlung des Mehrbetrages verpflichtet ist, einem Rückforderungsanspruch des Verkäufers aus § 812 Abs. 1 BGB ausgesetzt.

1. Sachmangel und Falschlieferung

Die Unterscheidung zwischen Sachmangel und Falschlieferung läßt sich beim Stückkauf einfach durchführen, da die als Erfüllungsgegenstand dienende Kaufsache bereits bei Vertragsabschluß individualisiert wird. Eine Falschlieferung ist nur gegeben, wenn die gelieferte Sache gegenständlich von der verkauften Sache abweicht (sog. Identitäts*aliud*)[77]. Wird hingegen die gekaufte Sache geliefert, gehört sie aber einer anderen Gattung an, als von den Parteien vereinbart wurde, so liegt nach dem herrschenden subjektiven Fehlerbegriff ein Sachmangel vor (sog. Qualifikations*aliud*)[78]. Das Kriterium der Identität von gekauftem und geliefertem Gegenstand versagt aber beim Gattungskauf, bei dem die Kaufsache ausschließlich durch die Gattungsmerkmale festgelegt wird. Fehlt eines dieser Merkmale, so kann wegen der Relativität des Gattungsbegriffs regelmäßig sowohl ein mangelhaftes Exemplar der geschuldeten Gattung als auch ein Exemplar einer anderen Gattung angenommen werden[79]. Aufgrund dieser Abgrenzungsschwierigkeiten entstand das Bedürfnis, die Sachmängelvorschriften auch auf das *aliud* anzuwenden.

a) Die Rechtsprechung

Eine solche Ausdehnung der gewährleistungsrechtlichen Rechtsfolgen wurde erstmals vom Reichsgericht in seiner grundlegenden Entscheidung RGZ 86, 90

---

[77] BGH NJW 1979, 811 *Lieferung eines anderen statt des verkauften und durch die Fahrgestellnummer näher bezeichneten Lkws*; REINICKE-TIEDTKE, Kaufrecht, Rn. 529.

[78] Soergel-HUBER, Vor § 459, Rn. 132 f.; Staudinger-HONSELL, § 459, Rn. 25 f.; Müko-WESTERMANN, § 459, Rn. 14 f.; Schlegelberger-HEFERMEHL, § 378, Rn. 3 f..

[79] Schlegelberger-HEFERMEHL, § 378, Rn. 5.

(*Kawamattaseidefall*)[80] vorgenommen. Als Anknüpfungspunkt hierfür diente § 378 HGB, der als einzige Norm im deutschen Recht die Falschlieferung mit dem Sachmängelrecht verbindet. Nach dieser Vorschrift finden die Bestimmungen des § 377 HGB über die Rüge bei mangelhafter Ware auch dann Anwendung, wenn eine „andere als die bedungene Ware“ geliefert wird, sofern die gelieferte Ware „nicht offensichtlich von der Bestellung so erheblich abweicht, daß der Verkäufer die Genehmigung des Käufers als ausgeschlossen betrachten mußte“. Obwohl sich diese Gleichstellung von Falsch- und Schlechtlieferung nach dem Wortlaut nur auf die Untersuchungs- und Rügelast bezieht, wurde sie vom Reichsgericht auf der Grundlage einer sinn- und zweckentsprechenden Auslegung des § 378 HGB auch auf die Rechtsfolgen ausgedehnt. Es nahm an, daß im Fall des beiderseitigen Handelskaufs das Nichterfüllungsrecht nur für das genehmigungsunfähige *aliud* im Sinne des § 378 2. Hs. HGB gelte, während auf das genehmigungsfähige *aliud* Sachmängelrecht Anwendung finde. Zur Begründung wurde ausgeführt, daß andernfalls die vom Gesetzgeber im Interesse des Rechtsverkehrs beabsichtigte Beseitigung der schwierigen und häufig willkürlichen Abgrenzung zwischen Nicht- und Schlechtlieferung zwar für die Frage der Rügepflicht, nicht aber für die Frage der nach erhobener Rüge eintretenden Rechtsfolgen erreicht würde. Dabei habe die Differenzierung aufgrund der innerlichen Gleichstellung beider Fälle keinerlei innere Berechtigung[81].

Allerdings unterliegt die von der Entscheidung befürwortete Anwendung des Sachmängelrechts auf die Falschlieferung wegen der Herleitung aus § 378 HGB zwei wesentlichen Einschränkungen. Zum einen ist die genehmigungsunfähige Falschlieferung aus der Anwendung des Gewährleistungsrechts ausgenommen. Die Rechtsprechung versteht § 378 2. Hs. HGB aber lediglich in der Theorie als eng auszulegende Ausnahmevorschrift, die nur dann erfüllt ist, wenn „die Lieferung derart kraß von der geschuldeten Gattung abweicht, daß eine Genehmigung vernünftigerweise als schlechterdings ausgeschlossen erscheinen muß“[82]. In der Praxis wird dagegen bei Annahme eines *aliuds* regelmäßig auch dessen Genehmigungsunfähigkeit bejaht und Leistungsstörungsrecht angewendet[83]. Zum ande-

---

[80] Bestätigt durch BGH NJW 1992, S. 566.

[81] RGZ 86, 90 (92 f.).

[82] BGH NJW 1992, 566 (569). Die Feststellung ist nicht aus der subjektiven Sicht des Verkäufers oder des Käufers, sondern aus der objektiven Sicht eines verständigen Beobachters unter Berücksichtigung des betreffenden Handelszweiges und der Verhältnisse bei Käufer und Verkäufer zu treffen (RGZ 84, 355 (356); BGH DB 1969, 1056).

[83] Genehmigungsunfähigkeit wurde in folgenden Fällen bejaht: RG WarnR 1912 Nr. 372 *Lieferung von Schnittpetersilie statt Petersilienwurzeln*; RG JW 1917, 710 *Lieferung von Ziegen- statt Kalbsfellen*; RGZ 103, 77 *Lieferung von Winter- statt Sommerweizen*; RG JW 1923, 176 *Lieferung gefälschter Banknoten statt englischer Pfundnoten*; BGH DB 1960, 1387 *Lieferung eines Gemischs aus gemahlenem Pfeffer und Kokosschale statt gemahlenem*

ren beschränkt sich die Gleichstellung der genehmigungsfähigen Falschlieferung mit der Schlechtlieferung auf den beiderseitigen Handelskauf. Ob für den einseitigen Handelskauf und den bürgerlich-rechtlichen Kauf Entsprechendes zu gelten hat, wurde von der Judikatur bisher offengelassen[84]. In diesen Fällen ist mithin eine Abgrenzung zwischen *aliud* und *peius* anhand des Kriteriums der Gattungszugehörigkeit erforderlich, die ebenfalls meistens zur Anwendung des Leistungsstörungsrechts führt[85]. Denn die neuere Rechtsprechung stellt zur Bestimmung der geschuldeten Gattung primär auf die Parteivereinbarungen bzw. den ausdrücklich vereinbarten oder dem Verkäufer wenigstens bekannten Vertragszweck ab[86]. Zwar muß die Abweichung von der vereinbarten Beschaffenheit stets so erheblich sein, daß die gelieferte Sache auch nach der allgemeinen Verkehrsanschauung einer anderen Gattung angehört, da es den Parteien verwehrt ist, von ihr nicht als solche anerkannte Gattungen zu bilden[87]. Je genauer die

---

Pfeffer; BGH JZ 1967, 321 *Lieferung von Anatase statt Rutile*; BGH NJW 1969, 787 *Lieferung von Inlands- statt Auslandsschrott*; BGH NJW 1994, 2230 *Lieferung von Spannbettüchern aus Nicht-EG-Ursprungsländern statt aus EG-Ursprungsländern*. Genehmigungsfähigkeit wurde in folgenden Fällen angenommen: RGZ 99, 37 *Lieferung ausgezogener statt unbehandelter Quillajarinde*; RGZ 98, 157 *Lieferung von Mineralöl statt Tran*; BGH NJW-RR 1992, 1076 *Lieferung von Schrauben der Firma N statt der Firma E.*

[84] So für den bürgerlich-rechtlichen Kauf ausdrücklich BGH WM 1989, 218 (219). In BGH NJW 1968, 640 blieb hingegen unklar, ob die Anwendung des § 477 BGB abgelehnt wurde, weil ein bürgerlich-rechtlicher Kauf vorlag, oder weil es sich bei der gelieferten Ware um ein genehmigungsunfähiges *aliud* handelte. Vgl. aber die ablehnenden Äußerungen in BGH NJW 1992, 566 (569); dazu kritisch SINGER, ZIP 1992, S. 1058 f., 1064 f..

[85] BGH NJW 1968, 640 *Lieferung von Winter- statt Sommerweizen*; BGH WM 1985, 1361 *Lieferung von nicht beihilfefähigem statt beihilfefähigem Magermilchpulver*; BGH NJW 1989, 218 *Lieferung eines mit Dietethylenglykol versetzten Weines statt eines Ausleseweines.*

[86] BGH NJW 1989, 218 (219); NJW 1994, 2230.

[87] BGH WM 1975, 562 (563); WM 1978, 725 (726). Problematisch sind aber die - von dem Bestreben nach einer Anwendung des § 477 BGB getragenen - Urteile, die eine Falschlieferung mit der Begründung ablehnen, daß die gelieferte Ware statt der vereinbarten Art einer Gattung einer anderen Art derselben Gattung angehört (BGH LM § 477 BGB Nr. 5 *Lieferung von rumänischem statt jugoslawischem Buchenholz*). Eine solche Differenzierung zwischen Gattung und vereinbarter Art einer Gattung ist wegen der weitgehenden Auffächerung des Gattungsbegriffs undurchführbar.

Parteien aber im Einzelfall die Merkmale der verlangten Ware festgelegt haben, um so eher wird eine Falschlieferung anzunehmen sein[88].

b) Der Meinungsstand in der Literatur

Die von der Judikatur beim beiderseitigen Handelskauf vorgenommene Gleichstellung der genehmigungsfähigen Falschlieferung mit der Schlechtlieferung ist im Schrifttum teilweise gänzlich abgelehnt[89] und teilweise zustimmend übernommen worden[90]. Darüber hinaus hat sich ein im Vergleich zur Rechtsprechung noch weitergehender Lösungsansatz herausgebildet, demzufolge die Falschlieferung sowohl beim Handelskauf als auch beim bürgerlich-rechtlichen Kauf dem Sachmängelrecht unterstellt werden soll. Nach einer Ansicht soll dies jedoch nur für die genehmigungsfähige Falschlieferung gelten, wobei die Genehmigungsunfähigkeit zum Teil auf offensichtliche Verwechslungen und bewußte *aliud*-Lieferungen beschränkt und damit eng ausgelegt wird[91] und zum Teil bereits bei Unbrauchbarkeit der gelieferten Ware für den Käufer bejaht und damit ebenso wie von der Rechtsprechung weit ausgelegt wird[92]. Nach anderer Ansicht soll diese Gleichstellung hingegen sowohl für das genehmigungsfähige als auch für das genehmigungsunfähige *aliud* gelten, da das Kriterium der Genehmigungsfähigkeit nur für die Rügepflicht, nicht aber für die Rechtsfolgen Bedeutung habe[93]. Dabei werden teilweise offensichtliche Verwechslungen und bewußte Falschlie-

---

[88] BGH WM 1975, 562 (563). Trotzdem kann auch ein bloßer Qualitätsmangel vorliegen. So wurde die mangelnde Eignung der vom Käufer bestellten Heizungsrohre zum Einbau in eine Fußbodenheizung vom BGH nicht als ein eine Falschlieferung begründendes Gattungsmerkmal, sondern als bloßer Sachmangel angesehen (WM 1984, 1059 (1060)). Unverständlich ist aber, daß der BGH in dieser Entscheidung für die Annahme eines *aliuds* ein gegenständliches Abweichen der gelieferten von der verkauften Sache fordert, da dies nur beim Stückkauf in Betracht kommt, der auf einen individualisierten Leistungsgegenstand gerichtet ist (RUST, Gewährleistungsrecht, S. 85, Fn. 74).

[89] R. SCHMIDT, NJW 1962, S. 714 ff.; FABRICIUS, JuS 1964, S. 46 ff.; KNÖPFLE, Fehler beim Kauf, S. 299 ff.; ders., JZ 1979, S. 11 ff.; ders. NJW 1989, S. 871 ff.; SCHULTZ, NJW 1980, S. 2173 f.; MARBURGER, JuS 1983, S. 8 f.; RGRK-MEZGER, § 459, Rn. 7.

[90] Müko-WESTERMANN, § 459, Rn. 23 f.; FIKENTSCHER, SchuldR, Rn. 711; Erman-WEITNAUER, Vor § 459, Rn. 11; Palandt-PUTZO,§ 480, Rn. 1; SCHUBERT, JR 1992, S. 332 f..

[91] VON CAEMMERER, FS Wolff, S. 8 ff.; BRÜGGEMANN, JA 1977, S. 200 f., 246 f..

[92] HECK, SchuldR, S. 278; Soergel-BALLERSTEDT, 10. Aufl., Vor § 459, Rz. 35; LARENZ, SchuldR, S. 80; BAUMBACH/HOPT, HGB, § 378, Rn. 1, 5; MEDICUS, SchuldR II, Rn. 79; BROX, SchuR BT, Rn. 63.

[93] RAAPE, AcP 150 (1949), S. 491 ff.; Soergel-HUBER; Vor § 459, Rn. 124 ff.; SINGER, ZIP 1992, S. 1067; ebenso wohl Schlegelberger-HEFERMEHL, der die Anerkennung des in § 378 2. Hs. HGB genannten Ausnahmefalls in Frage stellt (§ 378, Rn. 14).

ferungen als Ausnahmen von der grundsätzlichen Anwendbarkeit des Sachmängelrechts betrachtet und somit letztlich die gleichen Ergebnisse erzielt wie von der Auffassung, die eine enge Auslegung der Genehmigungsunfähigkeit befürwortet[94].

Die im Rahmen der Diskussion vorgetragenen Argumente beziehen sich zum einen auf die Frage, ob die gewährleistungsrechtlichen Rechtsfolgen, namentlich die kurze Verjährungsfrist des § 477 BGB und das sofortige Wandlungsrecht des Käufers nach §§ 462, 480 Abs. 1 BGB, im Fall der Falschlieferung angemessen sind. Die Befürworter einer Gleichbehandlung von *aliud* und *peius* begründen die Anwendung des § 477 BGB mit dem Interesse des Verkäufers an einer baldigen Klärung möglicher Ansprüche des Käufers, das bei einer Falschlieferung ebenso groß sei wie bei einer Schlechtlieferung[95]. Für die Möglichkeit einer sofortigen Wandlung nach §§ 462, 480 Abs. 1 BGB wird das Interesse des Käufers angeführt, sich bei Lieferung eines *aliuds* ebenso wie bei Lieferung eines *peius* aufgrund seines erschütterten Vertrauens in die Zuverlässigkeit des Verkäufers ohne das Erfordernis vorheriger Nachfristsetzung sofort vom Vertrag lösen zu können[96]. Die Gegner einer Gleichstellung machen dagegen geltend, daß die Beweisschwierigkeiten, deren Vermeidung § 477 BGB bezwecke, nur bei Qualitätsmängeln, nicht aber bei Falschlieferungen auftreten könnten. Denn nur bei ersteren könne fraglich sein, ob sie bereits bei Gefahrübergang vorgelegen haben oder nicht[97]. Auch die Anwendung der §§ 462, 480 Abs. 1 BGB sei nicht sachgerecht, da dem Verkäufer das nach § 326 BGB bestehende Nachlieferungsrecht genommen werde, obwohl die Falschlieferung dem Käufer im Gegensatz zur Schlechtlieferung keinen Anlaß zu der Befürchtung gebe, daß auch die Nachlieferung nicht in Ordnung sein werde[98].

Zum anderen dreht sich der Streit in Anbetracht des Widerspruchs zu Wortlaut und System des Gesetzes um die Frage der dogmatischen Rechtfertigung einer Gleichsetzung von *aliud* und *peius*. Befürworter führen hier insbesondere den

---

[94] Hier sei noch nicht einmal ein Versuch der Vertragserfüllung gegeben, so daß diese Fälle der reinen Nichterfüllung näher stünden als den gewöhnlichen Fällen der Schlecht- und Falschlieferung (Soergel-HUBER, Vor § 459, Rn. 127 ff.).
[95] HECK, SchuldR, S. 278; Soergel-HUBER, Vor § 459, Rn. 126; MEDICUS, SchuldR II, Rn. 79; SINGER, ZIP 1992, S. 1062; Schlegelberger-HEFERMEHL, § 378, Rn. 14.
[96] VON CAEMMERER, FS Wolff, S. 11 ff.; SINGER, ZIP 1992, S. 1062. Darüber hinaus stelle die Möglichkeit der sofortigen Wandlung bei Handelskäufen einen Ausgleich für die Rügeobliegenheit des § 378 HGB dar, die dem Interesse des Verkäufers an einer zügigen Vertragsabwicklung diene (HÜFFER, JA 1981, S. 145).
[97] KNÖPFLE, NJW 1989, S. 873.
[98] MARBURGER, JuS 1983, S. 9; FABRICIUS, JuS 1964, S. 50 f.; KNÖPFLE, NJW 1989, S. 873.

Zweck des § 378 HGB an, der die schwierige Differenzierung zwischen beiden Fällen vermeiden wolle[99]. Darüber hinaus wird die Aufgabe dieser Unterscheidung als notwendige Konsequenz des subjektiven Fehlerbegriffs angesehen, für den es grundsätzlich keinen Unterschied mache, ob die Vertragswidrigkeit in Form einer Qualitäts- oder einer Gattungsabweichung auftrete[100]. Dagegen wird eingewandt, daß der Zweck des § 378 HGB sich in dem Interesse des Verkäufers an einer beschleunigten Vertragsabwicklung erschöpfe, dem durch die Ausdehnung der Rügeobliegenheit auf die Falschlieferung bereits hinreichend Rechnung getragen werde[101]. Außerdem bestehe im Fall der nicht genehmigungsfähigen Falschlieferung nunmehr sogar eine doppelte Abgrenzungsnotwendigkeit, nämlich zwischen Schlecht- und Falschlieferung einerseits[102] und zwischen Genehmigungsfähigkeit und Genehmigungsunfähigkeit andererseits[103]. Schließlich sei es auch kein hinreichender Grund für eine systemwidrige Anwendung des Gewährleistungsrechts auf die *aliud*-Lieferung, daß diese als Sachmangel im Sinne des subjektiven Fehlerbegriffs qualifiziert werden könne[104].

c) Stellungnahme

Die Abgrenzung zwischen Falsch- und Schlechtlieferung erweist sich allein bei Gattungskäufen als problematisch, während bei Stückkäufen aufgrund der bei Vertragsschluß erfolgten Konkretisierung der Kaufsache anhand der gegenständ-

---

[99] VON CAEMMERER, FS Wolff, S. 4 f.; BRÜGGEMANN, JA 1977, S. 246; Schlegelberger-HEFERMEHL, § 378, Rn. 14;

[100] Soergel-HUBER, Vor § 459, Rn.125; BRÜGGEMANN, JA 1977, S. 200 f.; Schlegelberger-HEFERMEHL, § 378, Rn. 14; VON CAEMMERER, FS Wolff, S. 13 ff.;.

[101] FABRICIUS, JuS 1964, S. 48; KNÖPFLE, NJW 1989, S. 875; MARBURGER, JuS 1983, S. 9; SCHULTZ, NJW 1980, S. 2174.

[102] Da für die Schlechtlieferung § 377 HGB unmittelbar gilt, muß der Käufer unabhängig von der Frage der Genehmigungsfähigkeit auch schwerwiegende Qualitätsmängel wie etwa mit Jauche versetzte Champignonkonserven (BGH LM § 377 HGB Nr. 19) rügen, wenn er den Verlust seiner Gewährleistungsansprüche vermeiden will (Soergel-HUBER, Vor § 459, Rn. 113).

[103] FABRICIUS, JuS 1964, S. 49 f.; KNÖPFLE, JZ 1979, S. 12. Ferner wird geltend gemacht, daß die ausdrückliche Ausdehnung der bei der Geltendmachung von Sachmängeln bestehenden Rügeobliegenheit auf den Fall der Falschlieferung zum Ausdruck bringe, daß das Gesetz nicht von der Gleich-, sondern von der Verschiedenartigkeit von *aliud* und *peius* ausgehe (SCHULTZ, NJW 1980, S. 2173 f.).

[104] MARBURGER, JuS 1983, S. 9. Dagegen bezweifelt KNÖPFLE, ob der subjektive Fehlerbegriff beim Gattungskauf überhaupt anwendbar ist. Je nach dem, ob man im Rahmen der Abweichung von der vertraglichen Vereinbarung auf die gekaufte oder auf die gelieferte Sache abstelle, erfasse die Fehlerdefinition entweder nur den Stückkauf oder nur den Gattungskauf (JZ 1979, S. 14 f.).

lichen Abweichung der gelieferten Sache von der verkauften Sache zwischen Identitäts- und Qualifikations*aliud* differenziert werden kann. In Bezug auf Gattungskäufe ist der Entscheidung im *Kawamattaseidefall* insoweit zuzustimmen, als im Interesse der Beseitigung der schwierigen Abgrenzung zwischen *aliud* und *peius* die Anwendung des Sachmängelrechts auf die Falschlieferung befürwortet wird. Die damit erstrebte Rechtsvereinfachung wird aber durch die Beschränkung dieser Gleichstellung auf genehmigungsfähige *aliud*-Lieferungen bei beiderseitigen Handelskäufen im wesentlichen hinfällig gemacht. Denn die Rechtsprechung gelangt bei beiderseitigen Handelskäufen wegen der weiten Auslegung der Genehmigungsunfähigkeit sowie bei einseitigen Handelskäufen und bürgerlich-rechtlichen Käufen wegen des subjektivierten Maßstabs zur Bestimmung der geschuldeten Gattung meist zur Anwendung des Leistungsstörungsrechts.

Vorzuziehen ist daher die Ansicht, die auf die Falschlieferung sowohl beim bürgerlich-rechtlichen Kauf als auch beim Handelskauf Sachmängelrecht anwenden will und die Unterscheidung zwischen genehmigungsfähigem und nicht genehmigungsfähigem *aliud* gänzlich aufgibt. Diese umfassende Gleichbehandlung entspricht einer konsequenten Anwendung des subjektiven Fehlerbegriffs. Auf dessen Grundlage ist nicht nur die Interessenlage bei *aliud* und *peius* identisch, sondern beim Gattungskauf scheidet im Gegensatz zum Stückkauf bereits eine begriffliche Unterscheidung zwischen beiden Tatbeständen aus. Die geschuldete Beschaffenheit wird hier nämlich allein durch die vertragliche Vereinbarung bestimmt, so daß im Fall einer Abweichung stets sowohl eine schlechtere als auch eine andere Sache vorliegt[105]. Gleichwohl vorgenommene Differenzierungen erscheinen mangels überzeugender Kriterien meist als zufällig und ergebnisorientiert[106]. Da auch die Abgrenzung des Anwendungsbereichs der Sachmängelhaftung anhand des Kriteriums der Genehmigungsfähigkeit zunächst die Feststellung einer Falschlieferung erfordert, ist diese gleichfalls abzulehnen. Offensichtliche Verwechslungen und bewußte Falschlieferungen sind entgegen der teilweise im Rahmen dieser Ansicht vertretenen Meinung jedoch nicht als Ausnahmen vom Gewährleistungsrecht zu bezeichnen[107]. Sie betreffen letztlich die vorrangig zu klärende Frage, ob die Lieferung des Verkäufers in Erfüllung des bereits geschlossenen Vertrages erfolgt, und sind dem Irrtumsrecht (§§ 119 ff. BGB) bzw. den Vorschriften über die Auslegung von Willenserklärungen (§§ 133, 157 BGB) zuzuordnen. Falls diese Frage verneint wird, kann die Beschaffenheit der Ware ohnehin nicht an den Vertragsvereinbarungen gemessen

---

[105] JAKOBS, Gesetzgebung im Leistungsstörungsrecht, S. 90; ESSER/WEYERS, S. 57 f..
[106] SINGER, ZIP 1992, S. 1059 ff..
[107] SINGER, ZIP 1992, S. 1063; a.A. Soergel-HUBER, Vor § 459, Rn. 127 ff..

werden, und die Anwendung der Sachmängelvorschriften kommt von vorneherein nicht in Betracht.

Allerdings widerspricht die mit einer so weitgehenden Egalisierung von *aliud* und *peius* verbundene extensive Anwendung des Gewährleistungsrechts dem geltenden Gesetzesrecht, das zwischen Nicht- und Schlechterfüllung differenziert. Insbesondere die Angemessenheit der gewährleistungsrechtlichen Rechtsfolgen erscheint oft fraglich, da auch das Nichterfüllungsrecht Vorteile für beide Parteien beinhaltet. Der Verkäufer behält die Möglichkeit der zweiten Andienung nach § 326 BGB, und dem Käufer kommt die lange Verjährungsfrist der §§ 195, 196 BGB zugute. Dieser Widerspruch läßt sich nicht allein durch die in Rechtsprechung und Literatur erfolgte Hinwendung vom objektiven zum subjektiven Fehlerbegriff beseitigen. Vielmehr kann das Sachmängelrecht, solange eine diese Aspekte berücksichtigende Regelung des Gesetzgebers nicht erfolgt ist, im Anschluß an das Reichsgericht allenfalls auf die genehmigungsfähige Falschlieferung beim beiderseitigen Handelskauf angewendet werden.

2. Sachmangel und Mengenabweichung

Demgegenüber ist die Unterscheidung zwischen Sachmangel und Mengenabweichung sowohl beim Stück- als auch beim Gattungskauf weniger problematisch. Gehört eine bestimmte Größe oder ein bestimmtes Gewicht zur geschuldeten Sollbeschaffenheit der Kaufsache und leidet deshalb ihre Gebrauchstauglichkeit unter der Abweichung, so liegt bei Stückkäufen ein Quantitätsmangel und bei Gattungskäufen zugleich ein Quantitätsmangel und eine Anderslieferung vor. Dann findet Sachmängelrecht (§§ 459 ff. BGB) Anwendung[108]. Wird dagegen zuviel oder zuwenig einer ansonsten vertragsgemäßen Ware geliefert, so liegt eine Zuviel- oder eine Zuweniglieferung vor. Die Lieferung einer zu großen Menge stellt aber dann einen Mangel dar, wenn die Ausscheidung der vertragsmäßigen Menge nur mit besonderen Kosten und Schwierigkeiten möglich ist. In diesem Fall kann der Käufer die gesamte Lieferung zurückweisen. Im übrigen wird auf die Zuviellieferung Bereicherungsrecht (§§ 812 ff. BGB) und auf die Zuweniglieferung Nichterfüllungsrecht (§§ 320 ff. BGB) angewendet[109].

---

[108] Schlegelberger-HEFERMEHL, § 378, Rn. 18, 20; Staudinger-HONSELL, § 459, Rn. 42; Müko-WESTERMANN, § 459, Rn. 17, 25; MARBURGER, JuS 1983, S. 4. Die Rügeobliegenheit bei beiderseitigen Handelskäufen folgt hier schon aus § 377 HGB (Schlegelberger-HEFERMEHL, § 378, Rn. 18).

[109] Schlegelberger-HEFERMEHL, § 378, Rn. 17, 19; Müko-WESTERMANN, § 459, Rn. 17, 25; Staudinger-HONSELL, § 459, Rn. 42 f.; VON CAEMMERER, FS Wolff, S. 20 f.. Bei

II. Die Lösung des englischen Rechts

Das englische Recht geht ebenso wie das UN-Kaufrecht von einem einheitlichen Leistungsstörungstatbestand mit im wesentlichen gleichartigen Rechtsfolgen aus. Sämtliche Fälle vertragswidriger Leistung werden unter dem Begriff des Vertragsbruchs (*breach of contract*) zusammengefaßt. Die hierfür vorgesehenen Rechtsfolgen variieren lediglich danach, ob die verletzte Vertragsbestimmung je nach ihrer Bedeutung für den Vertragszweck als *condition* oder als *warranty* einzustufen ist. Daher kommt den Differenzierungen zwischen Sachmangel und Falschlieferung sowie zwischen Sachmangel und Mengenabweichung kaum Bedeutung zu.

1. Sachmangel und Falschlieferung

Für die Haftung des Verkäufers nach ss. 13-15 SGA ist allein die Vertragswidrigkeit der Kaufsache maßgeblich, die sowohl bei der Lieferung einer anderen als der bestellten Ware als auch bei der Lieferung einer mangelhaften Ware gegeben ist. Der Käufer muß also grundsätzlich jede ihm vom Verkäufer in Erfüllung des Kaufvertrages geleistete Sache innerhalb kurzer Zeit zurückweisen, um eine Annahme nach sec. 35 (4) SGA und damit den Verlust des Rechts zur Aufhebung des Vertrages zu vermeiden (sec. 11 (4) SGA). Unter Anknüpfung an die Lehre vom fundamentalen Vertragsverstoß (*doctrine of fundamental breach*)[110] wird allerdings teilweise die Auffassung vertreten, daß die Lieferung von Waren, die extrem von der vertraglichen Vereinbarung abweichen, keine Erfüllung des bereits geschlossenen Vertrages, sondern ein Angebot zum Abschluß eines neuen Vertrages darstelle[111]. Denn die Leistung einer im wesentlichen vertragsgemäßen Sache sei nicht bloß eine *condition*, sondern eine fundamentale Vertragsvereinbarung (*fundamental term*), deren Nichteinhaltung der Vertragserfüllung einen vollständig anderen Charakter verleihe als nach dem Vertrag beabsichtigt war[112].

---

beiderseitigen Handelskäufen ist die Abweichung im Fall ihrer Genehmigungsfähigkeit nach § 378 HGB zu rügen (vgl. Schlegelberger-HEFERMEHL, § 378, Rn. 17).

[110] Danach kann sich eine Partei dann nicht auf eine Klausel betreffend den Ausschluß oder die Begrenzung ihrer Haftung berufen, wenn sie einen fundamentalen Vertragsverstoß (*fundamental breach of contract*) begangen oder gegen eine fundamentale Vertragsvereinbarung (*fundamental term*) verstoßen hat (GUEST in Chitty, Vol. I, Rn. 958).

[111] Dies gilt sowohl für krasse Falschlieferungen wie etwa die Lieferung von Bohnen anstelle der bestellten Erbsen (*Chanter v. Hopkins* (1838) 4 M. & W. 399, 404) als auch für besonders schwerwiegende Qualitätsmängel wie etwa die Lieferung eines Autos mit einer defekten Hinterachse (*Charterhouse Credit Co. Ltd. v. Tolly* (1963) 2 Q.B. 683, 701).

[112] Lord Reid in *Suisse Atlantique Société D'Armement Maritime S.A. v. N.V. Rotterdamsche Kolen Centrale* (1967) 1 A.C. 361 (404).

Da demnach bei Lieferung einer extrem vertragswidrigen Sache eine Annahme des Käufers nach sec. 35 SGA nicht in Betracht kommt, könnte der in diesen Fällen häufig als unbillig empfundene Verlust des Zurückweisungs- und des Vertragsaufhebungsrechts vermieden werden. Der *Court of Appeal* lehnte diese Auffassung in der Entscheidung *Charterhouse Credit Co. Ltd. v. Tolly* ab, indem er trotz der als *fundamental breach* qualifizierten Lieferung eines Autos mit einer defekten Hinterachse eine Annahme des Käufers bejahte[113]. Dieses Urteil wurde aber vom *House of Lords* aus anderen Gründen wieder aufgehoben[114], so daß sich eine Differenzierung zwischen normalen und krassen Vertragswidrigkeiten erneut befürworten läßt. Im Hinblick auf die dadurch begründeten Abgrenzungsschwierigkeiten erscheint dies jedoch nicht empfehlenswert.

2. Sachmangel und Mengenabweichung

Obwohl die Festlegung der vertraglich geschuldeten Menge eigentlich zur Beschreibung des Verkäufers nach sec. 13 SGA gehört, ist die Verpflichtung des Verkäufers zur Lieferung der richtigen Menge in sec. 30 SGA gesondert geregelt[115]. Bei Lieferung einer zu geringen Menge kann der Käufer nach sec. 30 (1) SGA entweder die Ware zurückweisen und den gegebenenfalls bereits gezahlten Kaufpreis zurückverlangen oder den gelieferten Teil gegen Zahlung eines entsprechend reduzierten Kaufpreises behalten. Je nachdem welches dieser Rechte er geltend macht, hat er darüber hinaus einen Anspruch auf Schadensersatz wegen Nichtlieferung der gesamten Ware oder des ausgebliebenen Teils[116]. Bei Lieferung einer zu großen Menge kann der Käufer nach sec. 30 (2) SGA entweder den vertraglich vereinbarten Teil annehmen und den Rest zurückweisen oder aber die ganze Lieferung zurückweisen und *damages for non-delivery* geltend machen. Ob er die gesamte gelieferte Ware behalten darf, richtet sich danach, ob

---

[113] (1963) 2 Q.B. 683 (708).

[114] *Photo Production Ltd. v. Securior Transport Ltd.* (1980) A.C. 827.

[115] Allerdings wird in den Fällen, in denen die Gewichts- oder Größenangabe die unmittelbare Beschaffenheit der Ware betrifft, zum Teil sec. 30 SGA (so z.B. die Entscheidung *Wilenski Slaski Towarzystwo Drewno v. Fenwick Co. Ltd.*, in der es um Holz ging, das nicht die vertraglich vereinbarte Länge aufwies, (1938) 3 All E.R. 429) und zum Teil sec. 13 SGA (so z.B. die *Entscheidung Arcos Ltd. v. E. A. Ronaasen & Son*, in der es um Faßdauben ging, die nicht die vertraglich vereinbarte Dicke aufwiesen, (1933) A.C. 470) angewandt.

[116] GUEST/HARRIS/REYNOLDS in Chitty, Vol. II, Rn. 4850. Haben die Parteien aber Teillieferungen vereinbart, so berechtigt eine Fehlmenge bei einer oder mehreren Teillieferungen den Käufer nach sec. 31 (2) SGA nur dann zur Aufhebung des gesamten Vertrages und damit auch zur Zurückweisung bereits erfolgter Teillieferungen, wenn sich der Verstoß nach dem Inhalt des Vertrages und den Umständen des Vertragsbruchs als hinreichend schwerwiegend darstellt (ATIYAH/ADAMS, Sale of Goods, S. 105; GUEST in Benjamin, Rn. 8-043).

die Lieferung des Überschusses ein Verkaufsangebot beinhaltet oder auf einer Verwechslung des Verkäufers beruht. Diese Frage ist nach den gemäß sec. 62 (2) SGA weiterhin anwendbaren Regeln des *common law* zu beurteilen[117]. Sec. 30 (3) SGA legt insoweit lediglich fest, daß der Käufer einen nach dem vertraglich vereinbarten Preis berechneten Mehrpreis bezahlen muß, wenn er die gesamte Lieferung einschließlich des Überschusses behält. Die Rechte aus sec. 30 (1) und (2) SGA unterliegen dem - von den Gerichten allerdings nur sehr restriktiv angewendeten - Grundsatz *de minimis non curat lex* (*the law pays no attention to trifles*), wonach geringfügige Mengenabweichungen nicht als Anlaß zur Zurückweisung der Ware genommen werden können[118]. Sachmängel und Mengenabweichungen ziehen also im wesentlichen die gleichen Rechtsfolgen nach sich. In beiden Fällen kann zumindest der als Verbraucher handelnde Käufer[119] vorbehaltlich des *de minimis*-Prinzips selbst bei geringfügigen Verstößen die Ware zurückweisen und Schadensersatz wegen Nichtlieferung geltend machen[120], sofern er sie nicht behalten und sich auf den Ersatz des weitergehenden Schadens beschränken will.

Die Unterscheidung wurde bislang aber immer dann relevant, wenn der Käufer nur einen Teil der gelieferten Ware annehmen und den Rest zurückweisen wollte. Denn in den Fällen, in denen der Verkäufer dem Käufer die vertraglich geschuldeten vermischt mit anderen Waren liefert, räumte sec. 30 (4) SGA dem Käufer in Abweichung von dem nach sec. 11 (4) SGA geltenden Grundsatz, daß bei nicht teilbaren Verträgen (*non-severable contracts*)[121] die Annahme eines Teils die Zurückweisung der restlichen Ware ausschließt, neben dem Recht zur Zurückweisung der gesamten Lieferung das Recht ein, die vertragsgemäßen Waren

---

[117] ATIYAH/ADAMS, Sale of Goods, S. 106.

[118] ATIYAH/ADAMS, Sale of Goods, S. 106 f.; GUEST in Benjamin, Rn. 8-045. So wurde in der Entscheidung *Wilensko Slaski Towarzystwo Drewno v. Fenwick Co. Ltd.*, in der sich die Verkäufer verpflichtet hatten, Holz in bestimmten vertraglich festgelegten Abmessungen zu liefern, ohne Rücksicht auf dieses Prinzip ein Zurückweisungsrecht der Käufer bejaht, obwohl nur knapp 1% der Ware den vertraglichen Vereinbarungen nicht entsprach ((1938) 3 All E.R. 429). Dagegen wurde in der Entscheidung *Shipton Anderson & Co. v. Weil Bros. & Co.* die Lieferung eines Überschusses von 55 lb. Weizen bei einer vereinbarten Höchstmenge von 4.950 t als geringfügig im Sinne des *de minimis*- Grundsatzes angesehen ((1912) 1 K.B. 574).

[119] Für Nichtverbraucherkäufe sehen die durch den *Sale and Supply of Goods Act* 1994 neu eingefügten ss. 15A, 30 (2A) SGA nunmehr ausdrücklich vor, daß der Käufer sich dann nicht auf eine Mengen- oder eine Qualitätsabweichung berufen kann, wenn diese so geringfügig ist, daß ihre Geltendmachung unangemessen wäre.

[120] Zur Frage, ob ein Verstoß gegen sec. 30 SGA den Käufer in jedem Fall außer zur Zurückweisung der Ware auch zur Vertragsaufhebung und zur Geltendmachung von Schadensersatz berechtigt, vgl. § 2, Fn. 107.

[121] Zum Begriff der Teilbarkeit (*severability*) vgl. ATIYAH/ADAMS, Sale of Goods, S. 475.

zu behalten und den Rest zurückzuweisen[122]. Die Vorschrift fand jedoch keine Anwendung, wenn die vermischte Ware nicht die vereinbarte Qualität aufwies, sondern setzte voraus, daß die vermischte Ware einer anderen Beschreibung entsprach. Zwecks Vermeidung der schwierigen und häufig willkürlichen Abgrenzung zwischen Beschreibungen und Qualitätsvereinbarungen[123] wurden daher Vorschläge zur Einschränkung der sec. 30 (4) SGA gemacht. Sie sollte lediglich eingreifen, wenn zusätzlich zu der vertraglich geschuldeten Warenmenge noch Waren anderer Beschaffenheit geliefert werden, und der Begriff „*mixed with*" sollte als eine Vermischung verstanden werden, die nur unter Schwierigkeiten wieder zu trennen ist („*intermingled with*") [124]. Diese Vorschläge waren aber unvereinbar mit der insoweit geltenden Entscheidung *Re Moore & Co. and Landauer & Co.*[125]. Dort wurde festgestellt, daß sec. 30 (4) SGA auch dann Anwendung findet, wenn lediglich die vertraglich geschuldete Menge an Waren geliefert wird, von der ein Teil eine andere als die vertraglich vereinbarte Beschaffenheit aufweist, und daß unter den Begriff „*mixed with*" auch solche Vermischungen fallen, die leicht wieder zu trennen sind („*accompanied by*") [126]. Die Annahme eines Teils der Ware durch den Käufer schloß sein Zurückweisungsrecht hinsichtlich der restlichen Lieferung also nur aus, wenn die in Erfüllung eines *non-severable contract* gelieferten Waren entweder alle oder zum Teil nicht die vereinbarte Qualität oder alle nicht die vereinbarte Beschaffenheit aufwiesen.

Da in diesen Fällen gleichfalls kein Grund für einen solchen Ausschluß ersichtlich war, wurde das Recht zur Annahme eines Teils der Lieferung durch den *Sale and Supply of Goods Act* 1994 entsprechend ausgedehnt. Sec. 30 (4) SGA wurde abgeschafft und sec. 11 (4) SGA wurde unter den Vorbehalt der sec. 35A SGA gestellt. Demnach ist der Käufer stets zur Zurückweisung eines Teils der Ware berechtigt, obwohl er den anderen Teil angenommen hat, sofern die Waren nicht unterschiedliche Handelseinheiten (*commercial units*)[127] bilden[128].

---

[122] Sec. 30 (4) SGA lautete: „*Where the seller delivers to the buyer the goods he contracted to sell mixed with goods of a different description not included in the contract, the buyer may accept the goods which are in accordance with the contract and reject the rest, or he may reject the whole.*"

[123] Siehe S. 99 f..

[124] REYNOLDS in Benjamin, Rn. 12-027 f..

[125] (1921) 1 K.B. 73, bestätigt in (1921) 2 K.B. 519.

[126] *Re Moore & Co. and Landauer & Co.* (1921) 1 K.B. 73 (76).

[127] Zur Definition des „*commercial unit*" vgl. sec. 35 (7) SGA.

[128] Die Abgrenzung zwischen sec. 11 (4) SGA und sec. 30 (4) SGA spielt somit nur noch bei den Verträgen eine Rolle, die vor dem Inkrafttreten des *Sale and Supply of Goods Act* 1994 (3. Januar 1995) geschlossen wurden.

III. Rechtsvergleichende Würdigung

Die Darstellung des UN-Kaufrechts und des englischen Rechts zeigt, daß durch eine Angleichung der für die Nichterfüllung einer Lieferpflicht und die Gewährleistung für Mängel geltenden Regeln die Abgrenzungen zwischen Sachmangel und Falschlieferung sowie zwischen Sachmangel und Mengenabweichung tatsächlich vermieden werden oder zumindest an Bedeutung verlieren. Die von der Kommission - wenn auch nicht zwingend[129] - geforderte Beseitigung insoweit bestehender Unterschiede erscheint daher empfehlenswert.

1. Die Angleichung im deutschen Recht

Für das deutsche Recht wurde eine Angleichung beider Regelungsbereiche bereits von der Schuldrechtskommission vorgeschlagen.

a) Der Vorschlag der Schuldrechtskommission

In Anlehnung an das UN-Kaufrecht sieht ihr Entwurf zunächst die Einführung eines einheitlichen Grundtatbestandes der Pflichtverletzung[130] (§ 280 Abs. 1 KE) vor, der erfüllt ist, wenn die Leistung des Schuldners objektiv hinter demjenigen zurückbleibt, was er nach dem Vertrag dem Gläubiger zu leisten verpflichtet ist[131]. Dieser auf einer Weiterentwicklung und Verallgemeinerung der Grundsätze über die Haftung wegen positiver Forderungsverletzung beruhende zentrale Haftungstatbestand ersetzt die verschiedenen Leistungsstörungsfälle, die bisher zum Teil gesetzlich geregelt (Unmöglichkeit, Verzug) und zum Teil richterrechtlich entwickelt worden sind (positive Forderungsverletzung, *culpa in contrahendo*). Seine Verwirklichung berechtigt den Gläubiger stets zum Schadensersatz (§§ 280, 283 KE) sowie zum Rücktritt (§ 323 KE). Der Vorrang der Erfüllung wird dadurch gesichert, daß er weitergehende Rechte anstelle des Erfüllungsanspruchs grundsätzlich erst nach ergebnislosem Ablauf einer dem Schuldner gesetzten angemessenen Frist zur Erfüllung geltend machen kann (§§ 283, 323 KE)[132].

---

[129] Siehe S. 38.

[130] Der Begriff „Pflichtverletzung" wurde von der Schuldrechtskommission bewußt anstelle des von HUBER in seinem Gutachten verwendeten Begriffs „Nichterfüllung" (Gutachten I, S. 699 ff.) gewählt, da letzterer nach dem üblichen Sprachsinn die Fälle des Verzugs und der Schlechterfüllung nicht erfasse und daher zu speziell sei (MEDICUS, NJW 1992, S. 2384).

[131] KÖTZ, 60. DJT, K 18.

[132] SCHURKOM, Abschlußbericht, S. 29 ff..

In dieses neugeordnete allgemeine Schuldrecht integriert die Schuldrechtskommission sodann das Gewährleistungsrecht. Ermöglicht wird dies, indem unter Aufgabe der Unterscheidung zwischen Stück- und Gattungskauf die Verpflichtung des Verkäufers postuliert wird, die verkaufte Sache bei jedem Kauf frei von Rechts- und Sachmängeln zu liefern (§ 434 KE)[133]. Damit wird die Lieferung mangelhafter Ware ebenfalls als eine Pflichtverletzung im Sinne von § 280 KE qualifiziert, die - abgesehen von dem spezifisch gewährleistungsrechtlichen Anspruch der Minderung (§ 440 KE) - die Rechtsbehelfe des Rücktritts (§§ 439, 323 KE) und des Schadensersatzes (§§ 441, 280, 283 KE)[134] nach sich zieht. Anstelle des bei sonstigen Leistungsstörungen regelmäßig fortbestehenden Erfüllungsanspruchs ist in § 438 Abs. 1 KE ein Anspruch des Käufers auf Nacherfüllung kodifiziert, dem der Verkäufer nach seiner Wahl durch die Beseitigung des Mangels oder, wenn es sich um eine vertretbare Sache im Sinne von § 91 BGB handelt, durch die ersatzweise Lieferung einer mangelfreien Sache nachkommen kann[135]. Gemäß § 438 Abs. 3 KE ist er jedoch berechtigt, die Nacherfüllung zu verweigern, falls diese nur mit unverhältnismäßigen Aufwendungen möglich ist. Da Rücktritt, Minderung und Schadensersatz wegen Nichterfüllung grundsätzlich den erfolglosen Ablauf einer Nachfrist voraussetzen (§§ 439 Abs. 1, 323 Abs. 1, 440 Abs. 1 S. 1, 441 Abs. 1 S. 1, 283 Abs. 1 KE), wird dem Verkäufer somit die Befugnis eingeräumt, die Geltendmachung anderer Rechtsbehelfe durch Nacherfüllung abzuwenden[136]. Allerdings kann der Käufer eine solche zweite Andienung aus den in §§ 439 Abs. 2, 323 Abs. 2, 440 Abs. 1 S. 2, 441 Abs. 1 S. 2, 283 Abs. 2 KE genannten Gründen - Unzumutbarkeit, offensichtliche Erfolglosigkeit oder fehlgeschlagener Nacherfüllungsversuch - ablehnen. Schließlich wird für alle vertraglichen, d.h. auch die gewährleistungsrechtlichen Ansprüche eine einheitliche Verjährungsfrist von drei Jahren (§§ 195, 196 KE) vorgesehen. Diese Frist kann aber nach Maßgabe von § 11 Nr. 10 lit. f) AGBG-KE bis zu einer Grenze von einem Jahr verkürzt werden[137].

Auf der Grundlage solchermaßen vereinheitlichter Rechtsfolgen werden in § 435 Abs. 2 KE die Falsch- und die Zuweniglieferung dem Sachmangel gleichgestellt, es sei denn, die Lieferung kommt als Erfüllung offensichtlich nicht in Betracht.

---

[133] Im Streit um den Rechtsgrund des geltenden Gewährleistungsrechts bedeutet die Kodifikation dieser Verpflichtung eine Entscheidung zugunsten der Nichterfüllungstheorie, die die Sachmängelhaftung des Verkäufers auch ohne Anhaltspunkte im derzeitigen Gesetzeswortlaut mit der Nichterfüllung seiner Pflicht zur sachmängelfreien Lieferung begründet (Siehe S. 16 f. f.).

[134] Zur Schadensersatzhaftung siehe S. 102 ff..

[135] SCHURKOM, Abschlußbericht, S. 32 f.; HAAS, NJW 1992, S. 2390. Die Kosten der Nacherfüllung hat gemäß § 438 Abs. 2 KE der Verkäufer zu tragen.

[136] SCHURKOM, Abschlußbericht, S. 211.

[137] SCHURKOM, Abschlußbericht, S. 23 f.; 34 ff.; RABE, NJW 1992, S. 2395 f..

Durch die Ausnahmebestimmung werden zum einen die Fälle, in denen der Verkäufer für den Käufer erkennbar nicht in Erfüllung des Vertrages leistet, und zum anderen Lieferungen, die so extrem von der vertraglich geschuldeten Leistung abweichen, daß sie zu dieser objektiv keinen hinreichenden Bezug mehr aufweisen, von der Sachmängelhaftung ausgenommen[138]. Dagegen ist bei Zuviellieferungen weiterhin zu differenzieren, ob es sich um einen dem Gewährleistungsrecht zuzuordnenden Quantitätsmangel oder um eine nach Bereicherungsrecht abzuwickelnde Zuviellieferung handelt.

Durch die Neuordnung des allgemeinen Leistungsstörungsrecht und seine Verklammerung mit dem Gewährleistungsrecht werden nach Ansicht der Schuldrechtskommission diverse Mängel des geltenden Rechts beseitigt und damit die Rechtsanwendung vereinfacht[139]. Die Einführung des einheitlichen Tatbestandes der Pflichtverletzung befreie von der bislang erforderlichen Unterscheidung zwischen den verschiedenen Formen der Leistungsstörung, die insbesondere bei den ohnehin seltenen und daher als Ausgangspunkt einer gesetzlichen Regelung ungeeigneten Fällen der Unmöglichkeit unbefriedigend sei[140]. Die Integration des Gewährleistungsrechts in das allgemeine Schuldrecht entbinde von den problematischen Abgrenzungen zwischen *aliud* und *peius*, zwischen Sach- und Rechtsmangel sowie zwischen Mangel- und Mangelfolgeschaden, die nicht die sinnvolle Konsequenz einer unterschiedlichen Interessenlage, sondern die Folge eines „Systemfehlers“ seien, da sie im wesentlichen aus der mangelnden Abstimmung beider Regelungsbereiche und dem unklaren Konkurrenzverhältnis zwischen den gesetzlich geregelten und den richterrechtlich entwickelten Rechtsbehelfen resultierten[141]. Des weiteren führen einzelne Mitglieder der Schuldrechtskommission zugunsten der vorgeschlagenen Konzeption an, daß sie aufgrund ihrer Anlehnung an die international erarbeiteten und rechtsvergleichend abgestützten Regelungen des UN-Kaufrechts die Einflußmöglichkeiten des deutschen Rechts im Rahmen einer möglichen (europäischen) Rechtsvereinheitlichung erhöhe[142].

---

138 SCHURKOM, Abschlußbericht, S. 203.
139 SCHURKOM, Abschlußbericht, S. 16 ff..
140 SCHURKOM, Abschlußbericht, S. 16 ff.; ROLLAND, NJW 1992, S. 2381.
141 SCHURKOM, Abschlußbericht, S. 21 ff.; KÖTZ, 60. DJT, K 20. Siehe ferner S. 14.
142 SCHLECHTRIEM, ZEuP 1993, S. 218, 246; KÖTZ, 60. DJT, K 24.

b) Zur Kritik des Vorschlags der Schuldrechtskommission

Gleichwohl stößt der Schuldrechtsreformentwurf neben lobender Zustimmung[143] vielfach auf Kritik. In Bezug auf die Neuordnung des allgemeinen Leistungsstörungsrechts wird geltend gemacht, daß die Einführung des einheitlichen Tatbestandes der Pflichtverletzung[144] die notwendigen Unterscheidungen zwischen den verschiedenen Störungsfällen lediglich verdecken, nicht aber beseitigen könne. Denn sie seien nicht durch das Gesetz, sondern durch sachliche Unterschiedlichkeiten bedingt. Obwohl sie nur noch durch Wertungen und nicht mehr unmittelbar aus dem Gesetz erschlossen werden könnten, tauchten sie innerhalb der Rechtsfolgen wieder auf[145]. Die auf den ersten Blick vereinfachende Generalklausel ließe somit wesentliche Probleme ungelöst und begründe darüber hinaus die Gefahr kautelarjuristischer Differenzierungen[146].

In Bezug auf die Vereinheitlichung der Rechtsbehelfe des allgemeinen und des besonderen Leistungsstörungsrechts wird argumentiert, daß die unterschiedliche Problematik dieser beiden Haftungssysteme weiterhin eine getrennte Regelung erfordere. Vor allem der Nacherfüllungsanspruch des Käufers sowie das Recht des Verkäufers zur zweiten Andienung werden abgelehnt, wobei im wesentlichen auf die Überlegungen der Zweiten Kommission zum Entwurf des BGB verwiesen wird[147]. Zwar zeige die verbreitete Praxis der individualvertraglichen oder formularmäßigen Vereinbarung der Nacherfüllung, daß beide Vertragsparteien sowohl beim Gattungs- als auch beim Stückkauf häufig ein Interesse an einer Nachbesserung oder Nachlieferung hätten. In diesen Fällen werde eine entsprechende Abrede aber regelmäßig - gegebenenfalls nachträglich - getroffen[148]. Eine gesetzliche Regelung eines Nacherfüllungsanspruchs des Käufers sei nicht erfor-

---

[143] BRAMBRING, 24. DNT, S. 79* ff.; AMANN, 24. DNT, S. 87* f.; HENSEN, 24. DNT, S. 103* f.; KANZLEITER, 24. DNT, S. 113 * f.; BRÜGGEMEIER, 60. DJT, K 47 ff..

[144] Auch der Begriff „Pflichtverletzung" wird als ungeeignet abgelehnt, da er aufgrund seines Wortsinns einen Sorgfaltspflichtverstoß des Verpflichteten impliziere, so daß ihm keine erfolgsbezogenen, sondern nur verhaltensbezogene Vorgänge zugeordnet werden könnten (FLUME, ZIP 1994, S. 1497 f.; SCHAPP, JZ 1993, S. 637 ff.; ERNST, JZ 1994, S. 805 f.). Anstelle dieser „Zusammenfassung inkommensurabler Tatbestände" (ERNST, JZ 1994, S. 805) sei der Begriff „Nichterfüllung" (FLUME, ZIP 1994, S. 1498) bzw. „Vertragsstörung" (SCHAPP, JZ 1993, S. 640) zu bevorzugen.

[145] AHRENS, ZRP 1995, S. 419; ERNST, JZ 1994, S. 805; STÜRNER, NJW 1994, S. 3* f.; RUST, Gewährleistungsrecht, S. 65.

[146] STÜRNER, NJW 1994, S. 4*; SCHAPP, JZ 1993, S. 641; LANGENFELD, 24. DNT, S. 108* f..

[147] FLUME, AcP 193 (1993), S. 98 ff.; JAKOBS, Gesetzgebung im Leistungsstörungsrecht, S. 96 ff.; RUST, Gewährleistungsrecht, S. 113 ff..

[148] FLUME, AcP 193 (1993), S. 103; RUST, Gewährleistungsrecht, S. 113.

derlich, da er bei Spezieskäufen in der Regel ohnehin unmöglich und im übrigen nach Treu und Glauben nur in wenigen Ausnahmefällen anzuerkennen sei, die keine Änderung des BGB rechtfertigten[149]. Eine gesetzliche Regelung einer Nacherfüllungsberechtigung des Verkäufers vergrößere lediglich die Rechtsunsicherheit, indem sie zu vermehrten Prozessen Anlaß gebe[150]. Denn sie führe dazu, daß nicht mehr der Verkäufer die Treuwidrigkeit des die Nacherfüllung ablehnenden Käufers, sondern der Käufer sein mangelndes Interesse an einer Nacherfüllung zu beweisen hätte[151]. Ferner hänge die Frage, wann die Nacherfüllung für den Käufer unzumutbar ist, in Ermangelung eines verifizierbaren Regel-Ausnahme-Verhältnisses stets von den Umständen des Einzelfalls ab, so daß die notwendigen Ausnahmetatbestände nur als ausfüllungsbedürftige Generalklauseln formuliert werden könnten[152].

Aus diesen Gründen befürworten die Kritiker des Schuldrechtsreformentwurfs anstelle der angestrebten völligen Umgestaltung des Schuldrechts überwiegend eine Beseitigung der Mißstände des geltenden Rechts durch einzelne Korrekturen und Ergänzungen innerhalb der bestehenden Systematik des BGB[153].

c) Die Umsetzung der Richtlinie

Im Hinblick auf die Richtlinienumsetzung stellt sich damit ebenfalls die Frage, ob die in Rede stehenden Abgrenzungen durch eine bloße Änderung der kaufrechtlichen Vorschriften vermieden werden können oder ob darüber hinaus eine Neuordnung des allgemeinen Schuldrechts in der von der Schuldrechtskommission vorgeschlagenen Weise erforderlich ist.

Die Richtlinie konzipiert die Sachmängelhaftung als Haftung wegen Nichterfüllung, indem sie in Art. 2 Abs. 1 RL die Verpflichtung des Verkäufers postuliert, dem Verbraucher dem Kaufvertrag gemäße Güter zu liefern. Demgemäß gewährt Art. 3 Abs. 2, 3 RL dem Verbraucher einen Anspruch auf Nacherfüllung in Form der Nachbesserung oder Ersatzlieferung, sofern dies nicht unmöglich oder unver-

---

149 FLUME, AcP 193 (1993), S. 100, 103; JAKOBS, Gesetzgebung im Leistungsstörungsrecht, S. 109 f..
150 Vgl. Prot. I, S. 698.
151 Vgl. Prot. I, S. 717.
152 FLUME, AcP 193 (1993), S. 103; JAKOBS, Gesetzgebung im Leistungsstörungsrecht, S. 98 ff.; RUST, Gewährleistungsrecht, S. 113 ff..
153 ERNST, NJW 1994, S. 2180; RUST, Gewährleistungsrecht, S. 66.

hältnismäßig ist[154]. Ferner ergibt sich aus Art. 3 Abs. 5 RL eine Nacherfüllungsberechtigung des Verkäufers, da die Vertragsauflösung erst möglich ist, wenn ein Anspruch auf Nachbesserung oder Ersatzlieferung ausgeschlossen ist oder wenn der Verkäufer nicht innerhalb einer angemessenen Frist bzw. ohne erhebliche Unannehmlichkeiten für den Verbraucher Abhilfe geschaffen hat. In Art. 5 Abs. 1 RL wird eine zweijährige Garantiefrist beginnend mit dem Zeitpunkt der Lieferung der Ware festgelegt, die durch eine nach innerstaatlichem Recht bestehende Verjährungsfrist nicht verkürzt werden darf.

aa) Die Änderung der kaufrechtlichen Vorschriften

Wie die Diskussion über die im Kommissionsentwurf vorgeschlagene Verknüpfung von allgemeinem Leistungsstörungsrecht und Gewährleistungsrecht gezeigt hat, erweist sich die Ausgestaltung der §§ 459 ff. BGB als Nichterfüllungshaftung jedoch als problematisch. Zum einen finden die dogmatischen Schwierigkeiten, beim Stückkauf einen Nacherfüllungsanspruch des Käufers zu begründen, keine Beachtung. Denn beim Kauf einer Speziessache ist eine Ersatzlieferung wegen der Beschränkung auf den konkreten Gegenstand immer und eine Nachbesserung wegen Unbehebbarkeit des Mangels häufig objektiv unmöglich, so daß der Kaufvertrag nach § 306 BGB nichtig ist. Aus diesem Grund ersetzt die Schuldrechtskommission in ihrem Entwurf die bisherige Unterscheidung zwischen Stück- und Gattungskäufen durch die Unterscheidung zwischen dem Kauf vertretbarer Sachen und dem Kauf nicht vertretbarer Sachen[155] und verzichtet auf den Nichtigkeitsgrund der objektiven Unmöglichkeit[156]. Durch die Anknüpfung an die Vertretbarkeit der Sache wird dem Umstand Rechnung getragen, daß der Käufer bei vielen Kaufverträgen, namentlich solchen über Gegenstände des täglichen Lebens, kein besonderes Interesse gerade an dem speziellen Kaufgegenstand hat. In diesen Fällen kann ihm unter der Voraussetzung der Austausch-

---

[154] Im Gegensatz zum Kommissionsentwurf räumt die Richtlinie das Wahlrecht zwischen Nachbesserung und Ersatzlieferung nicht dem Verkäufer, sondern dem Verbraucher ein (ABl. L 171 vom 7.7.1999, S. 13, Erwägungsgrund (10)). Zur diesbezüglichen Kritik vgl. EHMANN/RUST, JZ 1999, S. 858.

[155] Die beiden Begriffspaare sind nicht deckungsgleich. Beim Kauf einer nicht vertretbaren Sache handelt es sich nicht immer um einen Stückkauf und der Kauf einer vertretbaren Sache ist nicht stets ein Gattungskauf. Vielmehr kann bei vertretbaren und bei nicht vertretbaren Sachen je nach Ausgestaltung der Verkaufsmodalitäten sowohl ein Stückkauf als auch ein Gattungskauf vorliegen, da sich die Vertretbarkeit einer Sache im Sinne von § 91 BGB nach rein objektiven Gesichtspunkten oder der Verkehrsanschauung, die Bejahung einer Stück- oder Gattungsschuld hingegen nach den Umständen des Einzelfalls oder der Parteivereinbarung richtet (RUST, Gewährleistungsrecht, S. 123).

[156] SCHURKOM, Abschlußbericht, S. 32.

barkeit der Sache auch bei Vorliegen eines Spezieskaufs ein Ersatzlieferungsanspruch gewährt werden[157]. Der Nacherfüllungsanspruch des Käufers ist demnach nur beim Kauf nicht vertretbarer Sachen, deren Mangel nicht zu beheben ist, auf eine objektiv unmögliche Leistung gerichtet. Trotzdem wird ein solcher Anspruch grundsätzlich bejaht, da die objektive Unmöglichkeit nicht mehr die Nichtigkeit des Vertrages begründet, sondern lediglich zu einer Möglichkeit des Verkäufers führt, sich auf den Wegfall seiner Nachbesserungspflicht zu berufen (§ 275 KE)[158]. Unter Einbeziehung dieser Änderungsvorschläge ist ein Nacherfüllungsanspruch des Käufers mithin dogmatisch begründbar.

Zum anderen ist die Nacherfüllungsberechtigung des Verkäufers zu kritisieren. Neben einer Beeinträchtigung der Rechtssicherheit aufgrund der weiten und unbestimmten Formulierung der Ausnahmetatbestände des Art. 3 Abs. 5 RL[159] widerspricht die Kodifizierung einer solchen Abwendungsbefugnis dem von der Richtlinie verfolgten Ziel des Verbraucherschutzes. Denn die „Hierarchisierung der Rechtsbehelfe“[160] beschränkt den Verbraucher bei der Wahl seiner Rechtsbehelfe in der Weise, daß er Vertragsauflösung oder Minderung erst verlangen kann, nachdem die dem Verkäufer gewährte Möglichkeit der Nacherfüllung erfolglos geblieben ist. Wenn der Verbraucher diese Rechte sofort geltend machen will, muß er nachweisen, daß sowohl die Nachbesserung als auch die Ersatzlieferung unmöglich oder unzumutbar sind. Folglich kann der Verkäufer - abgesehen von den Kosten einer eventuellen Nacherfüllung - ohne Risiko zunächst mangelhafte Ware und erst auf Rüge mangelfreie Ware liefern[161]. Zwar wird dieses Stufenverhältnis bisher häufig entweder individualvertraglich oder durch Allgemeine Geschäftsbedingungen hergestellt und entspricht somit der wirtschaftlichen Praxis. Durch seine gesetzliche Festlegung entfällt aber für den Verkäufer die Notwendigkeit, ein Nachbesserungsrecht zumindest formularmäs-

---

[157] RUST, Gewährleistungsrecht, S. 123 f.; BRÜGGEMEIER, 60. DJT, K 80 f.. Die Feststellung der Kommission, daß die Rechte der Nachbesserung und Ersatzlieferung den Realitäten der modernen Massenproduktion besser entsprächen als die traditionellen Rechte der Wandelung und Minderung (KOM (95) 520 endg., Kommentierung zu Art. 3 Abs. 4, S. 14), ist beim heutigen Regelfall des Kaufs einer vertretbaren Sache im Hinblick auf den Ersatzlieferungsanspruch also zutreffend. Die Wahl dieses Kaufs als Leitbild wird den Erfordernissen einer Industriegesellschaft daher eher gerecht, als das derzeit im BGB vorherrschende Primat des Stückkaufs (BRÜGGEMEIER, 60. DJT, K 80 f.).

[158] BRÜGGEMEIER, 60. DJT, K 81 f.. Vgl. dazu die Argumentation der Nichterfüllungstheorie S. 18.

[159] EHMANN/RUST, JZ1999, S. 858. Vgl. z.B. „nicht innerhalb einer *angemessenen* Frist“ und „nicht ohne *erhebliche* Unannehmlichkeiten“ (Hervorhebung durch die Verf.).

[160] SCHMIDT-RÄNTSCH, ZIP 1998, S. 851.

[161] EHMANN/RUST, JZ 1999, S. 859.

sig auszubedingen[162]. Diese Entscheidung des Gemeinschaftsgesetzgebers zugunsten der Verkäuferinteressen muß im Rahmen der Umsetzung allerdings hingenommen werden, so daß die §§ 459 ff. BGB mithin trotz der teilweise berechtigten Kritik entsprechend den Vorgaben der Richtlinie als Nichterfüllungshaftung ausgestaltet werden können.

bb) Die Neuordnung des allgemeinen Leistungsstörungsrechts

Im übrigen beruhen die Abgrenzungsprobleme des deutschen Rechts im wesentlichen darauf, daß das kaufrechtliche Gewährleistungsrecht ein Recht zur sofortigen Wandelung (§ 462 BGB) und eine kurze Verjährungsfrist (§ 477 BGB), das allgemeine Leistungsstörungsrecht hingegen das Erfordernis einer Nachfrist (§ 326 BGB) und längere Verjährungsfristen (§§ 195, 196 BGB) vorsieht. Da das aus Art. 3 Abs. 5 RL folgende Nacherfüllungsrecht des Verkäufers mit einer Nachfristsetzung vergleichbar ist, werden die divergierenden Rechtsfolgen des allgemeinen Leistungsstörungsrechts und des kaufrechtlichen Gewährleistungsrechts zumindest in diesem Punkt nivelliert. Die Diskrepanz zwischen den jeweiligen Verjährungsfristen bleibt aber trotz der durch Art. 5 Abs. 1 RL bedingten Verlängerung der Frist des § 477 BGB auf zwei Jahre erheblich. Sie können nur durch eine Reform des Verjährungsrechts angeglichen werden, das ohnehin in vielen Punkten nicht mehr den Bedürfnissen des heutigen Wirtschaftsverkehrs entspricht und daher allgemein als überarbeitungsbedürftig erachtet wird[163].

---

[162] So JAKOBS zum Gutachten Hubers, das dem Vorschlag der Schuldrechtskommission zugrunde lag (Gesetzgebung im Leistungsstörungsrecht, S. 101 f.); zustimmend EHMANN/RUST, JZ 1999, S. 858; a.A. SCHMIDT-RÄNTSCH, der dieser Änderung nur technische Bedeutung beimißt (ZIP 1998, S. 852). Ob die subsidiäre Gewährung der Vertragsauflösung und der Minderung dadurch gerechtfertigt werden kann, daß sie einen angemessenen Ausgleich für andere den Verkäufer benachteiligende Richtlinienbestimmungen schafft (vgl. dazu SCHUBEL (ZIP 1994, S. 1330 ff.), der das Nacherfüllungsrecht des Verkäufers nach dem Entwurf der Schuldrechtskommission unter diesem Gesichtspunkt diskutiert), erscheint fraglich.

[163] SCHURKOM, Abschlußbericht, S. 26 ff.; Müko-WESTERMANN, § 477, Rn. 1 f.; Staudinger-HONSELL, § 477, Rn. 3. Selbst wenn der Gesetzgeber der von der Schuldrechtskommission vorgeschlagenen dreijährigen Frist (§ 195 Abs. 1 KE) die von der Richtlinie vorgesehene zweijährige Frist vorzieht, muß der Verkäufer künftig über einen deutlich längeren Zeitraum hinweg mit der Geltendmachung von Gewährleistungsansprüchen durch den Verbraucher rechnen. Dies bedeutet für ihn eine erhebliche Haftungsverschärfung (SCHÄFER/PFEIFFER, S. 1835; LEHR/WENDEL, EWS 1999, S. 325; BR-Drs. 696/96, S. 3), obwohl eine spürbare Erhöhung von Mängelanzeigen in Anbetracht der Tatsache, daß bei industriellen Gebrauchsgütern Mängel nach gesicherten Erfahrungen überwiegend innerhalb der ersten sechs Monate nach der Lieferung auftreten, zweifelhaft erscheint (GASS, FS Rolland, S. 134 f.). Auch die den Mitgliedstaaten freigestellte Einführung einer Rügeobliegen-

Insoweit könnte auf die Vorschläge der Schuldrechtskommission zurückgegriffen werden[164]. Eine weitergehende Neuordnung des allgemeinen Leistungsstörungsrechts mit dem Ziel, das kaufrechtliche Gewährleistungsrecht in dieses zu integrieren, ist zwecks Beseitigung der in Rede stehenden Abgrenzungsproblematik hingegen nicht erforderlich.

cc) Ergebnis

Im Ergebnis ist somit festzuhalten, daß die Unterschiede zwischen Nicht- und Schlechterfüllungsrecht, aus denen die Abgrenzungen zwischen Sachmangel und Falschlieferung sowie zwischen Sachmangel und Mengenabweichung resultieren, durch eine Änderung der §§ 459 ff. BGB und des Verjährungsrechts vermieden werden können. Allerdings sollten ebenso wie im Schuldrechtsreformentwurf nur die Falsch- und die Zuweniglieferung dem Sachmangel gleichgestellt werden, da die Rechtsbehelfe des Art. 3 Abs. 2 RL bei Zuviellieferungen überwiegend ungeeignet sind. Für einen Nacherfüllungsanspruch ist kein Raum mehr, wenn der Verkäufer bereits mehr als das vertraglich Geschuldete geleistet hat, und ein Minderungsrecht würde dazu führen, daß der Käufer den Überschuß sogar zu einem geringerem als dem ursprünglich vereinbarten Preis behalten dürfte. Die mangelnde Eignung erklärt sich daraus, daß es bei der Lieferung einer zu großen Menge an sich vertragsgemäßer Ware nicht um die Behebung einer mangelhaften Vertragserfüllung, sondern um die Rückabwicklung einer nicht geschuldeten Leistung geht, wenn ihre Erbringung auf einem Irrtum des Verkäufers beruht oder das mit ihr verbundene Angebot zum Abschluß eines neuen Vertrages nicht angenommen wird. Diese Problematik läßt sich durch die §§ 812 ff. BGB besser lösen.

Dagegen ist die in § 435 Abs. 2 KE enthaltene Ausnahme für Lieferungen, die als Erfüllung offensichtlich nicht in Betracht kommen, abzulehnen. Abgesehen davon, daß das Sachmängelrecht in diesen Fällen in der Regel bereits aufgrund der Irrtumsregeln (§§ 119 ff. BGB) oder der Vorschriften über die Auslegung von Willenserklärungen (§§ 133, 157 BGB) keine Anwendung findet, birgt die

---

heit des Verbrauchers (Art. 5 Abs. 1 RL) kann diesbezüglich keinen angemessenen Ausgleich schaffen, da die relativ lange Frist von zwei Monaten, die dem Verbraucher zur Anzeige von Mängeln eingeräumt wird, mit seiner für den Verkäufer nur schwer feststellbaren positiven Kenntnis vom Mangel beginnt (SCHÄFER/PFEIFFER, S. 1835; LEHR/WENDEL, EWS 1999, S. 325; REICH, NJW 1999, S. 2401; a.A. SCHILLER, PHi 1999, S. 125; EHMANN/RUST, JZ 1999, S. 862).

[164] SCHURKOM, Abschlußbericht, S. 34 ff., 42 ff..

damit verbundene Unterscheidung zwischen normalen und extremen Abweichungen die Gefahr neuer Abgrenzungsschwierigkeiten.

2. Die Anpassung des englischen Rechts

Im geltenden englischen Recht sind zwar einheitliche Regeln für die Nichterfüllung der Lieferpflicht und die Gewährleistung für Mängel vorgesehen, durch die Umsetzung der Richtlinie wird jedoch ein bei anderen Vertragsbrüchen nicht bestehender zwingender Erfüllungsanspruch in Form eines Nachbesserungs- und Ersatzlieferungsrechts (Art. 3 Abs. 2 RL) ins Sachmängelrecht eingeführt[165]. Da eine Art. 28 CISG vergleichbare Regelung im Kommissionsvorschlag fehlt[166], ist nunmehr eine Angleichung beider Regelungsbereiche, d.h. eine Anwendbarkeit dieses Rechtsbehelfs auch im Fall der Nichtlieferung, zu diskutieren.

Ein zwingender Anspruch auf Vertragserfüllung wurde aber bislang wegen der damit verbundenen Vollstreckungsschwierigkeiten weitgehend abgelehnt. Zum einen führe der Umstand, daß der Richter die Nichterfüllung eines von ihm erlassenen Urteils als eine durch Haft- oder Geldstrafen zu ahndende Mißachtung des Gerichts (*contempt of court*) ansehen kann[167], dazu, daß der Schuldner, der die gerichtliche Anordnung der *specific performance* nicht beachte, mit drastischen Maßnahmen rechnen müsse. Dies sei insbesondere bei Verträgen über persönliche Dienstleistungen (*contracts involving personal service*) ein unzulässiger Eingriff in seine persönliche Freiheit[168]. Zum anderen könne das Gericht die Ausführung der *specific performance* durch den verurteilten Schuldner - vor allem bei Verträgen mit langer Laufzeit (*contracts requiring constant supervision*) - nur sehr schwierig oder nur unter großem Zeitaufwand überwachen[169]. In neuerer Zeit wird allerdings darauf hingewiesen, daß - abgesehen von vielfäl-

---

[165] Zwar ist die Vereinbarung eines Nachbesserungs- oder Ersatzlieferungsanspruchs bei Mangelhaftigkeit der Kaufsache auch im englischen Kaufrecht möglich und insbesondere bei Verbraucherkäufen üblich, dies geschieht jedoch freiwillig und nicht aufgrund einer zwingenden gesetzlichen Vorschrift.

[166] Siehe § 2, Fn. 157.

[167] Die verschiedenen Möglichkeiten des Gerichts, ein auf *specific performance* gerichtetes Urteil durchzusetzen, sind ebenso wie das sonstige englische Verfahrensrecht nicht in einem umfassenden Prozeßgesetz, sondern in den *Rules of the Supreme Court* niedergelegt. Im Gegensatz zu der differenzierten Regelung des deutschen Rechts (§§ 883 ff. ZPO) steht auch die Art und Weise der Durchsetzung eines solchen Urteils im Ermessen des Richters (ZWEIGERT/KÖTZ, Rechtsvergleichung, S. 481 f.).

[168] ZWEIGERT/KÖTZ, Rechtsvergleichung, S. 481; TREITEL in Chitty, Vol. I, Rn. 1872.

[169] ZWEIGERT/KÖTZ, Rechtsvergleichung, S. 479 f.; TREITEL, Law, S. 913 f..

tigen Überwachungsmöglichkeiten - meist schon die Existenz einer gerichtlichen Anordnung ausreiche, um weitere Vertragsverstöße zu verhindern[170].

In Anbetracht der aus dem deutschen Recht bekannten Abgrenzungsschwierigkeiten erscheint im englischen Recht ebenfalls eine Gleichbehandlung von Sachmängeln und Falschlieferungen sowie von Sachmängeln und Zuweniglieferungen empfehlenswert. Insoweit ist daher eine (erneute) Angleichung der Vorschriften für die Nichterfüllung der Lieferpflicht und die Gewährleistung für Mängel vorzunehmen. Dagegen sollten für Zuviellieferungen, die nicht zu einer die Annahme eines Sachmangels nahelegenden Beeinträchtigung der Gebrauchstauglichkeit führen, weiterhin gesonderte Regelungen gelten, da sich die in der Richtlinie vorgesehenen Rechtsbehelfe in diesen Fällen überwiegend als ungeeignet erweisen.

3. Ergebnis

In Deutschland bietet die Richtlinienumsetzung die Möglichkeit, die derzeitigen Probleme bei der Differenzierung zwischen Sachmängeln und Falschlieferungen sowie zwischen Sachmängeln und Zuweniglieferungen durch eine Gleichstellung dieser Tatbestände zu beseitigen. Auch in England, wo diese Abgrenzungsfragen erst durch die Umsetzung der Richtlinie aufgeworfen werden, ist im Interesse ihrer Vermeidung eine Gleichbehandlung in diesem Umfang und damit eine (erneute) Anpassung der für die Nichtlieferung und die kaufrechtliche Mängelgewährleistung geltenden Regeln zu befürworten.

---

[170] TREITEL, Law, S. 913 f..

§ 4 Der Begriff des Sachmangels im besonderen

Die für die Bestimmung der Sollbeschaffenheit im einzelnen maßgeblichen Kriterien sind im englischen Recht in ss. 13-15 SGA, im UN-Kaufrecht in Art. 35 Abs. 2 CISG und in der Richtlinie in Art. 2 Abs. 2 RL aufgezählt, während sie im deutschen Recht aus der Definition des Fehlerbegriffs hergeleitet werden müssen[1]. Im folgenden soll erörtert werden, ob die in Art. 2 Abs. 2 lit. a) bis d) RL genannten Merkmale auch im UN-Kaufrecht und in den nationalen Rechten zur Festlegung der geschuldeten Beschaffenheit heranzuziehen sind und inwieweit ihre inhaltliche Präzisierung Fragen aufwirft.

A. Übereinstimmung mit Beschreibung, Probe oder Muster

Nach Art. 2 Abs. 2 lit. a) RL gelten Verbrauchsgüter als vertragsgemäß, wenn sie mit der vom Verkäufer abgegebenen Beschreibung übereinstimmen und die Eigenschaften der Sache besitzen, die der Verkäufer als Probe oder Muster vorgelegt hat.

I. Übereinstimmung mit der vom Verkäufer abgegebenen Beschreibung

Im Rahmen des Erfordernisses der Übereinstimmung mit der vom Verkäufer abgegebenen Beschreibung ist zum einen fraglich, in welcher Form eine derartige Erklärung erfolgen muß. Denn die Formulierung „...vom Verkäufer *gegebenen* Beschreibung..."[2] in Art. 2 Abs. 2 lit. a) RL legt nahe, daß nicht nur vertragsmässig bindende, sondern auch einseitige Angaben des Verkäufers ausreichend sein könnten. Ferner ist offen, ob an eine besonders nachdrückliche oder bedeutsame Erklärung spezielle Rechtsfolgen geknüpft werden können. Zum anderen ist der mögliche Inhalt einer Beschreibung im Sinne der Richtlinienbestimmung zu klären, der auf die körperlichen Eigenschaften der Sache oder auf ihre wesentlichen Merkmale beschränkt sein könnte.

Das UN-Kaufrecht nennt die Übereinstimmung mit der Beschreibung des Verkäufers in Art. 35 Abs. 2 CISG nicht gesondert als Merkmal der Vertragsmäßigkeit. Aber nach Art. 35 Abs. 1 CISG hat der Verkäufer Ware zu liefern, die der im Vertrag vereinbarten Art entspricht. Der in der deutschen Übersetzung verwendete Begriff „Art" lautet in der englischen Fassung „*description*" (Beschrei-

---

[1] Siehe S. 41.
[2] Hervorhebung durch die Verf..

bung). Folglich werden Beschreibungen des Verkäufers in die vertragliche Leistungsvereinbarung nach Art. 35 Abs. 1 CISG einbezogen und müssen zumindest stillschweigend vertraglich vereinbart worden sein. Einseitige Angaben über die Ware, wie sie beispielsweise in Annoncen enthalten sind, werden nur dann Vertragsbestandteil, wenn bei Vertragsschluß auf sie Bezug genommen wurde[3].

Allerdings können bestimmte Rechtsbehelfe, nämlich die Ersatzlieferung gemäß Art. 46 Abs. 2 CISG und die Vertragsaufhebung gemäß Art. 49 CISG, auch bei Vorliegen einer vertraglichen Vereinbarung lediglich im Fall einer wesentlichen Vertragsverletzung im Sinne von Art. 25 CISG[4] geltend gemacht werden. Es muß sich also um eine objektiv gravierende und für den Käufer unzumutbare Abweichung von der vertraglich vereinbarten Beschaffenheit handeln[5]. Dies ist regelmäßig bei solchen Mängeln zu bejahen, die aufgrund mangelnder Behebbarkeit bereits nach der allgemeinen Verkehrsauffassung als schwerwiegend eingestuft werden[6]. Im übrigen kommt es darauf an, ob der Vertrag das spezielle Interesse des Käufers wiedergibt bzw. deutlich macht[7]. Dabei wird teilweise darauf abgestellt, ob der Verkäufer Zusicherungen, d.h. durch ihr besonderes Gewicht für den Käufer gekennzeichnete Beschaffenheitsangaben gemacht hat[8]. Hinsichtlich des Inhalts der Beschreibung bestehen dagegen keine Einschränkungen. Zwar muß die Angabe zumindest einen Bezug zur Kaufsache aufweisen[9], dies wird jedoch sowohl bei Angaben über ihre physische Beschaffenheit als auch über ihre tatsächlichen und rechtlichen Beziehungen zur Umwelt bejaht[10].

1. Die Lösung des deutschen Rechts

Auch im deutschen Recht sind Beschreibungen der gekauften Sache durch den Verkäufer für die Bestimmung der Sollbeschaffenheit relevant. Es werden aber

---

[3] Schlechtriem-SCHWENZER, Art. 35, Rn. 6 f.; ENDERLEIN in Internationales Kaufrecht, Art. 35, Anm. 5.

[4] Zur Definition siehe S. 36.

[5] Schlechtriem-HUBER, Art. 46, Rn. 31; Art. 49, Rn. 8.

[6] Schlechtriem-HUBER, Art. 46, Rn. 32 ff.; Art. 49 Rn. 8; VON CAEMMERER, Festschrift Coing II, S. 52.

[7] VON CAEMMERER, Festschrift Coing II, S. 52. SCHLECHTRIEM, Einheitl. UN-Kaufrecht, S. 48.

[8] SCHLECHTRIEM, Internat. UN-Kaufrecht, Rn. 117; PILTZ in v. Westphalen, Rn. 139.

[9] HYLAND in Schlechtriem, S. 310.

[10] Schlechtriem-SCHWENZER, Art. 35, Rn. 9; a.A. Honsell-MAGNUS, demzufolge Art. 35 nur die Anforderungen an die physische Beschaffenheit der Ware regelt (Art. 35, Rn. 3).

sowohl hinsichtlich der Form als auch hinsichtlich des Inhalts der Beschreibung Differenzierungen vorgenommen.

a) Die Form der Beschreibung

Voraussetzung für das Eingreifen der gewährleistungsrechtlichen Rechtsfolgen ist das Vorliegen eines Fehlers im Sinne von § 459 Abs. 1 BGB oder das Fehlen einer zugesicherten Eigenschaft im Sinne von § 459 Abs. 2 BGB. Beschreibungen des Kaufgegenstandes durch den Verkäufer können also entweder Bestandteil der im Rahmen von § 459 Abs. 1 BGB maßgeblichen Sollbeschaffenheit oder Gegenstand einer Zusicherung nach § 459 Abs. 2 BGB sein.

aa) Das Erfordernis vertraglicher Vereinbarung

In beiden Fällen müssen sie jedoch in vertragsmäßig bindender Form erfolgen[11]. Denn ebenso wie die Fehlerhaftung, die nach dem subjektiven Fehlerbegriff auf der Beschaffenheitsvereinbarung der Parteien beruht, gründet sich auch die Zusicherungshaftung nach herrschender Auffassung auf eine vertragsmäßige Vereinbarung zwischen Verkäufer und Käufer, wobei es nicht darauf ankommt, von wem Angebot und Annahme herrühren[12]. Allgemeine Anpreisungen, die entweder ersichtlich nicht ernst gemeint sind oder keinen Rückschluß auf eine bestimmte Eigenschaft der Kaufsache zulassen („*dicta quae ad nudam laudem pertinent*“), bleiben mangels entsprechender Verbindlichkeit somit unberücksichtigt[13]. Einseitige Aussagen und Hinweise des Verkäufers, wie sie vor allem in Zeitungsannoncen, Katalogbeschreibungen und in der Werbung[14] enthalten sind, werden nur herangezogen, wenn sie von den Parteien bei Vertragsabschluß durch konkludente Bezugnahme zum Vertragsinhalt erhoben wurden[15].

---

[11] GREULICH, FS Wassermann, S. 673 f..

[12] RGZ 54, 219 (223); BGH NJW 1968, 2238 (2240); WM 1971, 797; WM 1982, 696 (697); Soergel-HUBER; § 459, Rn. 155; Müko-WESTERMANN, § 459, Rn. 56; Erman-GRUNEWALD, § 459, Rn. 29; WALTER, Kaufrecht, S. 161.

[13] Soergel-HUBER, § 459, Rn. 169 m.w.N. zur Rechtsprechung.

[14] Zum Problem der Sachmängelhaftung aufgrund von Werbeaussagen siehe S. 164 ff..

[15] Soergel-HUBER, § 459, Rn. 156 m.w.N. zur Rechtsprechung.

bb) Einfache Beschaffenheitsvereinbarungen und Zusicherungen

Erst wenn eine vertragsmäßige Vereinbarung bejaht wurde, ist weiter zu unterscheiden, ob es sich hierbei um eine einfache Beschaffenheitsvereinbarung im Sinne von § 459 Abs. 1 BGB oder um die Zusicherung einer Eigenschaft im Sinne von § 459 Abs. 2 BGB handelt[16]. Diese Abgrenzung ist insbesondere im Hinblick auf die möglichen Rechtsfolgen und die Schranken der formularmäßigen Freizeichnung bedeutsam. Während die Nichteinhaltung der jeweiligen Abrede den Käufer im ersten Fall lediglich zu Wandelung und Minderung gemäß §§ 462, 480 Abs. 1 BGB berechtigt, steht ihm im zweiten Fall darüber hinaus ein Anspruch auf Schadensersatz wegen Nichterfüllung nach §§ 463, 480 Abs. 2 BGB zu. Anders als die von der Rechtsprechung als Ergänzung zur einfachen Fehlerhaftung nach § 459 Abs. 1 BGB entwickelte Schadensersatzhaftung des Verkäufers aus positiver Vertragsverletzung ist dieser Anspruch verschuldensunabhängig und erfaßt nicht nur Mangelfolge-, sondern auch Mangelschäden[17]. Ferner kann die Haftung aus §§ 463, 480 Abs. 2 BGB gemäß § 11 Nr. 11 AGBG im Verkehr mit Nichtkaufleuten nicht durch Allgemeine Geschäftsbedingungen ausgeschlossen werden. Da sie aber in Form des kleinen Schadensersatzes die Minderung mit dem Ersatz weitergehender Schäden und in Form des großen Schadensersatzes die Wandelung mit dem Ersatz weitergehender Schäden verbindet[18], sind bei Annahme einer Zusicherung nach § 459 Abs. 2 BGB im Ergebnis alle Gewährleistungsrechte des Käufers dem formularmäßigen Ausschluß entzogen[19]. Demgegenüber können bei einer bloßen Beschaffenheitsvereinbarung gemäß § 459 Abs. 1 BGB Wandelung und Minderung beim Verkauf neuer Sachen von der vorherigen Möglichkeit der Nachbesserung abhängig gemacht (§ 11 Nr. 10 AGBG) und beim Verkauf gebrauchter Sachen gänzlich ausgeschlossen werden[20].

Daß eine Zusicherung nicht nur ausdrücklich, sondern auch stillschweigend erfolgen kann, war bereits bei den Gesetzesberatungen anerkannt[21] und wurde

---

[16] Soergel-HUBER, Vor § 459, Rn. 80. Nach LARENZ entscheidet die Vertragsmäßigkeit der Erklärung dagegen bereits darüber, ob eine Beschaffenheitsvereinbarung oder eine Zusicherung vorliegt. Unverbindliche Angaben, die im „Vorfeld" des Vertrages lägen, seien für die Fehlerhaftigkeit der Kaufsache nach § 459 Abs. 1 BGB „von Bedeutung". Nur die Zusicherung gemäß § 459 Abs. 2 BGB setze eine verbindliche vertragliche Vereinbarung voraus (SchuldR, S. 44). Diese Ansicht läßt aber außer acht, daß nach herrschender Auffassung der Vertrag die Grundlage der Sachmängelhaftung des Verkäufers darstellt (siehe S. 48).

[17] Soergel-HUBER, Vor § 459, Rn. 77.

[18] Siehe § 2, Fn. 5.

[19] Soergel-HUBER, Vor § 459, Rn. 78.

[20] Soergel-HUBER, Vor § 459, Rn. 79.

[21] Prot. I, S. 690.

auch in der Rechtsprechung nie bezweifelt[22]. Ihre Abgrenzung zur Beschaffenheitsvereinbarung erweist sich jedoch abgesehen von den Fällen, in denen sie gesetzlich fingiert wird[23], als schwierig. Diese Probleme erklären sich dadurch, daß mit der Durchsetzung des subjektiven Fehlerbegriffs die ursprüngliche Bedeutung für die in § 459 BGB enthaltene Trennung von Fehler- und Zusicherungshaftung entfallen ist. Auf der Grundlage des objektiven Fehlerbegriffs, von dem der Gesetzgeber bei Erlaß des BGB ausging, unterschieden sich die Tatbestände des § 459 BGB nämlich danach, ob die fehlenden Eigenschaften der Normalbeschaffenheit der Kaufsache zuzurechnen sind (§ 459 Abs. 1 BGB) oder ob sie durch eine zusätzliche Parteivereinbarung festgelegt wurden (§ 459 Abs. 2 BGB). Fraglich war lediglich, ob der Begriff der Zusicherung extensiv oder restriktiv zu interpretieren ist, d.h. ob er jede ernst gemeinte Beschaffenheitsangabe oder nur mit besonderem Haftungswillen geäußerte Zusagen umfaßt[24]. Nunmehr haftet der Verkäufer jedoch stets für die Einhaltung der vereinbarten Beschaffenheit, so daß neue Abgrenzungskriterien gefunden werden müssen.

Die Differenzierungsversuche der Literatur, wonach sich die Zusicherung durch die besondere Intensität oder den Nachdruck ihrer Erklärung[25], durch einen höheren Grad an Bewußtsein der Einstandspflicht[26] oder durch ihren Bezug auf eine essentielle, kardinale Eigenschaft[27] von der Beschaffenheitsvereinbarung unterscheide, bestehen im wesentlichen aus Tautologien[28]. In Ermangelung klarer Unterscheidungsmerkmale orientiert sich die Judikatur an der durch die gesetzliche Nebeneinanderstellung des § 459 Abs. 1 BGB und des § 459 Abs. 2 BGB zum Ausdruck gebrachten Absicht des historischen Gesetzgebers, daß die Fehlerhaftung die Regel und die Zusicherungshaftung in Anbetracht der mit ihr verbundenen weitreichenden Rechtsfolgen die nur mit Zurückhaltung anzunehmende Ausnahme sein soll[29]. Sie verlangt für eine Zusicherung „die Übernahme der Gewähr für das Vorhandensein einer Eigenschaft und das Versprechen, für alle Folgen einstehen zu wollen, wenn die Eigenschaft fehlt" bzw. „daß der

---

[22] Vgl. z.B. RGZ 114, 239 (241); 161, 330 (336 f.); BGHZ 59, 158 (160); BGH NJW 1975, 1593 (1594); NJW 1981,1269 (1270); BGHZ 87, 302 (305); NJW 1995, 518; NJW 1996, 836 (837).

[23] Z.B. § 494 BGB für die Eigenschaften einer Probe (siehe S. 111 f.), § 6 FuttermittelG (vom 22.12.1926, RGBl. I 525) für die Reinheit und Unverdorbenheit des Futters, § 39 Abs. 1 SaatgutverkehrsG (vom 20.5.1968, BGBl. I 444) für die Sorten- und Artenechtheit.

[24] BÖCKLER, Zusicherung, S. 62 ff..

[25] HERBERGER, Sachmängelhaftung, S. 124 ff..

[26] Müko-WESTERMANN, § 459, Rn. 59.

[27] BAUMANN, AcP 187 (1987), S. 526.

[28] Soergel-HUBER, Vor § 459, Rn. 81.

[29] RGZ 114, 239 (241); BGH WM 1974, 1204 (1205); NJW 1980, 1619 (1620); NJW 1980, 1950; NJW 1981, 222 (223); NJW 1996, 836 (837).

Verkäufer in vertragsmäßig bindender Weise die Gewähr für das Vorhandensein einer Eigenschaft übernimmt und damit seine Bereitschaft zu erkennen gibt, für alle Folgen des Fehlens dieser Eigenschaft einzustehen"[30]. Voraussetzung ist demnach ein rechtlicher Einstandswille des Verkäufers[31]. Bloße Wissenserklärungen, die durch die Bezugnahme des Verkäufers auf seinen eigenen Kenntnisstand relativiert werden, können also nur eine Beschaffenheitsvereinbarung, nicht aber eine Zusicherung beinhalten[32].

Allerdings ist eine stillschweigende Zusicherung nicht denkbar, wenn man hierfür neben der Gewährübernahme stets einen aktuell feststellbaren Haftungswillen des Verkäufers fordert. Aus diesem Grund beurteilt die Rechtsprechung die Frage seines Vorliegens nicht aus der subjektiven Sicht des Verkäufers, sondern aus der Sicht eines objektiven Empfängers, d.h. entscheidend ist, „wie der Käufer die Äußerungen des Verkäufers unter Berücksichtigung seines sonstigen Verhaltens und der Umstände, die zum Vertragsschluß geführt haben, nach Treu und Glauben mit Rücksicht auf die Verkehrssitte auffassen durfte"[33]. Sofern sich nicht bereits aus Handelsbrauch oder Verkehrsitte ergibt, daß eine bestimmte Eigenschaft der Ware als stillschweigend zugesichert gilt[34], werden dabei vor

---

30 RGZ 161, 330 (337); BGHZ 59, 158 (160); BGH WM 1974, 1204; NJW 1975, 1593 (1594); NJW 1980, 2127 (2128); NJW 1981, 1269 (1270); NJW 1981, 1501; NJW 1985, 967; WM 1991, 1224 (1225); NJW 1992, 170. Durch die Formulierung „in vertragsmäßig bindender Weise" wird verdeutlicht, daß es sich bei der Zusicherung keinesfalls um eine zweite selbständige Willenserklärung neben dem Kaufvertrag handelt (Soergel-HUBER, § 459, Rn. 178; a.A. FLUME, Eigenschaftsirrtum, S. 48). Gleichwohl kann auch eine nach Vertragsschluß abgegebene Eigenschaftszusicherung noch in den Vertrag aufgenommen werden, wenn sich zu diesem Zeitpunkt die von der Rechtsprechung geforderte Gewährübernahme sowie das Versprechen, für mögliche Folgen einzustehen, noch feststellen läßt (Müko-WESTERMANN, § 459, Rn. 56).

31 An die Erklärung des Käufers werden dagegen keine hohen Anforderungen gestellt, da dieser durch die Zusicherung ausschließlich begünstigt wird (Erman-GRUNEWALD, § 459, Rn. 29). Zu Recht weist aber GREULICH darauf hin, daß der Vertragscharakter der Zusicherung ein erkennbares Zusicherungsinteresse des Käufers erfordert, aus dem die „Annahme" der Verkäufererklärung gefolgert werden kann (FS Wassermann, S. 683).

32 Erman-GRUNEWALD, § 459, Rn. 29; Soergel-HUBER, § 459, Rn. 171 f.; Müko-WESTERMANN, § 459, Rn. 56.

33 BGHZ 59, 158 (160 f.); BGH WM 1974, 1204 (1205); NJW 1981, 222 (223); WM 1991, 1224 (1225); NJW 1996, 836 (837); NJW 1996, 1337.

34 BGH MDR 1955, 31 *Reinheit von Pfefferminzöl;* WM 1971, 1121 (1123*) Freiheit von Hefebefall;* WM 1987, 1460 (1462) *Eignung zur Stückfärbung;* OLG Düsseldorf, Betrieb 1967, 1582 *Qualität eines Brillanten.*

allem das Vertrauen des Käufers in die Sachkunde des Verkäufers, die besondere Bedeutung des in Rede stehenden Umstands und die Eignung zum vertraglichen Verwendungszweck berücksichtigt[35]. Diese Auslegungsweise ermöglicht ein vermehrtes Abstellen auf das konkrete, einzelfallabhängige Schutzbedürfnis des Käufers, das regelmäßig bejaht wird, wenn seinen berechtigten Interessen durch die Haftung aus § 459 Abs. 1 BGB und die ergänzenden Regeln über die positive Vertragsverletzung nicht ausreichend Rechnung getragen werden kann[36]. Dadurch erlangt die stillschweigende Zusicherung namentlich als Kontrollinstrument allgemeiner Geschäftsbedingungen Bedeutung[37]. Während sie beim Kauf neu hergestellter Sachen wegen der begrenzteren Möglichkeit formularmäßiger Freizeichnung nur ausnahmsweise in Betracht kommt[38], wird sie beim Kauf gebrauchter Sachen häufig angenommen, um mit Hilfe des § 11 Nr. 11 AGBG

---

[35] Vgl. SEMLER, NJW 1976, S. 406 ff. m.w.N. zur Rechtsprechung. Zu den weiteren Kriterien aus dem Umfeld der Vertragsverhandlungen, die bei der Prüfung des Einstandswillens des Verkäufers herangezogen werden können, vgl. GREULICH, FS Wassermann, S. 680 f..

[36] Soergel-HUBER, Vor § 459, Rn. 84.

[37] Soergel-HUBER, Vor § 459, Rn. 88. Dagegen wird angeführt, daß aufgrund des Vorrangs individueller Vertragsabreden vor allgemeinen Geschäftsbedingungen (§ 4 AGBG) die gleichen Ergebnisse auch bei Annahme einer individualvertraglich getroffenen Beschaffenheitsvereinbarung gemäß § 459 Abs. 1 BGB erreicht werden könnten (HAGER, NJW 1975, S. 2277; EGGERT, NJW 1990, S. 552).

[38] BGH NJW 1995, 518 (519); NJW 1996, 836 (837). Zwar wurde eine stillschweigende Zusicherung des Verkäufers in BGH VersR 1966, 241 für eine bestimmte Druckfestigkeit der verkauften Hohlziegel, in BGHZ 48, 118 für eine den Herstellerangaben entsprechende „Ausrüstung" des verkauften Trevirastoffes, in BGHZ 50, 200 für die Eignung des verkauften Klebstoffes zum Befestigen von Styroporplatten und in BGHZ 59, 158 für die Eignung des verkauften Kunstharzlacks zum Behandeln von Fensterrahmen bejaht. Die dadurch angedeutete Umkehrung des Regel-Ausnahme-Verhältnisses von einfacher Beschaffenheitsvereinbarung und zugesicherter Eigenschaft wurde aber durch andere Entscheidungen widerlegt. Diese Rechtsprechung begann mit dem umstrittenen Dieselkraftstoffurteil des BGH (NJW 1968, 2238), in dem er es ablehnte, beim Verkauf von Dieselöl eine Zusicherung des Verkäufers bezüglich der Übereinstimmung mit der einschlägigen DIN anzunehmen (zur Kritik vgl. HENSELER, BB 1969, S.25 f.), und wurde durch die in § 4, Fn. 29 genannten Urteile fortgeführt.

die Möglichkeit eines völligen Haftungsausschlusses durch den Verkäufer zu verhindern[39].

Die Abgrenzung anhand des Einstandswillens des Verkäufers ist in der Literatur jedoch wiederholt als „Argumentationskrücke“[40] kritisiert worden, derer sich die Gerichte bedienten, um im jeweiligen Einzelfall eine nach ihren Vorstellungen angemessene Haftungsverteilung zu erreichen[41]. Da die Unterstellung eines solchen Willens bei fehlender ausdrücklicher Erklärung auf eine bloße Fiktion hinauslaufe[42], sei es überzeugender, das Vorliegen einer Zusicherung von objektiven Merkmalen wie etwa der Bedeutung der vereinbarten Beschaffenheit für den Kaufentschluß des Käufers und der Fachkunde des Verkäufers abhängig zu machen[43]. Es wird also auf die gleichen Gesichtspunkte abgestellt, wie sie die Judikatur zur Begründung des Haftungswillens des Verkäufers heranzieht, so daß

---

[39] Aufgrund dessen ist es im Bereich des Gebrauchtwagenhandels zu einer völligen Umkehrung des Verhältnisses von § 459 Abs. 1 BGB und § 459 Abs. 2 BGB gekommen. Dort werden an das Vorliegen einer stillschweigenden Zusicherung angesichts der „besonderen Marktverhältnisse“ - der Käufer ist meist zur Überprüfung des Gebrauchtwagens nicht imstande und bringt dem Verkäufer besonderes Vertrauen entgegen - keine hohen Anforderungen gestellt. Angaben des Verkäufers über Eigenschaften des verkauften Fahrzeugs gelten daher regelmäßig als zugesichert (BGH NJW 1978, 261 (261 f.) *Unfallfreiheit*; NJW 1981, 1268 (1269) *Hubraum und PS-Zahl*; NJW 1993, 1854 *„Fahrbereit“*; vgl. ferner Palandt-PUTZO, § 459, Rn. 30a m.w.N.), wobei die Rechtsprechung hinsichtlich der Reichweite der Zusicherung häufig zwischen gewerblichen und privaten Verkäufern unterscheidet (vgl. z.B. zur Angabe der *Laufleistung des Wagens* beim privaten Verkauf BGH NJW 1984, 1454 (1454 f.) und beim gewerblichen Verkauf BGH NJW 1981, 1268 (1269); zur Angabe *„TÜV neu...“* BGH NJW 1988, 1378 (1379)).

[40] SCHACK, AcP 185 (1985), S. 352.

[41] SCHACK, AcP 185 (1985), S. 352; Staudinger-HONSELL, § 459, Rn. 149; WALTER, Kaufrecht, S. 154; JAKOBS, Gesetzgebung im Leistungsstörungsrecht, S. 132 f.; RABEL, Recht des Warenkaufs, Bd. II, S. 142.

[42] SCHACK, AcP 185 (1985), S. 352; Staudinger-HONSELL, § 459, Rn. 149; CHRISTOFFEL, Garantie, S. 9; KÖNDGEN, Selbstbindung ohne Vertrag, S. 333 f.. Die Gegner der Rechtsprechung leugnen weitgehend den Charakter der §§ 463, 480 Abs. 2 BGB als eine mit einer Gewährübernahme verbundene Willenshaftung und nehmen statt dessen entweder eine auf der objektiven Unrichtigkeit der Erklärung basierende Wissenshaftung (SCHACK, S. AcP 185 (1985), 356), eine auf einer Selbstbindung des Verkäufers beruhende quasi-vertragliche Haftung (KÖNDGEN, Selbstbindung ohne Vertrag, S. 333 ff.) oder eine Haftung aus Vertrauensschutzgesichtspunkten (CHRISTOFFEL, Garantie, S. 61 ff., 79) an.

[43] SCHACK, AcP 185 (1985), S. 356 f.; KÖNDGEN, Selbstbindung ohne Vertrag, S. 334 ff.; CHRISTOFFEL, Garantie, S. 73 ff.. BÖCKLER bemüht sich um eine Einteilung nach Fallgruppen unter Anknüpfung an die von der Rechtsprechung verwendeten Kriterien. So soll der Verkäufer z.B. aufgrund einer „zusicherungsrechtlichen“ Verdichtung von Beschaffenheitsangaben, aufgrund seiner besonderen Sachkunde oder aufgrund eines besonderen vertraglichen Verwendungszwecks haften (Zusicherung, S. 135 ff.).

sich die Ergebnisse trotz ihrer divergierenden dogmatischen Rechtfertigung kaum unterscheiden[44].

b) Der Inhalt der Beschreibung

Auch für den Inhalt der Beschreibung bildet der subjektive Fehlerbegriff den Ausgangspunkt, da nunmehr für die Bestimmung der geschuldeten Beschaffenheit der Kaufsache nach § 459 Abs. 1 BGB ebenso wie für die Zusicherung einer Eigenschaft nach § 459 Abs. 2 BGB auf die Parteivereinbarungen abzustellen ist. Dies birgt jedoch die Gefahr, daß jeder vertraglich vereinbarte Umstand, der sich zur Zeit des Gefahrübergangs als nicht vorhanden herausstellt, die Fehler- oder die Zusicherungshaftung und damit die kurze Verjährung des § 477 BGB auslöst[45]. Obgleich aus diesem Grund eine Begrenzung auf die innerhalb dieser Frist leicht überprüfbaren physischen Merkmale der Sache naheliegt, können nach fast einhelliger Auffassung auch ihre tatsächlichen und rechtlichen Beziehungen zur Umwelt Gegenstand einer Beschaffenheitsvereinbarung oder einer Zusicherung sein.

Voraussetzung für die Anwendung des Sachmängelrechts anstelle der Regeln über die *culpa in contrahendo* ist aber, daß der fragliche Umstand zufolge seiner Art und Dauer nach der Verkehrsauffassung einen Einfluß auf die Brauchbarkeit und Wertschätzung der Sache auszuüben pflegt[46]. Hieraus folgen zwei Einschränkungen. Zum einen wird eine gewisse Dauerhaftigkeit des Umstands verlangt, so daß vorübergehende Merkmale der Kaufsache nicht in Betracht kommen. Zeitlich zurückliegende Ereignisse, die den Kaufgegenstand einmal betroffen haben, können also nur dann der Beschaffenheit nach § 459 Abs. 1 BGB zugerechnet werden bzw. eine Eigenschaft nach § 459 Abs. 2 BGB darstellen, wenn sie für den Wert oder die Tauglichkeit der Sache eine zum Zeitpunkt des Vertragsabschlusses und des Gefahrübergangs fortdauernde Wirkung haben[47]. Zum anderen darf es sich nicht um außerhalb der Kaufsache liegende

---

[44] WALTER, Kaufrecht, S. 163.

[45] Müko-WESTERMANN, § 459, Rn. 18.

[46] RGZ 52, 1 (2); 59, 120 (123); 101, 413 (416); 117, 315 (317); BGHZ 79, 183 (185); 98, 100 (104); 114, 263 (266); BGH NJW 1993, 2796; Staudinger-HONSELL, § 459, Rn. 38, 107; Müko-WESTERMANN, § 459, Rn. 18; Soergel-HUBER, § 459, Rn. 25, 145 f.; ablehnend KOLLER, der die spezifisch gewährleistungsrechtlichen Rechtsfolgen nur bei „ausschließlich die physische Beschaffenheit der Kaufsache berührende Faktoren" für angemessen hält (NJW 1981, S. 1768).

[47] RGZ 85, 252 (255) *Vollständig beseitigter Schwammbefall;* BGH WM 1986, 1222 (1223) *tierärztliche Untersuchung;* BGHZ 111, 75 (78 f.) *Kein Anfall der Einfuhrumsatzsteuer*; REINICKE-TIEDTKE, Kaufrecht, Rn. 292; Soergel-HUBER, § 459, Rn. 148.

Umstände handeln, die mangels Vorhersehbarkeit oder gar Beherrschbarkeit für den Verkäufer eher ein allgemeines Risiko betreffen[48]. Insoweit faßt die Rechtsprechung den Bereich des § 459 Abs. 1 BGB etwas enger als den des § 459 Abs. 2 BGB. Während sie für das Vorliegen eines Beschaffenheitsmerkmals fordert, daß dieses der Sache „ohne weiteres" anhaftet[49] bzw. sich aus der Sache „als solcher" ergibt[50], reicht für die Annahme einer Eigenschaft eine Beziehung zur Kaufsache, ohne daß diese ihr unmittelbar innewohnen und von ihr ausgehen muß[51]. Demnach kann zwar jeder Umstand, der im Fall seines Fehlens einen Fehler gemäß § 459 Abs. 1 BGB begründet, Gegenstand einer Zusicherung sein[52], aber nicht jede zusicherungsfähige Eigenschaft gemäß § 459 Abs. 2 BGB kann zum Inhalt einer Beschaffenheitsvereinbarung gemacht werden[53].

Die Differenzierung der Judikatur wird in der Literatur weitgehend als bloße Nachwirkung des objektiven Fehlerbegriffs betrachtet. Dieser sieht unabhängig von einer Parteivereinbarung allein die Merkmale des Kaufgegenstandes als fehlerbegründend an, die bei anderen Sachen der gleichen Gattung normalerweise vorhanden sind, während andere Eigenschaften lediglich im Fall einer vertraglichen Zusicherung eine Sachmängelhaftung auslösen[54]. Abgesehen davon, daß meist nur die physischen Merkmale der Sache auch bei anderen Gattungsexemplaren vorhanden sein könnten, sei das Erfordernis des unmittelbaren Sachbezugs demnach erforderlich, um die Haftung nach § 459 Abs. 1 BGB, die auch ohne entsprechende vertragliche Vereinbarung eintreten könne, zum Schutz des Verkäufers zu begrenzen. Diese Sicherungsfunktion habe aber mit der Durchsetzung des subjektiven Fehlerbegriffs, der bei der Bestimmung des Fehlers ebenso wie

---

[48] RGZ 101, 413 (416) *Herkunft aus Schmuggel;* BGH NJW 1962, 1196 (1196 f.) *Aufstellung einer Maschine an einem bestimmten Platz;* Soergel-HUBER, § 459, Rn. 147; SCHACK, AcP 185 (1985), S. 341.

[49] BGH NJW 1970, 653 (655).

[50] BGH NJW 1980, 1456 (1458).

[51] BGH NJW 1992, 2564. Diese Unterscheidung hat insbesondere für Umsätze und Erträge beim Unternehmens- und Grundstückskauf Bedeutung (vgl. Soergel-HUBER; § 459, Rn. 35 ff. m.w.N. zur Rechtsprechung).

[52] Auch die Fehlerfreiheit der Kaufsache insgesamt ist, wie sich aus § 460 S. 2 BGB ergibt, zugleich eine zusicherungsfähige Eigenschaft im Sinne von § 459 Abs. 2 BGB (Soergel-HUBER, Vor § 459, Rn. 74).

[53] Zwar erweckte das Urteil BGHZ 114, 263 (266) - *Abschreibung nach § 7b EStG* - den Eindruck, als wolle die Rechtsprechung die Unterscheidung zwischen „Beschaffenheit" und „Eigenschaft" aufgeben. Dies wurde aber in der Entscheidung BGH NJW 1992, 2564 (2565) - *Ruf eines Gastbetriebes* - widerlegt, in der an der Beibehaltung der Differenzierung ausdrücklich festgehalten wurde.

[54] Zu der von einigen Vertretern der objektiven Fehlertheorie praktizierten Unterscheidung zwischen „einfachen" Zusicherungen im Sinne von § 459 Abs.1 BGB und „qualifizierten" Zusicherungen im Sinne von § 463 BGB siehe S. 44 f..

bei der Zusicherung einer Eigenschaft auf die Parteivereinbarungen abstelle, ihre Bedeutung verloren. Da die Parteien auf seiner Grundlage alle zusicherungsfähigen Eigenschaften im Sinne von § 459 Abs. 2 BGB auch als Beschaffenheitsmerkmale im Sinne von § 459 Abs. 1 BGB vereinbaren könnten[55], müsse vielmehr von einem einheitlichen Beschaffenheits- und Eigenschaftsbegriff ausgegangen werden[56].

Angesichts der Unbestimmtheit der von der Rechtsprechung vorgenommenen Unterscheidung[57], die in einer mehr oder weniger gleichlautenden Definition von Beschaffenheit und Eigenschaft gipfelt[58], ist eine derartige Nivellierung zu befürworten. Dabei entspricht eine extensive Interpretation des § 459 Abs. 1 BGB, d.h. ein Verzicht auf das Erfordernis eines unmittelbaren Bezugs zur Kaufsache für das Vorliegen eines Beschaffenheitsmerkmals[59], eher einem subjektiven Fehlerverständnis als eine restriktive Interpretation des § 459 Abs. 2 BGB, d.h. eine Ausdehnung der vorgenannten Voraussetzung auf die zusicherungsfähige Eigenschaft[60]. Denn im letztgenannten Fall wird die subjektive Bestimmung der Sollbeschaffenheit durch das objektive Kriterium des unmittelbaren Sachbezugs eingeschränkt. Ein von den Parteien vereinbarter Umstand sollte lediglich dann nicht unter § 459 BGB fallen, wenn er keinerlei Beziehung zur Kaufsache aufweist[61].

---

[55] Eine Ausnahme besteht nur insofern, als Eigenschaften, die den Wert oder die Tauglichkeit der Sache nicht oder nicht erheblich mindern (§ 459 Ab. 1 S. 2 BGB), zwar Inhalt einer Zusicherung, nicht aber einer Beschaffenheitsvereinbarung sein können (REINICKE-TIEDTKE, Kaufrecht, Rn. 286).

[56] IMMENGA, AcP 171 (1971), S. 13 ff.; WILLEMSEN, AcP 182 (1982), S. 543 f.; Staudinger-HONSELL, § 459, Rn. 33 ; Müko-WESTERMANN, § 459, Rn. 18; Soergel-HUBER, § 459, Rn. 39; WALTER, Kaufrecht, S. 156; REINICKE-TIEDTKE, Kaufrecht, Rn. 286 ff.; ESSER-WEYERS, SchuldR, S. 39 f.; VON CAEMMERER, FS Wolff, S. 18.

[57] Staudinger-HONSELL, § 459, Rn. 34, SCHACK, AcP 185 (1985), S. 341 f.; WILLEMSEN, AcP 182 (1982), S. 544; Müko-WESTERMANN, § 459, Rn. 19 m.w.N. zur Rechtsprechung.

[58] WALTER, Kaufrecht, S. 156 m.w.N. in Fn. 127.

[59] So Müko-WESTERMANN, § 459, Rn. 18.

[60] So Soergel-HUBER unter Verweis auf die dann mögliche Anwendung der besser geeigneten Regeln der *culpa in contrahendo* (§ 459, Rn. 41) und Erman-GRUNEWALD unter Verweis auf die andernfalls nicht zu rechtfertigende kurze Verjährungsfrist des § 477 BGB (Vor § 459, Rn. 10).

[61] IMMENGA, AcP 171 (1971), S. 11, 17; WILLEMSEN, AcP 182 (1982), S. 544 f..

2. Die Lösung des englischen Rechts

Das englische Recht sieht in sec. 13 (1) SGA vor, daß der Vertrag bei einem Kauf nach Beschreibung (*sale by description*) eine stillschweigende Vereinbarung darüber enthält, daß die Waren mit der Beschreibung übereinstimmen. Entsprechend der Absicht der Gesetzesverfasser wurde ein derartiger *sale by description* ursprünglich lediglich bei Kaufverträgen über *unascertained* und *future goods* angenommen, bei denen der Käufer die Ware vor der Lieferung nicht sieht und sich auf die Beschreibung des Verkäufers verlassen muß. Bei Kaufverträgen über *specific goods*, bei denen der Käufer die Kaufsache regelmäßig untersuchen und sich selbst einen Eindruck von ihrer Beschaffenheit verschaffen kann, galt demgegenüber weiterhin der Grundsatz des *caveat emptor*[62]. Im Laufe der Zeit wurde der Anwendungsbereich der Vorschrift aber schrittweise auf diese Verträge ausgedehnt[63]. So galt sec. 13 (1) SGA zunächst auch in den Fällen, in denen der Käufer von *specific goods* diese vor der Lieferung nicht gesehen hat[64], und später sogar in den Fällen, in denen sie ihm bei Vertragsschluß präsentiert werden, sofern sie als einer Beschreibung entsprechend verkauft werden[65]. Dabei ist es unerheblich, daß der Käufer die Ware zuvor sorgfältig untersucht[66] oder sie - wie in Supermärkten oder Kaufhäusern üblich - gar selbst ausgesucht hat[67]. Letzteres wird durch sec. 13 (3) SGA nunmehr ausdrücklich klargestellt. Voraussetzung ist aber stets, daß der Käufer auf die Beschreibung vertraut und sich nicht ausschließlich auf sein eigenes Urteil verläßt[68]. Mithin erfaßt sec. 13 (1) SGA nach heutigem Recht im wesentlichen alle Kaufverträge, es sei denn, die Kaufsache wird ohne jegliche Beschreibung (*tale*

---

62 REYNOLDS in Benjamin, Rn. 11-003; GOODE, Commercial Law, S. 304 f..

63 Diese Ausdehnung war vor allem darin begründet, daß die Haftung des Verkäufers für die marktgängige Qualität der Ware nach der früheren Fassung des sec. 14 (2) SGA einen Kauf nach Beschreibung voraussetzte. Da eine solche Haftung zunehmend auch bei Stückkäufen als angemessen erachtet wurde, mußte sec. 13 (1) SGA gleichfalls weit ausgelegt werden (ATIYAH/ADAMS, Sale of Goods, S. 123; BRIDGE, Sale of Goods, S. 274 f.) .

64 *Varley v. Whipp* (1900) 1 Q.B. 513.

65 Grundlegend dazu Lord Wright in *Grant v. Australian Knitting Mills Ltd.* (1936) A.C. 85 (100): „ *It may also be pointed out that there is a sale by description even though the buyer is buying something displayed before him on the counter: a thing is sold by description, though it is specific, so long as it is sold not merely as the specific thing , but as a thing corresponding to a description, e.g. woollen undergarments, a hot-water bottle, a second-hand reaping machine, to select a few obvious illustrations.* "

66 *Beale v. Taylor* (1967) 1 W.L.R. 1193.

67 *H. Beecham & Co. Pty. Ltd. v. Francis Howard & Co. Pty. Ltd.* (1921) V.L.R. 428.

68 *Harlington & Leinster Enterprises Ltd. v. Christopher Hull Fine Arts Ltd.* (1991) 1 Q.B. 564 (574); REYNOLDS in Benjamin, Rn. 11-009; GOODE, Commercial Law, S. 310 f.; ATIYAH/ADAMS, Sale of Goods, S. 110.

quale) verkauft oder der Käufer vertraut in keiner Weise auf die Beschreibung[69]. Form und Inhalt der Beschreibung werfen jedoch auch im englischen Recht Probleme auf.

a) Die Form der Beschreibung

Hinsichtlich der Form der Beschreibung stellt sich als erstes die Frage, ob die im sonstigen Vertragsrecht bestehende Differenzierung zwischen *contractual terms* und *mere representations*[70] im Rahmen von sec. 13 SGA entbehrlich ist. Denn im Fall einer Beschränkung auf erstere erschöpft sich der Inhalt der Vorschrift in der redundanten Feststellung, daß die Erfüllung der ausdrücklichen Vertragsvereinbarungen durch den Verkäufer als stillschweigend vereinbart gilt[71].

aa) Das Erfordernis vertraglicher Vereinbarung

Gleichwohl fordert sec. 13 SGA nach allgemeiner Auffassung, daß die Beschreibung Vertragsbestandteil (*term*) geworden ist[72]. Angaben, die zwar kausal für den Vertragsschluß waren, aber nicht Vertragsinhalt geworden sind (*representations*)[73], genügen somit nicht. Die Abgrenzung hängt vom Willen der Parteien ab. Das Gericht erforscht jedoch nicht deren wirkliche Intention, sondern stellt darauf ab, wie ein intelligenter Beobachter die Äußerung aufgrund der Umstände des Vertragsschlusses vernünftigerweise verstehen mußte (*test of reasonableness*). Der Auslegungsmaßstab ist also ein objektiver[74]. Es handelt sich um eine

---

[69] REYNOLDS in Benjamin, Rn. 11-011.

[70] Siehe S. 19.

[71] ATIYAH/ADAMS, Sale of Goods, S. 114.

[72] GOODE, Commercial Law, S. 304; MICKLEBURGH, Consumer Protection, S. 388 f..

[73] Sie begründen lediglich eine Haftung wegen *misrepresentation*, sofern sie für den Kaufentschluß des Käufers erheblich waren und er auf ihre Richtigkeit vertraut hat (REYNOLDS in Benjamin, Rn. 10-009; TREITEL, Outline, S. 125 ff.; ders., Law, S. 301 ff.). Dabei handelt es sich um zwei verschiedene Kriterien, da für die Erheblichkeit auf die Sicht eines vernünftigen Geschäftsmanns, für das Vertrauen hingegen auf die Sicht des jeweiligen Erklärungsempfängers abgestellt wird (TREITEL, Law, S. 306). Allerdings stellen nur Aussagen, die Tatsachen betreffen (*statements of fact*), nicht aber Aussagen, die die Rechtslage betreffen (*statements of law*), *representations* dar. Ferner sind Erklärungen über ein zukünftiges Verhalten des Erklärenden oder über sonstige zukünftige Ereignisse (*statements as to the future*) allein im Fall ihrer vertraglichen Vereinbarung rechtlich relevant. Diese tatbestandlichen Einschränkungen folgen aus dem Erfordernis, daß eine *misrepresentation* sich auf eine gegenwärtige Tatsache beziehen muß (TREITEL, Outline, S. 122 ff.; ders., Law, S. 295 f..).

[74] REYNOLDS in Benjamin, Rn. 10-017; GIESEN, JZ 1993, S. 16.

Einzelfallprüfung, bei der keinem Kriterium ein abschließender Charakter zukommt. Maßgeblich ist neben der Bedeutung der Angabe und ihrem zeitlichen Zusammenhang zum Vertragsschluß vor allem der Umstand, ob einer der Vertragspartner besondere Sachkunde und damit die bessere Möglichkeit zur Überprüfung der Richtigkeit der Aussage besaß[75]. Ferner erfolgt die Entscheidung immer unter Berücksichtigung der mit der Annahme eines *term* oder einer *representation* verbundenen Rechtsfolgen[76]. Eine Rolle spielt dabei insbesondere, daß beim Bruch eines *term* ein Schadensersatzanspruch stets unabhängig vom Verschulden der vertragsbrüchigen Partei besteht, während er bei einer *misrepresentation* gemäß sec. 2 (2) des *Misrepresentation Act* 1967 (M.A.) in das Ermessen des Gerichts gestellt ist, falls der Erklärende nicht arglistig oder fahrlässig gehandelt hat[77]. Da die Rechtsprechung heute in den meisten Fällen, in denen eine unzutreffende Angabe über die Kaufsache gemacht wird, eine verschuldensunabhängige Schadensersatzhaftung des Verkäufer als angemessen ansieht, wird regelmäßig eine vertragliche Vereinbarung angenommen[78].

---

[75] TREITEL, Outline, S. 131; REYNOLDS in Benjamin, Rn. 10-017. Instruktiv sind insoweit die Entscheidungen *Oscar Chess Ltd. v. Williams* ((1957) 1 W.L.R. 370) und *Dick Bentley (Productions) Ltd. v. Harold Smith (Motors) Ltd.* ((1965) 2 All E.R. 65). Im ersten Fall ging es um den Verkauf eines Autos an einen Autohändler (Kläger), das der private Verkäufer (Beklagter) aufgrund des Fahrzeugbriefs gutgläubig als Modell 1948 bezeichnete. Der Brief war aber von einem unbekannten Dritten gefälscht worden und es handelte sich in Wahrheit um ein Modell 1939 mit einem erheblich geringeren Wert. Das Gericht lehnte einen *term* ab, da der Beklagte als Laie keine Kenntnis von der Erstzulassung des Wagens hätte haben können. Im zweiten Fall verkaufte ein Autohändler (Beklagter) einen Bentley an eine Privatperson (Kläger), wobei er angab, daß das Auto seit dem Einbau eines Austauschmotors nur 20.000 Meilen gefahren sei. In Wirklichkeit hatte es jedoch bereits 100.000 Meilen zurückgelegt. Hier bejahte das Gericht einen *term*, weil der Beklagte als Fachmann in der Lage gewesen sei, die Richtigkeit seiner Angabe zu überprüfen.

[76] ATIYAH/ADAMS, Sale of Goods, S. 65; REYNOLDS in Benjamin, Rn. 10-017.

[77] Bei arglistigem (*fraudulent*) Handeln folgt der Schadensersatzanspruch ausschließlich aus dem *common law*. Bei fahrlässigem (*negligent*) Handeln folgt er dagegen sowohl aus dem *common law* als auch aus sec. 2 (1) M.A., wobei sich die beiden Anspruchsgrundlagen aber hinsichtlich des Umfangs unterscheiden (TREITEL, Law, S. 295, 307 ff.; ders., Outline, S. 127 ff.). Bei schuldlosem (*innocent*) Handeln hat das Gericht, sofern es nicht ohnehin gemäß sec. 2 (2) M.A. aufgrund seines Ermessens anstelle der Vertragsauflösung (*in lieu of rescission*) Schadensersatz gewährt, des weiteren die Möglichkeit, den Vertrag aufzulösen und dem Käufer zum Ausgleich bestimmter Nachteile eine nach strengen Kriterien bemessene Geldsumme (*indemnity*) zuzusprechen (TREITEL, Law, S. 295, 326 ff.; ders., Outline, S. 132 f.). Zu dem ansonsten nur alternativ in Betracht kommenden Rechtsbehelf der *rescission* vgl. BEALE in Chitty, Vol. I, Rn. 458 ff.; TREITEL, Outline, S. 136 ff.; ders., Law, S. 329 ff..

[78] ATIYAH/ADAMS, Sale of Goods, S. 65. Die Vereinbarung muß nicht zwingend Bestandteil des Hauptvertrages sein, sondern kann auch einen selbständigen Nebenvertrag (*collateral contract*) darstellen. Falls ein derartiger *collateral contract* geschlossen wird, ist wegen der im

bb) *Conditions, warranties* und *innominate terms*

Im Gegensatz zu einer *misrepresentation*, die den Käufer immer zur Vertragsaufhebung berechtigt[79], hängt das Bestehen eines Vertragsaufhebungsrechts beim Bruch einer vertraglichen Abrede davon ab, ob diese als *condition*, *warranty* oder *innominate term* zu qualifizieren ist[80]. Zur Zeit der Verabschiedung des *Sale of Goods Act 1893* ging man davon aus, daß sich alle Vertragsvereinbarungen in *conditions* und *warranties* einteilen ließen. Der Begriff „*warranty*" ist in sec. 61 (1) SGA definiert als eine Vereinbarung bezüglich der vertraglich geschuldeten Waren, die neben dem Hauptzweck des Vertrages besteht und deren Bruch nur ein Recht auf Schadensersatz, aber kein Recht zur Ablehnung der Ware und zur Aufhebung des Vertrages begründet[81]. Eine gesetzliche Definition des Begriffs „*condition*" fehlt dagegen. Aus sec. 11 (3) SGA ergibt sich lediglich die Rechtsfolge ihrer Nichteinhaltung, nämlich das Recht des Käufers, die Waren abzulehnen und den Vertrag als aufgehoben zu behandeln. Daraus folgt, daß es sich um vertragliche Zusagen handelt, welche für die Durchführung des Vertrages von so grundlegender Bedeutung sind, daß ihre Verletzung dem Käufer ein Festhalten am Vertrag unmöglich macht[82]. Der Unterschied zwischen *conditions* und *warranties* ist also ein gradueller: erstere stellen die wesentlichen und letztere die unwesentlichen Vertragsvereinbarungen dar[83]. Die Abgrenzung ist gemäß sec. 11 (3) SGA eine Frage der Vertragsauslegung, bei der zu ermitteln

---

englischen Recht vorherrschenden *consideration rule* (siehe S. 180) jedoch seine Bindungswirkung problematisch (vgl. im einzelnen REYNOLDS in Benjamin, Rn. 10-012 ff.).

[79] Dies gilt unabhängig davon, ob die Erklärung vorsätzlich, fahrlässig oder schuldlos erfolgte (vgl. im einzelnen (TREITEL, Law, S. 295).

[80] Siehe S. 19.

[81] Der Ausdruck „*collateral*" in sec. 61 (1) SGA ist unglücklich gewählt, da er fälschlicherweise den Eindruck erweckt, daß die *warranty* nicht Bestandteil des Vertrages sei (ATIYAH/ADAMS, Sale of Goods, S. 63). Der Gebrauch dieses Begriffs ist rechtsgeschichtlich zu erklären. Nach früherem Recht konnte die Haftung des Verkäufers für Sachmängel nämlich nur auf Betrug oder auf einen selbständigen Garantievertrag gestützt werden. Seit dem Ende des 18. Jahrhunderts bildet aber neben der Übereignung der Kaufsache auch die Haftung für Sachmängel die Gegenleistung für den Kaufpreis. Der Charakter der *warranty* als „Nebenvertrag" ist daher obsolet geworden (RABEL, Recht des Warenkaufs, Bd. II, S. 150).

[82] REYNOLDS in Benjamin, Rn. 10-026; ATIYAH/ADAMS, Sale of Goods, S. 56.

[83] Dementsprechend grenzte Fletscher Moulton, L.J. *condition* und *warranty* in der Entscheidung *Wallis, Son & Wells v. Pratt & Heynes* ((1910) 2 K.B. 1003 (1012)) folgendermaßen ab: „*There are some obligations which go so directly to the substance of the contract or, in other words, are so essential to its very nature that their non-performance may fairly be considered by the other party as a substantial failure to perform the contract at all (condition). On the other hand there are other obligations which, though they must be performed, are not so vital that a failure to perform them goes to the substance of the contract (warranty).*"

ist, wie dem Willen der Parteien unter Berücksichtigung des Vertragsinhalts und der Umstände des Vertragsschlusses am besten Rechnung getragen werden kann[84]. Läßt sich der tatsächliche Parteiwille auf diese Weise nicht feststellen, so bejahen die Gerichte eine *condition*, wenn die Nichteinhaltung des *terms* die Wurzeln des Vertrages berührt[85] und dazu führt, daß die vertragstreue Partei um den gesamten Nutzen gebracht wird, den sie nach dem Vertrag erhalten sollte (*substantial failure of performance*)[86].

Problematisch ist aber, ob die tatsächlichen Auswirkungen des Vertragsbruchs bei der Entscheidung berücksichtigt werden sollten. Dies wurde zunächst im Interesse der Rechtssicherheit abgelehnt. Denn insbesondere bei Handelskäufen muß der Käufer im Fall einer Vertragsverletzung sofort über die Annahme oder die Zurückweisung der gelieferten Ware entscheiden können, ohne die meist noch in der Zukunft liegenden Folgen abzuwarten. Eine *warranty* konnte daher nur angenommen werden, wenn im Zeitpunkt des Vertragsschlusses kein Verstoß gegen die in Rede stehende Vereinbarung denkbar war, der derart schwerwiegende Konsequenzen nach sich ziehen könnte, daß eine Vertragsaufhebung gerechtfertigt wäre. Da eine solche Feststellung in den seltensten Fällen getroffen werden konnte, wurden nahezu alle vertraglichen Abreden als *conditions* eingestuft[87]. Diese Konsequenz wurde jedoch in den Fällen, in denen ihr Bruch lediglich zu einem geringen oder gar keinem Schaden des Vertragspartners geführt hatte, zunehmend als ungerecht empfunden, zumal die wahren Beweggründe für die Vertragsauflösung meist darin lagen, daß die Waren aufgrund einer Veränderung der Marktverhältnisse inzwischen preisgünstiger erworben werden konnten und der Vertrag daher lästig geworden war[88].

Dem Ruf nach mehr Einzelfallgerechtigkeit trug die Entscheidung *Hong Kong Fir Shipping Co. Ltd. v. Kawasaki Kisen Kaisha Ltd.*[89] Rechnung, in der der *Court of Appeal* entschied, daß es neben *conditions* und *warranties* noch eine dritte Kategorie von Vertragsvereinbarungen (*innominate terms*) gebe. Dabei handele es sich um vertragliche Abreden, die auf vielfältige Weise, von ganz geringfügig bis äußerst schwerwiegend, gebrochen werden könnten. Bei ihnen

---

[84] *Bentsen v. Taylor, Sons & Co.* (1893) 2 Q.B. 274 (281).
[85] *Cehave N.V. v. Bremer Handelsgesellschaft m.b.H. (The Hansa Nord)* (1976) Q.B. 44 (60, 63).
[86] *Hong Kong Fir Shipping Co. Ltd. v. Kawasaki Kisen Kaisha Ltd.* (1962) 2 Q.B. 26 (66); TREITEL, Law, S. 691.
[87] ATIYAH/ADAMS, Sale of Goods, S. 57; TREITEL, Law, S. 694 f.; REYNOLDS in Benjamin, Rn. 10-029.
[88] ATIYAH/ADAMS, Sale of Goods, S. 57; TREITEL, Law, S. 695; REYNOLDS in Benjamin, Rn. 10-029.
[89] (1962) 2 Q.B. 26.

sei die Frage, ob ihre Verletzung ein Vertragsaufhebungsrecht oder lediglich einen Schadensersatzanspruch begründe, von der Natur und den Auswirkungen des Verstoßes abhängig[90]. Die Existenz solcher *innominate terms* wurde vom *House of Lords* in dem Fall *Cehave N.V. v. Bremer Handelsgesellschaft m.b.H. (The Hansa Nord)*[91] mit dem Hinweis bestätigt, daß die im *Sale of Goods Act* vorgesehene Einteilung der Vertragsvereinbarungen in *conditions* und *warranties* nicht erschöpfend sei, sondern durch die Regeln des *common law* gemäß sec. 62 (2) SGA ergänzt werden könne. Allerdings sei eine derartige Qualifizierung einer vertraglichen Abrede aus Gründen der Rechtssicherheit ausgeschlossen, wenn das Gesetz diese als *condition* bezeichne[92]. Mithin ist die Annahme eines *innominate term* nur im Bereich der *express terms* und der *terms implied in fact*[93], nicht aber im Bereich der gesetzlich festgelegten *implied conditions* möglich. Bei beschreibenden Angaben kommt sie daher ebenso wie die Annahme einer *warranty* allenfalls dann in Betracht, wenn diese nicht unter sec. 13 SGA subsumiert werden können.

b) Der Inhalt der Beschreibung

Damit stellt sich die Frage, welche Erklärungen als Beschreibungen im Sinne dieser Vorschrift aufzufassen sind.

aa) Die Unterscheidung zwischen *identity* und *attributes*

Insoweit ist zwischen dem Kauf von *unascertained goods* und dem Kauf von *specific goods* zu differenzieren. Bei Gattungskäufen wurden ursprünglich fast

---

[90] *Hong Kong Fir Shipping Co. Ltd. v. Kawasaki Kisen Kaisha Ltd.* (1962) 2 Q.B. 26 (70).

[91] (1976) Q.B. 44.

[92] *Cehave N.V. v. Bremer Handelsgesellschaft m.b.H. (The Hansa Nord)* (1976) Q.B. 44 (60). Dementsprechend wurde auch die in der Entscheidung *Hong Kong Fir Shipping Co. Ltd. v. Kawasaki Kisen Kaisha* vorgeschlagene Definition einer *condition* als einer Bestimmung, bei der jeder Bruch zu einem *substantial failure of performance* führe ((1926) 2 Q.B. 26 (69 f.)), in einer späteren Entscheidung durch das *House of Lords* abgelehnt. Vielmehr müsse bei vertraglichen Vereinbarungen, die entweder vom Gesetz oder von den Parteien ausdrücklich als *conditions* ausgestaltet seien, jede Verletzung ein Recht zur Vertragsaufhebung begründen (*Bunge Corp. v. Tradax Export S.A.* (1981) 1 W.L.R. 711 (726))..

[93] Da eine *warranty* nur selten angenommen werden kann, liegt das Schwergewicht auf der Abgrenzung zwischen *conditions* und *innominate terms*. Fraglich bleibt, ob insoweit der Rechtssicherheit bzw. der Sicherheit des Handelsverkehrs oder der Einzelfallgerechtigkeit der Vorrang eingeräumt werden sollte (TREITEL, Law, S. 698 ff.; REYNOLDS in Benjamin, Rn. 10-034 f.).

alle deskriptiven Äußerungen unabhängig davon, ob sie Art, Anzahl, Qualität oder andere Eigenschaften der gekauften Ware betreffen, als Beschreibungen gemäß sec. 13 SGA angesehen[94]. Die Bestimmung wurde sogar bei Nichteinhaltung von Vereinbarungen bezüglich der Verpackung[95] oder des Tags der Verschiffung[96] als verletzt angesehen. Dieser zunehmenden Ausweitung des Anwendungsbereichs von sec. 13 SGA gebot die Entscheidung *Ashington Piggeries Ltd. v. Christopher Hill Ltd.*[97] Einhalt, in der betont wurde, daß nur solche Vereinbarungen die mit der Vorschrift verbundene strenge Haftung auslösten, die zur Identifizierung (*identification*) des Kaufgegenstandes erforderlich seien[98]. Demnach muß zwischen Zusagen bezüglich der Art, der die Kaufsache angehören soll (*identity*), und Zusagen bezüglich einzelner Eigenschaften, deren Fehlen sie nicht zu einer Sache anderer Art macht (*attributes*), unterschieden werden. Die Abgrenzung zwischen *identity* und *attributes* erweist sich jedoch häufig als problematisch, da sie davon abhängt, wie eng man den Begriff *„identity"* versteht[99]. Aus der Entscheidung *Reardon Smith Line Ltd. v. Yngvar Hansen-Tangen*[100] geht lediglich hervor, daß hierzu zwar Äußerungen über die Beschaffenheit oder die Eigenschaften der Kaufsache zählen, nicht aber Äußerungen über den Ort, an dem sich die Ware befindet[101]. Es muß sich also stets um eine Identifizierung in sachlicher und nicht in örtlicher Hinsicht handeln.

Dagegen wurden bei Stückkäufen seit jeher nur wenige beschreibende Angaben als Beschreibungen im Sinne von sec. 13 SGA aufgefaßt. In manchen Entscheidungen wurde ähnlich der nunmehr bei Genuskäufen geltenden Regel verlangt, daß sich die Aussage auf die Art oder Gattung der Ware[102] bzw. auf die grundlegende oder spezifische Natur des verkauften Gegenstandes[103], d.h. auf die *identity* der Kaufsache bezog. Die Anwendung dieses Kriteriums ist bei Kaufverträgen über *specific goods* aber widersprüchlich. Denn für diese ist nach sec. 61 (1) SGA erforderlich, daß die Ware bei Vertragsschluß identifiziert worden ist, so daß in den Fällen, in denen sie diese Identität in Wirklichkeit nicht aufweist,

---

[94] *Taylor v. Combined Buyers Ltd.* (1924) N.Z.L.R. 627 (636).
[95] *Maubre Saccharine Co. v. Corn Products Co.* (1919) 1 K.B. 198 (207).
[96] *MacPherson Train v. Ross* (1955) 1 W.L.R. 640.
[97] (1972) A.C. 441.
[98] *Ashington Piggeries Ltd. v. Christopher Hill Ltd.* (1972) A.C. 441 (503 f.).
[99] GOODE, Commercial Law, S. 305 ff.; MICKLEBURGH, Consumer Protection, S. 389 f..
[100] (1976) 1 W.L.R. 989.
[101] *Reardon Smith Line Ltd. v. Yngvar Hansen-Tangen* (1976) 1 W.L.R. 989 (999).
[102] *Harrison v. Knowles and Foster* (1917) 2 K.B. 606 (610); *Taylor v. Combined Buyers Ltd.* (1924) N.Z.L.R. 627 (639).
[103] *Taylor v. Combined Buyers Ltd.* (1924) N.Z.L.R. 627 (639).

bereits die Gültigkeit des Vertrages fraglich erscheint[104]. In *Reardon Smith Line Ltd. v. Yngvar Hansen-Tangen*[105] wurde jedoch entschieden, daß Beschreibungen nach sec. 13 SGA sich auch bei Spezieskäufen auf die *identity* der Ware beziehen und dann zu bejahen sind, wenn sie einen wesentlichen Bestandteil (*substantial ingredient*) dieser Identität betreffen[106]. Dadurch wurde klargestellt, daß die Beschreibung hier im Gegensatz zu Gattungskäufen nicht der Festlegung dient, welcher Gegenstand verkauft wird, sondern als was er verkauft wird[107]. Allerdings begründet nur das Fehlen wesentlicher Eigenschaften die strenge Haftung nach sec. 13 SGA. Daher sind Angaben, die nicht unter diese Vorschrift fallen und folglich auch einen *innominate term* oder eine *warranty* darstellen können, beim Kauf von *specific goods* häufiger als beim Kauf von *unascertained goods*, bei denen meist jedes Detail der Beschreibung für die Festlegung der geschuldeten Warenart entscheidend ist[108].

Zum Teil wird jedoch die Aufgabe der Differenzierung zwischen *identity* und *attributes* befürwortet. Denn zum einen sei sie im Einzelfall oft nicht nachvollziehbar und zum anderen berechtigten Angaben, die nicht die Identität der Ware beträfen, den Gläubiger im Fall ihrer Nichteinhaltung ebenfalls zur Vertragsaufhebung, sofern sie als *innominate term* qualifiziert werden könnten und gravierende Folgen nach sich zögen. Statt dessen solle das Recht zur Vertragsaufhebung bei allen deskriptiven Äußerungen von den Auswirkungen des Verstoßes abhängig gemacht werden[109].

bb) Die Unterscheidung zwischen Beschreibungen und Qualitäts- und Zweckvereinbarungen

Ferner sind Beschreibungen stets von Qualitäts- und Zweckvereinbarungen abzugrenzen, d.h. eine vertragliche Abrede muß entweder sec. 13 SGA oder sec. 14 SGA zugeordnet werden. Eine Beschreibung ist also auch dann eingehalten, wenn die Kaufsache nicht die erforderliche Qualität besitzt oder sich nicht für einen vereinbarten besonderen Zweck eignet. Umgekehrt steht der Übereinstim-

---

[104] GOODE, Commercial Law, S. 308. Mithin wirft die Verpflichtung des Verkäufers, eine der vertraglichen Vereinbarung entsprechende Kaufsache zu liefern, nicht nur im deutschen Recht beim Stückkauf dogmatische Probleme auf.

[105] (1976) 1 W.L.R. 989.

[106] *Reardon Smith Line Ltd. v. Yngvar Hansen-Tangen* (1976) 1 W.L.R. 989 (998).

[107] ATIYAH/ADAMS, Sale of Goods, S. 119; GOODE, Commercial Law, S. 308 f..

[108] *Reardon Smith Line Ltd. v. Yngvar Hansen-Tangen* (1976) 1 W.L.R. 989 (998); BRIDGE, Sale of Goods, S. 288.

[109] GOODE, Commercial Law, S. 311 ff..

mung der Ware mit einer Qualitäts- und Zweckvereinbarung nicht entgegen, daß sie nicht der Beschreibung entspricht[110]. Die Differenzierung erweist sich im Einzelfall aber als schwierig, da sich Beschreibungen und Qualitäts- oder Zweckangaben meist überschneiden. Die Angabe einer bestimmten Qualität und insbesondere eines allgemeinen Gebrauchszwecks der Kaufsache erfolgt häufig, um die Ware zu identifizieren, und wird dann als Bestandteil der Beschreibung angesehen[111]. Darüber hinaus ist oft fraglich, ob die verkaufte Sache so gravierende Qualitätsmängel aufweist, daß sie unter einer anderen als der vertraglich vereinbarten Bezeichnung gehandelt wird und daher nicht mehr ihrer Beschreibung entspricht[112]. Die Abgrenzung zwischen Beschreibung und Qualitäts- oder Zweckvereinbarung gleicht somit der aus dem deutschen Recht bekannten Unterscheidung zwischen *aliud* und *peius*, die gleichfalls anhand des Kriteriums der Identität der verkauften Sache vorgenommen wird. Im Gegensatz zu letzterer wird sie aber meist nur in den Fällen bedeutsam, in denen die Haftung nach sec. 14 SGA aufgrund der Beteiligung eines privaten Verkäufers nicht in Betracht kommt[113]. Allerdings wird im Fall des Bestehens einer besonderen handelsüblichen Auslegung der Angabe nicht an ihrem wörtlichen Sinn festgehalten[114].

3. Rechtsvergleichende Würdigung

Zu klären ist somit, ob und inwieweit die in den untersuchten Rechtsordnungen bestehenden Anforderungen bezüglich der Form und des Inhalts der Beschreibung auch für Art. 2 Abs. 2 lit. a) RL gelten sollten.

a) Die Form der Beschreibung

Hinsichtlich der Form der Beschreibung ist zunächst festzustellen, daß alle dargestellten Rechtssysteme für deren gewährleistungsrechtliche Berücksichti-

---

110 ATIYAH/ADAMS, Sale of Goods, S. 123 f.; GUEST/HARRIS/REYNOLDS in Chitty, Vol. II, Rn. 4744; REYNOLDS in Benjamin, Rn. 11-016 f..

111 REYNOLDS in Benjamin, Rn. 11-016 f.; GUEST/HARRIS/REYNOLDS in Chitty, Vol. II, Rn. 4744. Die Qualitätsangaben *„hard amber durum wheat"* und *„fine-ground"* wurden daher ebenso als Beschreibung qualifiziert wie die Zweckangaben *„baby food"*, *„cough mixture"* und *„cold cure"* (REYNOLDS in Benjamin, Rn. 11-017).

112 REYNOLDS in Benjamin, Rn. 11-016; GUEST/HARRIS/REYNOLDS in Chitty, Vol. II, Rn. 4744.

113 ATIYAH/ADAMS, Sale of Goods, S. 124.

114 *Lemy v. Watson* (1915) 3 K.B. 731 (752) *„Bombay ducks"*; *Grenfell v. E.B. Meyrowitz* (1936) 2 All E.R. 1313 *„safety-glass"*; ATIYAH/ADAMS, Sale of Goods, S. 127 f..

gung eine verbindliche vertragliche Vereinbarung fordern. Dies sollte auch nach der Umsetzung von Art. 2 Abs. 2 lit. a) RL gelten, obwohl die Formulierung „...vom Verkäufer *gegebenen* Beschreibung...“[115] impliziert, daß auch einseitige Angaben und unverbindliche Anpreisungen des Verkäufers ausreichen[116]. Dem Ziel des Verbraucherschutzes kann selbst dann hinreichend Rechnung tragen werden, wenn einseitige Angaben nur im Fall ihrer konkludenten Einbeziehung bei Vertragsschluß berücksichtigt werden und reine Anpreisungen gänzlich unbeachtet bleiben. Zum einen können Aussagen des Verkäufers, die mangels vertraglicher Vereinbarung nicht Bestandteil der Beschreibung im Sinne von Art. 2 Abs. 2 lit. a) RL werden, durchaus als „öffentliche produktbezogene Äußerung des Verkäufers“ für die vom Verbraucher zu erwartenden Beschaffenheit nach Art. 2 Abs. 2 lit. d) RL bedeutsam sein[117]. Zum anderen ist bei der Auslegung, ob eine Aussage eine verbindliche Beschreibung oder eine unverbindliche Anpreisung darstellt, auf den Standpunkt eines verständigen Käufers abzustellen, so daß die Umstände des Einzelfalls beim Kriterium der Verständigkeit in Betracht gezogen und eine vertragliche Vereinbarung gleichwohl bejaht werden kann.

Allerdings nehmen alle untersuchten Rechtsordnungen innerhalb der Vertragsvereinbarungen Unterscheidungen bezüglich der jeweils einschlägigen Rechtsfolgen vor. Während im UN-Kaufrecht und im englischen Recht die Vertragsaufhebung als *„higher remedy“* strengeren Anforderungen unterworfen wird, ist im deutschen Recht der Schadensersatzanspruch der außergewöhnliche Rechtsbehelf, der besonderen Voraussetzungen unterliegt[118]. Fraglich ist, ob diese Differenzierungen nach der Richtlinienumsetzung weiterhin Bestand haben können.

---

[115] Hervorhebung durch die Verf..

[116] Da die Fälle, in denen die Beschreibung des Verbrauchsguts vertraglich vereinbart wurde, aber bereits durch Art. 2 Abs. 1 RL erfaßt werden, beinhaltet Art. 2 Abs. 2 lit. a) RL mithin nur die überflüssige Aussage, daß die vertragliche Vereinbarung einer Vertragsvereinbarung vermutet wird.

[117] Zu diesem Kriterium siehe S. 141 ff..

[118] Zum Zwecke der damit verbundenen Abgrenzungen zwischen wesentlichen und unwesentlichen Vertragsvereinbarungen im UN-Kaufrecht, zwischen einfachen Beschaffenheitsvereinbarungen und Zusicherungen im deutschen Recht sowie zwischen *conditions*, *warranties* und *innominate terms* im englischen Recht werden jedoch weitgehend die gleichen Kriterien herangezogen. So wird sowohl für das Vorliegen einer Zusicherung als auch für das Vorliegen eines durch sec. 13 SGA zwingend als *condition* ausgestalteten *terms* auf die besondere Bedeutung der zugesagten Eigenschaft für den Käufer und auf die Sachkunde des Verkäufers abgestellt (Siehe S. 86 f., 93 f., 99 f.). Für die Bejahung einer wesentlichen Vertragsverletzung spielt dagegen lediglich der erstgenannte Gesichtspunkt eine Rolle (Siehe S. 82).

aa) Die Differenzierung zwischen einfachen Beschaffenheitsvereinba-rungen und Zusicherungen im deutschen Recht

Die im deutschen Recht bestehende Unterscheidung zwischen einfachen Beschaffenheitsvereinbarungen und Zusicherungen könnte eigentlich unter Verweis auf Art. 8 Abs. 1 RL, wonach vertragliche Schadensersatzansprüche aufgrund nationaler Rechtsbestimmungen durch die Richtlinie nicht berührt werden, beibehalten werden[119]. Da die in Rede stehende Abgrenzung die Kalkulierbarkeit gerichtlicher Entscheidungen erheblich beeinträchtigt, liegt aber statt dessen eine begriffliche Gleichstellung von Fehlern und zugesicherten Eigenschaften nahe[120].

(1) Begriffliche Gleichstellung *de lege ferenda* oder *de lege lata*

Dementsprechend verzichtet der Vorschlag der Schuldrechtskommission, der die Schadensersatzhaftung bei Mangelhaftigkeit der Kaufsache als eine auf den Ersatz des positiven Interesses gerichtete Haftung für die Verletzung einer Leistungspflicht konzipiert[121], zugunsten eines einheitlichen Sachmangelbegriffs auf die bisherige Zweiteilung (§ 435 Abs. 1 KE). Das Bestehen eines verschuldensunabhängigen Schadensersatzanspruchs hängt nicht mehr von der begrifflichen Zuordnung der Erklärung des Verkäufers ab, sondern wird im Rahmen des Haftungsmaßstabs des allgemeinen Leistungsstörungsrechts geprüft[122]. Gemäß §§ 435 Abs. 1, 441, 280 ff., 276 Abs. 1 S. 1 KE hat der Schuldner Vorsatz und Fahrlässigkeit zu vertreten hat, sofern „etwas anderes weder bestimmt noch aus dem sonstigen Inhalt oder der Natur des Schuldverhältnisses zu entnehmen" ist. Dadurch wird die Abgrenzungsproblematik zwar nicht vollständig beseitigt, aber zumindest reduziert. Denn die Frage, ob der Verkäufer eine ausdrückliche oder stillschweigende Garantie für das Vorhandensein bestimmter Eigenschaften der Kaufsache übernommen hat, ist aufgrund der Ausdehnung der verschuldensabhängigen Schadensersatzhaftung auf Sachmängel nur noch bedeutsam, wenn der

---

[119] STAUDENMAYER, NJW 1999, S. 2397; SCHILLER, PHi 1999, S. 120; RIEGER, VuR 1999, S. 288. Dann wäre lediglich unklar, ob eine Zusicherung gemäß § 463 S. 1 BGB als vertragliche Garantie im Sinne von Art. 6 RL zu verstehen und mithin den in dieser Bestimmung postulierten Formerfordernissen (Art. 6 Abs. 2-4 RL) unterworfen ist, oder ob sie ein im Rahmen der innerstaatlichen Rechtsvorschriften bestehendes gesetzliches Recht im Sinne von Art. 6 Abs. 2 1. Spiegelstrich RL darstellt, für das diese förmlichen Anforderungen, deren Mißachtung die Wirksamkeit einer vertraglichen Garantie ohnehin nicht beeinträchtigt (Art. 6 Abs. 5 RL), nicht gelten (EHMANN/RUST, JZ 1999, S. 859, Fn. 56).

[120] SCHURKOM, Abschlußbericht, S. 200.

[121] RUST, Gewährleistungsrecht, S. 202.

[122] SCHURKOM, Abschlußbericht, S. 33; HAAS, NJW 1992, S. 2394.

Verkäufer weder vorsätzlich noch fahrlässig gehandelt hat[123]. In diesen Fällen wird zur Ermittlung des Inhalts und der Natur des Schuldverhältnisses jedoch der gleiche einzelfallabhängige und am Schutzbedürfnis des Käufers orientierte Maßstab herangezogen, der von der Rechtsprechung zur Zusicherung entwickelt wurde. Entscheidend für das Eingreifen einer Garantiehaftung ist weiterhin, wie „der Käufer die Äußerungen des Verkäufers unter Berücksichtigung seines sonstigen Verhaltens und der Umstände, die zum Vertragsschluß geführt haben, nach Treu und Glauben mit Rücksicht auf die Verkehrssitte verstehen durfte"[124].

Dagegen ist Jakobs[125] der Ansicht, daß die in Rede stehende Abgrenzung auch ohne Änderung des geltenden Rechts vermieden werden kann, indem bei dessen Auslegung die im Laufe der Zeit eingetretenen dogmatischen und rechtstatsächlichen Veränderungen berücksichtigt werden. In dogmatischer Hinsicht sei in Konsequenz des subjektiven Fehlerbegriffs eine Unterscheidung zwischen einem einfachen Versprechen gemäß § 459 Abs. 1 BGB und einem qualifizierten Versprechen gemäß § 459 Abs. 2 BGB ohnehin nicht mehr möglich. In rechtstatsächlicher Hinsicht müsse sich der Käufer in der heutigen Zeit, in der der Verkauf technisch komplizierter Produkte dominiere, auf alle Angaben des Verkäufers verlassen können, so daß im Fall ihrer Nichteinhaltung regelmäßig ein verschuldensunabhängiger und auf das Erfüllungsinteresse gerichteter Schadensersatzanspruch gerechtfertigt sei[126]. Aus diesen Aspekten folgert er in Umkehrung des von der Rechtsprechung vertretenen Verhältnisses zwischen Zusicherungshaftung und ädilizischer Haftung, daß ebenso wie im englischen Recht jede ernst gemeinte Behauptung über das Vorliegen oder Fehlen einer Eigenschaft eine schadensersatzauslösende Garantie beinhalte, während eine Beschränkung auf Wandelung und Minderung nur eingreife, wenn der Käufer sich hinsichtlich der Beschaffenheit der Kaufsache nicht auf den Verkäufer habe verlassen können. Letzteres richte sich danach, ob das Fehlen der Eigenschaft außerhalb der Erkenntnismöglichkeiten liege, die der Käufer bei diesem voraussetzen dürfe[127].

Sowohl die Konzeption der Schuldrechtskommission als auch die Konzeption von Jakobs nehmen bei der Entscheidung über einen verschuldensunabhängigen Schadensersatzanspruch Wertungen anhand der Umstände des Einzelfalles vor.

---

[123] RUST, Gewährleistungsrecht, S. 92 ff..
[124] KÖTZ, 60. DJT, K 21 f.. Das Argument, daß die Regelung des Reformvorschlags flexiblere und angemessenere Ergebnisse ermögliche (so HUBER zu § 276 Abs. 2 S. 1 seines Entwurfs, auf dem § 276 Abs. 1 S. 1 KE beruht (Gutachten I, S. 721)), überzeugt daher nicht (VOLLKOMMER, AcP 183 (1983), S. 555; RUST, Gewährleistungsrecht, S. 91 f.).
[125] JAKOBS, Gesetzgebung im Leistungsstörungsrecht, S. 129 ff..
[126] JAKOBS, Gesetzgebung im Leistungsstörungsrecht, S. 129 ff..
[127] JAKOBS, Gesetzgebung im Leistungsstörungsrecht, S. 134 ff..

Nach ersterer ist er zu bejahen, wenn sich aus dem Inhalt oder der Natur des Schuldverhältnisses eine Garantieübernahme des Verkäufers ergibt[128]. Nach letzterer ist er zu verneinen, wenn der Käufer sich in bezug auf die Mangelfreiheit der Kaufsache nicht auf den Verkäufer verlassen konnte. Folglich erfordern diese Lösungen gleichfalls Differenzierungen, unter denen die Vorhersehbarkeit gerichtlicher Entscheidungen leidet. Ihr Vorzug gegenüber der derzeitigen Rechtslage besteht aber darin, daß sie diese nicht dem subjektiven Haftungswillen des Verkäufers, sondern dem Haftungsmaßstab zuordnen und damit berücksichtigen, daß es letztlich um die Durchsetzung einer angemessenen Haftungsverteilung geht. Aus diesem Grund sollte bei der Richtlinienumsetzung auf eine begriffliche Unterscheidung zwischen einfacher Beschaffenheitsvereinbarung und Zusicherung verzichtet werden, wobei eine Lösung *de lege ferenda* einer Lösung *de lege lata* angesichts des Widerspruchs zu Wortlaut und Systematik des Gesetzes[129] vorzuziehen ist.

(2) Verschuldens- oder Erfolgshaftung des Verkäufers

Damit bleibt zu klären, in welcher Weise der für den Verkäufer geltende Haftungsmaßstab geregelt werden sollte. Diesbezüglich beinhalten die dargestellten Konzeptionen eine weitere wesentliche Änderung des geltenden Rechts. Im Gegensatz zu den §§ 459 ff. BGB, die eine verschuldensunabhängige ädilizische Haftung und eine auf Zusicherung und Arglist beschränkte Schadensersatzhaftung vorsehen, plädiert die Schuldrechtskommission für eine Anwendung der Verschuldenshaftung des allgemeinen Leistungsstörungsrechts auch im Sachmängelrecht und Jakobs für einen Ausbau der bisherigen Zusicherungshaftung zu einer Erfolgshaftung.

Obwohl die Lösung des BGB in vielerlei Hinsicht als unbefriedigend empfunden wird[130], geben diese Reformvorschläge ebenfalls Anlaß zur Kritik. Gegen die Konzeption der Schuldrechtskommission spricht, daß sie auch im Fall anfänglicher Mängel beim Stückkauf, die nur einen Anspruch auf Ersatz des negativen Interesses rechtfertigen können, eine den Erfüllungsschaden umfassende Haftung konstruiert. Da innerhalb des einheitlichen Haftungstatbestandes nicht zwischen Pflichten, deren Erfüllung eine Güterbewegung bewirkt (Leistungspflichten), und

---

[128] RUST, Gewährleistungsrecht, S. 205 f.; ERNST, AcP 199 (1999), S. 365. Auch insoweit kann HUBER, der die Unterscheidung zwischen Fehlern und zugesicherten Eigenschaften durch ihre begriffliche Gleichstellung auch hinsichtlich der Rechtsfolgen als unerheblich ansieht, nicht zugestimmt werden (Gutachten I, S. 868 f.).

[129] Soergel-HUBER, Vor § 459, Rn. 101; KÖNDGEN, Selbstbindung ohne Vertrag, S. 330.

[130] Siehe S. 13 f..

Pflichten, deren Erfüllung dem Schutz eines Gutes dient (Schutzpflichten), unterschieden wird, sieht der Kommissionsentwurf die den Schadensersatzanspruch begründende Pflichtverletzung fälschlicherweise im Sachmangel selbst und ersetzt demgemäß das gesamte positive Interesse. Ein Schadensersatzanspruch kann jedoch ausschließlich auf den schuldhaften Verstoß gegen eine Schutzpflicht gestützt werden, während die Mängelfreiheit der Kaufsache Gegenstand einer Leistungspflicht ist, deren Verletzung unabhängig von einem Verschulden des Verkäufers zu Ansprüchen auf Wandelung und Minderung führt. Die schuldhafte Handlung des Verkäufers besteht beim Verkauf einer bereits bei Vertragsschluß mangelhaften Speziessache vielmehr darin, daß er diese vor Vertragsschluß nicht untersucht und den Käufer über die vorhandenen Mängel aufgeklärt hat. Da der Käufer den Kaufvertrag bei sorgfaltsgemäßem Verkäuferverhalten gar nicht geschlossen hätte, ist er lediglich so zu stellen, wie er ohne den Vertragsschluß stehen würde[131]. Gegen die Konzeption von Jakobs ist einzuwenden, daß die grundsätzliche Anerkennung eines verschuldensunabhängigen Schadensersatzanspruchs beim Kauf zu einer sehr weitgehenden Haftung führt, ohne daß zwischen privaten und gewerblichen Verkäufern sowie zwischen Verkäufern, die die Ware hergestellt haben, und Verkäufern, die die Ware nicht hergestellt haben, differenziert werden kann.

Da diese Unterscheidungen im Rahmen einer Verschuldenshaftung bei der Festlegung der Verhaltensanforderungen möglich sind, ist die von der Schuldrechtskommission vorgeschlagene Lösung vorzuziehen. Unabhängig davon, ob sie im Zuge der Umsetzung der Richtlinie durch eine Reformulierung des allgemeinen Leistungsstörungsrechts oder in Form einer kaufrechtlichen Sondervorschrift verwirklicht wird, sollte der dargelegten Kritik aber dadurch Rechnung getragen werden, daß nur eine Schutzpflichtverletzung als Grundlage eines Schadensersatzanspruchs anerkannt und dieser somit bei anfänglichen Mängeln einer Speziessache auf das negative Interesse beschränkt wird[132].

(3) Die Annahme einer Untersuchungspflicht des Verkäufers

Zu beachten ist jedoch, daß mit der Konzeption der Schuldrechtskommission die Annahme einer Untersuchungspflicht des Verkäufers verbunden ist, die bislang im deutschen Recht weitgehend abgelehnt wird. Demnach trifft - falls keine

---

[131] RUST, Gewährleistungsrecht, S. 47 ff., 167 ff., 202 ff.; EHMANN/RUST, JZ 1999, S. 855; ERNST, AcP 199 (1999), S. 361 ff.. Dagegen nimmt FLUME grundsätzlich nur eine auf das negative Interesse beschränkte Verkäuferhaftung aus positiver Vertragsverletzung bzw. *culpa in contrahendo* an (AcP 193 (1993), S. 108 ff.; ZIP 1994, S. 1500).

[132] EHMANN/RUST, JZ 1999, S. 860.

besonderen Verdachtsmomente vorliegen - nach der Funktionsaufteilung zwischen Industrie und Handel den Hersteller die Pflicht, die Ware sorgfältig herzustellen und auf mögliche Defekte zu überprüfen, und den Verkäufer die Pflicht, dem Käufer Besitz und Eigentum an der Kaufsache zu verschaffen[133]. Bei der Erfüllung dieser Übergabe- und Übereignungspflicht ziehe er den Produzenten lediglich in Ausnahmefällen als Gehilfen heran, so daß ihm dessen Verschulden auch nicht nach § 278 BGB zugerechnet werden könne[134].

Gegen die bisherige Rechtsauffassung wurde teilweise geltend gemacht, daß die Differenzierung zwischen der Herstellungspflicht einerseits und der Übergabe- und Übereignungspflicht andererseits verfehlt sei, weil sie die für die Annahme einer Untersuchungspflicht entscheidende Frage, ob die Leistungspflicht des Verkäufers auch die Qualität und Beschaffenheit der Kaufsache umfaßt, unbeantwortet lasse[135]. Ein solches Qualitätsobligo bestehe beim Gattungskauf bereits *de lege lata* und sei beim Stückkauf - zwecks Klärung der widersprüchlichen Konzeption des geltenden Rechts - *de lege ferenda* in § 434 KE vorgesehen[136]. Folglich sei der Verkäufer verpflichtet, eine Qualitätskontrolle vorzunehmen, und mache den Hersteller zu seinem Gehilfen im Sinne von § 278 BGB, sofern er diesem die von ihm durchzuführende Untersuchung der Ware überlasse[137]. Allerdings seien die Einschränkungen der durch § 434 KE auch für den Specieskauf begründeten „Gutleistungspflicht“[138], die die Schuldrechtskommission im Rahmen des Fahrlässigkeitsmaßstabs vorgeschlagen habe, abzulehnen. Denn es werde wiederum nicht an die einwandfreie Leistung, sondern nur an deren anstandslose Vermittlung angeknüpft[139], wenn beispielsweise beim Stückkauf allein den Händler mit eigener Werkstatt eine umfassende, den Händler ohne eigene Werkstatt hingegen eine auf leicht erkennbare Mängel beschränkte Untersuchungspflicht treffe[140].

Dieser Ansicht ist insoweit zuzustimmen, als sie die vom Grundsatz des *caveat emptor* geprägte Zurückhaltung bei der Annahme von Untersuchungspflichten

---

[133] BGH VersR 1956, 259 (259 f.); BGHZ 48, 118 (120); Staudinger-HONSELL, Vorbem. zu §§ 459 ff., Rn. 80 f.; TASCHNER/FRIETSCH, Produkthaftungsgesetz, Einführung, Rn. 17; PFEIFER, Produktfehler, S. 44; KATZENMEIER, Haftung, S. 36.

[134] RGZ 101, 152 (153); 108, 221 (223); BGH VersR 1956, 259 (260); BGHZ 48, 118 (120); LORENZ, FS Nottarp, S. 75 f.; SIMITIS, Produzentenhaftung, S. 36; TEICHMANN, JuS 1968, S. 316; PFEIFER, Produktfehler, S. 44.

[135] E. SCHMIDT, FS Heinrichs, S. 513 f..

[136] E. SCHMIDT, FS Heinrichs, S. 512, 516 ff..

[137] E. SCHMIDT, FS Heinrichs, S. 525.

[138] E. SCHMIDT, FS Heinrichs, S. 525.

[139] E. SCHMIDT, FS Heinrichs, S. 527.

[140] SCHURKOM, Abschlußbericht, S. 196.

angesichts der Gegebenheiten der heutigen hochtechnisierten Wirtschaftswelt als unangemessen erachtet. Der Käufer ist oft nicht mehr in der Lage, die Qualität und die Beschaffenheit der immer komplizierter werdenden Produkte zu kontrollieren, während der Verkäufer mögliche Schadensersatzansprüche mit der Folge einer ökonomisch korrekten Internalisierung auf den sachkundigen Hersteller abwälzen kann[141]. Die Kritik verkennt aber, daß zwischen der Leistungspflicht zur mangelfreien Lieferung und der Schutzpflicht zur Untersuchung der Kaufsache zu unterscheiden ist. Da allein letztere mögliche Grundlage eines Schadensersatzanspruchs ist, muß neben einem Pflichtverstoß stets auch ein schuldhaftes Handeln des Verkäufers vorliegen, wobei der Fahrlässigkeitsmaßstab je nach den Umständen des Einzelfalls variieren kann.

bb) Die Differenzierung zwischen *conditions*, *warranties* und *innominate terms* im englischen Recht

Die im englischen Recht bestehende Unterscheidung zwischen *conditions*, *warranties* und *innominate terms* betrifft bislang nur beschreibende Angaben, die nicht unter sec. 13 SGA fallen[142]. Ob nach der Richtlinienumsetzung für diese Unterscheidung ein Anwendungsbereich verbleibt, hängt jedoch von der nachfolgend zu erörternden Frage ab, ob die derzeit geltende Einschränkung in Bezug auf den Inhalt einer Beschreibung beibehalten werden kann.

b) Der Inhalt der Beschreibung

Die untersuchten Rechtsordnungen gehen übereinstimmend davon aus, daß sowohl die physischen Merkmale als auch die tatsächlichen, rechtlichen oder wirtschaftlichen Umweltbeziehungen des Kaufgegenstandes Inhalt einer Beschreibung sein können, sofern in Anbetracht der kaufrechtlichen Natur der Vereinbarung zumindest ein Bezug zu selbigem bejaht werden kann. Für eine Beschreibung im Sinne von Art. 2 Abs. 2 lit. a) RL sollte das Gleiche gelten[143]. Anders als im UN-Kaufrecht werden im deutschen und im englischen Recht aber

---

[141] So auch RUST, Gewährleistungsrecht, S. 174 f., 177; E. SCHMIDT, FS Heinrichs, S. 520 f., 527 f..

[142] Siehe S. 97.

[143] Dafür spricht auch der Hinweis des Grünbuchs, wonach auch die das Produkt betreffenden Gesetze und Regelungen bei der Bestimmung der berechtigten Erwartungen des Verbrauchers, die nach seiner Konzeption für die Sollbeschaffenheit des Verbrauchsguts entscheidend sind, Berücksichtigung finden (KOM (93), 509 endg., S. 110).

weitere Differenzierungen vorgenommen, die eine einheitliche Auslegung und Anwendung der Richtlinienbestimmungen gefährden könnten.

Im deutschen Recht sind diese durch die unterschiedliche Ausgestaltung der für Sachmängel geltenden Gewährleistungshaftung und der bei falschen Auskünften über sonstige Umstände eingreifenden Haftung aus *culpa in contrahendo* bedingt. Demnach wird ein Sachmangel lediglich durch das Fehlen von Merkmalen begründet, die nicht nur vorübergehender Natur und für den Verkäufer vorhersehbar bzw. beherrschbar sind. Darüber hinaus verlangt die Rechtsprechung für das Vorliegen eines Beschaffenheitsmerkmals gemäß § 459 Abs. 1 BGB, daß der Umstand der Sache „ohne weiteres" anhaftet bzw. sich aus der Sache „als solcher" ergibt, während dies für die Annahme einer Eigenschaft gemäß § 459 Abs. 2 BGB nicht erforderlich ist. Differenziert wird folglich nach der Art und der Dauer des jeweiligen Umstands.

Die letztgenannte Unterscheidung entfällt bereits aufgrund der begrifflichen Gleichstellung von Beschaffenheitsvereinbarungen und Zusicherungen. Demgegenüber läßt der Entwurf der Schuldrechtskommission die Entscheidung, ob außerhalb der Kaufsache liegende Umstände unter den in § 435 Abs. 1 KE geregelten Begriff „Beschaffenheit" fallen, mit der Begründung offen, daß diese Frage aufgrund des einheitlichen Tatbestandes der Pflichtverletzung und der Angleichung der Verjährungsregeln an Bedeutung verliere[144]. Gleichwohl wird die Abgrenzungsproblematik nicht vollständig beseitigt. Während ungünstige Beschaffenheitsabweichungen die Nichterfüllung einer Leistungspflicht beinhalten und den Käufer somit ohne weiteres zu Rücktritt und Minderung berechtigen, haftet der Verkäufer für nachteilige Umweltumstände nur im Fall einer Schutzpflichtverletzung, die sowohl die Feststellung einer Aufklärungspflicht als auch einen schuldhaften Verstoß voraussetzt. Ferner wird der Verjährungsbeginn an verschiedene Zeitpunkte geknüpft, nämlich bei Sachmängeln an den der Übergabe der Kaufsache (§ 196 Abs. 4 KE) und bei Umweltabweichungen ebenso wie bei sonstigen Störungsfällen auf den der Pflichtverletzung (§ 196 Abs. 3 KE), d.h. meistens auf den Vertragsschluß[145]. Unabhängig davon, ob der von der Schuldrechtskommission vorgeschlagene zentrale Haftungstatbestand eingeführt wird oder nicht, sollte daher im Rahmen der Richtlinienumsetzung das unklare Konkurrenzverhältnis der gewährleistungsrechtlichen Ansprüche zum Rechtsbe-

---

144 SCHURKOM, Abschlußbericht, S. 202.
145 RUST, Gewährleistungsrecht, S. 95 ff.; ERNST, AcP 199 (1999), S. 366.

helf der *culpa in contrahendo* durch eine ergänzende Kodifizierung dieses richterrechtlich entwickelten Instituts geklärt werden[146].

Im englischen Recht folgt die Notwendigkeit einer Einschränkung des möglichen Inhalts einer Beschreibung im Sinne von sec. 13 SGA daraus, daß aufgrund ihrer gesetzlichen Qualifizierung als *condition* mit ihrer Bejahung stets das Recht zur Vertragsaufhebung verbunden ist. Um zu vermeiden, daß die Aufhebung des Vertrages zur Regelfolge der Nichteinhaltung einer Beschreibung wird, werden der genannten Vorschrift keine Angaben bezüglich bloßer *attributes*, sondern nur Angaben bezüglich der *identity* subsumiert. Abgegrenzt wird also nach der Bedeutung bzw. der Wesentlichkeit der zugesagten Eigenschaft. Dagegen verhindert die Richtlinie einen Mißbrauch des Vertragsauflösungsrechts (Art. 3 Abs. 2 RL) schon dadurch, daß der Verbraucher dem Verkäufer vor dessen Geltendmachung die Möglichkeit zur Nachbesserung oder Ersatzlieferung einräumen muß (Art. 3 Abs. 5 RL), die beim Kauf von Verbrauchsgütern selten unmöglich sein wird. Allerdings führt der in Art. 3 Abs. 6 RL postulierte Ausschluß der Vertragsauflösung bei geringfügigen Vertragswidrigkeiten ebenso wie die im englischen Recht geltende Einschränkung dazu, daß dieses Recht lediglich beim Nichtvorhandensein bedeutsamer bzw. wesentlicher Eigenschaften des Verbrauchsguts in Betracht kommt. Da die in Rede stehende Unterscheidung nach der Richtlinienumsetzung bei Verbraucherkäufen folglich hinfällig wird, verbleibt insoweit auch für die zuvor erörterte Unterscheidung zwischen *conditions, warranties* und *innominate terms* kein Anwendungsbereich.

Ob die in Art. 3 Abs. 5, 6 RL festgelegten Einschränkungen im Interesse einer einheitlichen Regelung aller Kaufverträge auch auf Nichtverbraucherkäufe ausgedehnt werden sollten, ist jedoch offen. Problematisch ist dabei nicht nur die Einräumung zwingender Erfüllungsansprüche wie Nachbesserung und Ersatzleistung[147], sondern angesichts der kontrovers geführten Diskussion über die Beachtung der tatsächlichen Folgen eines Vertragsverstoßes insbesondere auch der Ausschluß von geringfügigen Vertragswidrigkeiten[148].

---

[146] Dies gilt auch für den Rechtsbehelf der positiven Vertragsverletzung, dessen Konkurrenzverhältnis zu den gesetzlichen Gewährleistungsansprüchen gleichfalls Probleme aufwirft (siehe S. 13 f.).

[147] Siehe S. 78 f..

[148] Siehe S. 96 f., 207 ff..

II. Besitz der Eigenschaften der Sache, die der Verkäufer als Probe oder Muster vorgelegt hat

Das Erfordernis, daß die Kaufsache mit einer vom Verkäufer als Probe oder Muster vorgelegten Sache übereinstimmen muß, findet sich im UN-Kaufrecht in Art. 35 Abs. 2 lit. c) CISG. Ware, die dem Probe- oder Musterstück nicht entspricht, ist demnach vertragswidrig. Wie sich aus dem Wortlaut „als Probe oder Muster vorgelegt" ergibt, haftet der Verkäufer jedoch nur, wenn die Geltung der vorgelegten Sache als Probe oder Muster von den Parteien vertraglich vereinbart wurde, und nicht, wenn die Vorlage nur unverbindlich zur Ansicht oder zur Kaufanregung erfolgte[149]. Des weiteren kann seine Haftung auf einzelne, im Wege der Auslegung zu ermittelnde Eigenschaften der Ware beschränkt sein[150]. Allerdings greift Art. 35 Abs. 2 lit. c) CISG nicht ein, wenn die Probe oder das Muster vom Käufer vorgelegt wurde (sog. Bestellprobe), oder wenn der Käufer unter Bezugnahme auf frühere Lieferungen eine weitere Menge „wie gehabt" oder „entsprechender Qualität" bestellt. In diesen Fällen kann lediglich eine konkludente Eigenschaftsvereinbarung nach Art. 35 Abs. 1 CISG getroffen worden sein[151].

Entspricht die gelieferte Ware dem Probe- oder Musterstück, so kommt eine Haftung des Verkäufers nach Art. 35 Abs. 2 lit. a) oder lit. b) CISG allenfalls bei unerkennbaren Mängeln in Betracht[152]. Dagegen kann sich die Festlegung der maßgeblichen Eigenschaften als problematisch erweisen, wenn sowohl eine

---

[149] Staudinger-MAGNUS, Art. 35, Rn. 36; Schlechtriem-SCHWENZER, Art. 35, Rn. 26; HERBER/CZERWENKA, Internationales Kaufrecht, Art. 35, Rn. 6. Nach anderer Ansicht ist es hingegen ausreichend, wenn der Vertrag auf der Grundlage eines vorgelegten Probe- oder Musterstückes abgeschlossen wurde (BIANCA-BONELL, International Sales Law, Art. 35, Anm. 2.6.1.).

[150] Soweit zwischen den Begriffen „Probe" und „Muster" nicht differenziert wird, gilt dies sowohl bei der Vorlage einer Probe als auch bei der Vorlage eines Musters (BIANCA-BONELL, International Sales Law, Art. 35, Anm. 2.6.2.). Soweit eine Probe als ein der Gesamtheit der zu liefernden Waren entnommenes Stück und ein Muster als ein lediglich zur Untersuchung vorgewiesenes Stück angesehen wird, ist eine solche Beschränkung nur bei der Vorlage eines Musters möglich, während der Verkäufer bei der Vorlage einer Probe für das Vorhandensein aller Merkmale derselben einzustehen hat (Schlechtriem-SCHWENZER, Art. 35, Rn. 24).

[151] Schlechtriem-SCHWENZER, Art. 35, Rn. 27. Bedeutung erlangt dies im Hinblick auf einen möglichen Haftungsausschluß nach Art. 35 Abs. 3 CISG (siehe S. 199 f.). Denn es ist strittig, ob dieser sich gemäß seinem Wortlaut nur auf Vertragswidrigkeiten nach Abs. 2 bezieht oder auch auf Abweichungen von der vertraglichen Leistungsbeschreibung nach Abs. 1 analoge Anwendung findet (vgl. Schlechtriem-SCHWENZER, Art. 35, Rn. 38 m.w.N.; siehe ferner S. 200).

[152] Honsell-MAGNUS, Art. 35, Rn. 24 m.w.N..

vertragliche Beschreibung nach Art. 35 Abs. 1 CISG als auch eine Probe oder ein Muster nach Art. 35 Abs. 2 lit. c) CISG vorliegen. Stimmen die Merkmale des Probe- oder Musterstückes mit den im Vertrag festgelegten Merkmalen überein, so werden sie kumulativ geschuldet. Weichen sie voneinander ab, so ist im Einzelfall durch Auslegung des Vertrages zu ermitteln, welche Eigenschaften nach dem Willen der Parteien Vorrang haben sollen[153].

1. Die Lösung des deutschen Rechts

Das deutsche Recht regelt den Kauf nach Probe oder nach Muster in § 494 BGB, wonach die Eigenschaften des Probe- oder Musterstückes sogar als zugesichert im Sinne von § 459 Abs. 2 BGB gelten. Der Käufer kann also im Fall ihres Fehlens neben Wandelung und Minderung (§§ 462, 480 Abs. 1 BGB) auch Schadensersatz wegen Nichterfüllung (§§ 463, 480 Abs. 2 BGB) verlangen. Die unverbindliche Vorlage eines Exemplars der zu liefernden Ware zum Zwecke der Ansicht oder der Kaufanregung reicht jedoch nicht aus, um die Zusicherungswirkung herbeizuführen. Vielmehr müssen die Parteien vertraglich vereinbart haben, daß die Eigenschaften der Probe oder des Musters die zugesicherte Beschaffenheit der zu liefernden Ware sein soll[154]. Aufgrund des nachgiebigen Charakters des § 494 BGB kann sich die Zusicherung ferner auf bestimmte Merkmale des Probe- oder Musterstückes beschränken[155]. Ob und mit welchem Inhalt eine entsprechende vertragliche Vereinbarung getroffen wurde, ist im Wege der Auslegung unter Berücksichtigung der Umstände des Einzelfalls sowie etwaiger Handelsbräuche zu ermitteln[156]. Zwar wird es sich bei einem Kauf nach Muster meist um einen Gattungskauf handeln, aber auch bei einem Stückkauf können die Eigenschaften eines Musters zugrunde gelegt werden[157]. Auch im Fall einer sog. Bestellprobe oder einer Bestellung des Käufers unter Verwendung der Klauseln „wie gehabt“ oder „entsprechender Qualität“ ist er nicht ausgeschlossen[158].

Stimmt die Ware mit dem Probe- oder Musterstück überein, haftet der Verkäufer gleichwohl für Mängel der Hauptlieferung, die der Käufer bei der Untersuchung

---

[153] Staudinger-MAGNUS, Art. 35, Rn. 39; Schlechtriem-SCHWENZER, Art. 35, Rn. 25; HEILMANN, Mängelgewährleistung im UN-Kaufrecht, S. 186 f.; HERBER/CZERWENKA, Internationales Kaufrecht, Art. 35, Rn. 6.
[154] BGH Betrieb 1966, 415; Soergel-HUBER, § 494, Rn. 2; Staudinger-MADER, § 494, Rn. 7 f..
[155] Müko-WESTERMANN, § 494, Rn. 6.
[156] Soergel-HUBER, § 494, Rn. 2; Staudinger-MADER, § 494, Rn. 9.
[157] Müko-WESTERMANN, § 494, Rn. 3; Staudinger-MADER, § 494, Rn. 3.
[158] Soergel-HUBER, § 494, Rn. 3.

der Probelieferung nicht erkannt hat (§ 460 S. 1 BGB)[159]. Ist neben der Vorlage einer Probe oder eines Musters eine vertragliche Beschaffenheitsvereinbarung nach § 459 Abs. 1 BGB oder eine sonstige Zusicherung nach § 459 Abs. 2 BGB erfolgt, so muß die Ware beiden Zusagen entsprechen. Im Fall der Unvereinbarkeit ist wiederum durch Vertragsauslegung zu ermitteln, welcher von ihnen nach dem Parteiwillen der Vorrang zukommen soll[160].

2. Die Lösung des englischen Rechts

Im englischen Recht ist der Kauf nach Muster (*sale by sample*) in sec. 15 SGA geregelt. Auch hier führt die bloße Tatsache, daß der Verkäufer während der Vertragsverhandlungen ein Muster vorzeigt, nicht zwingend zur Annahme eines derartigen Kaufs, sondern sec. 15 (1) SGA verlangt eine ausdrückliche oder stillschweigende vertragliche Vereinbarung dahingehend, daß die zu liefernde Ware in Qualität und ihren sonstigen Eigenschaften mit dem *sample* übereinstimmen muß[161]. Ob dies der Fall ist, ist eine Frage der Auslegung. Sie ist regelmäßig zu verneinen, wenn es nach den Umständen des Einzelfalles unpassend erscheint, die Haftung des Verkäufers für solche Mängel auszuschließen, die bei einer angemessenen Untersuchung des Musters feststellbar sind, und zwar unabhängig davon, ob eine solche Untersuchung stattgefunden hat oder nicht[162]. Ferner ist ein Kauf nach Muster unwahrscheinlich, wenn die Vorlage des Musterstückes nicht auf Veranlassung des Verkäufers erfolgt[163]. Handelt es sich dagegen um einen *sale by sample*, so hat der Verkäufer nach sec. 15 (2) (a) SGA dafür einzustehen, daß die zu liefernde Menge (*bulk*)[164] dem Muster qualitativ

---

[159] Soergel-HUBER, § 494, Rn. 7; Müko-WESTERMANN, § 494, Rn. 3.

[160] Staudinger-MADER, § 494, Rn. 19.

[161] GUEST/HARRIS/REYNOLDS in Chitty, Vol. II, Rn. 4763; REYNOLDS in Benjamin, Rn. 11-086 f.; MACLEOD, Consumer Sales Law, Anm. 15.04; MARK, Chalmers' Sale of Goods Act, S. 138; GOODE, Commercial Law, S. 342.

[162] GUEST/HARRIS/REYNOLDS in Chitty, Vol. II, Rn. 4763; REYNOLDS in Benjamin, Rn. 11-087. Da Verbraucher die Ware mangels entsprechenden Fachwissens meist nicht im Hinblick auf Mängel untersuchen, sondern sich lediglich über ihre allgemeine Beschaffenheit unterrichten wollen, ist bei Verbraucherkäufen ein Kauf nach Muster in der Regel abzulehnen (GUEST/HARRIS/REYNOLDS in Chitty, Vol. II, Rn. 4763; REYNOLDS in Benjamin, Rn. 11-087). Allerdings bejahen ATIYAH/ADAMS in den Fällen, in denen der Käufer ein noch verpacktes Produkt kauft, nachdem er ein gleichartiges, unverpacktes Produkt untersucht hat (sog. *sale by model*), eine aus dem allgemeinen Vertragsrecht herzuleitende *implied condition*, daß die tatsächlich gekaufte Ware mit der zuvor untersuchten identisch ist (Sale of Goods, S. 180).

[163] GOODE, Commercial Law, S. 342 f..

[164] Zur Definition des Begriffs *„bulk"* vgl. sec. 61 (1) (a) SGA.

entspricht[165]. Trotz der irreführenden Verwendung des Begriffs „*bulk*" kommt ein Kauf nach Muster aber nicht nur bei *unascertained goods*, sondern auch bei *specific goods* in Betracht[166]. Das Ausmaß der geforderten Übereinstimmung von Ware und Muster richtet sich jedoch nach der Vereinbarung der Parteien und kann daher auf bestimmte, namentlich auf die im Rahmen einer äußerlichen Untersuchung feststellbaren Eigenschaften beschränkt sein. Dies ist ebenfalls im Wege der Auslegung unter Berücksichtigung etwaiger Handelsbräuche zu ermitteln[167].

Auch bei Übereinstimmung von Ware und Muster haftet der Verkäufer nach sec. 15 (2) (c) SGA dafür, daß die Kaufsache keine Mängel aufweist, die zu nicht zufriedenstellender Qualität[168] (sec. 14 (2) SGA) führen und bei einer angemessenen Untersuchung des Musters[169] nicht erkennbar sind[170]. Eine Haftung für eine besondere Verwendungseignung der Ware (sec. 14 (3) SGA) kommt bei einem Kauf nach Muster in Betracht, wenn der Käufer diesbezüglich trotz der Untersuchung des Musters auf die Sachkunde und das Urteilsvermögen des Verkäufers vertraut hat[171]. Hat der Verkäufer sowohl ein Muster im Sinne von sec. 15 SGA vorgelegt als auch eine Beschreibung im Sinne von sec. 13 SGA abgegeben, so muß die Kaufsache die jeweils zugesagten Eigenschaften gemäß sec. 13 (2) SGA kumulativ aufweisen. Im Fall der Unvereinbarkeit ist durch Auslegung des Vertrages festzustellen, was nach dem Willen der Parteien vorrangig gelten soll[172].

---

[165] Diese Verpflichtung ist selbst dann nicht gewahrt, wenn die erforderlichen Eigenschaften mit geringem Zeit- und Kostenaufwand herbeigeführt werden könnten (*E. and S. Ruben Ltd. v. Faire Bros. & Co. Ltd.* (1949) 1 K.B. 254).

[166] GUEST/HARRIS/REYNOLDS in Chitty, Vol. II, Rn. 4764; REYNOLDS in Benjamin, Rn. 11-090.

[167] GUEST/HARRIS/REYNOLDS in Chitty, Vol. II, Rn. 4764; REYNOLDS in Benjamin, Rn. 11-091; ATIYAH/ADAMS, Sale of Goods, S. 179.

[168] Zum Kriterium der zufriedenstellenden Qualität siehe S. 144.

[169] Selbst wenn der Defekt bei einer äußerst genauen Prüfung des Muster feststellbar gewesen wäre, ist eine Untersuchung schon als angemessen anzusehen, wenn ihr Umfang dem in den jeweiligen Geschäftskreisen üblichen entspricht (*Drummond v. Van Ingen* (1887) 12 App.Cas. 284 (297)).

[170] Vgl. auch sec. 14 (2C) (c) SGA. Sec. 15 (2) (b) SGA wurde durch den *Sale and Supply of Goods Act* 1994 abgeschafft. Denn die dort bislang geregelte Verpflichtung des Verkäufers, dem Käufer eine angemessene Gelegenheit zu geben, die Warenmenge mit dem Muster zu vergleichen, ist lediglich ein besonderer Fall des bereits in sec. 34 SGA postulierten Rechts des Käufers, die Ware im Hinblick auf ihre Vertragsmäßigkeit untersuchen zu können (GOODE, Commercial Law, S. 343).

[171] REYNOLDS in Benjamin, Rn. 11-098.

[172] REYNOLDS in Benjamin, Rn. 11-098; MURDOCH, (1981) 44 M.L.R., S. 391.

3. Rechtsvergleichende Würdigung

In allen untersuchten Rechtsordnungen ist bei der Übereinstimmung mit einem vorgelegten Probe- oder Musterstück ebenso wie bei der Übereinstimmung mit den Beschreibungen des Verkäufers im Wege der Vertragsauslegung zu ermitteln, ob die Parteien eine entsprechende vertragliche Vereinbarung getroffen haben und auf welche Eigenschaften sich diese bezieht. Dies erklärt sich daraus, daß die Vorlage einer Probe oder eines Musters im Grunde eine faktische Beschreibung des Kaufgegenstandes darstellt, derer sich die Parteien meist bedienen, wenn eine wörtliche Beschreibung aufgrund sprachlicher Unzulänglichkeiten schwierig oder gar unmöglich ist. Eine gesonderte Regelung des Kaufs nach Probe oder Muster dient somit eigentlich nur der Klarstellung. Dementsprechend ist die Erforderlichkeit von sec. 15 SGA im englischen Recht bereits mit dem Hinweis in Frage gestellt worden, daß die von ihr geregelten Fälle durch die ss. 13 und 14 SGA hinreichend erfaßt seien[173]. Auch im deutschen Recht wurde trotz der mit § 494 BGB verbundenen Folge einer Eigenschaftszusicherung im Sinne von § 459 Abs. 2 BGB bezweifelt, daß die Sondervorschrift die Rechtsanwendung erleichtere. Denn in Anbetracht der auch konkludent möglichen Abbedingung der Rechtsfolge des § 463 BGB müsse ohnehin in jedem Einzelfall festgestellt werden, ob und welche Eigenschaften zugesichert werden sollten und wie weit die Haftung reichen sollte[174]. Während in England jedoch zwecks Vermeidung unvorhergesehener Konsequenzen die Beibehaltung von sec. 15 SGA befürwortet wird[175], sah der Vorschlag der Schuldrechtskommission die Streichung von § 494 BGB vor, da eine gesonderte Haftung für zugesicherte Eigenschaften im Kaufrecht aufgegeben und die Frage eines verschuldensunabhängigen Schadensersatzanspruchs der allgemeinen Bestimmung über das Vertretenmüssen (§ 276 Abs. 1 S. 1 KE) zugeordnet werden sollte[176].

Unabhängig von der Frage der Beibehaltung oder Streichung einer ausdrücklichen Regelung in den nationalen Rechten erfordert das Kriterium der Übereinstimmung des Verbrauchsguts mit einer Probe oder einem Muster auch nach der Richtlinienumsetzung weiterhin, daß dies vertraglich vereinbart worden ist. Eine solche Vereinbarung kann zwar sowohl bei Gattungs- als auch bei Stückkäufen getroffen werden, bei den durch die Richtlinie geregelten Verbraucherkäufen wird sie aber eher selten sein. Denn dem Verbraucher, der zu einer Untersuchung auf Mängel als Laie meist nicht in der Lage ist, werden Exemplare der zu liefernden Ware regelmäßig nur zur Ansicht oder zur Kaufanregung vorgelegt. Da

---

[173] MURDOCH, (1981) 44 M.L.R., S. 399.
[174] SCHURKOM, Abschlußbericht, S. 242 f..
[175] LAW COM., Sale and Supply of Goods, Anm. 6.27.
[176] SCHURKOM, Abschlußbericht, S. 243.

die Vorlage einer Probe oder eines Musters durch den Verbraucher noch unwahrscheinlicher ist, schließt Art. 2 Abs. 2 lit. a) RL Bestellproben seinem Wortlaut zufolge („...die der *Verkäufer* dem Verbraucher...vorgelegt hat.")[177] aus. Liegt ausnahmsweise ein Kauf nach Probe oder Muster vor und wird das Verbrauchsgut außerdem auch mit Worten beschrieben, so ist aufgrund der kumulativen Geltung der Merkmale des Art. 2 Abs. 2 RL[178] ebenso wie in den übrigen Rechtsordnungen davon auszugehen, daß die insoweit zugesagten Eigenschaften zusätzlich vorliegen[179]. Widersprechen sie den Merkmalen der Probe oder des Musters, ist der maßgebliche Parteiwille durch Auslegung festzustellen.

B. Eignung für einen bestimmten, vom Käufer angestrebten Zweck

Des weiteren muß sich ein vertragsgemäßes Verbrauchsgut gemäß Art. 2 Abs. 2 lit. b) RL für einen bestimmten, vom Verbraucher angestrebten Zweck eignen, den er dem Verkäufer bei Vertragsabschluß zur Kenntnis gebracht hat und dem dieser zugestimmt hat.

Das UN-Kaufrecht verlangt ebenfalls die besondere Gebrauchstauglichkeit der Ware. Gemäß Art. 35 Abs. 2 lit. b) CISG muß sie für einen bestimmten Gebrauchszweck tauglich sein, der dem Verkäufer bei Vertragsschluß ausdrücklich oder auf andere Weise zur Kenntnis gebracht wurde. Eine vertragliche Vereinbarung dieses besonderen Verwendungszwecks ist jedoch nicht notwendig[180], da sie ohnehin zur Anwendung des Art. 35 Abs. 1 CISG führen würde[181]. Vielmehr wird ein zur Kenntnis gebrachter spezieller Verwendungszweck durch Art. 35 Abs. 2 lit. b) CISG zum Vertragsinhalt erhoben[182]. Zur Kenntnis gebracht ist

---

[177] Hervorhebung durch die Verf..

[178] ABl. L 171 vom 7.7.1999, S. 12, Erwägungsgrund (8).

[179] Unverständlich ist daher die von SCHURR angeführte Kritik, daß der Anwendungsbereich des Art. 2 Abs. 2 lit. a) RL wegen der Verknüpfung der Merkmale Übereinstimmung mit der Beschreibung sowie Übereinstimmung mit der Probe oder dem Muster durch das Wort „und" sehr stark eingeschränkt werde (ZfRV 1999, S. 225). Falls kein Probe- oder Musterstück vorgelegt wurde, ist gleichwohl erforderlich, daß das Verbrauchsgut der Beschreibung des Verkäufers entspricht.

[180] Ein entsprechender Antrag der Bundesrepublik Deutschland auf der diplomatischen Konferenz (OFFICIAL RECORDS, Documentary History of the ULIS, S. 398, C.35, Anm. 4) wurde mit dem Hinweis abgelehnt, daß durch ein derartiges Erfordernis die Haftung des Verkäufers für die besondere Verwendungseignung in ungerechtfertigter Weise eingeengt würde (YB VIII, S. 37, Nr. 173).

[181] SCHLECHTRIEM, Internat. Kaufrecht, Rn. 138.

[182] ENDERLEIN in Internationales Kaufrecht, Art. 35, Anm. 11.

somit weniger als vertraglich vereinbart[183]. Allerdings darf eine solche einseitige Festlegung des Vertragsinhalts lediglich soweit zugelassen werden, als vom Verkäufer redlicherweise Widerspruch gegen die Verwendung der Ware für den bestimmten Zweck erwartet werden kann[184]. Während dies bei einer ausdrücklichen Angabe des angestrebten Gebrauchszwecks regelmäßig bejaht werden kann[185], ist bei einer konkludenten Angabe problematisch, ob die Haftung des Verkäufers auch eintritt, wenn er den besonderen Verwendungszweck zwar nicht erkannt hat, aber aus den Umständen vernünftigerweise hätte erkennen können[186]. Entgegen der augenscheinlichen Tendenz des Sekretariatskommentars[187] sollte letzteres als ausreichend angesehen werden, da die positive Kenntnis des Verkäufers regelmäßig nur schwer bewiesen werden kann[188]. Die Bekanntgabe des besonderen Gebrauchszwecks muß aber bei Vertragsschluß erfolgen, um dem Verkäufer die Entscheidung über die Risikoübernahme zu ermöglichen. Es genügt daher nicht, wenn ihm der spezielle Zweck zu einem späteren Zeitpunkt zur Kenntnis gebracht wird[189].

Ferner greift die Haftung nach Art. 35 Abs. 2 lit. b) CISG nicht ein, wenn der Käufer hinsichtlich der Eignung der Ware nicht auf die Sachkunde und das Urteilsvermögen des Verkäufers vertraute oder vernünftigerweise nicht darauf vertrauen konnte. Das Vertrauen des Käufers kann beispielsweise entfallen, wenn er die Ware vor dem Kauf untersucht, an ihrer Auswahl teilnimmt, auf ihren Herstellungsprozeß Einfluß nimmt, ihre Beschaffenheit genau spezifiziert oder auf einer bestimmten Marke besteht[190]. In diesen Fällen obliegt dem Verkäufer, der die Untauglichkeit der Ware für den beabsichtigten Verwendungs-

---

[183] Schlechtriem-SCHWENZER, Art. 35, Rn. 20; ENDERLEIN in Internationales Kaufrecht, Art. 35, Anm. 11. Gegen diese Auslegung wurde aber eingewandt, daß das Fehlen eines Merkmals, das gar nicht Inhalt des Vertrages geworden ist, nicht zur Vertragswidrigkeit führen könne (WELSER in Doralt, S. 109).

[184] Staudinger-MAGNUS, Art. 35, Rn. 26.

[185] Schlechtriem-SCHWENZER, Art. 35, Rn. 21; ENDERLEIN in Internationales Kaufrecht, Art. 35, Anm. 9.

[186] HYLAND in Schlechtriem, S. 320.

[187] SECRETARIAT COMMENTARY, Documentary History of the ULIS, S. 421, Art. 33, Anm. 7.

[188] KAROLLUS, UN-Kaufrecht, S. 117; Schlechtriem-SCHWENZER, Art. 35, Rn. 21; ENDERLEIN in Internationales Kaufrecht, Art. 35, Anm. 11; Honsell-MAGNUS, Art. 35, Rn. 19. Dagegen tendiert HYLAND dazu, daß Art. 35 Abs. 2 lit. b) CISG aufgrund seines Charakters als vertragliche Verpflichtung die aktuelle Kenntnis des speziellen Verwendungszwecks voraussetzt, die der Verkäufer entweder ausdrücklich durch Hinweise des Käufers oder stillschweigend durch den Vertrag erlangen kann (in Schlechtriem, S. 321).

[189] Staudinger-MAGNUS, Art. 35, Rn. 30; Schlechtriem-SCHWENZER, Art. 35, Rn. 22; ENDERLEIN in Internationales Kaufrecht, Art. 35, Anm. 10.

[190] Schlechtriem-SCHWENZER, Art. 35, Rn. 23.

zweck erkennt, aber eine aus Treu und Glauben folgende Informationspflicht[191]. Ob das Vertrauen des Käufers vernünftig war, ist eine Frage des Einzelfalls[192], die maßgeblich von dem auf beiden Seiten vorhandenen Maß an Sachverstand abhängt. Sie ist regelmäßig zu bejahen, wenn der Verkäufer die sachkundigere Vertragspartei ist, etwa weil er auf die Herstellung oder Beschaffung von Waren für den in Rede stehenden Verwendungszweck spezialisiert ist. Hingegen ist sie meist zu verneinen, wenn der Käufer über eine größere Sachkunde als der Verkäufer verfügt oder wenn beide Parteien gleich sachkundig sind[193].

Der Gesichtspunkt des Vertrauens ist insbesondere entscheidend dafür, ob der Verkäufer für die Vereinbarkeit der Ware mit den öffentlich-rechtlichen Vorschriften im Käufer- oder Verwendungsstaat[194] haftet. Obwohl der Hinweis des Käufers auf die angestrebte Verwendung der Ware in einem bestimmten Land grundsätzlich die Bekanntgabe eines besonderen Gebrauchszwecks darstellt[195], umfaßt die Einstandspflicht des Verkäufers die Einhaltung besonderer nationaler Produktbestimmungen nur, falls der Käufer auch in dieser Hinsicht berechtigterweise auf dessen Sachkunde vertraut hat[196]. Dies ist, da Art. 35 Abs. 2 lit. b) CISG als vermutete Parteivereinbarung zu qualifizieren ist, durch Auslegung gemäß Art. 8 CISG festzustellen. Insoweit ist u.a. zu berücksichtigen, ob die öffentlich-rechtlichen Vorgaben unbekannt oder umstritten und damit schwer zu ermitteln sind und ob der Verkäufer seine Ware weltweit verkauft und daher den jeweils geltenden Anforderungen anpaßt[197].

---

[191] Schlechtriem-SCHWENZER, Art. 35, Rn. 23; Honsell-MAGNUS, Art. 35, Rn. 23.
[192] BIANCA-BONELL, International Sales Law, Art. 35, Anm. 2.5.3..
[193] Honsell-MAGNUS, Art. 35, Rn. 22; Schlechtriem-SCHWENZER, Art. 35, Rn. 23; REINHART, UN-Kaufrecht, Art. 35, Rn. 6. Nach a.A. trägt dagegen der Verkäufer auch bei gleicher Sachkunde der Parteien das Risiko der Verwendbarkeit der Ware (KAROLLUS, UN-Kaufrecht, S. 117). Dagegen spricht aber, daß in diesen Fällen der Käufer die Gebrauchstauglichkeit der Ware ebenso gut beurteilen kann wie der Verkäufer, so daß sein Vertrauen in dessen Sachkunde nicht schutzwürdig ist (Staudinger-MAGNUS, Art. 35, Rn. 32).
[194] Zur Abgrenzung von Sach- und Rechtsmängeln siehe S. 128.
[195] Schlechtriem-SCHWENZER, Art. 35, Rn. 19.
[196] SCHLECHTRIEM, IPrax 1996, S. 16; HERBER/CZERWENKA, Internationales Kaufrecht, Art. 35, Rn. 5; Honsell-MAGNUS, Art. 35, Rn. 20.
[197] SCHLECHTRIEM, IPrax 1996, S. 15 f.. Die gleichen Ergebnisse lassen sich zwar auch bei einem Verständnis des Art. 35 Abs. 2 lit. b) CISG als gesetzliche Verpflichtung erreichen. Die dann einschlägige Auslegung nach Art. 7 CISG ist aber eine Interpretation des Übereinkommens, die im Gegensatz zur Interpretation individueller Vereinbarungen an das Gebot, die einheitliche Anwendung des UN-Kaufrechts zu wahren, gebunden ist (SCHLECHTRIEM, IPrax 1996, S. 16).

I. Die Lösung des deutschen Rechts

Im deutschen Recht nennt § 459 Abs. 1 S. 1 BGB das Erfordernis der besonderen Verwendungseignung. Danach darf die Kaufsache nicht mit Fehlern behaftet sein, die ihre Tauglichkeit zu dem nach dem Vertrage vorausgesetzten Gebrauch aufheben oder mindern.

1. Die vertragliche Vereinbarung des besonderen Verwendungszwecks

Diese Formulierung wirft die Frage auf, wann ein vom Käufer angestrebter Verwendungszweck bei der Festlegung der geschuldeten Beschaffenheit zu beachten ist. Eine bloß einseitige Absicht des Käufers genügt nach allgemeiner Auffassung nicht, selbst wenn sie für den Verkäufer erkennbar war[198]. Da der in der Gesetzessprache unübliche Begriff „vorausgesetzt" an die von Windscheid begründete Lehre von der Voraussetzung[199] erinnert, ist jedoch unklar, ob ein besonderer Gebrauchszweck im Sinne von § 459 Abs. 1 S. 1 BGB Vertragsinhalt oder lediglich Geschäftsgrundlage geworden sein muß.

Die Judikatur verlangt grundsätzlich zumindest eine stillschweigende Willenseinigung der Parteien, läßt es in bestimmten Einzelfällen aber ausreichen, daß „die betreffende Zweckbestimmung gewissermaßen Geschäftsgrundlage geworden ist"[200]. Damit übersieht sie aber, daß beides zugleich nicht zutreffen kann. Denn eine vertragliche Vereinbarung erfordert stets entsprechende Äußerungen der Parteien, während zur Geschäftsgrundlage auch ihre übereinstimmenden inneren Vorstellungen gehören, die nicht nach außen hervorgetreten sind[201]. Die Berücksichtigung derartiger Vorstellungen widerspricht sowohl dem Wortlaut des Gesetzes, der auf den „nach dem Vertrage" vorausgesetzten Gebrauch abstellt, als auch dem Rechtsgrund der Sachmängelhaftung, der darin besteht, daß der Käufer nicht die nach dem Kaufvertrag versprochene Leistung erhält[202]. Notwendig ist daher, daß die Parteien den jeweiligen Gebrauchszweck zum Inhalt des Vertrages gemacht haben[203]. Die dafür erforderliche Vereinbarung kann aus-

---

198 RGZ 131, 343 (352); BGH LM § 459 BGB Nr. 10; Staudinger-HONSELL, § 459, Rn. 57; Soergel-HUBER, § 459, Rn. 69; MEDICUS, SchuldR II, Rn. 45.

199 WINDSCHEID, Voraussetzung, S. 1 ff..

200 So RGZ 131, 343 (352); BGH LM § 459 BGB Nr. 10.

201 Staudinger-HONSELL, § 459, Rn. 57; KNÖPFLE, JZ 1978, 124.

202 Soergel-HUBER, § 459, Rn. 69.

203 RGZ 70, 82 (86); BGHZ 16, 54 (55); BGH WM 1984, 815 (816); Staudinger-HONSELL, § 459, Rn. 57; Soergel-HUBER, § 459, Rn. 69; MEDICUS, SchuldR II, Rn. 45. Im Gegensatz zur Eigenschaftszusicherung läßt die Voraussetzung eines besonderen Verwendungs-

drücklich oder stillschweigend getroffen werden. Ob sie vorliegt, ist durch Auslegung zu ermitteln[204].

2. Öffentlich-rechtliche Produktbestimmungen des Verwendungslandes

Die Frage, ob der Verkäufer bei grenzüberschreitenden Kaufverträgen, auf die gemäß Art. 27 ff. EGBGB deutsches Recht Anwendung findet, auch für die Einhaltung öffentlich-rechtlicher Produktbestimmungen des Käufer- oder Verwendungsstaats[205] haftet, ist bislang nicht entschieden. In dem Art. 35 Abs. 2 lit. b) CISG betreffenden Muschel-Fall führte der BGH zwar aus, daß eine solche Einstandspflicht nur besteht, wenn der Käufer auf die Sachkunde des Verkäufers vertraute und vertrauen durfte. Ob die im Rahmen dieser Voraussetzung vorgenommenen Differenzierungen auf das nationale Recht übertragbar sind, erscheint jedoch zweifelhaft. Denn ein Vertrauen des Käufers in die Sachkunde des Verkäufers ist im deutschen Recht anders als im UN-Kaufrecht nicht notwendig.

II. Die Lösung des englischen Rechts

Im englischen Recht ist die Haftung des Verkäufers für die besondere Gebrauchstauglichkeit der Ware in sec. 14 (3) (a) SGA geregelt. Allerdings greift diese Vorschrift nur ein, wenn der Verkauf durch einen gewerblich tätigen Verkäufer erfolgt („*sells goods in the course of a business*")[206]. Dies erfordert nach allgemeiner Auffassung, daß der Verkäufer Verträge der in Rede stehenden Art mit einer gewissen Regelmäßigkeit tätigt, so daß sie als wesentlicher Bestandteil seines Gewerbes angesehen werden können[207]. Daher sind nicht nur Kaufverträge unter Beteiligung rein privater Verkäufer von sec. 14 (3) SGA ausgenommen, sondern auch von gewerblichen Verkäufern abgeschlossene Kaufverträge, die

---

zwecks offen, welche konkreten Eigenschaften die Sache dafür aufweisen muß (MEDICUS, SchuldR II, Rn. 45).

204 Soergel-HUBER, § 459, Rn. 69.

205 Zur Abgrenzung von Sach- und Rechtsmängeln siehe S. 130 ff..

206 Nach sec. 14 (1) SGA des *Sale of Goods Act* 1893, die ursprünglich die besondere Gebrauchstauglichkeit der Kaufsache betraf, mußten die Waren dagegen der Beschaffenheit entsprechen, die im Gewerbe des Verkäufers geliefert wird („*...the goods are of a description which it is in the course of the seller's business to supply...*"). Diese ausführlichere Formulierung wurde durch den *Supply of Goods (Implied Terms) Act* 1973 aufgehoben (REYNOLDS in Benjamin, Rn. 11-059 f.).

207 Der Begriff „*business*" umfaßt gemäß sec. 61 (1) (b) SGA sowohl berufliche Tätigkeiten als auch die Aktivitäten von Regierungsbehörden oder sonstigen kommunalen oder öffentlichen Stellen (vgl. dazu REYNOLDS in Benjamin, Rn. 11-061, 11-032).

lediglich einen sporadischen bzw. zufälligen Bezug zu ihrem Gewerbe aufweisen[208]. Liegt dagegen ein Verkauf „*in the course of a business*" vor, so erstreckt sich das Erfordernis der besonderen Gebrauchstauglichkeit auf die Gesamtheit der aufgrund des Vertrages gelieferten Waren („*goods supplied under the contract*")[209], d.h. es gilt außer für den eigentlichen Kaufgegenstand auch für sonstige der vertraglich geschuldeten Ware beigemischte Artikel[210] sowie für Verpackungen und Behälter, selbst wenn diese im Eigentum des Verkäufers verbleiben[211].

1. Die einseitige Kundgabe des besonderen Verwendungszwecks

Sec. 14 (3) SGA setzt voraus, daß der Käufer dem Verkäufer den von ihm angestrebten Verwendungszweck zur Kenntnis gebracht hat. Der besondere Zweck (*particular purpose*) kann sich entweder aus der ausdrücklichen vertraglichen Abmachung oder aus den sonstigen Umständen, wie etwa dem Vertragszweck oder der Art der von den Parteien betriebenen Gewerbe, ergeben. Besteht gar kein Hinweis auf eine bestimmte Gebrauchsabsicht, so kann auch ein normaler Verwendungszweck der Kaufsache einen *particular purpose* darstellen[212]. Denn es muß sich nicht zwingend um einen ungewöhnlichen, sondern lediglich um einen konkretisierten Zweck (*specified purpose*) handeln, der durchaus auch gewöhnlicher Natur sein kann[213].

Insoweit ist aber zu differenzieren, ob die in Rede stehenden Waren gewöhnlich für mehrere Zwecke oder nur für einen Zweck gebraucht werden. Im ersten Fall wird die Haftung des Verkäufers nach sec. 14 (3) SGA erst ausgelöst, wenn ihm der vom Käufer angestrebte gewöhnliche Gebrauchszweck zur Kenntnis gebracht

---

[208] ATIYAH/ADAMS, Sale of Goods, S. 170 (Fn. 248), 132 f.; BRIDGE, Sale of Goods, S. 320 (Fn. 300), 291 f.; REYNOLDS in Benjamin, Rn. 11-061, 11-029; GOODE, Commercial Law, S. 332, 315.
[209] GOODE, Commercial Law, S. 332, 316; REYNOLDS in Benjamin, Rn. 11-064, 11-033.
[210] *Wilson v. Rickett Cockerell & Co. Ltd.* (1954) 1 Q.B. 598 *Explosive Substanz in einer Kohlelieferung*.
[211] *Geddling v. Marsh* (1920) 1 K.B. 668 *Defekte Mineralwasserflasche*.
[212] REYNOLDS in Benjamin, Rn. 11-066.
[213] ATIYAH/ADAMS, Sale of Goods, S. 167 f.; GOODE, Commercial Law, S. 322; REYNOLDS in Benjamin, Rn. 11-066. Vgl. ferner die erstmals im *Sale of Goods Act* 1979 enthaltene Formulierung „*whether or not that is a purpose for which such goods are commonly supplied*". Aus diesem Grund überschneiden sich sec. 14 (3) SGA und sec. 14 (2) SGA, die die Haftung des Verkäufers für die gewöhnliche Gebrauchseignung der Kaufsache regelt (siehe S. 134 ff.), erheblich. Dies ist vor allem wegen der unterschiedlichen Ausschlußmöglichkeiten von Bedeutung (siehe dazu näher S. 206 f.).

wird[214]. Im zweiten Fall kennt der Verkäufer den vom Käufer beabsichtigten Gebrauch dagegen bereits, so daß er gemäß sec. 14 (3) SGA dafür haftet, daß die Kaufsache für diesen tauglich ist[215]. Selbst bei einem normalen Verwendungszweck, der sehr weit gefaßt ist, muß die Ware für alle Varianten dieses Gebrauchs geeignet sein[216]. Da sec. 14 (3) SGA lediglich eine vernünftige und keine absolute Eignung der Ware für den betreffenden Zweck („*reasonably fit for that purpose*") verlangt, gilt dies jedoch nur, sofern die vom Käufer beabsichtigte Variante vernünftigerweise vorhersehbar war[217]. Maßgeblich ist also, welche Tauglichkeit ein vernünftiger Käufer von der Kaufsache erwarten würde, wenn er ihren Preis, ihr Alter, ihren Abnutzungsgrad und alle sonstigen einschlägigen Faktoren in Betracht zieht. Dieses Konzept ermöglicht insbesondere beim Verkauf gebrauchter Sachen flexible Entscheidungen[218]. Ferner folgt daraus, daß ein Verstoß gegen sec. 14 (3) SGA in den Fällen zu verneinen ist, in denen die Untauglichkeit der Ware für den betreffenden Gebrauchszweck aus einer besonderen Eigentümlichkeit des konkreten Käufers resultiert, die der Verkäufer mangels Erkennbarkeit bei der Beurteilung der Zweckeignung nicht berücksichtigen konnte[219].

---

[214] GOODE, Commercial Law, S. 335; REYNOLDS in Benjamin, Rn. 11-066.

[215] *Preist v. Last* (1903) 2 K.B. 148 (153) *Verkauf einer Wärmflasche, um sie mit heißem Wasser zu füllen*; *Grant v. Australian Knitting Mills Ltd.* (1936) A.C. 85 (99) *Verkauf von Unterwäsche, um sie zu tragen*.

[216] ATIYAH/ADAMS, Sale of Goods, S. 169; GOODE, Commercial Law, S. 335; REYNOLDS in Benjamin, Rn. 11-066. Die in diesem Zusammenhang zitierten Fälle beziehen sich meist auf den Verkauf von Zutaten, die bei der Herstellung von Tierfutter verwendet werden sollten, bei einer Verfütterung an bestimmte Tierarten aber deren Tod herbeiführten (*Ashington Piggeries Ltd. v. Christopher Hill Ltd.* (1972) A.C. 441 (477) *Fischmehl, das sich als tödlich für Nerze erwies*; *Henry Kendall & Sons v. William Lillico & Sons Ltd.* (1969) 2 A.C. 31 (91) *brasilianisches Erdnußextrakt, das sich als tödlich für Fasane erwies*).

[217] ATIYAH/ADAMS, Sale of Goods, S. 172.

[218] GOODE, Commercial Law, S. 337; BRIDGE, Sale of Goods, S. 330 f.. Beispielsweise wurde beim Verkauf eines Gebrauchtwagens trotz einer defekten Kupplung die angemessene Gebrauchseignung bejaht, weil im Hinblick auf die Reparaturbedürftigkeit ein Preisnachlaß gewährt wurde (*Bartlett v. Sidney Marcus Ltd.* (1965) 1 W.L.R. 1013).

[219] GOODE, Commercial Law, S. 337; BRIDGE, Sale of Goods, S. 328 f.. So wurde in einem Fall, in dem die Käuferin eines Harris Tweed Mantels aufgrund einer besonderen Empfindlichkeit gegen diesen Stoff eine Hautentzündung bekam, eine Haftung nach sec. 14 (3) SGA abgelehnt. Da dieser besondere Umstand dem Verkäufer nicht bekannt war, wurde es als ausreichend erachtet, daß das Tragen des Kleidungsstücks einer normalen Person nicht geschadet hätte (*Griffith v. Peter Conway Ltd.* (1939) 1 All E.R. 685).

2. Das Vertrauen in Sachkunde und Urteilsvermögen des Verkäufers

Des weiteren muß der Käufer hinsichtlich der Tauglichkeit der Kaufsache zum beabsichtigten Verwendungszweck (vernünftigerweise) auf die Sachkunde und das Urteilsvermögen (*skill or judgment*) des Verkäufers vertraut haben. Sofern er dem Verkäufer den angestrebten Gebrauchszweck mitgeteilt hat, wird das Vorliegen dieses vernünftigen Vertrauens (*reasonable reliance*) aber grundsätzlich vermutet. Denn sec. 14 (3) SGA ist als Ausschlußgrund formuliert, d.h. die Haftung greift nicht ein, wenn sich aus den Umständen ergibt, daß das Vertrauen fehlte oder daß es unvernünftig war[220]. Im Gegensatz zur ursprünglichen sec. 14 (1) des *Sale of Goods Act* 1893[221], wonach positiv gezeigt werden mußte, daß der Käufer auf die Sachkunde oder das Urteilsvermögen des Verkäufers vertraut hat („*...so as to show that the buyer relies on the seller's skill and judgment...*"), ist mithin nicht mehr erforderlich, daß die Parteien den besonderen Verwendungszweck zum Gegenstand des Vertrages gemacht haben[222].

Fehlendes bzw. unvernünftiges Vertrauen ist zu bejahen, wenn der Verkäufer deutlich gemacht hat, daß er über keinerlei *skill or judgment* im Hinblick auf die Tauglichkeit der Ware verfügt[223]. Darüber hinaus kann gegen ein (vernünftiges) Vertrauen des Käufers sprechen, daß er die Ware selbst ausgesucht hat[224] oder

---

220 REYNOLDS in Benjamin, Rn. 11-070; BRIDGE, Sale of Goods, S. 334; GOODE, Commercial Law, S. 338.

221 Sec. 14 (1) des *Sale of Goods Act* 1893 lautete: „*Where the buyer, expressly or by implication, makes known to the seller the particular purpose for which the goods are required, so as to show that the buyer relies on the seller's skill or judgment, and the goods are of a description which it is in the course of the seller's business to supply (whether he be the manufacturer or not), there is an implied condition that the goods shall be reasonably fit for such purpose, provided that in the case of a contract for the sale of a specified article under its patent or trade name, there is no implied condition as to its fitness for any particular purpose.* "

222 Anders noch zur alten Rechtslage RABEL, Recht des Warenkaufs, Bd. II, S. 171. Auch auf der Grundlage von sec. 14 (1) des *Sale of Goods Act* 1893 folgerte die Rechtsprechung das Vertrauen des Käufers zunehmend bereits aus der Tatsache, daß er dem Verkäufer den angestrebten Gebrauchszweck zur Kenntnis gebracht hat. Dieses Fallrecht wurde schließlich in sec. 14 (3) SGA kodifiziert (vgl. ATIYAH/ADAMS, Sale of Goods, S. 164 f. m.w.N. zur Rechtsprechung).

223 ATIYAH/ADAMS, Sale of Goods, S. 166; REYNOLDS in Benjamin, Rn. 11-070. Allerdings können sich insoweit Einschränkungen aus sec. 6 UCTA ergeben (siehe S. 195 ff.).

224 *H. Beecham & Co. Pty. Ltd. v. Francis Howard & Co. Pty. Ltd.* (1921) V.L.R. 428.

daß er weiß, daß der Verkäufer nur eine bestimmte Warensorte liefern kann[225]. Ob eine Untersuchung der Waren durch den Käufer ausschließt, daß er (vernünftigerweise) auf die Sachkunde oder das Urteilsvermögen des Verkäufers vertraut, hängt hingegen von Art und Ausmaß dieser Untersuchung ab[226]. Insbesondere der Umfang der auf beiden Seiten vorhandenen Sachkunde spielt eine wichtige Rolle. So wird ein Käufer, der beim Hersteller der Ware kauft, (vernünftigerweise) auf dessen Urteil über die Zweckeignung der Ware vertrauen[227], während die Tatsache, daß beide Parteien mit den gleichen Waren handeln, ohne das Hinzutreten weiterer Umstände keinen Schluß gegen eine *(reasonable) reliance* des Käufers zuläßt[228]. Dagegen ist bei grenzüberschreitenden Kaufverträgen das Vertrauen des Käufers in *skill or judgment* des Verkäufers in Bezug auf die Einhaltung der im Bestimmungsland geltenden öffentlich-rechtlichen Produktbestimmungen[229] regelmäßig abzulehnen oder zumindest als unvernünftig zu erachten, da der Käufer meist mehr über diese nationalen Anforderungen weiß und sich folglich auf seine eigene Sachkunde verläßt[230].

Trotz des Kriteriums des Vertrauens in *skill or judgment* des Verkäufers begründet sec. 14 (3) SGA eine strenge Haftung (*strict liability*), d.h. sie erstreckt sich auch auf versteckte Mängel, die selbst bei größter Sachkunde und bestem Urteilsvermögen nicht erkennbar sind[231]. Allerdings vertraut der Käufer häufig nur teilweise, d.h. hinsichtlich einzelner Aspekte der Gebrauchstauglichkeit auf die Beurteilung durch den Verkäufer und verläßt sich im übrigen auf seine eigene

---

225 *Wren v. Holt* (1903) 1 K.B. 610 (614). Der bloße Verdacht, daß nur eine bestimmte Warenart geliefert werden kann, genügt jedoch nicht, um das Vertrauen des Käufers auszuschließen (*Manchester Liners Ltd. v. Rea* (1922) 2 A.C. 74). Der in sec. 14 (1) des *Sale of Goods Act* 1893 vorgesehene Ausschluß der Haftung für den Fall, daß der Käufer die Sache unter ihrer Patentbezeichnung oder ihrem Handelsnamen („*under its patent or other trade name*“) kauft, ist durch den *Supply of Goods (Implied Terms) Act* 1973 weggefallen (GOODE, Commercial Law, S. 339). Da die Gerichte für einen Haftungsausschluß zusätzlich verlangten, daß die Umstände einen Mangel an Vertrauen auf Seiten des Käufers ergaben (*Baldry v. Marshall* (1925) 1 K.B. 260 (261)), handelte es sich nämlich nicht um eine echte Ausnahme, sondern lediglich um einen Beispielsfall dafür, daß der Käufer aufgrund eigener Beurteilung der Sachtauglichkeit kauft (ATIYAH/ADAMS, Sale of Goods, S. 170; GOODE, Commercial Law, S. 339).

226 BRIDGE, Sale of Goods, S. 334; GOODE, Commercial Law, S. 341.

227 ATIYAH/ADAMS, Sale of Goods, S. 166; REYNOLDS in Benjamin, Rn. 11-072.

228 *Henry Kendall & Sons v. William Lillico & Sons Ltd.* (1969) 2 A.C. 31 (124 f.), ATIYAH/ADAMS, Sale of Goods, S. 165.

229 Zur Abgrenzung von Sach- und Rechtsmängeln siehe S. 136 ff..

230 ATIYAH/ADAMS, Sale of Goods, S. 165; *Teheran-Europe Co. Ltd. v. S. T. Belton (Tractors) Ltd.* (1968) 2 Q.B. 545 (546).

231 *Frost v. The Aylesbury Dairy Co. Ltd.* (1905) 1 K.B. 608; BRIDGE, Sale of Goods, S. 322; ATIYAH/ADAMS, Sale of Goods, S. 171 f..

Fachkunde. In diesen Fällen haftet der Verkäufer nach sec. 14 (3) SGA, sofern die Untauglichkeit der Kaufsache auf einen Mangel zurückzuführen ist, der in den seiner eigenen Fachkunde vorbehaltenen Bereich fiel[232].

III. Rechtsvergleichende Würdigung

Das Erfordernis der besonderen Gebrauchstauglichkeit der Kaufsache ist mithin in allen dargestellten Rechtssystemen enthalten[233]. Dabei wird unter einem besonderen Verwendungszweck übereinstimmend eine ausdrücklich erklärte oder aus den Umständen erkennbare Gebrauchsabsicht des Käufers verstanden, die auch gewöhnlicher Natur sein kann. In diesem Sinne sollte auch Art. 2 Abs. 2 lit. b) RL ausgelegt werden.

1. Vertragliche Vereinbarung oder einseitige Kundgabe des besonderen Verwendungszwecks

Unterschiedlich beurteilt wird hingegen die Frage, ob die Berücksichtigung des besonderen Verwendungszwecks seine vertragliche Vereinbarung oder lediglich seine einseitige Kundgabe durch den Käufer voraussetzt. Während im deutschen Recht erforderlich ist, daß der vom Käufer angestrebte Verwendungszweck vertraglich vereinbart wird, genügt im englischen Recht und im UN-Kaufrecht, daß er dem Verkäufer einseitig zur Kenntnis gebracht wird. Die beiden letztgenannten Rechtsordnungen sehen aber einen Ausschluß der Haftung vor, wenn der Käufer hinsichtlich der Gebrauchseignung der Kaufsache nicht auf die Sachkunde und das Urteilsvermögen des Verkäufers vertraut oder vernünftigerweise nicht darauf vertrauen kann. Dadurch kann die erleichterte Haftungsbegründung, die mit dem Kriterium der einseitigen Bekanntgabe des Verwendungszwecks verbunden ist, je nach den Umständen des konkreten Falles wieder eingeschränkt werden. Gleichwohl stellt diese Konzeption eine Abweichung vom Prinzip der

---

[232] ATIYAH/ADAMS, Sale of Goods, S. 166; GOODE, Commercial Law, S. 339 f.. Daher wurde ein Verstoß gegen sec. 14 (3) SGA bejaht beim Kauf einer Schiffsschraube, die teilweise nach Angaben des Käufers anzufertigen war und in dem der Planung des Verkäufers überlassenen Bereich Mängel aufwies (*Cammel Laird & Co. Ltd. v. Manganese Bronze and Brass Ltd.* (1934) A.C. 402), und beim Kauf von Nerzfutter, das nach einem Rezept des Käufers hergestellt werden sollte und aufgrund der vom Verkäufer ausgewählten Zutaten mangelhaft war (*Ashington Piggeries Ltd. v. Christopher Hill Ltd.* (1972) A.C. 441).

[233] Im Gegensatz zum deutschen Recht und zum UN-Kaufrecht gilt dieses Kriterium im englischen Recht nicht für alle, sondern nur für Kaufverträge, die *„in the course of a business*“ abgeschlossen werden.

Vertragsmäßigkeit dar, da die besondere Gebrauchstauglichkeit nicht durch eine vertragliche Vereinbarung, sondern durch eine gesetzliche Regelung zum Vertragsinhalt wird.

Der Regelung des UN-Kaufrechts und des englischen Rechts ähnelte Art. 2 Abs. 2 lit. c) des ersten Kommissionsvorschlags, der die Haftung für die besondere Verwendungseignung ausschloß, „...sofern sich nicht aus den Umständen ergibt, daß der Käufer nicht auf die Erklärungen des Verkäufers vertraute". Gegen diesen Haftungsausschluß wurde jedoch angeführt, daß er einem juristisch effizient vertretenen Verkäufer lediglich die Möglichkeit biete, sich seiner Verantwortung gegenüber dem Verbraucher zu entziehen, obwohl ein Wegfall des Vertrauens bei Verbraucherkaufverträgen kaum denkbar sei[234]. Tatsächlich verfügt der gewerbliche Verkäufer fast immer über ein größeres Fachwissen als der Verbraucher, so daß letzterer ihm im Hinblick auf die Beurteilung der Gebrauchstauglichkeit des Verbrauchsguts auch dann vertraut, wenn er dieses selbst ausgewählt oder es vor dem Kauf eingehend untersucht hat. Viele der weiteren Gründe, die im UN-Kaufrecht und im englischen Recht für ein mangelndes Vertrauen des Käufers sprechen, wie etwa die Einflußnahme auf den Herstellungsprozeß oder die genaue Spezifizierung der gewünschten Beschaffenheit, sind bei den von der Richtlinie geregelten Verträgen ohnehin unwahrscheinlich. Angesichts des regelmäßig zu bejahenden Vertrauens des Verbrauchers genügte im Rahmen dieser Vorschrift folglich trotz ihrer Bezugnahme auf „Erklärungen des Verkäufers" eine einseitige Kundgabe des angestrebten Verwendungszwecks. Dem trug Art. 2 Abs. 2 lit. c) des zweiten Kommissionsvorschlags Rechnung, der keine Ausnahme mehr für den Fall enthielt, daß der Verbraucher nicht auf die Erklärungen des Verkäufers vertraute.

Für den Verkäufer bedeutet es jedoch eine erhebliche Belastung, wenn seine Haftung für die besondere Zweckeignung der Kaufsache bereits durch eine einseitige Erklärung des Verbrauchers begründet wird. Zwar kann er einer konkludent geäußerten Gebrauchsabsicht, die er erkannt hat, ebenso widersprechen wie einer ausdrücklich geäußerten Gebrauchsabsicht. Er haftet aber auch, wenn er einen stillschweigend bekanntgegebenen Verwendungszweck - sei dieser auch noch so abwegig und unvernünftig - nicht erkannt hat. Infolgedessen ist er gezwungen, bei jedem einzelnen Vertragsabschluß eine eventuelle besondere Zweckbestimmung des Verbrauchers in Erfahrung zu bringen und gegebenenfalls auf die fehlende Tauglichkeit des Verbrauchsguts hinzuweisen[235]. Um eine derartige Nachforschungspflicht bei den massenweise getätigten Verbraucherkäufen zu vermeiden, wurde die Bestimmung in Art. 2 Abs. 2 lit. b) RL dahinge-

---

[234] SCHLECHTRIEM, JZ 1997, S. 444.
[235] KIRCHER, ZRP 1997, S. 292.

hend ergänzt, daß der Verkäufer dem Verwendungszweck zugestimmt haben muß[236]. Obgleich diese Zustimmung auch konkludent durch den Verkauf des Verbrauchsguts erfolgen kann, setzt sie voraus, daß der Verkäufer den beabsichtigten Gebrauch tatsächlich erkannt hat. Nunmehr liegt es also im Interesse des Verbrauchers, diese tatsächliche Kenntnis herbeizuführen[237].

Die in Art. 2 Abs. 2 lit. b) RL vorgesehene Lösung entspricht dem in Art. 2 Abs. 1 RL festgelegten Grundsatz der Vertragsmäßigkeit, da die Kundgabe des angestrebten Verwendungszwecks durch den Verbraucher und die diesbezügliche Zustimmung des Verkäufers nichts anderes als eine vertragliche Vereinbarung über die besondere Zweckeignung darstellen. Sie stimmt somit im Ergebnis mit der Lösung des deutschen Rechts überein. Verglichen mit dem derzeitigen englischen Recht beinhaltet die Richtlinie dagegen eine Verschärfung der Haftungsvoraussetzungen zum Nachteil des Verbrauchers. Denn der Ausschlußgrund des fehlenden oder unvernünftigen Vertrauens, für den der Verkäufer die Beweislast trägt, wird durch das positive Erfordernis der Zustimmung ersetzt, die der Verbraucher zu beweisen hat. Die bisherige Regelung kann jedoch gemäß Art. 8 Abs. 2 RL im Interesse eines höheren Verbraucherschutzniveaus beibehalten werden.

2. Öffentlich-rechtliche Produktbestimmungen des Verwendungslandes

Des weiteren ist das Problem zu klären, ob der Verkäufer für die Vereinbarkeit der Ware mit den öffentlich-rechtlichen Produktvorschriften im Käufer- oder Verwendungsstaat einzustehen hat, sofern der besondere Zweck in der Verwendung der Ware in diesem Land besteht. Im deutschen Recht ist dies bislang nicht entschieden. Im englischen Recht und im UN-Kaufrecht wird der Eintritt der Haftung davon abhängig gemacht, ob der Käufer auch in dieser Hinsicht vernünftigerweise auf die Sachkunde und das Urteilsvermögen des Verkäufers vertraut hat. Die strenge verschuldensunabhängige Haftung des Verkäufers für die besondere Gebrauchstauglichkeit, die bereits durch die einseitige Erklärung

---

[236] Der Ansicht, daß das Erfordernis der Zustimmung sich bereits aus Art. 2 Abs. 1 RL ergebe und daher überflüssig sei (STAUDENMAYER, NJW 1999, S. 2394), kann nicht zugestimmt werden. Denn die (umstrittene) Auslegung des Art. 35 Abs. 2 lit. b) CISG zeigt, daß Art. 2 Abs. 2 lit. b) RL andernfalls auch dahingehend verstanden werden könnte, daß eine einseitig bekanntgegebene Zweckbestimmung als vertraglich vereinbart anzusehen ist (siehe S. 115 f.).

[237] Anders LEHR/WENDEL, die in Anlehnung an das UN-Kaufrecht ausreichen lassen, daß der Verkäufer den Verwendungszweck vernünftigerweise hätte erkennen können (EWS 1999, S. 322, Fn. 14). Diese Ansicht übersieht aber, daß Art. 35 Abs. 2 lit. b) CISG im Gegensatz zu Art. 2 Abs. 2 lit. b) RL kein Zustimmungserfordernis enthält.

des Käufers, daß er die Ware in einem anderen Staat verwenden will, ausgelöst wird, kann auf diese Weise entsprechend den Umständen des konkreten Falles wieder eingeschränkt werden.

Diese differenzierende Beurteilung ist auf der Grundlage der Richtlinie, die auf den Haftungausschluß bei fehlendem oder unvernünftigem Vertrauen des Käufers verzichtet, nicht möglich. Bei den von ihr geregelten Verträgen zwischen gewerblichen Verkäufern und Verbrauchern erscheint es aber angemessen, das Risiko der Übereinstimmung mit besonderen nationalen Produktnormen ersterem aufzuerlegen. Denn der Verkäufer ist sich der Möglichkeit derartiger Einschränkungen der Gebrauchstauglichkeit aufgrund seiner beruflichen Tätigkeit eher bewußt als der insoweit unerfahrene Verbraucher. Wenn das Bestimmungsland zu den EU-Staaten gehört, werden dem Verkäufer die dortigen produktbezogenen Vorschriften aufgrund der weitgehenden europäischen Harmonisierung in diesem Bereich ohnehin bekannt sein. Im übrigen haftet er nur, falls er dem angestrebten Verwendungszweck zugestimmt und dadurch sein Einverständnis mit der Risikoübernahme zum Ausdruck gebracht hat.

C. Eignung für die gewöhnlichen Gebrauchszwecke

Nach Art. 2 Abs. 2 lit. c) RL setzt die Vertragsmäßigkeit des Verbrauchsguts voraus, daß es sich für die Zwecke eignet, für die Erzeugnisse der gleichen Art gewöhnlich gebraucht werden.

Im UN-Kaufrecht wird die gewöhnliche Gebrauchseignung der Ware in Art. 35 Abs. 2 lit. a) CISG postuliert. Der Maßstab für ihre Bestimmung ist ein objektiver. Entscheidend ist die Verkehrsauffassung unter Berücksichtigung der örtlichen und sonstigen Verhältnisse[238]. Die Vorschrift erfaßt sowohl Defekte, die den materiellen Gebrauch der Kaufsache beeinträchtigen, als auch Mängel, die ihren Handelswert herabsetzen[239]. Wenn mehrere übliche Verwendungszwecke in Betracht kommen, muß die Ware für alle und nicht nur für einige dieser Zwek-

---

[238] Honsell-MAGNUS, Art. 35, Rn. 13; Schlechtriem-SCHWENZER, Art. 35, Rn. 14; REINHART, UN-Kaufrecht, Art. 35, Rn. 5; Staudinger-MAGNUS, Art. 35, Rn. 18, 21.

[239] BIANCA-BONELL, International Sales Law, Art. 35, Anm. 2.5.1.; ENDERLEIN in Internationales Kaufrecht, Art. 35, Anm. 8. Da die kaufmännische Verwendung der Kaufsache in der Regel in ihrem Weiterverkauf besteht, wird primär ihre Wiederverkäuflichkeit gefordert. Je nach Art des Produkts kann die normale Verwendungseignung ferner durch optische Abweichungen, die fehlende Beifügung einer Betriebs- oder Gebrauchsanweisung oder die mangelnde Haltbarkeit der Ware beeinträchtigt werden (Schlechtriem-SCHWENZER, Art. 35, Rn. 14).

ke geeignet sein[240]. Die Anforderungen, die zum gewöhnlichen Gebrauch taugliche Waren erfüllen müssen, werden durch verschiedene Faktoren vorgegeben. Sie können sich beispielsweise aus kulturellen Traditionen, wirtschaftlichen Gegebenheiten oder aber aus rechtlichen Bestimmungen, insbesondere solchen öffentlich-rechtlicher Natur, ergeben[241].

Im letzteren Fall stellt sich die Frage der Abgrenzung zwischen Sach- und Rechtsmängeln, die trotz der allfälligen Rechtsbehelfe des Übereinkommens nicht gänzlich ohne Bedeutung ist. Denn zum einen enthält die bei Rechtsmängeln einschlägige Rügepflicht des Art. 43 CISG im Gegensatz zu Art. 39 CISG keine Ausschlußfrist und zum anderen sieht Art. 35 Abs. 3 CISG weitergehende Ausschlußgründe vor als der für Rechtsmängel geltende Art. 41 CISG. Ein Rechtsmangel ist zu bejahen, wenn ein privater Dritter Rechte oder Ansprüche in Bezug auf die Ware behauptet (Art. 41 CISG) oder sie betreffende, auf gewerblichem oder anderem geistigem Eigentum beruhende Rechte oder Ansprüche geltend macht (Art. 42 CISG). Ob außer privaten Rechten auch öffentlich-rechtliche Verfügungs- oder Nutzungsbeschränkungen einen Rechtsmangel darstellen können, ist hingegen streitig[242]. Einigkeit besteht aber darüber, daß derartige Vorgaben regelmäßig der Sachmängelhaftung unterfallen, sofern sie spezifische Eigenschaften oder besondere Ausstattungen der Ware zum Gegenstand haben[243]. Dagegen beruhen Rechtsmängel meist auf einem Verhalten des Verkäufers oder der Vorgeschichte der Ware und nicht auf ihrer Beschaffenheit[244].

Allerdings läßt sich eine übereinstimmende Auffassung über die für den gewöhnlichen Gebrauch erforderlichen Eigenschaften aufgrund des grenzüberschreitenden Charakters der vom Übereinkommen erfaßten Verträge oft nicht feststellen, da sie in der Regel nur in mehr oder weniger homogenen nationalen Märkten

---

240 Staudinger-MAGNUS, Art. 35, Rn. 20; SECRETARIAT COMMENTARY, Documentary History of the ULIS, S. 422, Art. 33, Anm. 5. Für eine differenzierende Betrachtungsweise kann aber an das in Art. 35 Abs. 2 lit. a) CISG enthaltene Merkmal „Waren der gleichen Art" angeknüpft werden.

241 SCHLECHTRIEM, Internat. Kaufrecht, Rn. 136; ders. IPrax 1996, S. 13.

242 Vgl. Staudinger-MAGNUS, Art. 41, Rn. 13 m.w.N..

243 Staudinger-MAGNUS, Art. 41, Rn. 13; HERBER/CZERWENKA, Internationales Kaufrecht, Art. 41, Rn. 4; Schlechtriem-SCHWENZER, Art. 41, Rn. 6. Entscheidend für die Bejahung eines Sachmangels sind allein die faktischen Auswirkungen des öffentlich-rechtlichen Rechtsakts auf die Verwendungsfähigkeit der Kaufsache, die im Fall seiner Nichtigkeit oder Anfechtbarkeit ebenfalls gegeben sein können (SCHLECHTRIEM, Internat. Kaufrecht, Rn. 136; ders., IPrax 1996, S. 13).

244 Schlechtriem-SCHWENZER, Art. 35, Rn. 5.

besteht[245]. Überwiegend werden in diesen Fällen, vorbehaltlich der Regeln über den guten Glauben, die Standards des Verkäuferlandes für entscheidend erachtet[246]. Richtigerweise sollte der geltende Maßstab bei divergierenden Vorgaben im Wege der Auslegung anhand der Umstände des Einzelfalles ermittelt werden (Art. 8 CISG)[247]. Dabei ist davon auszugehen, daß es grundsätzlich dem Käufer obliegt, den Verkäufer auf die in seinem bzw. im Verwendungsstaat geltenden höheren Standards hinzuweisen. Wenn die Kaufsache zwar dem niedrigeren Maßstab des Käuferstaates, nicht aber dem höheren Maßstab des Verkäuferstaates entspricht, kann eine Beeinträchtigung des gewöhnlichen Gebrauchs nur angenommen werden, sofern der Käufer auf die im Land des Verkäufers geforderte Qualität erkennbar Wert gelegt hat. Dies ergibt sich regelmäßig aus der Höhe des vereinbarten Kaufpreises. Läßt sich durch Auslegung nicht ermitteln, welcher Standard gelten soll, so kann gegebenenfalls eine sich aus internationalen Handelsbräuchen ergebende Mindestqualität zugrunde gelegt werden[248]. Die gleichen Grundsätze gelten auch für die Einhaltung öffentlich-rechtlicher Bestimmungen über die Beschaffenheit der Ware. In dieser Hinsicht kann die Kenntnis besonderer nationaler Vorschriften vom Verkäufer allenfalls erwartet werden, wenn er bereits vorher Geschäftsbeziehungen mit dem Käufer hatte oder regelmäßig in das betreffende Land exportiert. Die bloße Mitteilung des Bestimmungslandes reicht hingegen nicht[249].

I. Die Lösung des deutschen Rechts

Im deutschen Recht nennt § 459 Abs. 1 S. 1 BGB das Erfordernis der gewöhnlichen Gebrauchstauglichkeit. Mangels ausdrücklicher Abreden gilt sie entweder aufgrund der Heranziehung dieser dispositiven Norm oder aufgrund ergänzender

---

[245] SCHLECHTRIEM, Internat. Kaufrecht, Rn. 136; ders., IPrax 1996, S. 13.

[246] BIANCA-BONELL, International Sales Law, Art. 35, Anm. 2.5.1.; ENDERLEIN in Internationales Kaufrecht, Art. 35, Anm. 8; NEYMAYER/MING, Vente Internationale, Art. 35, Anm. 7; Staudinger-MAGNUS, Art. 35, Rn. 22.

[247] SCHLECHTRIEM, Internat. Kaufrecht, Rn. 137; Schlechtriem-SCHWENZER, Art. 35, Rn. 16; HONNOLD, Uniform Law, Rn. 225. In dieser Möglichkeit zeigt sich der Vorzug einer Qualifizierung des Art. 35 Abs. 2 lit. a) CISG als vermutete Parteivereinbarung. Denn eine als gesetzliche Verpflichtung verstandene Vorschrift würde in Ermangelung eines international anerkannten Maßstabs der normalen Verwendungseignung in der Mehrzahl der Fälle nicht angewendet werden können (SCHLECHTRIEM, IPrax 1996, S. 15).

[248] Schlechtriem-SCHWENZER, Art. 35, Rn. 16.

[249] Schlechtriem-SCHWENZER, Art. 35, Rn. 17; SCHLECHTRIEM, IPrax 1996, S. 14 f.; BIANCA-BONELL, International Sales Law, Art. 35, Anm. 3.2.; NEYMAYER/MING, Vente Internationale, Art. 35, Anm. 7.

Vertragsauslegung als stillschweigend vereinbart[250], wenn die Parteien nach dem Inhalt des Kaufvertrages keinen abweichenden Gebrauch gewollt haben[251]. Ob der Käufer bei Vertragsschluß die Absicht des gewöhnlichen Gebrauchs hatte, ist unerheblich[252]. Die Bestimmung der normalen Verwendung richtet sich nach der Verkehrsauffassung unter Berücksichtigung der örtlichen und sonstigen Verhältnisse[253]. Insoweit können seit der Durchsetzung des subjektiven Fehlerbegriffs nicht nur die tatsächlichen, sondern auch die rechtlichen Beziehungen des Kaufgegenstandes zur Umwelt bedeutsam sein.

1. Die Abgrenzung zwischen Sach- und Rechtsmängeln

Aus diesem Grund stellt sich im deutschen Recht in Anbetracht der unterschiedlichen Rechtsfolgen – einerseits §§ 459 ff. BGB und andererseits §§ 440 Abs. 1, 320 ff. BGB - gleichfalls die Frage der Abgrenzung zwischen Sach- und Rechtsmängeln. Da der Begriff des Rechtsmangels vom Gesetz objektiv und nicht vertragsbezogen-individuell bestimmt wird, sind insbesondere die infolge zunehmender rechtlicher Normierung häufigen Fälle problematisch, in denen die Verwendbarkeit der Sache durch öffentlich-rechtliche Vorschriften beeinträchtigt wird[254].

Ein Lösungsansatz besteht in dem Versuch einer eindeutigen begrifflichen Differenzierung, für die verschiedene Unterscheidungskriterien herausgearbeitet wurden. Der ersten Ansicht[255] zufolge beruht ein Rechtsmangel auf der Vorgeschichte und ein Sachmangel auf der gegenwärtigen Beschaffenheit der Sache. Denn die kurze Verjährungsfrist des § 477 BGB erkläre sich daraus, daß die gegenwärtige Beschaffenheit des Kaufgegenstandes im Gegensatz zu seiner

---

250 Siehe S. 48 ff..

251 Soergel-HUBER, § 459, Rn. 66; MEDICUS, SchuldR II, Rn. 46.

252 Soergel-HUBER, § 459, Rn. 67. Allerdings ist eine Beeinträchtigung der normalen Verwendungseignung abzulehnen, falls die Untauglichkeit in besonderen Umständen in der Sphäre des Käufers begründet ist. Dann muß der Käufer diesbezüglich eine besondere Vereinbarung herbeiführen (Soergel-HUBER, § 459, Rn. 67).

253 Soergel-HUBER, § 459, Rn. 66; Staudinger-HONSELL, § 459, Rn. 55. Beispielsweise gehört zur gewöhnlichen Gebrauchstauglichkeit bei Kraftfahrzeugen deren Fahrfähigkeit (MEDICUS, SchuldR II, Rn. 46), bei Grundstücken deren Bebaubarkeit (RGZ 131, 343(352)) und bei technischen Arbeitsmitteln deren Übereinstimmung mit den anerkannten Regeln der Technik sowie den Arbeitsschutz- und Unfallverhütungsvorschriften (BGH WM 1985, 463 (464)).

254 Soergel-HUBER, § 434, Rn. 2.

255 HECK, SchuldR, S. 270; LARENZ, SchuldR, S. 29; GRUNEWALD, Sach- und Rechtsmängelhaftung, S. 25 ff..

Vorgeschichte bei einer Untersuchung erkennbar sei. Die zweite Ansicht[256] differenziert zwischen behebbaren und unbehebbaren Beeinträchtigungen. Die Rechtsmängelhaftung sei als eine Haftung für subjektives Unvermögen zu verstehen, da die in § 434 BGB postulierte Verkäuferpflicht, die dort genannten Rechte zu beseitigen, nur bestehen könne, wenn die Beseitigung objektiv möglich sei. Demgemäß setze das Vorliegen eines Rechtsmangels dessen objektive Behebbarkeit[257] bzw. Ablösbarkeit[258] voraus[259]. Ansonsten könne es sich allenfalls um einen Sachmangel handeln. Nach der dritten Ansicht[260] ist entscheidend, ob sachliche oder rechtliche Eigenschaften der Kaufsache in Rede stehen. Sachliche Eigenschaften begründeten einen Sachmangel, rechtliche Eigenschaften führten zu einem Rechtsmangel. Allerdings müsse die Verwendungsbeeinträchtigung nicht nur beim Sachmangel, sondern auch beim Rechtsmangel mit Rücksicht auf den konkreten Vertragsinhalt festgestellt werden. Die vierte Ansicht[261] versteht die Rechtsmängelhaftung des Verkäufers als eine Haftung für die Nichterfüllung der Pflicht zur Verschaffung der ungeteilten rechtlichen Eigentümerzuständigkeit. Folglich subsumiert sie § 434 BGB ausschließlich solche Rechte Dritter, die ihrem Inhaber eine eigene rechtliche Zuständigkeit geben, durch welche die Zuständigkeit des Käufers als Eigentümer eingeschränkt wird. Bei rechtlichen Umständen, die die Kaufsache als Objekt beträfen, komme hingegen außer einer Haftung aufgrund einer hinsichtlich der Rechtslage abgegebenen Garantie oder aufgrund einer *culpa in contrahendo* eine Verantwortlichkeit des Verkäufers entsprechend den Vorschriften des Sachmängelrechts in Betracht.

Ein anderer Lösungsansatz[262] geht unter Ablehnung der Möglichkeit einer begrifflichen Abgrenzung davon aus, daß der Rechtsmängelhaftung im Überschneidungsbereich der Vorrang vor der Sachmängelhaftung zukommt. Denn der Käufer habe bei Vorliegen eines Rechtsmangels weiterreichende Rechte als bei Vorliegen eines Sachmangels. Somit sei im Fall rechtlicher Beeinträchtigungen der Gebrauchstauglichkeit stets zunächst zu klären, ob sie einen Rechtsmangel

---

[256] MüKo-WESTERMANN, § 434, Rn. 4; LANDSBERG, Abgrenzung zwischen Sach- und Rechtsmängeln, S. 39 ff..

[257] MüKo-WESTERMANN, § 434, Rn. 4.

[258] LANDSBERG, Abgrenzung zwischen Sach- und Rechtsmängeln, S. 41.

[259] Die Behebung eines Rechtsmangels unterscheide sich von der Behebung eines Sachmangels dadurch, daß sie weder den Besitz an der Sache voraussetze noch zu einer Veränderung ihres äußeren Erscheinungsbildes führe. Ferner werde ein Rechtsmangel nicht wie ein Sachmangel durch ein tatsächliches Handeln, sondern durch ein Rechtsgeschäft des Verkäufers mit dem Dritten, der die Rechtsposition an dem Kaufgegenstand innehat, beseitigt (LANDSBERG, Abgrenzung zwischen Sach- und Rechtsmängeln, S. 41 f.).

[260] FLUME, Eigenschaftsirrtum, S. 167 ff..

[261] ERNST, Rechtsmängelhaftung, S. 123 ff., insbes. S. 131 ff., 138 f., 165 ff..

[262] Soergel-HUBER, § 434, Rn. 8 ff., 27 f.; Staudinger-KÖHLER, § 434, Rn. 4.

begründen. Ein solcher bestehe in der individuellen Belastung der Sache im Vergleich zum Normalfall, da die Eigentumsverschaffungspflicht des Verkäufers wegen der objektiven Bestimmung des Rechtsmangelbegriffs immer auf die Verschaffung des Eigentums in seiner allgemeinen gesetzlich vorgeformten Ausgestaltung gerichtet sei. Erst wenn ein Rechtsmangel verneint worden sei, könne weiter geprüft werden, ob es sich um einen Sachmangel handele.

Keiner dieser Vorschläge führt jedoch zu einer befriedigenden Lösung des Problems. Die Kriterien der Erkennbarkeit oder der Behebbarkeit des Mangels sind trotz ihrer Nützlichkeit im Einzelfall nicht verallgemeinerungsfähig[263]. Die Unterscheidung zwischen sachlichen und rechtlichen Eigenschaften der Kaufsache ist notwendigerweise mit einer Subjektivierung des Rechtsmangelbegriffs verbunden, um eine Ausdehnung der strengeren Rechtmängelhaftung auf alle dem Käufer nachteiligen rechtlichen Beschaffenheiten der Kaufsache zu vermeiden. Dies widerspricht dem im Gesetz zugrunde gelegten Charakter des Kaufvertrages als Veräußerungsvertrag, aus dem die Verpflichtung des Verkäufers zur Verschaffung des Eigentums und nicht nur einer bestimmten Verwendungsmöglichkeit folgt[264]. Die Beschränkung des Anwendungsbereichs des § 434 BGB auf Rechte, die die Eigentümerzuständigkeit des Käufers beeinträchtigen, erfordert Differenzierungen nach dem Entstehungsgrund und der Rechtsnatur des Drittrechts, die nach dem Wortlaut und dem Sinn der Vorschrift nicht gerechtfertigt sind[265]. Die Lösung über einen Vorrang der Rechts- vor der Sachmängelhaftung führt bei der Bestimmung des Eigentums in seiner allgemeinen gesetzlich vorgeformten Ausgestaltung nicht nur zu neuen Schwierigkeiten, sondern ebenso wie der objektive Fehlerbegriff in eine methodische Sackgasse[266].

Die Rechtsprechung lehnt „schematische Lösungen und rein begriffliche Ableitungen" daher zu Recht ab[267]. Sie bejaht häufig einen Sachmangel, wenn sich die rechtlichen Verhältnisse der Kaufsache wegen ihrer tatsächlichen Auswirkungen als solcher darstellen[268]. Ferner werden öffentlich-rechtliche Nutzungsbeschränkungen aus dem Gesichtspunkt des Gemeinwohls als Sachmangel qualifiziert, da der Verkäufer sie nicht beseitigen kann[269]. Darüber hinaus verbleiben aber zahlreiche Grenzfälle[270], in denen aufgrund der Tendenz der Judikatur, die Abgren-

---

[263] Staudinger-KÖHLER, § 434, Rn. 20.
[264] Soergel-HUBER, § 434, Rn. 25; Mot. II, S. 213.
[265] Soergel-HUBER, § 434, Rn. 26b.
[266] ERNST, Rechtsmängelhaftung, S. 141 f..
[267] BGH NJW 1991, 915 (916).
[268] RGZ 69, 429 (431 f.); BGH NJW 1970, 556.
[269] RGZ 131, 343 (348); BGH DB 1965, 1737.
[270] Vgl. MüKo-WESTERMANN, § 434, Rn. 5 m.w.N..

zung mit Rücksicht auf die im Einzelfall angemessen erscheinende Rechtsfolge vorzunehmen, die Vorhersehbarkeit ihrer Entscheidungen nicht mehr gewährleistet ist[271].

2. Der Maßstab bei grenzüberschreitenden Kaufverträgen

Bei grenzüberschreitenden Kaufverträgen, auf die gemäß Art. 27 ff. EGBGB deutsches Recht Anwendung findet, ist fraglich, ob im Fall unterschiedlicher nationaler Standards für die gewöhnliche Gebrauchstauglichkeit der Maßstab des Verkäufer- oder des Käuferlandes heranzuziehen ist. In dem bekannten Muschel-Fall entschied der BGH zu Art. 35 Abs. 2 lit. a) CISG, daß die Kenntnis besonderer öffentlich-rechtlicher Produktstandards des Käuferlandes vom Verkäufer grundsätzlich nicht erwartet werden kann[272]. Ob diese Entscheidung auch auf das nationale Kaufrecht übertragbar ist, bleibt offen.

II. Die Lösung des englischen Rechts

Das englische Recht nennt die gewöhnliche Gebrauchstauglichkeit in sec. 14 (2B) (a) SGA als einen von mehreren einschlägigen Faktoren für die Beurteilung der Qualität der Ware, die gemäß sec. 14 (2) SGA zufriedenstellend sein muß. Letzteres ist gemäß sec. 14 (2A) SGA zu bejahen, wenn die Ware dem Standard entspricht, den eine vernünftige Person unter Berücksichtigung der Beschreibung, (gegebenenfalls) des Preises sowie aller sonstigen relevanten Umstände als zufriedenstellend erachten würde. Der Anwendungsbereich von sec. 14 (2) SGA ist ebenso wie der von sec. 14 (3) SGA in persönlicher Hinsicht auf die Fälle, in denen der Verkäufer im Rahmen einer gewerblichen Tätigkeit verkauft („*sells goods in the course of a business*“), und in sachlicher Hinsicht auf die aufgrund des Vertrages gelieferten Waren („*goods supplied under the contract*“) beschränkt[273].

Das Erfordernis der zufriedenstellenden Qualität (*satisfactory quality*) trat mit der Verabschiedung des *Sale and Supply of Goods Act* 1994 an die Stelle des in den früheren Fassungen des *Sale of Goods Act* enthaltenen Kriteriums der han-

---

[271] SCHURKOM, Abschlußbericht, S. 205.
[272] BGH EuZW 1995, 447.
[273] Siehe S. 119 f..

delbaren Qualität (*merchantable quality*)[274], dessen Konkretisierung sich von Beginn an als schwierig erwies[275]. Unter den verschiedenen Merkmalen, die zu diesem Zweck herangezogen wurden, wurde primär meist auf die normale Gebrauchstauglichkeit der Kaufsache abgestellt. Demnach war handelbare Qualität zu verneinen, wenn sich die Waren zu keinem Zweck eignen, zu dem solche Waren gewöhnlich verwendet werden (*test of fitness for purpose*)[276]. Der gewöhnliche Gebrauchszweck wurde aus der objektiven Sicht eines vernünftigen Käufers ermittelt, wobei insbesondere die Beschreibung der Waren zu beachten war[277]. Diese Auffassung fand schließlich ihren Niederschlag in sec. 14 (6) des *Sale of Goods Act* 1979, die erstmals eine gesetzliche Definition des Begriffs „*merchantable quality*" enthielt[278].

1. Eignung für einen oder für alle gewöhnlichen Gebrauchszwecke

Durch die Kodifizierung dieser Vorschrift entstand jedoch das Problem, ob handelbare Qualität die Tauglichkeit der Kaufsache für alle oder lediglich für einen der gewöhnlichen Gebrauchszwecke voraussetzte. Denn im Gegensatz zu der zuvor ergangenen Rechtsprechung, die letzteres ausreichen ließ[279], implizierte sec. 14 (6) des *Sale of Goods Act* 1979 aufgrund der Bezugnahme auf den Zweck oder die Zwecke („*purpose or purposes*"), zu dem bzw. zu denen Waren dieser Art gewöhnlich gekauft werden, daß die Eignung für alle normalen Ver-

---

[274] Im *Sale of Goods Act* 1893 lautete sec. 14 (2): „*Where goods are bought by description from a seller who deals in goods of that description (whether he be the manufacturer or not), there is an implied condition that the goods shall be of merchantable quality;...*". Im *Sale of Goods Act* 1979 lautete sec. 14 (2): „*Where the seller sells goods in the course of a business, there is an implied condition that the goods supplied under the contract are of merchantable quality,...*".

[275] Vgl. im einzelnen BRIDGE, Sale of Goods, S. 293 ff..

[276] *Cammel Laird & Co. Ltd. v. Manganese Bronze and Brass Co. Ltd.* (1934) A.C. 402 (430); REYNOLDS in Benjamin, Rn. 11-042. Nach anderer Ansicht ist die Handelbarkeit hingegen durch den *test of acceptability* bzw. den *test of relevance of price* zu bestimmen. Siehe dazu S. 144 m.w.N..

[277] *Henry Kendall & Sons v. William Lillico & Sons Ltd.* (1969) 2 A.C. 31 (77).

[278] Diese durch den *Supply of Goods (Implied Terms) Act* 1973 eingeführte Vorschrift hatte folgenden Wortlaut: „*Goods of any kind are of merchantable quality within the meaning of subsection (2) above if they are as fit for the purpose or purposes for which goods of that kind are commonly bought as it is reasonable to expect having regard to any description applied to them, the price (if relevant) and all the other relevant circumstances.*"

[279] *Cammel Laird & Co. Ltd. v. Manganese Bronze and Brass Ltd.* (1934) A.C. 402 (430); *Henry Kendall & Sons v. William Lillico & Sons Ltd.* (1969) 2 A.C. 31 (77, 97).

wendungszwecke erforderlich sei[280]. Gleichwohl wurden in der Entscheidung *M/S Aswan Engineering Establishment Co. v. Lupdine Ltd.*[281] Waren, die nicht für alle gewöhnlichen Gebrauchszwecke tauglich waren, mit der Begründung als *merchantable* angesehen, daß die gesetzliche Definition das frühere Fallrecht nicht dahingehend verschärft habe, daß nunmehr die Eignung für alle vorhersehbaren normalen Verwendungszwecke erforderlich sei[282]. Ob die Vorgehensweise des Gerichts in diesem Fall, nämlich die Heranziehung früherer Urteile, nach Einführung von sec. 14 (6) des *Sale of Goods Act* 1979 noch möglich war[283] oder ob die Frage der *merchantable quality* nicht vielmehr allein anhand der Legaldefinition beurteilt werden mußte[284], war zwar umstritten. Da die neue Vorschrift die Gebrauchstauglichkeit aber nur insoweit forderte, wie es unter Berücksichtigung der Beschreibung, (gegebenenfalls) des Preises und aller anderen einschlägigen Umstände vernünftig ist[285], konnte auch die letztere Ansicht Waren als handelbar einstufen, die nicht für alle gewöhnlichen Gebrauchszwecke tauglich waren, sofern eine entsprechende Erwartung des Käufers unvernünftig war[286].

Diese Rechtslage sollte durch den *Sale and Supply of Goods Act* 1994 endgültig geändert werden. In sec. 14 (2B) (a) SGA wird jetzt ausdrücklich festgelegt, daß *satisfactory quality* die Tauglichkeit für alle Gebrauchszwecke voraussetzt, für die Waren der in Rede stehenden Art gewöhnlich geliefert werden. Allerdings kommt diese Bestimmung nur in passenden Fällen („*in appropriate cases*") zur Anwendung, so daß die Qualität der Kaufsache je nach den Umständen des

---

280 REYNOLDS in Benjamin, Rn. 11-045; BRIDGE, Sale of Goods, S. 305; GOODE Commercial Law, 1.Aufl., S. 261.

281 (1987) 1 W.L.R. 1. In diesem Fall ging es um den Verkauf von Plastikcontainern zum Zwecke des Exports. Die Käufer füllten die Container mit einer flüssigen Verbindung und verschifften sie nach Kuwait, wo sie in einer Höhe von sechs Fuß übereinander gestapelt wurden und für mehrere Tage der großen Hitze ausgesetzt waren. Infolge dieser Belastung brachen sie zusammen und ihr Inhalt ging verloren. Gleichwohl bejahte der *Court of Appeal* die *merchantable quality* der Container, da sie zwar nicht unter diesen Bedingungen aufbewahrt werden könnten, im übrigen aber für die meisten Zwecke, für die Container dieser Art gewöhnlich gebraucht würden, geeignet seien.

282 *M/S Aswan Engineering Establishment Co. v. Lupdine Ltd.* (1987) 1 W.L.R. 1 (15).

283 So ATIYAH/ADAMS, Sale of Goods, S. 130 f. m.w.N. zur Rechtsprechung.

284 So REYNOLDS in Benjamin, Rn. 11-035 m.w.N. zur Rechtsprechung.

285 Dieser Maßstab ermöglichte namentlich beim Kauf gebrauchter Sachen aufgrund ihrer Beschreibung bzw. der Offenlegung eventueller Defekte Einschränkungen der zu erwartenden Gebrauchstauglichkeit (ATIYAH/ADAMS, Sale of Goods, S. 158 ff. m.w.N. zur Rechtsprechung).

286 REYNOLDS in Benjamin, Rn. 11-045.

konkreten Falles trotz ihrer mangelnden Eignung für einen normalen Verwendungszweck zufriedenstellend sein kann[287].

2. Die Abgrenzung zwischen Sach- und Rechtsmängeln

Da die gewöhnliche Gebrauchstauglichkeit nicht nur durch (fehlende) körperliche Eigenschaften, sondern auch durch rechtliche Hindernisse beeinträchtigt werden kann[288], ist ferner zu klären, wie die Anwendungsbereiche von sec. 14 (2) SGA und sec. 12 SGA voneinander abzugrenzen sind. Denn derartige Beeinträchtigungen können ebenso einen Verstoß gegen die Pflicht zur Übertragung eines gültigen Titels (sec. 12 (1) SGA) darstellen[289].

Gemäß sec. 12 (1) SGA beinhaltet jeder Kaufvertrag die *implied condition*, daß der Verkäufer das Recht hat, die Waren zu verkaufen (*right to sell the goods*). Fraglich ist, wann ein *right to sell the goods* zu bejahen ist. Obwohl der Zweck der Vorschrift offensichtlich darin besteht, die Übertragung des Eigentums (*property*) oder des Titels (*title*) auf den Käufer zu gewährleisten, setzt ein solches Recht *property* oder *title* des Verkäufers nicht zwingend voraus. Angesichts der in sec. 2 (1) SGA enthaltenen Feststellung, daß ein Kaufvertrag ein auf Eigentumsübertragung gerichteter Vertrag ist, genügt statt dessen die Fähigkeit, die Eigentums- oder Titelübertragung herbeizuführen (*power to confer a good title on the buyer*). Der Verkäufer kann einen Kaufvertrag mithin auch erfüllen, indem er einen Dritten veranlaßt, Eigentum oder Titel direkt auf den Käufer zu übertragen[290]. Weil das englische Recht einen gutgläubigen Erwerb vom Nichtberechtigten nicht kennt, sondern auf dem Grundsatz *nemo dat quod non habet* beruht[291], ist neben dieser Fähigkeit jedoch ein *right to sell the goods* in dem Sinne erforderlich, daß die Rechtsverschaffung berechtigterweise erfolgen muß. Zwar sind die Fähigkeit und die Berechtigung, *property* oder *title* auf den Käufer zu

---

[287] LAW COM., Sale and Supply of Goods, Anm. 3.36; GOODE, Commercial Law, S. 323; BRIDGE, Sale of Goods, S. 307. Dies gilt insbesondere beim Verkauf gebrauchter Sachen, deren Qualität in Anbetracht ihrer Beschreibung zufriedenstellend sein kann, obwohl sie nicht für alle gewöhnlichen Gebrauchszwecke tauglich sind.

[288] GOODE, Commercial Law, S. 326.

[289] Des weiteren postuliert sec. 12 (2) (a) SGA eine *implied warranty* hinsichtlich der Freiheit der Waren von Rechten und Belastungen und sec. 12 (2) (b) SGA eine *implied warranty* hinsichtlich der ungestörten Besitzausübung durch den Käufer. Diesen Bestimmungen kommt aber neben sec. 12 (1) SGA nur geringe Bedeutung zu (vgl. GUEST/HARRIS/REYNOLDS in Chitty, Vol. II, Rn. 4733 f.), so daß sie hier nicht näher erörtert werden sollen.

[290] ATIYAH/ADAMS, Sale of Goods, S. 77 f.; GUEST/HARRIS/REYNOLDS in Chitty, Vol. II, Rn. 4731 f..

[291] GUEST/HARRIS/REYNOLDS in Chitty, Vol. II, Rn. 4806.

übertragen, in der Regel dergestalt miteinander verbunden, daß sie entweder beide vorliegen oder beide fehlen. Es sind aber auch Fälle denkbar, in denen lediglich eine der beiden Voraussetzungen gegeben ist[292].

Um einen solchen Fall handelte es sich bei der Rechtssache *Niblett Ltd. v. Confectioners' Materials Co. Ltd.*[293], in der es um den Verkauf von Kondensmilchdosen ging, die die Käufer aufgrund eines Verstoßes gegen eine bekannte englische Handelsmarke nur nach vorheriger Entfernung der Etiketten weiterverkaufen konnten. Der *Court of Appeal* begründete die Verletzung von sec. 12 (1) des *Sale of Goods Act* 1893 damit, daß den Verkäufern trotz der wirksamen Eigentumsübertragung auf die Käufer ein *right to sell the goods* gefehlt habe, da sie ihnen aufgrund des Verstoßes gegen das Schutzrecht durch eine gerichtliche Anordnung hätte untersagt werden können[294]. Darüber hinaus wurde auch eine Verletzung von sec. 14 (2) des *Sale of Goods Act* 1893 angenommen[295], hinsichtlich derer die Begründungen jedoch divergierten, da einerseits auf die Sachsubstanz und andererseits auf die Sachfunktion abgestellt wurde. Während Bankes L.J. anführte, daß sich die in dieser Vorschrift geregelte Qualitätsanforderung auch auf die Etiketten beziehe, weil der Zustand der Waren auch den Zustand der Verpackung umfasse,[296] stützte Atkin L.J. den Verstoß gegen sec. 14 (2) des *Sale of Goods Act* 1893 darauf, daß die Dosen in Anbetracht der Gefahr einer gerichtlichen Untersagung unverkäuflich waren[297]. Ebenso wurde in der von den gleichen Richtern entschiedenen Rechtssache *Sumner Permain & Co. Ltd. v. Webb & Co. Ltd.*[298] argumentiert, in der es um den Verkauf von Mineralwasser nach Argentinien ging, das aufgrund eines nach argentinischem Recht verbotenen Inhaltsstoffes in diesem Land nicht weiterverkauft werden konnte. Hier lehnte Bankes L.J. eine Verletzung von sec. 14 (2) des *Sale of Goods Act* 1893 ab, da sowohl der Zustand des Mineralwassers als auch der Zustand der Verpackung ordnungsgemäß waren[299]. Dagegen bejahte Atkin L.J. die *merchantable quality*,

---

[292] ATIYAH/ADAMS, Sale of Goods, S. 78.
[293] (1921) 3 K.B. 387.
[294] *Niblett Ltd. v. Confectioners' Materials Co. Ltd.* (1921) 3 K.B. 387 (388, 398). Die Verkäufer hatten also nur die Fähigkeit, nicht aber die Berechtigung zur Übertragung des Eigentums.
[295] *Niblett Ltd. v. Confectioners' Materials Co. Ltd.* (1921) 3 K.B. 387 (388). Lediglich Scrutton L.J. lehnte in einer abweichenden Beurteilung des Falles (*dissenting opinion*) einen Verstoß gegen sec. 14 (2) des *Sale of Goods Act* 1893 mit dem Hinweis ab, daß diese Bestimmung nicht für rechtliche Einschränkungen der Wiederverkäuflichkeit gelte (*Niblett Ltd. v. Confectioners'Materials Co. Ltd.* (1921) 3 K.B. 387 (398 f.)).
[296] *Niblett Ltd. v. Confectioners' Materials Co. Ltd.* (1921) 3 K.B. 387 (395 f.).
[297] *Niblett Ltd. v. Confectioners' Materials Co. Ltd.* (1921) 3 K.B. 387 (403 f.).
[298] (1922) 1 K.B. 55.
[299] *Sumner Permain & Co. Ltd. v. Webb & Co. Ltd.* (1922) 1 K.B. 55 (61).

weil der Verkauf in anderen Staaten möglich und die Ware somit für einige der normalen Verwendungszwecke tauglich war[300].

Im Ergebnis ist somit festzustellen, daß rechtliche Beschränkungen aufgrund der übereinstimmenden Rechtsfolgen sowohl zu einem Verstoß gegen sec. 12 (1) SGA als auch zu einem Verstoß gegen sec. 14 (2) SGA führen können. Dagegen bleibt offen, ob im Rahmen von sec. 14 (2) SGA auf die Beeinträchtigung der Sachfunktion oder der Sachsubstanz abzustellen ist.

3. Der Maßstab bei grenzüberschreitenden Kaufverträgen

Die zuvor erläuterten Entscheidungen sind auch bedeutsam für die Frage, ob für die Bestimmung der gewöhnlichen Gebrauchstauglichkeit der Maßstab des Käufer- oder des Verkäuferlandes zugrunde zu legen ist. Denn diese stellt sich vor allem in den Fällen, in denen der vom Käufer beabsichtigte Weiterverkauf der Ware durch die im Exportland bestehenden rechtlichen Vorgaben verhindert wird. Hier sind nationale Unterschiede besonders häufig[301].

Obgleich sec. 14 (2B) (a) SGA jetzt die Tauglichkeit der Ware für alle gewöhnlichen Gebrauchszwecke fordert, wird es weiterhin überwiegend als unangemessen erachtet, vom Verkäufer die Kenntnis der gesetzlichen Vorschriften sämtlicher Staaten zu erwarten, aus denen er Aufträge erhält oder in die der Käufer exportieren will. Sofern er nicht selbst aktive Schritte zur Erschließung dieser Märkte ergreife, handele es sich nicht um einen *appropriate case*, auf den sec. 14 (2B) (a) SGA Anwendung finde. Dann sei es Sache des Käufers, für die Einhaltung besonderer nationaler Rechtsbestimmungen zu sorgen[302]. Der im Käufer- oder Verwendungsstaat geltende Standard ist mithin nur in Ausnahmefällen für die Festlegung der normalen Verwendungseignung entscheidend.

---

[300] *Sumner Permain & Co. Ltd. v. Webb & Co. Ltd.* (1922) 1 K.B. 55 (65 f.). Auch Scrutton L.J. verneinte unter Verweis auf seine in *Niblett v. Confectioners' Materials Co. Ltd.* gegebene Begründung einen Verstoß gegen sec. 14 (2) des *Sale of Goods Act* 1893 (*Sumner Permain & Co. Ltd. v. Webb & Co. Ltd.* (1922) 1 K.B. 55 (62 ff.).

[301] SCHLECHTRIEM, IPrax 1996, S. 14.

[302] ATIYAH/ADAMS, Sale of Goods, S. 143; BRIDGE, Sale of Goods, S. 312 f..

III. Rechtsvergleichende Würdigung

Das Kriterium der gewöhnlichen Gebrauchstauglichkeit der Kaufsache ist in allen zu untersuchenden Rechtsordnungen zu finden[303], wobei für die Bestimmung des normalen Verwendungszwecks durchweg ein objektiver Maßstab gilt. Auch im Rahmen der Richtlinie sollte insoweit auf die objektive Sicht eines vernünftigen Käufers bzw. die Verkehrsauffassung abgestellt werden.

1. Eignung für einen oder für alle gewöhnlichen Gebrauchszwecke

Fraglich ist aber, wie das vor allem im englischen Recht diskutierte Problem zu lösen ist, ob die Bejahung der gewöhnlichen Gebrauchstauglichkeit der Kaufsache die Eignung für alle oder lediglich für einen normalen Verwendungszweck erfordert. Denn im Gegensatz zu Art. 2 Abs. 2 lit. b) der vorhergehenden Fassungen setzt der nunmehr einschlägige Art. 2 Abs. 2 lit. c) RL nicht mehr die Eignung für „alle", sondern nur noch die Eignung für „die" Zwecke voraus, für die Güter der gleichen Art gewöhnlich gebraucht werden. Entscheidend sollte sein, was ein Verbraucher unter Beachtung der Umstände des Einzelfalls, insbesondere der Beschreibung und des Zustands der Waren, vernünftigerweise erwarten kann[304]. Selbst wenn man für Art. 2 Abs. 2 lit. c) RL weiterhin die Eignung für alle gewöhnlichen Gebrauchszwecke verlangt, kommt als möglicher Anknüpfungspunkt für eine derartige differenzierende Betrachtungsweise das Tatbestandsmerkmal „Güter der gleichen Art" in Betracht, bei dessen Ausfüllung die genannten Kriterien berücksichtigt werden können.

2. Die Abgrenzung zwischen Sach- und Rechtsmängeln

Da die untersuchten Rechtsordnungen übereinstimmend davon ausgehen, daß die Verwendungseignung auch durch rechtliche Bestimmungen beeinflußt werden kann, ist ferner die Abgrenzung zwischen Sach- und Rechtsmängeln zu erörtern. Im UN-Kaufrecht und im deutschen Recht, wo von der Annahme eines Sach- oder eines Rechtsmangels die Anwendung unterschiedlicher Rechtsnormen abhängt, bereitet diese Differenzierung insbesondere bei öffentlich-rechtlichen Verwendungsbeschränkungen Schwierigkeiten. Im englischen Recht, wo eine

---

[303] Im englischen Recht ist es jedoch wiederum beschränkt auf Kaufverträge *„in the course of a business"* (siehe S. 133).

[304] Insoweit kann auch die Tauglichkeit für einen einzigen normalen Verwendungszweck ausreichen, obwohl die Wahl des Plurals in Art. 2 Abs. 2 lit. c) RL („Zwecke") das Gegenteil impliziert.

rechtliche Bestimmung angesichts identischer Rechtsfolgen sowohl einen Rechtsmangel als auch einen Sachmangel darstellen kann, bestehen dagegen keine Probleme. Obwohl auch hier durch die Umsetzung der Richtlinie ein erneuter Anpassungsbedarf der für Sach- und Rechtsmängel geltenden Vorschriften entstehen kann, zeigt die derzeitige englische Rechtslage, daß die in dieser Hinsicht in Deutschland vorhandene Rechtsunsicherheit nur durch eine möglichst weitgehende Synchronisierung der jeweils einschlägigen Rechtsnormen beseitigt werden kann[305].

Ein entsprechender Vorschlag wurde von der Schuldrechtskommission gemacht. Sie erreicht eine solche Angleichung der für Sach- und für Rechtsmängel geltenden Vorschriften, indem sie das Sachmängelrecht ebenfalls in das allgemeine Leistungsstörungsrecht integriert. Abgesehen davon, daß der Begriff des Rechtsmangels im Gegensatz zu dem des Sachmangels weiterhin objektiv, d.h. ohne Berücksichtigung des vom konkreten Käufer angestrebten Verwendungszwecks, bestimmt werden soll, besteht die einzige Abweichung darin, daß die Obliegenheit, einen bei der Annahme der Sache als Erfüllung erkannten Mangel zu rügen (§ 443 KE), allein bei Sachmängeln und nicht bei Rechtsmängeln eingreift. Da die praktische Bedeutung der Abgrenzungsfrage dadurch erheblich verringert werde, könne eine gesonderte Regelung öffentlich-rechtlicher Verwendungsbeschränkungen unterbleiben[306]. Allerdings ist aufgrund der unterschiedlichen Bestimmung des Rechts- und des Sachmangelbegriffs namentlich im Fall öffentlich-rechtlicher Verwendungsbeschränkungen fraglich, ob die Tauglichkeit der Sache subjektiv, d.h. im Hinblick auf einen konkreten Verwendungszweck, oder objektiv, d.h. im Hinblick auf alle normalen Verwendungszwecke, festzustellen ist. Ferner wird die bislang bei Rechtsmängeln geltende Garantiehaftung (§ 437 BGB) zugunsten einer Verschuldenshaftung (§ 276 KE) aufgegeben[307], so daß zu klären ist, bei welchen rechtlichen Beeinträchtigungen sich aus dem Inhalt oder der Natur des Schuldverhältnisses eine stillschweigende Garantieübernahme ergibt. Mithin begründet auch die Konzeption der Schuldrechtskommission die Gefahr, daß frühere Differenzierungen wieder auftauchen.

Wie diese Probleme gelöst werden können, ist jedoch unklar. In jedem Fall wird eine möglichst weitgehende Gleichbehandlung von Sach- und Rechtsmängeln - mag sie auch von der Richtlinie nicht zwingend gefordert werden - durch das Prinzip der Vertragsmäßigkeit nahegelegt, dem beide Formen von Mängeln subsumierbar sind[308]. Denn für den Verbraucher macht es keinen Unterschied, ob

---

[305] BASEDOW, Reform des deutschen Kaufrechts, S. 53.
[306] SCHURKOM, Abschlußbericht, S. 205 f.; HAAS, NJW 1992, S. 2391.
[307] Vgl. dazu die Kritik von FLUME, ZIP 1998, S. 1498.
[308] SCHMIDT-RÄNTSCH, ZEuP 1999, S. 298, 301.

er die Kaufsache infolge eines Sachmangels oder infolge eines Rechtsmangels nicht benutzen kann[309]. Andernfalls werden die Abgrenzungsprobleme des deutschen Rechts auch nach der Richtlinienumsetzung fortbestehen.

3. Der Maßstab bei grenzüberschreitenden Kaufverträgen

Schließlich ist zu klären, ob bei grenzüberschreitenden Kaufverträgen die gewöhnliche Gebrauchstauglichkeit anhand des im Käufer- oder des im Verkäuferland geltenden Maßstabs festzulegen ist. Diese Frage, die vor allem im Hinblick auf die Einhaltung besonderer nationaler Produktnormen Bedeutung erlangt[310], ist im deutschen Recht bisher nicht entschieden. Im englischen Recht wird der Maßstab des Käufer- bzw. Verwendungslandes nur in einem *„appropriate case"* im Sinne von sec. 14 (2B) (a) SGA herangezogen. Ein solcher Fall ist anzunehmen, wenn die Kenntnis der in dem betreffenden Staat geforderten Sacheigenschaften ausnahmsweise vom Verkäufer erwartet werden kann, weil er selbst aktive Schritte zur Erschließung des dortigen Markts ergriffen hat. Auch im UN-Kaufrecht ist es grundsätzlich Sache des Käufers, den Verkäufer auf die im Käufer- bzw. Verwendungsland bestehenden Anforderungen in Bezug auf die Gebrauchstauglichkeit der Ware hinzuweisen. Als vermutete Parteivereinbarung ist Art. 35 Abs. 2 lit. a) CISG jedoch der Auslegung nach Art. 8 CISG zugänglich. Daher können die Umstände des Einzelfalls wie beispielsweise regelmäßiger Export des Verkäufers in das betreffende Land oder seit längerem bestehende Geschäftsbeziehungen mit dem Käufer ergeben, daß der Standard des Käufer- bzw. Verwendungsstaats maßgebend sein soll. Da diese Lösung die erforderlichen Differenzierungen je nach den Besonderheiten des jeweiligen Falles ermöglicht, ist sie auch für Art. 2 Abs. 2 lit. c) RL zu befürworten, der gleichfalls als vermutete Parteivereinbarung zu qualifizieren ist.

D. Übliche Qualität und Leistungen des Verbrauchsguts

Schließlich muß ein vertragsgemäßes Verbrauchsgut nach Art. 2 Abs. 2 lit. d) RL eine Qualität und Leistungen aufweisen, die bei Gütern der gleichen Art üblich sind und die der Verbraucher vernünftigerweise erwarten kann, wenn die Beschaffenheit des Gutes und gegebenenfalls die insbesondere in der Werbung oder

---

[309] So bereits RABEL, Recht des Warenkaufs, Bd. II, S. 288.

[310] Allerdings ist bei Kaufverträgen zwischen Parteien, die in EG-Staaten ansässig sind, aufgrund der weitgehenden europäischen Harmonisierung in diesem Bereich meist eine übereinstimmende Auffassung über die normale Verwendungseignung feststellbar (SCHLECHTRIEM, IPrax 1996, S. 15, Fn. 14).

auf dem Etikett gemachten öffentlichen Äußerungen des Verkäufers, des Herstellers oder dessen Vertreters über die konkreten Eigenschaften des Gutes in Betracht gezogen werden. Eine dieser Bestimmung vergleichbare Vorschrift ist im UN-Kaufrecht und im deutschen Recht nicht enthalten. Nur im englischen Recht findet sich in der Ausgestaltung des Erfordernisses zufriedenstellender Qualität (*satisfactory quality*) in ss. 14 (2), (2A) und (2B) SGA eine ähnliche Regelung.

I. Das Konzept der berechtigten Erwartungen

Art. 2 Abs. 2 lit. d) RL unterlag im Laufe der Beratungen der Richtlinie mehrfachen Änderungen[311]. Alle Fassungen haben jedoch die Erwartungen des Verbrauchers in Bezug auf Qualität und Leistungen des Verbrauchsguts zum Gegenstand und spiegeln damit in residualer Form die im Grünbuch enthaltene Definition des Mangels als „Nichtübereinstimmung mit den berechtigten Erwartungen des Verbrauchers" wider[312]. Mit dem Begriff der berechtigten Erwartungen wollte die Kommission ein dynamisches Konzept schaffen, bei dem nicht nur sämtliche Umstände im Zusammenhang mit dem Kaufabschluß Berücksichtigung finden[313], sondern aufgrund der Einschränkung des subjektiven Kriteriums „Erwartung" durch das objektive Kriterium „berechtigt" auch allen gebotenen Differenzierungen, wie beispielsweise einer eventuellen Kenntnis des Verbrauchers, Rechnung getragen werden kann[314]. Ferner ermögliche die Annäherung an den im Produkthaftungsrecht geltenden Fehlerbegriff, der gleichfalls auf „berechtigte Erwartungen" abstelle[315], eine über das Kaufrecht hinausgehende Harmonisie-

---

[311] Im ursprünglichen Vorschlag der Kommission lautete Art. 2 Abs. 2 lit. d) E: „...2. Sie (die Verbrauchsgüter (Anm. der Verf.)) gelten als vertragsgemäß, wenn sie zum Zeitpunkt der Übergabe...d) angesichts ihrer Beschaffenheit, des gezahlten Preises und sie betreffender öffentlicher Äußerungen des Verkäufers, des Herstellers oder dessen Vertreters in bezug auf Qualität und Leistungen zufriedenstellend sind." Im geänderten Vorschlag der Kommission lautete Art. 2 Abs. 2 lit. d) E: „...2. Sie (die Verbrauchsgüter (Anm. der Verf.)) sind vertragsgemäß, wenn sie zum Zeitpunkt der Übergabe...d) eine Beschaffenheit haben, die der Verbraucher in bezug auf Qualität und Leistung unter anderem auch aufgrund der in der Werbung oder Etikettierung gemachten öffentlichen produktbezogenen Äußerungen des Verkäufers, des Herstellers oder dessen Vertreters erwarten konnte."

[312] MICKLITZ, EuZW 1997, S. 232.

[313] KOM (93) 509 endg., S. 109 f.. Beispielhaft genannt werden insoweit u.a. die Vertragsbestimmungen, die Art und der Verwendungszweck des Erzeugnisses sowie seine Darbietung, d.h. seine Bewerbung und alle sonstigen Produktinformationen (KOM ((93) 509 endg., S. 110).

[314] KOM (93) 509 endg., S. 110.

[315] Vgl. Art. 6 der Produkthaftungsrichtlinie (85/374/EWG).

rung[316]. Das Konzept der berechtigten Erwartungen könnte sich somit zu einem Gerechtigkeitsprinzip entwickeln, das das gesamte europäische Privatrecht prägt[317].

Gegen einen derartigen Ansatz spricht aber, daß das Merkmal „berechtigt“ die eigentlich zu klärende Frage, welche Erwartungen der Käufer haben darf, gerade offen läßt[318]. Eine Anlehnung an das Produkthaftungsrecht ist ebenfalls abzulehnen. Im Gegensatz zum Gewährleistungsrecht beim Kauf, das auf den Ausgleich der durch den Fehler bedingten wirtschaftlichen Einbußen gerichtet ist (Äquivalenzinteresse), beinhaltet ersteres nämlich den Ersatz von Schäden, die eine Sache aufgrund ihrer fehlenden oder vorhandenen Eigenschaften verursacht hat (Integritätsinteresse). Daher muß im Interesse einer Begrenzung des Haftungsrisikos des Herstellers im Produkthaftungsrecht ein abstrakter Fehlerbegriff gelten, der von den Sicherheitserwartungen der Allgemeinheit ausgeht[319], während im kaufrechtlichen Sachmängelrecht ein konkreter Fehlerbegriff zugrunde zu legen ist, für den die Qualitätserwartungen des jeweiligen Verbrauchers maßgeblich sind[320]. Mithin ist es zu begrüßen, daß die Kommission das Konzept der berechtigten Erwartungen unter Hinweis auf die Ablehnung seitens der Gewerbetreibenden bereits im ursprünglichen Richtlinienvorschlag durch das Prinzip der Vertragsmäßigkeit ersetzt hat[321].

II. Qualität und Leistungen des Verbrauchsguts

Die in Rede stehende Bestimmung knüpft an „Qualität und Leistungen“ des Verbrauchsguts an. Zur Klärung der Frage, welche Umstände diesem Terminus subsumiert werden können, ist auf das englische Recht zurückzugreifen, das in sec. 14 (2) SGA eine Vorschrift enthält, die der Kommission zu Beginn des Gesetzgebungsverfahrens offensichtlich als Vorbild für Art. 2 Abs. 2 lit. d) RL diente. Denn sie verlangt ebenso wie die im ursprünglichen Richtlinienvorschlag vorgesehene Regelung zufriedenstellende Qualität.

---

316 KOM (93) 509 endg., S. 110.

317 MICKLITZ, EuZW 1997, S. 237.

318 MEDICUS, ZIP 1996, S. 1926. Dementsprechend forderten auch SCHNYDER/STRAUB, die den Mangelbegriff des Grünbuchs grundsätzlich positiv beurteilten, daß in der Richtlinie bestimmte Fälle, in denen eine berechtigte Erwartung anzunehmen ist, in Form einer gesetzlichen Vermutung oder Auslegungsregel aufgezählt werden (ZEuP 1996, S. 46).

319 TASCHNER/FRIETSCH, Produkthaftungsgesetz, Art. 6, Rn. 1 ff.; Staudinger-HONSELL, § 459, Rn. 30.

320 SCHLECHTRIEM, JZ 1997, S. 445, Fn. 37; LEHMANN, Vertragsanbahnung, S. 189 f..

321 KOM (95) 520 endg., Kommentierung zu Art. 2, S. 12.

Bevor das Kriterium der zufriedenstellenden Qualität (*satisfactory quality*) in den *Sale of Goods Act* eingeführt wurde, mußte die Kaufsache handelbare Qualität (*merchantable quality*) aufweisen. Dieser in seiner Auslegung umstrittene Begriff wurde zwar in sec. 14 (6) des *Sale of Goods Act* 1979[322] gesetzlich definiert, er warf jedoch aus zwei Gründen weiterhin Probleme auf. Zum einen paßte das an Rechtsgeschäften zwischen Kaufleuten orientierte Erfordernis der Handelbarkeit nicht auf Kaufverträge zwischen gewerblichen Verkäufern und privaten Käufern, auf die es im Laufe der Zeit ausgedehnt worden war[323]. Zum anderen stellte die gesetzliche Definition allein auf die Gebrauchstauglichkeit der Ware ab (*test of fitness for purpose*)[324] und ließ im Gegensatz zu dem nach der Gegenauffassung anzuwendenden *test of acceptability*[325] offen, ob auch Umstände, die lediglich die Annehmbarkeit, nicht aber die Verwendbarkeit der Kaufsache beeinträchtigen wie z.B. nicht-funktionelle oder unerhebliche Defekte, die Ablehnung handelbarer Qualität rechtfertigen können[326]. Um diese Schwierigkeiten zu beseitigen, wurde durch den *Sale and Supply of Goods Act* 1994 in sec. 14 (2) SGA das für Verbraucherkäufe geeignetere Merkmal „*satisfactory quality*" postuliert und in sec. 14 (2B) SGA eine nicht abschließende Liste von Aspekten vorgesehen, die in passenden Fällen bei der Beurteilung der Qualität zu berücksichtigen sind[327]. Bei diesen Umständen handelt es sich um Sacheigenschaften, die entweder die Wertschätzung (äußeres Erscheinungsbild und Fertigung; Freiheit von unerheblichen Mängeln) oder die Verwendbarkeit (gewöhnliche Gebrauchstauglichkeit; Sicherheit; Haltbarkeit) der Ware betreffen.

---

[322] Zum Wortlaut vgl. § 4, Fn. 278.

[323] GOODE, Commercial Law, S. 313; HARVEY/PARRY, Law of Consumer Protection, S. 96.

[324] Siehe S. 134.

[325] Nach diesem von Farwell L.J. in der Entscheidung *Bristol Tramways etc., Carriage Co. Ltd. v. Fiat Motors Ltd.* vorgeschlagenen Ansatz ist *merchantability* zu bejahen, wenn die Kaufsache von solcher Qualität und in einem solchen Zustand ist, daß ein vernünftiger Käufer sie unter den Umständen des jeweiligen Falles in Ausführung seines Kaufangebotes vernünftigerweise annehmen würde und zwar unabhängig davon, ob er sie zum eigenen Gebrauch oder zum Weiterverkauf erwirbt ((1910) 2 K.B. 831 (841)). Obwohl der *test of acceptability* den Verbraucherinteressen hinreichend Rechnung trägt (BRIDGE, Sale of Goods, S. 295 f.), wurde er in nachfolgenden Entscheidungen wegen seiner zirkulären Argumentation abgelehnt (*Henry Kendall & Sons v. William Lillico & Sons Ltd.* (1969) 2 A.C. 31 (78 f., 97); *Taylor v. Combined Buyers* (1924) NZLR 627 (646)). Denn ein vernünftiger Käufer werde eine Ware annehmen, wenn er zur Annahme verpflichtet sei, und er sei zur Annahme verpflichtet, wenn er die Ware annehme (*Taylor v. Combined Buyers* (1924) N.Z.L.R. 627 (646)). Zur Modifikation durch den *test of relevance of price* siehe § 4, Fn. 400.

[326] GOODE, Commercial Law, S. 313 f.; ATIYAH/ADAMS, Sale of Goods, S. 150, 153.

[327] GOODE, Commercial Law, S. 314.

Obwohl Art. 2 Abs. 2 lit. d) RL die Enumeration der sec. 14 (2B) SGA nicht übernimmt, ist aufgrund seiner ursprünglichen Anlehnung an sec. 14 (2) SGA davon auszugehen, daß unter „Qualität und Leistungen" ebenfalls alle Eigenschaften des Verbrauchsguts zu verstehen sind, die für seine Wertschätzung und seine Verwendbarkeit bedeutsam sind[328]. Da die in sec. 14 (2B) SGA ausdrücklich aufgezählten Aspekte auch im Rahmen von Art. 2 Abs. 2 lit. d) RL maßgeblich sein sollen[329], ist zu prüfen, ob und inwieweit diese bislang in den zu untersuchenden Rechtsordnungen einen Sachmangel begründen können[330].

1. Äußeres Erscheinungsbild und Fertigung

Mängel, die das Aussehen der Ware betreffen, führen im UN-Kaufrecht regelmäßig zu einem Sachmangel gemäß Art. 35 Abs. 2 lit. a) CISG, weil sie die Eignung zum gewöhnlichen kaufmännischen Gebrauch, nämlich dem Wiederverkauf, beeinträchtigen[331].

a) Die Lösung des deutschen Rechts

Im deutschen Recht können derartige Schönheitsfehler zwar gleichfalls eine Beeinträchtigung der gewöhnlichen oder vertraglich vorausgesetzten Verwendung, namentlich der des Wiederverkaufs, darstellen. Sie können aber auch unabhängig von einer solchen Gebrauchsminderung den selbständigen Tatbestand der Wertbeeinträchtigung gemäß § 459 Abs. 1 BGB erfüllen. Denn das äußere Erscheinungsbild einer Sache gehört zu ihren wertbildenden Faktoren. Ob der insoweit maßgebliche Tauschwert der Ware beeinträchtigt ist, richtet sich

---

[328] Eine derart weite Definition ist m.E. trotz der erheblichen Überschneidung mit den in Art. 2 Abs. 2 lit. a) bis c) RL enthaltenen Kriterien erforderlich, um alle Arten von Verbrauchsgütern sachgerecht erfassen zu können. Vgl. auch den Begriff „Qualität" in Art. 35 Abs. 1 CISG, der neben der physischen Beschaffenheit der Kaufsache auch ihre tatsächlichen und rechtlichen Umweltbeziehungen, also letztlich alle ihre Eigenschaften umfaßt (Schlechtriem-SCHWENZER, Art. 35, Rn. 9).

[329] Dies ergibt sich daraus, daß die Kommission den Änderungsvorschlag des Europäischen Parlaments, wonach die Zweckmäßigkeit der Waren im Sinne von Art. 2 Abs. 2 lit. b) RL anhand der qualitativen Merkmale Aufmachung und Ausführung, Freisein von geringfügigen Mängeln, Sicherheit und Haltbarkeit geprüft werden soll (ABl. C 104 vom 6.4.1998, S. 35 (Änderung 22)), mit der Begründung abgelehnt hat, daß diese Aspekte bereits durch Art. 2 Abs. 2 lit. d) RL abgedeckt seien (KOM (1998) 217 endg., S. 3).

[330] Nicht erörtert werden an dieser Stelle die gewöhnliche Gebrauchstauglichkeit und die Freiheit von unerheblichen Mängeln. Siehe dazu S. 134 ff., 207 ff..

[331] Schlechtriem-SCHWENZER, Art. 35, Rn. 14.

allerdings nicht nach den rein persönlichen Wertschätzungen des jeweiligen Käufers, sondern nach der Auffassung des Marktes[332].

b) Die Lösung des englischen Recht

Im englischen Recht kamen mit der Einführung der gesetzlichen Definition der „*merchantable quality*" durch den *Supply of Goods (Implied Terms) Act* 1973 Zweifel auf, ob die Handelbarkeit der Ware auch aufgrund kosmetischer Defekte, die die Gebrauchseignung der Ware unberührt lassen, entfallen kann. Da nach sec. 14 (6) des *Sale of Goods Act* 1979 ausschließlich die vernünftigerweise zu erwartende Tauglichkeit zu dem Zweck oder den Zwecken, zu dem bzw. zu denen Waren dieser Art gewöhnlich gekauft werden, maßgeblich war, stellte sich diese Frage insbesondere bei Verbraucherkäufen, bei denen der normale Verwendungszweck nicht in einer durch äußerliche Mängel beeinträchtigten Weiterveräußerung besteht[333]. Die Befürchtung eines verminderten Käuferschutzes wurde jedoch bereits durch die Entscheidung *Rogers v. Parish (Scarborough) Ltd.*[334] widerlegt, in der das äußere Erscheinungsbild des verkauften Kraftfahrzeugs bei der Konkretisierung seines gewöhnlichen Gebrauchszwecks herangezogen wurde[335]. Eine ausdrückliche Klarstellung erfolgte schließlich durch die Aufnahme des Kriteriums „*appearance and finish*" in den Katalog der Umstände, die bei der Qualitätsbeurteilung eine Rolle spielen können (sec. 14 (2B) (b) SGA)[336].

c) Rechtsvergleichende Würdigung

Mithin findet das Merkmal des äußeren Erscheinungsbildes in allen zu untersuchenden Rechtsordnungen bei der Entscheidung über das Vorliegen eines Sachmangels Berücksichtigung. Es handelt sich aber nur im englischen Recht um ein

---

332 Soergel-HUBER, § 459, Rn. 59, 61 ff., 75; Staudinger-HONSELL, § 459, Rn. 53.
333 ATIYAH/ADAMS, Sale of Goods, S. 150 f.; REYNOLDS in Benjamin, Rn. 11-043.
334 (1987) Q.B. 933.
335 ATIYAH/ADAMS, Sale of Goods, S. 151 f.; LOWE/WOODROFFE, Consumer Law, S. 45 f.. Beide Autoren verweisen auf die Ausführungen von Mustill L.J. in *Rogers v. Parish (Scarborough) Ltd.* (1987) Q.B. 933 (944): *„Starting with the purpose for which „goods of that kind" are commonly bought, one would include in respect of any passenger vehicle not merely the buyer's purpose of driving the car from one place to another but doing so with the appropriate degree of comfort, ease of handling and reliability and, one may add, pride in the vehicle's outward and interior appearance."*
336 GOODE, Commercial Law, S. 323.

gesondertes Kriterium des Erfordernisses zufriedenstellender Qualität gemäß sec. 14 (2) SGA, im deutschen Recht dagegen um eine Wertbeeinträchtigung gemäß § 459 Abs. 1 BGB oder ebenso wie im UN-Kaufrecht um einen Aspekt der gewöhnlichen Gebrauchstauglichkeit nach Art 35 Abs. 2 lit. a) CISG, § 459 Abs. 1 BGB. Daher können diesbezügliche Mängel nach der Richtlinienumsetzung sowohl lit. c) als auch lit. d) des Art. 2 Abs. 2 RL subsumiert werden[337].

2. Sicherheit

Im UN-Kaufrecht wird eine Ware, von der Gefahren ausgehen. als vertragswidrig angesehen, da sie zur normalen Verwendung ungeeignet ist (Art. 35 Abs. 2 lit. a) CISG)[338]. Im deutschen Recht beeinträchtigen Sicherheitsmängel gleichfalls die gewöhnliche Gebrauchstauglichkeit der Kaufsache gemäß § 459 Abs. 1 BGB[339]. Im englischen Recht wird die Sicherheit der Ware in sec. 14 (2B) (d) SGA ausdrücklich als einer der Umstände genannt, die bei der Feststellung der *satisfactory quality* zu berücksichtigen sind. Auch die Aufnahme dieses Merkmals bedeutet aber lediglich eine Klarstellung der bestehenden Rechtslage, da *merchantable quality* bereits zuvor vor allem bei Kraftfahrzeugen aufgrund von Sicherheitsmängeln verneint wurde[340].

Somit ist die Sicherheit der Ware ebenfalls in allen zu untersuchenden Rechtsordnungen ein für ihre Vertragsmäßigkeit relevanter Umstand, der nur im englischen Recht ein gesondertes Qualitätskriterium, im UN-Kaufrecht und im deutschen Recht hingegen einen Aspekt der gewöhnlichen Gebrauchstauglichkeit darstellt. Vertragswidrigkeiten dieser Art fallen folglich sowohl unter lit. c) als auch unter lit. d) des Art. 2 Abs. 2 RL[341].

3. Haltbarkeit

Das Erfordernis der Haltbarkeit beinhaltet, daß die Kaufsache ihre vertragsgemäße Beschaffenheit für einen gewissen Zeitraum behalten muß. Damit stellt

---

[337] Demgegenüber sind Schönheitsfehler nach Meinung der Kommission allein im Rahmen von Art. 2 Abs. 2 lit. d) RL zu prüfen (KOM (1998) 217 endg., S. 3).
[338] Honsell-MAGNUS, Art. 35, Rn. 13.
[339] Soergel-HUBER, § 459, Rn. 66.
[340] ATIYAH/ADAMS, Sale of Goods, S. 145.
[341] Nach Ansicht der Kommission fällt das Merkmal der Sicherheit dagegen ausschließlich unter Art. 2 Abs. 2 lit. d) RL (KOM (1998) 217 endg., S. 3).

sich zunächst die Frage, auf welchen Zeitpunkt sich die Einstandspflicht des Verkäufers für die Mangelfreiheit der Kaufsache normalerweise bezieht.

a) Der maßgebliche Zeitpunkt für die Beurteilung der Vertragsmäßigkeit

Nach Art. 3 Abs. 1 RL haftet der Verkäufer dafür, daß das Verbrauchsguts bei seiner Lieferung an den Verbraucher vertragsgemäß ist. Demgegenüber ist die Vertragsmäßigkeit der Kaufsache im UN-Kaufrecht ebenso wie im deutschen und im englischen Recht in dem Augenblick zu beurteilen, in dem die Gefahr auf den Käufer übergeht[342]. Allerdings wird der Gefahrübergang mit verschiedenen Vertragsstadien verbunden.

Im UN-Kaufrecht richtet er sich, sofern keine anderweitigen Parteiabsprachen oder Handelsbräuche eingreifen, nach den Art. 67-69 CISG[343]. Diesen Vorschriften zufolge ist grundsätzlich der Akt der Warenverschaffung entscheidend[344]. Bei einer Schickschuld trägt der Käufer die Gefahr, sobald der Verkäufer die Ware dem ersten Beförderer zur Übermittlung an den Käufer übergeben hat (Art. 67 Abs. 1 CISG)[345]. Bei einer Holschuld geht die Gefahr über, wenn der Käufer die Ware übernimmt oder - bei nicht rechtzeitiger Übernahme - wenn der Verkäufer ihm die Ware zur Verfügung stellt (Art. 69 Abs. 1 CISG). Bei einer Bringschuld vollzieht sich der Gefahrübergang, wenn die Lieferung fällig ist und der Käufer Kenntnis davon hat, daß ihm die Ware am Erfüllungsort zur Verfügung steht (Art. 69 Abs. 2 CISG). In allen diesen Fällen ist des weiteren die eindeutige Zuordnung der für den Käufer bestimmten Ware erforderlich (Art. 67 Abs. 2, 69 Abs. 3 CISG).

aa) Die Lösung des deutschen Rechts

Im deutschen Recht beurteilt sich der Gefahrübergang, soweit keine abweichenden Parteivereinbarungen vorliegen, nach den §§ 446, 447 BGB und - bei Annahmeverzug - nach den §§ 300 Abs. 2, 324 BGB[346]. Demnach wird an den Augenblick angeknüpft, in dem der Verkäufer die Sachherrschaft über die Kauf-

---

[342] Vgl. zum UN-Kaufrecht: Art. 36 Abs. 1 CISG; zum deutschen Recht: § 459 BGB; zum englischen Recht: REYNOLDS in Benjamin, Rn. 11-056.

[343] Schlechtriem-SCHWENZER, Art. 36, Rn. 3; Honsell-MAGNUS, Art. 36, Rn. 5.

[344] REINHART, UN-Kaufrecht, Art. 66, Rn. 2.

[345] Zum Sonderfall des Verkaufs bereits auf dem Transport befindlicher Ware vgl. Art. 68 CISG.

[346] Staudinger-HONSELL, § 459, Rn. 65; Soergel-HUBER, § 459, Rn. 80.

sache verliert[347]. Denn beim Kauf beweglicher Sachen geht die Gefahr über mit ihrer Übergabe an den Käufer (§ 446 Abs. 1 BGB) oder - beim Versendungskauf - an die Transportperson (§ 447 Abs. 1 BGB). Nur wenn der Käufer die Annahme der Ware verweigert, wird auf den Zeitpunkt des erfolglosen Angebots zur Übergabe (§§ 300 Abs. 2, 324 BGB) abgestellt[348].

bb) Die Lösung des englischen Rechts

Im englischen Recht ist für den Übergang der Gefahr vorbehaltlich anderweitiger Parteiabsprachen die Eigentumsübertragung maßgeblich. Dies gilt unabhängig davon, ob die Lieferung der Kaufsache oder die Zahlung des Kaufpreises zu diesem Zeitpunkt bereits erfolgt ist oder nicht (sec. 20 (1) SGA). Allerdings trägt im Fall des Liefer- oder Annahmeverzuges die jeweils verantwortliche Partei die Gefahr für den Verlust, der ohne den Verzug nicht eingetreten wäre (sec. 20 (2) SGA). Da der Kaufvertrag als ein Vertrag über die entgeltliche Verschaffung des Eigentums an den Waren verstanden wird (sec. 2 (1) SGA), richtet sich der Eigentumswechsel allein nach den Vereinbarungen des Kaufvertrages, so daß es keines gesonderten Übereignungsvertrages bedarf[349]. Während der Eigentumsübergang beim Kauf von *specific goods* nach der in sec. 18 rule (1) SGA postulierten Auslegungsregel normalerweise mit dem Abschluß des Kaufvertrages erfolgt, ist beim Kauf von *unascertained goods* darüber hinaus eine Zuordnung zum Vertrag (*appropriation to the contract*) erforderlich (sec. 18 rule (5) (1) SGA). Dies ist nach der in sec. 18 rule (5) (2) SGA niedergelegten Auslegungsregel zu bejahen, wenn die Ware entweder dem Käufer selbst oder einer Transportperson zwecks Übermittlung an den Käufer[350] ausgehändigt wird, ohne daß der Verkäufer sich die Verfügungsbefugnis vorbehält.

cc) Rechtsvergleichende Würdigung

Obwohl der für die Beurteilung der Vertragsmäßigkeit maßgebliche Zeitpunkt des Gefahrübergangs im UN-Kaufrecht und im deutschen Recht mit der Übergabe der Ware (Übergabeprinzip), im englischen Recht hingegen mit der Verschaffung des Eigentums (Eigentumsprinzip) verknüpft wird, unterscheiden sich die Ergebnisse bei Gattungskäufen kaum. Denn in diesen Fällen erfordert das

---

[347] Müko-WESTERMANN, § 459, Rn. 29.

[348] Staudinger-HONSELL, § 459, Rn. 65 f.; Müko-WESTERMANN, § 459, Rn. 29; LARENZ, S. 44 f..

[349] HENRICH, Einführung in das englische Privatrecht, S. 68 f..

[350] Vgl. auch sec. 32 (1) SGA.

Eigentumsprinzip eine Individualisierung der Ware, die ebenso wie der Gefahrübergang nach dem Übergabeprinzip voraussetzt, daß der Verkäufer alles getan hat, um die Sachen für den Käufer zugriffsbereit zu machen. Bei Spezieskäufen können sich dagegen Abweichungen ergeben, weil sich die Gefahrtragung dem Eigentumsprinzip zufolge nach dem Abschluß des Kaufvertrages, dem Übergabeprinzip zufolge nach der Verschaffung der tatsächlichen Sachherrschaft richtet[351].

In Art. 3 Abs. 1 RL wurde als maßgeblicher Haftungszeitpunkt der Zeitpunkt der Lieferung festgelegt. Der Änderungsvorschlag des Europäischen Parlaments, statt dessen auf den Zeitpunkt der tatsächlichen Übergabe abzustellen[352], wurde hingegen abgelehnt, damit die Mitgliedstaaten ihre jeweiligen Regelungen über den Gefahrübergang nicht ändern müssen[353]. Folglich ist der Begriff der Lieferung nicht gleichbedeutend mit dem der tatsächlichen Übergabe[354]. Er müßte jedoch sehr weit ausgelegt werden, um zu verhindern, daß der Übergang der Gefahr und der für die Beurteilung der Vertragsmäßigkeit entscheidende Zeitpunkt beim Versendungskauf und beim Annahmeverzug auseinanderfallen. Die Übergabe an eine Transportperson sowie ein erfolgloses Angebot zur Übergabe können ihm nur subsumiert werden, wenn er als Erfüllung der dem Verkäufer obliegenden Pflicht, dem Verbraucher die Ware zugänglich zu machen, verstanden wird. Dann beschränkten sich die Divergenzen, hinsichtlich derer legislative Änderungen erforderlich wären, auf die nach englischem Recht zu beurteilenden Spezieskäufe, bei denen dem Verbraucher nicht bereits bei Vertragsschluß die Möglichkeit zur Übernahme der Sachherrschaft eingeräumt wird. Allerdings ist fraglich, ob eine derartige Auslegung des Begriffs „Lieferung" noch vom üblichen Wortsinn gedeckt wird. Falls sie nicht als vertretbar erachtet werden sollte, steht auch der deutsche Gesetzgeber vor der Entscheidung, ob für den Verbraucherkauf eine Sondervorschrift über den Haftungszeitpunkt geschaffen oder der Gefahrübergang beim Kauf insgesamt neu geregelt werden soll[355].

---

351 RABEL, Recht des Warenkaufs, Bd. II, S. 317 ff..

352 ABl. C 104 vom 6.4.1998, S. 35 (Änderung 24).

353 KOM (1998) 217 endg., S. 4; ABl. L 171 vom 7.7.1999, S. 13, Erwägungsgrund (14); STAUDENMAYER, S. 2395.

354 A.A. EHMANN/RUST, JZ 1999, S. 857.

355 Die Schuldrechtskommission hat für das deutsche Recht einen Vorschlag im Sinne der letztgenannten Alternative gemacht. Die Vorschrift über den Versendungskauf in § 447 BGB soll gestrichen und für den Gefahrübergang ausschließlich auf die tatsächliche Übergabe der Ware an den Käufer abgestellt werden (SCHURKOM, Abschlußbericht, S. 232 ff.). Kritisch zu diesem Vorschlag REINHARDT, JR 1998, S. 446 ff.; dazu ERNST, AcP 199 (1999), S. 369 ff..

b) Der maßgebliche Zeitraum für den Fortbestand der Vertragsmäßigkeit

Die zu untersuchenden Rechtsordnungen gehen übereinstimmend davon aus, daß die Vertragswidrigkeit bei Gefahrübergang lediglich vorhanden, nicht aber erkennbar gewesen sein muß. Ausreichend ist auch ein sog. latenter Mangel, der zu diesem Zeitpunkt nur im Keim angelegt war und sich erst später vollständig entwickelt hat. Obwohl das baldige Auftreten von Vertragswidrigkeiten einen ersten Anschein für die ursprüngliche Mangelhaftigkeit der Kaufsache begründet[356], erweist sich der Beweis ihres Vorhandenseins bzw. ihres Nichtvorhandenseins bei Gefahrübergang aber häufig als schwierig. Die Frage, ob der Verkäufer für Mängel einstehen muß, die kurz nach Gefahrübergang zutage treten, ließe sich somit einfacher beantworten, wenn eine gewisse Haltbarkeit Voraussetzung für die Vertragsmäßigkeit der Ware wäre.

Im UN-Kaufrecht muß der Verkäufer dafür einstehen, daß die Ware für eine bestimmte Zeit für den üblichen Zweck oder für einen bestimmten Zweck geeignet bleibt oder besondere Eigenschaften oder Merkmale behält, falls er eine entsprechende Garantie gemäß Art. 36 Abs. 2 CISG abgegeben hat. Diese kann nicht nur ausdrücklich, sondern auch stillschweigend erfolgen[357]. Allerdings ist der genaue Anwendungsbereich stillschweigender Haltbarkeitsgarantien unklar. Denn im Gegensatz zu ausdrücklichen Garantien, bei denen meist eine bestimmte Haltbarkeitszeit festgelegt wird, hat eine durch Auslegung zu ermittelnde stillschweigende Garantie in der Regel den Inhalt, daß die Ware ihre Beschaffenheit und Zwecktauglichkeit für eine nach den Umständen vernünftige Dauer behält[358]. Insoweit haftet der Verkäufer aber ohnehin nach Art. 35 Abs. 2 lit. a) CISG, da eine angemessene Haltbarkeit sowohl bei verderblicher als auch bei dauerhafter Ware zur normalen Verwendungseignung gehört[359]. Die Bedeutung des Art. 36 Abs. 2 CISG liegt mithin im wesentlichen in der in ihm enthaltenen Beweis-

---

[356] Für das UN-Kaufrecht: Honsell-MAGNUS, Art. 36, Rn. 7; Schlechtriem-SCHWENZER, Art. 36, Rn. 4. Für das deutsche Recht: Müko-WESTERMANN, § 459, Rn. 30; Soergel-HUBER, § 459, Rn. 87. Für das englische Recht: GOODE, Commercial Law, S. 324.

[357] Honsell-MAGNUS, Art. 36, Rn. 11; Schlechtriem-SCHWENZER, Art. 36, Rn. 1; BIANCA-BONELL, International Sales Law, Art. 36, Anm. 3.2.. Die Formulierung „für eine bestimmte Zeit" in Art. 36 Abs. 2 CISG erweckt zwar den Eindruck, daß sich die Vorschrift nur auf Garantien mit genau fixierter Dauer bezieht, so daß stillschweigende Garantien ausgeschlossen sind. Der deutsche Text stellt insoweit jedoch eine ungenaue Übersetzung dar. Die englische und die französische Originalfassung verlangen statt dessen eine gewisse Garantiefrist (*„a period of time"*; *„une certaine periode"*), die auch stillschweigend zugesagt werden kann (Honsell-MAGNUS, Art. 36, Rn. 12).

[358] Schlechtriem-SCHWENZER, Art. 36, Rn. 9; AUE, Mängelgewährleistung im UN-Kaufrecht, S. 140 f..

[359] Schlechtriem-SCHWENZER, Art. 35, Rn. 14; Staudinger-MAGNUS, Art. 35, Rn. 23..

lastumkehr für die Fälle, in denen ein Mangel innerhalb der explizit zugesagten oder der angemessenerweise zu erwartenden Haltbarkeitszeit auftritt. Während grundsätzlich nach rügeloser Entgegennahme der Ware (Art. 39 CISG) der Käufer die Beweislast für das Vorhandensein der Vertragswidrigkeit im Zeitpunkt der Gefahrübergangs trägt[360], obliegt es dann dem Verkäufer nachzuweisen, daß sie entweder beim Übergang der Gefahr noch nicht bestand oder, daß sie nicht auf eine in seine Risikosphäre fallende Ursache, sondern z.B. auf unsachgemäßes Käuferverhalten, auf Einwirkungen durch Dritte oder auf höhere Gewalt zurückzuführen ist[361].

aa) Die Lösung des deutschen Rechts

Im deutschen Recht wird beim Verkauf von Lebensmitteln ohne Rücksicht auf ihre tatsächliche Beschaffenheit die gewöhnliche Gebrauchstauglichkeit abgelehnt, wenn das auf der Packung aufgedruckte Mindesthaltbarkeitsdatum[362] abgelaufen ist, weil sich der Verdacht der Unbrauchbarkeit in diesen Fällen nicht mehr in zumutbarer Weise ausräumen läßt[363]. Im übrigen haftet der Verkäufer für die Haltbarkeit der Ware, falls er verspricht, daß die Kaufsache nicht nur im Zeitpunkt des Gefahrübergangs[364] mangelfrei ist, sondern auch für einen bestimmten Zeitraum danach (Garantiefrist) mangelfrei bleibt (sog. Haltbarkeitsga-

---

[360] OLG Frankfurt, RIW 1991, 591; Schlechtriem-SCHWENZER, Art. 35, Rn. 49; Schlechtriem-HUBER, Art. 45, Rn. 13; HERBER/CZERWENKA, Internationales Kaufrecht, Art. 35, Rn. 9; Honsell-MAGNUS, Art. 35, Rn. 33. Nach anderer Ansicht besteht hingegen eine generelle Beweislast des Käufers unabhängig davon, ob er die Vertragswidrigkeit gerügt hat oder nicht (BIANCA-BONELL, International Sales Law, Art. 36, Anm. 3.1.; ENDERLEIN in Internationales Kaufrecht, Art. 36, Rn. 2; AUE, Mängelgewährleistung im UN-Kaufrecht, S. 112 f.). Dabei werden teilweise Ausnahmen gemacht, wenn der Mangel schon das Wesen oder die Struktur der Ware erfaßt hat, oder wenn die Vertragswidrigkeit das Ergebnis eines natürlichen Vorgangs ist, der mehr Zeit braucht, als die, die vom Zeitpunkt des Gefahrübergangs an verstrichen ist (BIANCA-BONELL, International Sales Law, Art. 36, Anm. 3.1.; AUE, Mängelgewährleistung im UN-Kaufrecht, S. 113). Diese Fälle betreffen jedoch die Beweiswürdigung und nicht die Beweislast, da die Vertragsverletzung des Verkäufers b Mängelgewährleistung im UN-Kaufrecht, ei derartigen Mängeln bereits feststeht (ANTWEILER, Beweislastverteilung im UN-Kaufrecht, S. 145 f.).

[361] Schlechtriem-SCHWENZER, Art. 36, Rn. 13; Honsell-MAGNUS, Art. 36, Rn. 15; AUE, Mängelgewährleistung im UN-Kaufrecht, S. 144 f..

[362] Vgl. §§ 3 Abs. 1 Nr. 4, 7 Abs. 1 Lebensmittel-Kennzeichnungsverordnung.

[363] Müko-WESTERMANN, § 459, Rn. 45; Staudinger-HONSELL, § 459, Rn. 53; KÖHLER, DB 1985, S. 215 f.; LINDACHER, NJW 1985, S. 2934; MICHALSKI/RIEMENSCHNEIDER, BB 1993, S. 2099 f.; a.A. T. MEYER, BB 1987, S. 288 ff..

[364] Siehe dazu S. 148 f..

rantie)[365]. Im Gegensatz zur Zusicherung bezieht sich eine solche unselbständige Garantie[366] somit nicht auf das Vorliegen einer bestimmten Eigenschaft im Zeitpunkt des Gefahrübergangs, sondern auf ihren Fortbestand[367].

Nach allgemeiner Ansicht wird durch eine Haltbarkeitgarantie die Beweislast modifiziert. Die früher sehr strittige Frage, wer die anfängliche Mangelhaftigkeit der Kaufsache zu beweisen hat[368], richtet sich nach heute fast einhellig vertretener Auffassung danach, ob der Käufer sie als Erfüllung angenommen hat oder nicht. Da der Nachweis, daß die Ware ursprünglich mangelfrei war, für den Verkäufer nach der Annahme als Erfüllung durch den Käufer schwierig ist, wird ab diesem Zeitpunkt grundsätzlich letzterem die Beweislast dafür auferlegt, daß die Ware bei Gefahrübergang mangelhaft war[369]. Wenn der Verkäufer aber eine Haltbarkeitsgarantie abgegeben hat, wird der Käufer von der Beweislast dafür, daß ein innerhalb der Garantiefrist auftretender Defekt (Garantiefall) bereits bei Gefahrübergang vorhanden war, befreit[370]. Während die frühere Rechtsprechung von Fall zu Fall durch Auslegung ermittelte, ob eine derartige Zusage lediglich eine Umkehr der Beweislast für die anfängliche Mangelhaftigkeit der Kaufsache oder sogar eine Gleichstellung eines Garantiefalls mit einem Sachmangel be-

---

365 Staudinger-HONSELL, § 459, Rn. 175; Müko-WESTERMANN, § 459, Rn. 96; Soergel-HUBER, § 459, Rn. 203.

366 Durch eine unselbständige Garantie wird die Sachmängelhaftung lediglich verstärkt, so daß die §§ 459 ff. BGB grundsätzlich Anwendung finden (Soergel-HUBER, § 459, Rn. 203; Müko-WESTERMANN, § 459, Rn. 96). Dagegen wird durch eine selbständige Garantie der Eintritt eines Erfolges zugesagt, der über die bloße Mangelfreiheit der Kaufsache bei Gefahrübergang hinausgeht. Da sie einen selbständigen, neben dem Kaufvertrag bestehenden Vertrag darstellt, richten sich ihre Rechtsfolgen nach den §§ 320 ff. BGB (Soergel-HUBER, § 459, Rn. 203 ff.; Müko-WESTERMANN, § 459, Rn. 96). Zu der im Hinblick auf die einschlägige Verjährungsfrist bedeutsamen Frage, ob eine Haltbarkeitsgarantie als unselbständige oder als selbständige Garantie zu qualifizieren ist, vgl. Soergel-HUBER, § 459, Rn. 208 f.; CHRISTOFFEL, Garantie, S. 134 ff..

367 Soergel-HUBER, § 459, Rn. 206.

368 Vgl. BAUMGÄRTEL, Handbuch der Beweislast, § 459 BGB, Rn. 1 m.w.N..

369 Diese Beweislastverteilung wird überwiegend damit begründet, daß die Lieferung mangelhafter Sachen eine unvollständige Leistung im Sinne von § 363 BGB sei (RGZ 57, 399; 66, 279 (281 f.); BGH NJW 1965, 1270; Müko-HEINRICHS, § 363, Rn. 4; Staudinger-OLZEN, § 363, Rn. 20; Soergel-ZEISS, § 363, Rn. 5; Palandt-HEINRICHS, § 363, Rn. 3). Teilweise wird jedoch unter Anknüpfung an die Gewährleistungstheorie, derzufolge beim Spezieskauf keine Leistungspflicht des Verkäufers besteht (siehe S. 14 ff.), statt dessen der Gesichtspunkt der Sachnähe angeführt (BAUMGÄRTEL, Handbuch der Beweislast, § 459 BGB, Rn. 2; NIERWETBERG, S. 1745 f.).

370 Staudinger-HONSELL, § 459, Rn. 175; Soergel-HUBER, § 459, Rn. 211; CHRISTOFFEL, Garantie, S. 124 f..

wirkt[371], versteht die neuere Rechtsprechung sie ausschließlich im letzteren Sinn[372]. Da der Verkäufer seine Haftung nur im erstgenannten Fall durch den Nachweis ausschließen kann, daß die Ware ursprünglich mangelfrei war, bedeutet dies, daß er für die Dauer der Garantiefrist für den Fortbestand ihrer vertragsmäßigen Beschaffenheit und Funktionstauglichkeit einstehen muß[373]. Seine einzige Entlastungsmöglichkeit ist der von ihm zu führende Nachweis, daß die Beeinträchtigung auf eine außerhalb des gewöhnlichen oder vertraglich vorausgesetzten Gebrauchs liegende Ursache zurückzuführen ist, wie etwa einen gewaltsamen Eingriff von außen oder eine unsachgemäße Handhabung seitens des Käufers[374].

bb) Die Lösung des englischen Rechts

Im englischen Recht wird die Haltbarkeit (*durability*) der Ware seit dem *Sale and Supply of Goods Act* 1994 ausdrücklich im Katalog der für die Qualität der Ware maßgeblichen Umstände erwähnt (sec. 14 (2B) (e) SGA). Allerdings dient auch dieses Kriterium eher einer Klarstellung als einer Änderung der bis dahin bestehenden Rechtslage[375]. Denn die Bestimmungen über *merchantable quality* und *fitness for purpose* wurden schon vorher als eine fortdauernde Verkäuferverpflichtung in dem Sinne verstanden, daß ihre Voraussetzungen nicht nur bei, sondern auch für eine angemessene Zeit nach der Lieferung erfüllt sein müs-

---

[371] BGH BB 1961, 228; ebenso BAUMGÄRTEL, Handbuch der Beweislast, § 459 BGB, Rn. 15.

[372] BGH NJW 1979, 645; NJW 1981, 2248 (2249) *zu einer analog zu behandelnden Haltbarkeitsgarantie eines Herstellers*; zustimmend Soergel-HUBER, § 459, Rn. 211; CHRISTOFFEL, Garantie, 133 f..

[373] Soergel-HUBER, § 459, Rn. 211.

[374] Staudinger-HONSELL, § 459, Rn. 175; Soergel-HUBER, § 459, Rn. 212. Ferner hat die Haltbarkeitsgarantie Auswirkungen auf die kaufrechtliche Verjährungsfrist, die aber im einzelnen umstritten sind. Die Rechtsprechung nimmt bei Garantien, deren Frist länger als die des § 477 ist, eine Verschiebung des Verjährungsbeginns auf den Zeitpunkt der Entdeckung des Mangels an (RGZ 65, 119 (121); BGH BB 1962, 234). Bei Garantien, deren Frist kürzer als oder genauso lang wie die des § 477 BGB ist, wird der Käufer hingegen nur hinsichtlich der Beweislast, nicht aber hinsichtlich der Verjährung besser gestellt (RGZ 91, 305 (306 f.); 128, 211 (213); BGH BB 1961, 228). Diese Differenzierung wird in der Literatur vielfach mit der Begründung abgelehnt, daß sie in der Interessenlage keine Rechtfertigung finde. Statt dessen solle die Verjährung unabhängig von der Länge der Garantiefrist stets erst mit dem Eintritt des Garantiefalls beginnen (Staudinger-HONSELL, § 459, Rn. 177; Soergel-HUBER, § 459, Rn. 215; CHRISTOFFEL, Garantie, S. 123).

[375] GOODE, Commercial Law, S. 325; ATIYAH/ADAMS, Sale of Goods, S. 154.

sen[376]. Dieses Erfordernis wurde erstmals in einer Entscheidung postuliert, in der es um den Kauf verderblicher Waren (*perishables*) ging, die der Verkäufer an den Käufer zu versenden hatte. Es wurde verlangt, daß die verkauften Kartoffeln bei der Übergabe an die Transportperson in einem Zustand sind, in dem sie den Transport mangelfrei überstehen[377]. Die zunächst befürwortete Beschränkung dieser Rechtsprechung auf *perishables*[378] führte aber zu dem widersprüchlichen Ergebnis, daß für verderbliche Güter in dieser Hinsicht strengere Anforderungen galten als für nicht-verderbliche Güter,[379] obwohl das Auftreten von Mängeln kurz nach der Übergabe grundsätzlich als Beweis oder zumindest als Indiz dafür anzusehen ist, daß die Kaufsache bereits zu diesem Zeitpunkt nicht die erforderliche Qualität und Gebrauchstauglichkeit aufwies[380]. Daher wurde in einer späteren Entscheidung auch beim Kauf anderer Waren gefordert, daß sie für eine gewisse Zeit *merchantable* und *fit for purpose* bleiben[381].

Zu beachten ist jedoch, daß die Haltbarkeit ebenso wie die anderen Qualitätsmerkmale im Zeitpunkt der Lieferung vorliegen muß. Die Bedeutung dieses Kriteriums besteht also letztendlich darin, daß die ab der Lieferung der Ware grundsätzlich dem Käufer obliegende Beweislast bei einem frühzeitigen Auftreten von Mängeln auf den Verkäufer übergeht[382]. Die in diesem Fall begründete Vermutung, daß die Qualität der Kaufsache von Anfang an unzureichend war, kann vom Verkäufer durch den Nachweis widerlegt werden, daß ihre Mangelhaftigkeit auf anderen Ursachen, z.B. einer übermäßigen oder instruktionswidrigen Nutzung durch den Käufer, beruht[383]. Ferner hängt es mangels näherer Konkretisierung durch sec. 14 (2B) (e) SGA weiterhin von den Umständen des Einzelfalls ab, wie lange die Qualität der Ware zufriedenstellend bleiben muß

---

[376] GOODE, Commercial Law, S. 324 f.; ATIYAH/ADAMS, Sale of Goods, S. 154 f.; REYNOLDS in Benjamin, Rn. 11-057.
[377] *Mash and Murrell v. Joseph I Emmanuel* (1961) 1 All E.R. 485 (488 f.).
[378] *Cordova Land Corp. Ltd. v. Victor Brothers Inc.* (1966) 1 W.L.R. 793 (795 f.).
[379] ERVINE, (1984) J.R., S. 151.
[380] *Preist v. Last* (1903) 2 K.B. 148 *Wärmflasche, die nach wenigen Tagen platzte*; *Godley v. Perry* (1960) 1 W.L.R. 9 *Katapult, das nach zwei Tagen zerbrach; Crowther v. Shannon Motor Co.* (1975) 1 W.L.R. 30 *Gebrauchtwagen, der nach drei Wochen einen Motorschaden hatte;* GOODE, Commercial Law, S. 324 f.; ATIYAH/ADAMS, Sale of Goods, S. 155; REYNOLDS in Benjamin, Rn. 11-057 m.w.N. zur Rechtsprechung.
[381] *Lambert v. Lewis* (1982) A.C. 225 (276). Zu den Auswirkungen auf das Zurückweisungsrecht des Käufers, das grundsätzlich innerhalb kurzer Zeit nach Lieferung der Ware ausgeübt werden muß (siehe S. 22 f.) vgl. ERVINE, (1984) J.R., S. 155 ff..
[382] LAW COM., Sale and Supply of Goods, Anm. 3.54 f.; GOODE, Commercial Law, 1. Aufl., S. 290.
[383] GOODE, Commercial Law, S. 325.

und wie dieser Qualitätsstandard mit zunehmenden Zeitablauf zu bestimmen ist[384].

4. Rechtsvergleichende Würdigung

Ob das Merkmal der Haltbarkeit im Rahmen von Art. 2 Abs. 2 lit. d) RL berücksichtigt werden kann, erscheint entgegen der Auffassung der Kommission[385] fraglich. Denn im Gegensatz zum UN-Kaufrecht und zum englischen Recht führt die mangelnde Haltbarkeit eines Produkts im deutschen Recht grundsätzlich nur zur Anwendung des Sachmängelrechts, wenn der Verkäufer eine gesonderte Garantieerklärung abgegeben hat. Allerdings dient die deutsche Haltbarkeitsgarantie ebenso wie das Erfordernis einer angemessenen Haltbarkeit im UN-Kaufrecht und im englischen Recht primär dazu, der häufig bestehenden Beweisnot des Käufers insbesondere bei latenten Mängeln Rechnung zu tragen. Sofern die Vertragswidrigkeit innerhalb eines bestimmten Zeitraums nach Gefahrübergang zutage tritt, wird der Käufer von der ihn normalerweise treffenden Beweislast für die anfängliche Mangelhaftigkeit der Kaufsache befreit. Im deutschen Recht wird ein solcher Defekt im Fall einer entsprechenden Garantieerklärung einem bereits bei Gefahrübergang vorhandenen gleichgestellt. Im UN-Kaufrecht und im englischen Recht wird er als Beweis für die ursprüngliche Vertragswidrigkeit gewertet. Der Verkäufer kann sich allein durch den Nachweis entlasten, daß die Beeinträchtigung der Ware auf andere Ursachen zurückzuführen ist.

Eine ähnliche Beweislastregelung sieht die Richtlinie in Art. 5 Abs. 3 RL vor. Danach ist bei Vertragswidrigkeiten, die binnen sechs Monaten nach der Lieferung des Gutes offenbar werden, bis zum Beweis des Gegenteils zu vermuten, daß sie bereits zum Zeitpunkt der Lieferung bestanden, es sei denn, diese Vermutung ist mit der Art des Gutes oder der Art der Vertragswidrigkeit unvereinbar. Die Vorschrift basiert auf der Überlegung, daß der gewerbliche Verkäufer aufgrund seiner Kenntnis des Produkts und seiner Nähe zu dem über die nötigen Informationen verfügenden Hersteller die Vertragsmäßigkeit der Ware in der Regel leichter beweisen könne als der Käufer die Vertragswidrigkeit[386]. Da der Verkäufer in diesem Punkt aber ebenso in Beweisnot geraten kann wie der Verbraucher, handelt es sich wohl eher um eine „soziale Billigkeitsentscheidung"

---

[384] BRIDGE, Sale of Goods, S. 312; ATIYAH/ADAMS, Sale of Goods, S. 155.
[385] KOM (1998) 217 endg., S. 3.
[386] KOM (95) 520 endg., Kommentierung zu Art. 3, S. 14; STAUDENMAYER, NJW 1999, S. 2396.

zugunsten des letzteren, die für ersteren eine gravierende Belastung darstellt[387]. Insbesondere bei gebrauchten Waren und bei Gütern mit einer beschränkten Lebensdauer erscheint es unangemessen, daß der Zeitraum der Haltbarkeit nicht einzelfallabhängig, sondern pauschal auf sechs Monate festgelegt wird. Durch die in Art. 5 Abs. 3 RL postulierten Ausnahmen der Unvereinbarkeit der Vermutung mit der Art des Gutes oder der Art der Vertragswidrigkeit[388] könnte zwar eine Beschränkung auf ein sachgerechtes Maß erreicht werden[389]. Es bleibt jedoch abzuwarten, ob die Rechtsprechung diese in hohem Maße konkretisierungsbedürftigen Tatbestände restriktiv oder extensiv interpretieren wird[390].

Ein Verkäufer, der weder die Vertragsmäßigkeit der Kaufsache bei Lieferung beweisen noch eine der in Art. 5 Abs. 3 RL genannten Ausnahmen darlegen kann, muß nunmehr also während der ersten sechs Monate nach der Lieferung für den Fortbestand der vertragsmäßigen Beschaffenheit des Verbrauchsguts einstehen. Die Richtlinienumsetzung führt somit vor allem im deutschen, aber auch im englischen Recht zu Änderungen hinsichtlich der Haftung für die Haltbarkeit der Ware, die sich zu Lasten des Verkäufers auswirken. Im deutschen Recht erfordert sie keine gesonderte Garantieerklärung mehr, sondern sie ergibt sich aus der in Art. 5 Abs. 3 RL vorgesehenen befristeten Beweislastumkehr. Obwohl die Gerichte bisweilen in schwierigen Fällen einen Anscheinsbeweis zugunsten des in Beweisnot befindlichen Käufers angenommen haben[391], ist eine solche formale Regelung, deren rechtstatsächliche Auswirkungen von der Auslegung der bereits erörterten Ausnahmetatbestände abhängen, sowohl dem Bürgerlichen Gesetzbuch als auch dem Entwurf der Schuldrechtskommission fremd[392].

---

[387] EHMANN/RUST, JZ 1999, S. 857; ebenfalls kritisch WOLF, RIW 1997, S. 902; SCHILLER, PHi 1999, S. 126; LEHR/WENDEL, EWS 1999, S. 323; SCHÄFER/PFEIFFER, S. 1835.

[388] Eine Unvereinbarkeit wegen der Art des Gutes liegt insbesondere bei Verbrauchsgütern vor, die dem Verfall ausgesetzt sind, während eine Unvereinbarkeit wegen der Art der Vertragswidrigkeit beispielsweise die Fälle betrifft, in denen der Mangel aus technischen Gründen noch nicht im Zeitpunkt der Lieferung vorliegen konnte (STAUDENMAYER, NJW 1999, S. 2396; vgl. ferner die Beispiele bei MEDICUS, ZIP 1996, S. 1927).

[389] So MEDICUS, ZIP 1996, S. 1927; GEORGES, Dt. und Int. Wirtschaftsrecht, Bd. 15, S. 240.

[390] EHMANN/RUST, JZ 1999, S. 857. Der Bundesrat befürchtet daher, daß die Ausnahmeregelung zu zahlreichen Streitfällen Anlaß geben wird (BR-Drs. 696/96, S. 3).

[391] SCHMIDT-RÄNTSCH, ZIP 1998, S. 852; ders., ZEuP 1999, S. 296; GASS, FS Rolland, S. 153.

[392] EHMANN/RUST, JZ 1999, S. 857; RIEGER, VuR 1999, S. 290. Der Kommissionsvorschlag beschränkte sich unter Beibehaltung der bisherigen Beweislastverteilung (SCHURKOM, Abschlußbericht, S. 198) darauf, für freiwillige Haltbarkeitsgarantien in § 444 KE ausdrücklich eine dem Käufer günstige Beweislastregelung in Form einer widerleglichen Vermutung zu treffen (SCHURKOM, Abschlußbericht, S. 227 ff.).

Im englischen Recht wird die angemessene Haltbarkeitszeit fortan nicht mehr je nach den Umständen des Einzelfalles bestimmt. Vielmehr kann von dem vorgegebenen Zeitraum von sechs Monaten nur abgewichen werden, falls die vermutete Haltbarkeitsdauer mit der Art des Gutes oder der Art der Vertragswidrigkeit unvereinbar ist. Da diese Unterschiede im Vergleich zur bisherigen Rechtslage für den Verkäufer mit einer erheblichen Haftungsverschärfung verbunden sind, wird namentlich in Deutschland zu Recht befürwortet, die Art. 5 Abs. 3 RL als eine auf Verbraucherkäufe beschränkte Sondervorschrift umzusetzen[393].

III. Die Bestimmung des Qualitäts- und Leistungsstandards

Art. 2 Abs. 2 lit. d) RL verlangt, daß das Verbrauchsgut die Qualität und Leistungen aufweist, die bei Gütern der gleichen Art üblich sind und die der Verbraucher vernünftigerweise erwarten kann. Dieser Maßstab divergiert sowohl von dem des ursprünglichen Kommissionsvorschlags, demzufolge die Qualität der Ware zufriedenstellend sein mußte, als auch von dem des geänderten Kommissionsvorschlags, demzufolge die Ware den Erwartungen des Verbrauchers entsprechen mußte.

Im ersten Richtlinienvorschlag wurde durch das Erfordernis zufriedenstellender Qualität ein zwingender objektiver Mindeststandard geschaffen, der den Parteivereinbarungen wegen der mangelnden Abdingbarkeit der Richtlinienbestimmungen[394] entzogen war. Im deutschen Recht wurde dies zwar teilweise mit dem Hinweis begrüßt, daß auf diese Weise eine im AGB-Gesetz bestehende Schutzlücke geschlossen werde, da die aufgrund von § 8 AGBG verbleibende Möglichkeit entfalle, den Leistungsinhalt durch standardisierte Leistungsbeschreibungen zu Lasten des Leistungsgläubigers herabzusetzen[395]. Abgesehen von den durch den objektiven Fehlerbegriff bekannten Schwierigkeiten seiner Festsetzung war ein derartiger objektiver Maßstab aber mit dem subjektiv determinierten Prinzip der Vertragsmäßigkeit unvereinbar. Dementsprechend wurde im zweiten Richtlinienvorschlag mit der Maßgeblichkeit der Verbrauchererwartungen ein rein subjektiver Standard gewählt, der eine Beachtung aller Umstände des Einzelfalls ermöglichte. Allerdings blieb offen, welches Maß an Qualität und Leistungen der Verbraucher zu erwarten berechtigt ist, so daß die Gefahr bestand, daß auch die Nichterfüllung völlig überzogener, unvernünftiger Erwartungen die Sachmängelhaftung des Verkäufers auslösen könnte.

---

[393] EHMANN/RUST, JZ 1999, S. 857 f.; RIEGER, VuR 1999, S. 290; a.A. TONNER, BB 1999, S. 1774. Zur Problematik der Regreßregelung siehe S. 227 f..
[394] Vgl. Art. 6 Abs. 1 des ursprünglichen Kommissionsvorschlags (KOM (95) 520 endg.).
[395] SCHLECHTRIEM, JZ 1997, S. 444 f..

Einen solchen Maßstab legt die Richtlinie nunmehr fest. Zum einen wird auf die Qualität und Leistungen abgestellt, die bei Gütern der gleichen Art üblich sind, und zum anderen werden die Erwartungen des Verbrauchers nur berücksichtigt, wenn sie vernünftig sind. Während bei Stückkäufen ohnehin allein das letztgenannte Kriterium anwendbar ist, ist bei Gattungskäufen fraglich, ob der Üblichkeit und den vernünftigen Verbrauchererwartungen selbständige Bedeutung zukommt. Denn einerseits richtet sich das bei Gütern der gleichen Art übliche Qualitäts- und Leistungsniveau immer nach den vernünftigen Verbrauchererwartungen und andererseits kann der Verbraucher stets vernünftigerweise erwarten, daß das Verbrauchsgut Qualität und Leistungen aufweist, die bei Gütern der gleichen Art üblich sind. Die Richtlinienbestimmung ist somit dahingehend zu verstehen, daß zur Feststellung des bei Gütern der gleichen Art üblichen Qualitäts- und Leistungsstandards auf die Erwartungen eines vernünftigen Verbrauchers abzustellen ist. Diese Lösung ähnelt der des englischen Rechts, das die zufriedenstellende Qualität gleichfalls aus der Sicht einer vernünftigen Person (*reasonable person*) beurteilt (sec. 14 (2A) SGA). Der Maßstab der vernünftigen Verbrauchererwartungen mag zwar mit einer gewissen Objektivierung des Mangelbegriffs verbunden sein[396], die Umstände des Einzelfalls können jedoch weiterhin Berücksichtigung finden. Die insoweit zu beachtenden Aspekte variieren allerdings in den verschiedenen Fassungen des Art. 2 Abs. 2 lit. d) RL. Im Gegensatz zum englischen Recht, das auf die Beschreibung der Waren, (gegebenenfalls) den Preis sowie alle anderen einschlägigen Umstände verweist, werden bzw. wurden die Beschaffenheit des Gutes, der gezahlte Preis sowie die öffentlichen Äußerungen des Verkäufers, des Herstellers oder dessen Vertreters in der Werbung oder auf dem Etikett genannt.

1. Die Beschaffenheit des Gutes

Die Beschaffenheit des Verbrauchsguts wurde von Beginn an als Kriterium zur Bestimmung des geschuldeten Qualitäts- und Leistungsstandards angeführt. Dies ist insofern verwirrend, als der Begriff „Beschaffenheit" nach allgemeinem Sprachverständnis ebenso wie der Begriff „Qualität und Leistungen" als Summe aller für die Wertschätzung und die Verwendbarkeit der Sache bedeutsamen Eigenschaften zu verstehen ist[397]. Aus diesem Grund muß er im Rahmen von Art. 2 Abs. 2 lit. d) RL in einem engeren Sinne ausgelegt werden, um zur Konkretisierung der Qualitäts- und Leistungserwartungen des Verbrauchers herangezogen werden zu können. Der Vergleich mit sec. 14 (2A) SGA, die anstelle der Beschaffenheit die Beschreibung der Waren berücksichtigt, sofern diese Vertrags-

---

[396] SCHURR, ZfRV 1999, S. 225.
[397] Siehe S. 145.

inhalt geworden ist[398], legt eine Beschränkung des Begriffs auf die vertraglich vereinbarte Beschaffenheit nahe. Denn die zu erwartende Qualität der Kaufsache hängt entscheidend davon ab, als was der Verkäufer das Verbrauchsgut nach dem Inhalt des Vertrages verkauft hat. Ferner ermöglicht diese Auslegung die in der Begründung der Richtlinie angemahnten Differenzierungen, die beim Kauf gebrauchter Sachen je nach Alter und Abnutzungsgrad der Ware zur Zeit des Vertragsabschlusses erforderlich sind[399].

2. Der gezahlte Preis

Der gezahlte Preis wurde lediglich im ursprünglichen Kommissionsvorschlag als Kriterium zur Beurteilung der Qualität des Verbrauchsguts genannt. Dies entsprach dem englischen Recht, das bei Gattungen mit schwankender Qualität (gegebenenfalls) unter Berücksichtigung des Preises feststellt, ob die Kaufsache *satisfactory quality* aufweist (sec. 14 (2A) SGA)[400]. Beim Kauf von Waren, die zu unterschiedlichen Preisen angeboten werden, impliziert demnach ein höherer Preis bessere und ein niedrigerer Preis schlechtere Qualität, es sei denn, aus den Umständen des jeweiligen Falles ergibt sich etwas anderes[401]. Auch im deutschen Recht wird teilweise argumentiert, daß der vereinbarte Preis Rückschlüsse zulasse, ob der Käufer Durchschnitts- oder Spitzenqualität erwarten könne[402]. Derartige Schlußfolgerungen sind aber allenfalls in den Fällen zulässig, in denen feste Marktpreise für die Kaufsache bestehen. Ansonsten kann der Käufer seinen Gewährleistungsanspruch nicht darauf stützen, daß die Sache „ihren Preis nicht wert" sei. Denn die Haftung des Verkäufers wegen einer Wertbeeinträchtigung (§ 459 Abs. 1 BGB) bezieht sich nur auf das Vorhandensein der vereinbarten wertbildenden Faktoren, nicht aber auf den Wert als solchen[403]. Angesichts

---

[398] GOODE, Commercial Law, S. 320, Fn. 125.

[399] ABl. L 171 vom 7.7.1999, S. 12, Erwägungsgrund (8).

[400] Auch für die Feststellung der *merchantable quality* war der Preis gemäß sec. 14 (6) des *Sale of Goods Act* 1979 relevant. Vor Einführung dieser gesetzlichen Definition war er nach dem teilweise befürworteten *test of relevance of price* - einer Modifikation des *test of acceptability* - für die *merchantibility* sogar entscheidend. Danach wurde ein Kaufgegenstand als handelbar qualifiziert, wenn ein Käufer ihn in Kenntnis aller Umstände, also auch der versteckten Mängel, ohne (erheblichen) Preisnachlaß kaufen würde (*Henry Kendall & Sons v. William Lillico & Sons Ltd.*, (1969) 2 A.C. 31 (79); *B S Brown & Son Ltd. v. Craiks Ltd.*, (1970) 1 All E.R. 823 (825, 828); REYNOLDS in Benjamin, Rn. 11-039).

[401] ATIYAH/ADAMS, Sale of Goods, S. 155 f.. Z.B. darf der Käufer bei Räumungsverkäufen oder Sonderangeboten trotz des reduzierten Preises gute Qualität erwarten (GOODE, Commercial Law, S. 321).

[402] OLG Zweibrücken, WM 1985, 237; Müko-WESTERMANN, § 459, Rn. 13.

[403] Soergel-HUBER, § 459, Rn. 63.

dieser divergierenden mitgliedstaatlichen Rechtsauffassungen ist fraglich, ob das Kriterium des Preises trotz seiner bereits im geänderten Kommissionsvorschlag erfolgten Streichung im englischen Recht weiterhin zur Feststellung der Qualitätserwartungen des Käufers herangezogen werden kann.

Seiner Berücksichtigung bedarf es jedoch nicht, wenn statt dessen ein bestimmter Qualitätsgrad postuliert wird, anhand dessen beim Kauf von Waren, die in verschiedenen Qualitätsstufen erhältlich sind, bestimmt werden kann, welche Qualität geschuldet ist. Während im UN-Kaufrecht in Ermangelung einer ausdrücklichen Regelung[404] umstritten ist, ob die Eignung zum gewöhnlichen Gebrauch eine durchschnittliche Qualität der Ware voraussetzt[405], wird im deutschen Recht ein entsprechender Standard in §§ 243 Abs. 1 BGB, 360 HGB festgelegt. Nach dieser primär auf den Kauf zugeschnittenen Vorschrift wird das Recht des Schuldners einer nur gattungsmäßig bestimmten Sache, den Leistungsgegenstand aus der Gattung selbst zu bestimmen, durch die Verpflichtung zur Lieferung von Waren mittlerer Art und Güte eingeschränkt[406]. Falls eine abweichende vertragliche Vereinbarung über die Qualität der Kaufsache fehlt, muß der Verkäufer also Gattungsware von durchschnittlicher Qualität auswählen[407]. Ansonsten tritt mangels Konkretisierung gemäß § 243 Abs. 2 BGB keine Erfüllung ein[408]. Dagegen enthält der *Sale of Goods Act* keine Bestimmung über den Qualitätsgrad, den die verkaufte Sache aufweisen muß. Vielmehr kann der Verkäufer seine aus sec. 14 (2) SGA folgende Verpflichtung auch mit Waren von niedriger Qualität erfüllen, sofern diese der geschuldeten Gattung angehören. Denn der Begriff *„satisfactory"* beinhaltet ebensowenig wie der Begriff *„merchantable"* die

---

[404] Ein entsprechender kanadischer Antrag wurde nach Abstimmung mit den Vertretern aus anderen *Common Law* Staaten wieder zurückgenommen (Schlechtriem-SCHWENZER, Art. 35, Rn. 15; BIANCA-BONELL, International Sales Law, Art. 35, Anm. 3.1).

[405] Bejahend: Honsell-MAGNUS, Art. 35, Rn. 13; Staudinger-MAGNUS, Art. 35, Rn. 18; OTTO, S. 534; AUE, Mängelgewährleistung im UN-Kaufrecht, S. 74 f.. Verneinend: ENDERLEIN in Internationales Kaufrecht, Anm. 8; Soergel-LÜDERITZ, Art. 35, Rn. 10. Offen gelassen: BIANCA-BONELL, International Sales Law, Art. 35, Anm. 3.1.; Schlechtriem-SCHWENZER, Art. 35, Rn. 15.

[406] Soergel-TEICHMANN, § 243, Rn. 5; Müko-EMMERICH, § 243, Rn. 26.

[407] Soergel-HUBER, § 459, Rn. 22. Die abweichende Auffassung von EDYE, der den Fehlerbegriff des § 459 BGB beim Gattungskauf durch den Maßstab der mittleren Art und Güte gemäß §§ 243 Abs. 1 BGB, 360 HGB ersetzen will (MDR 1961, S. 908), wird wegen der mangelnden Berücksichtigung der Parteivereinbarungen allgemein abgelehnt (Staudinger-HONSELL, § 459, Rn. 48; Müko-WESTERMANN, § 459, Rn. 20; MEZGER, MDR 1962, S. 253 ff.; OSTLER, JR 1962, S. 295 ff.).

[408] Müko-EMMERICH, § 243, Rn. 27. Allerdings steht es dem Käufer frei, ob er die Ware zurückweisen und Lieferung einwandfreier Ware verlangen will oder ob er die gelieferten Sachen zunächst als Erfüllung annehmen und sodann das Wahlrecht aus § 480 Abs. 1 BGB ausüben will (Müko-EMMERICH; § 243, Rn. 27).

Voraussetzung, daß die Ware von guter, angemessener oder durchschnittlicher Qualität sein muß. Ein Käufer, der einen besonderen Qualitätsstandard wünscht, muß diesen entsprechend dem Prinzip des *caveat emptor* ausdrücklich vereinbaren[409].

Der in Art. 2 Abs. 2 lit. d) RL vorgesehene Vergleich mit der Qualität und den Leistungen, die bei Gütern der gleichen Art üblich sind, ähnelt aber dem in §§ 243 Abs. 1 BGB, 360 HGB festgelegten Qualitätsstandard, da er gleichfalls impliziert, daß die Kaufsache Durchschnittsqualität aufweisen muß. Mithin wird mit dem Erfordernis der Üblichkeit ein bestimmter Qualitätsgrad vorgegeben, der im Fall mangelnder anderweitiger Vertragsabreden erfüllt sein muß, so daß das Kriterium des Preises bei der Qualitätsbeurteilung eigentlich entbehrlich ist[410]. Gleichwohl ist diesbezüglich in Ermangelung einer ausdrücklichen Klarstellung mit Auslegungsdivergenzen zu rechnen.

3. Die insbesondere in der Werbung oder auf dem Etikett gemachten öffentlichen Äußerungen des Verkäufers, des Herstellers oder dessen Vertreters

Während der Beratungen über die Richtlinie hat die Kommission an der Einbeziehung von Werbeaussagen nicht nur des Verkäufers, sondern auch des Herstellers oder dessen Vertreters bei der Festlegung der geschuldeten Qualität und Leistungen des Verbrauchsguts festgehalten[411]. Verdeutlicht wird dieses Bestreben durch die Formulierungen des geänderten Kommissionsvorschlags und der Richtlinie, die im Gegensatz zum ursprünglichen Kommissionsvorschlag ausdrücklich von „unter anderem auch aufgrund der in der Werbung oder Etikettierung gemachten öffentlichen Äußerungen“ bzw. von „insbesondere in der Werbung oder auf dem Etikett gemachten öffentlichen Äußerungen“ sprechen. Damit wird der zunehmenden Bedeutung Rechnung getragen, die derartige Angaben im Zuge des durch die fortschreitende Industrialisierung bewirkten Wandels unseres Wirtschaftsgefüges gewonnen haben. Während die Nachfrageseite in der früher bestehenden Knappheitswirtschaft regelmäßig die Initiative zur Vertragsanbah-

---

[409] *Taylor v. Combined Buyers Ltd.* (1924) N.Z.L.R. 627 (645); *Kendall v. Lillico* (1969) 2 A.C. 31 (79 f.); ATIYAH/ADAMS, Sale of Goods, S. 161.

[410] A.A. LEHR/WENDEL, denen zufolge als Maßstab zur Beurteilung der Vertragswidrigkeit nur solche Wettbewerbsprodukte dienen können, die auch im Preisniveau mit dem in Rede stehenden Verbrauchsgut vergleichbar sind (EWS 1999, S. 323).

[411] Die Werbung wurde bereits im Grünbuch als einer der Umstände genannt, die bei der Ermittlung der berechtigten Erwartungen des Verbrauchers zu beachten sind (KOM (93) 509 endg., S. 110).

nung ergriff, muß in der heutigen Überflußgesellschaft die Angebotsseite den Bedarf der sich mehr oder weniger passiv verhaltenden Nachfrager wecken bzw. umlenken, um den Absatz ihrer Produkte zu sichern. Dabei dient den Anbietern die Werbung als wichtigstes Instrument[412]. Da die steigende Produktvielfalt und die zunehmende technische Komplexität der Waren zu einem Verlust an Markttransparenz führen, ist gerade der Verbraucher mangels eigener Sachkunde auf die Richtigkeit öffentlicher Werbeerklärungen angewiesen, die zudem die individuelle Beratung durch den Verkäufer namentlich beim Kauf von Massengütern weitgehend ersetzt haben[413]. Dies gilt vor allem für den Warenkauf mit Hilfe neuer Kommunikationstechnologien, bei dem es nicht zu einem persönlichen Kontakt zwischen den Vertragsparteien kommt. Ob es folglich einer Einbeziehung der Werbung[414] in das gesetzliche Gewährleistungsrecht bedarf, hängt jedoch davon ab, ob und inwieweit die zu untersuchenden Rechtsordnungen einen Käufer, der durch falsche Werbeangaben zum Kauf einer mangelhaften Sache veranlaßt wird, bislang schützen[415].

Im UN-Kaufrecht kann die Werbung des Verkäufers, in der er z.B. auf bestimmte Eigenschaften der Ware hinweist, zur Bestimmung der Vertragsmäßigkeit gemäß Art. 35 Abs. 1 CISG nur herangezogen werden, wenn sie im Wege einer ausdrücklichen oder stillschweigenden Bezugnahme vertraglich vereinbart wurde[416]. Im Fall ihrer Unrichtigkeit stehen dem Käufer die in Art. 45 ff. CISG bezeichneten Rechte zu. Dagegen scheidet eine Haftung des Herstellers für seine Werbeerklärungen mangels vertraglicher Bindungen zwischen ihm und dem Käufer aus.

---

412 LEHMANN, Vertragsanbahnung, S. 64 f.; ders., NJW 1981, S. 1235; KÖNDGEN, Selbstbindung ohne Vertrag, S. 287; DÜRRSCHMIDT, Werbung und Verbrauchergarantien, S. 26 f..

413 Formblatt zu den Auswirkungen einer Richtlinie über den Verbrauchsgüterkauf und -garantien, KOM (95) 520 endg., S. 28; REICH/TONNER, JuS 1976, S. 579; CHRISTOFFEL, Garantie, S. 32; DÜRRSCHMIDT, Werbung und Verbrauchergarantien, S. 26 f.; WOLF, RIW 1997, S. 900.

414 Im folgenden werden auch Erklärungen auf dem Etikett und sonstige öffentliche Äußerungen, die die Vorzüge der Ware anpreisen, dem Begriff „Werbung" subsumiert. Im Hinblick auf das Thema der Arbeit wird jedoch vorausgesetzt, daß sich die Angaben auf die Beschaffenheit oder die Gebrauchstauglichkeit der Kaufsache beziehen.

415 Obwohl der Hersteller die Kaufsache auch direkt an den Verbraucher verkaufen oder innerhalb der Absatzkette mehrere Händler zwischengeschaltet sein können, wird nachfolgend aus Gründen der Verständlichkeit von einer dreigliedrigen Absatzkette - Hersteller, Händler, privater Letztabnehmer - ausgegangen.

416 Schlechtriem-SCHWENZER, Art. 35, Rn. 7; BIANCA-BONELL, International Sales Law, Art. 35, Anm. 2.3.

a) Die Lösung des deutschen Rechts[417]

Im deutschen Recht ist ein mit Hilfe unzutreffender Werbeangaben zustande gekommener Kaufvertrag grundsätzlich weder nichtig[418] noch anfechtbar[419]. Es kommen aber vertragliche, deliktsrechtliche und wettbewerbsrechtliche Ansprüche des Käufers in Betracht.

aa) Vertragliche Ansprüche

Da der Käufer in den meisten Fällen nur mit dem Verkäufer in rechtsgeschäftlicher Beziehung steht, ist im Rahmen der vertraglichen Ansprüche zwischen dessen Werbeangaben und denen des Herstellers zu differenzieren.

(1) Gewährleistungshaftung (§§ 459 ff. BGB)

Ansprüche gemäß §§ 459 ff. BGB werden im Fall der Verkäuferwerbung teilweise mit der Begründung abgelehnt, daß es sich bei Werbeerklärungen um bloße Tatsachenbehauptungen handele, die ohne Rechtsbindungswillen abgegeben würden[420]. Dafür spreche der Hinweis der Motive zu § 459 Abs. 2 BGB, daß

---

[417] Die nachfolgenden Erörterungen beschränken sich im wesentlichen auf die herrschende Auffassung in Rechtsprechung und Literatur. Weiterführende Lösungsansätze des Schrifttums werden nur dargestellt, wenn sie im Rahmen der rechtsvergleichenden Würdigung von Bedeutung sind.

[418] Eine Nichtigkeit wegen eines gesetzlichen Verbots gemäß § 134 BGB setzt stets voraus, daß der Inhalt eines Vertrages als gesetzwidrig zu qualifizieren ist, während unwahre oder irreführende Werbeangaben lediglich zu Fehlern beim Zustandekommen des Vertrages führen, die die Rechtmäßigkeit des Vertragsinhalts meist nicht berühren (SACK, BB 1987 S. 26). Eine Nichtigkeit wegen Sittenwidrigkeit gemäß § 138 BGB erfordert einen Verstoß gegen das Anstandsgefühl aller billig und gerecht Denkenden, der bei einer wettbewerbsrechtlich relevanten Irreführung im Sinne von § 1 UWG ohne das Hinzutreten besonderer Umstände nicht bejaht werden kann (DÜRRSCHMIDT, Werbung und Verbrauchergarantien, S. 43).

[419] Eine Anfechtbarkeit aufgrund eines Irrtums über eine verkehrswesentliche Eigenschaft nach § 119 Abs. 2 BGB ist nach allgemeiner Auffassung ausgeschlossen, soweit der Irrtum einen Sachmangel im Sinne von § 459 BGB betrifft (BGHZ 16, 54 (57), 34, 32 (33 f.); Palandt-PUTZO, Vorbem v § 459, Rn. 9). Eine Anfechtbarkeit aufgrund einer arglistigen Täuschung nach § 123 BGB scheitert in der Regel daran, daß der Käufer die Beweislast für den gesamten Tatbestand einschließlich der Arglist des Verkäufers trägt (DÜRRSCHMIDT, Werbung und Verbrauchergarantien, S. 44; TRINKNER, BB 1975, S. 1493 f.).

[420] Staudinger-HONSELL, § 459, Rn. 140; PFEIFER, Produktfehler, S. 52; REINICKE-TIEDTKE, Kaufrecht, S. 127.

„allgemeine Anpreisungen der Sache, wie sie im Verkehre üblich sind, nicht als Zusicherung im Sinne des Gesetzes aufzufassen sind“[421]. Ferner rechne der Käufer in Anbetracht ihrer Suggestivfunktion mit bloßen Behauptungen und Übertreibungen[422].

Diese Ansicht vermengt jedoch in sachfremder Weise die Frage der inhaltlichen Bestimmtheit einer Angabe mit der des Verpflichtungswillens des Erklärenden[423]. Sofern einer Werbeaussage im Wege der Auslegung eine konkrete Sacheigenschaft entnommen werden kann, stellt sie trotz ihres persuasiven Charakters aus Sicht des Käufers durchaus eine ernstgemeinte Angabe über die Sollbeschaffenheit der Ware dar[424]. Zwar beinhaltet sie nach herrschender Meinung in Rechtsprechung und Literatur aufgrund des ansonsten drohenden Kontrahierungszwangs mit einer unbegrenzten Zahl von Personen noch kein Vertragsangebot, sondern nur eine Aufforderung zur Abgabe von Angeboten (*invitatio ad offerendum*)[425]. Nach dem heute herrschenden subjektiven Fehlerbegriff, der fehlende Sacheigenschaften bereits im Fall einer einfachen vertraglichen Vereinbarung § 459 Abs. 1 BGB subsumiert, ist aber nicht mehr ausschließlich zwischen Anpreisungen und Zusicherungen[426], sondern zwischen Anpreisungen, einfachen Beschaffenheitsvereinbarungen und Zusicherungen zu unterscheiden. Daher ist zumindest eine einfache Beschaffenheitsvereinbarung im Sinne von § 459 Abs. 1 BGB gegeben, deren Nichteinhaltung Ansprüche auf Wandelung und Minderung begründet, wenn bei Vertragsschluß ausdrücklich oder stillschweigend auf die Werbeangabe Bezug genommen wurde[427]. Eine zum Schadensersatz berechtigende Eigenschaftszusicherung im Sinne von § 459 Abs. 2 BGB ist hingegen grundsätzlich abzulehnen, es sei denn, es kann ausnahmsweise ein entsprechender Haftungswille des Verkäufers angenommen werden[428]. Bei neu hergestellten Sachen hat die Judikatur diesen nur in seltenen Fällen unter Verweis auf den

---

[421] Mot. II, S. 225.

[422] Staudinger-HONSELL, § 459, Rn. 140.

[423] KÖNDGEN, Selbstbindung ohne Vertrag, S. 341.

[424] Soergel-HUBER, § 459, Rn. 170; Müko-WESTERMANN, § 459, Rn. 60.

[425] Palandt-HEINRICHS, § 145, Rn. 2.

[426] So GEORGES, Dt. und Int. Wirtschaftsrecht, Bd. 15, S. 238 f., 243.

[427] Soergel-HUBER, § 459, Rn. 170; Müko-WESTERMANN, § 459, Rn. 63. Allerdings setzt eine solche Einbeziehung in den Vertrag individuelle Verhandlungen zwischen den Vertragsparteien voraus, die in der Regel nur beim Kauf von hochwertigen Gebrauchsgütern erfolgen, nicht aber beim Kauf von Massengütern des täglichen Bedarfs (DÜRRSCHMIDT, Werbung und Verbrauchergarantien, S. 47 ff.).

[428] BGHZ 48, 118 (122); 59, 158 (160); Soergel-HUBER, § 459, Rn. 170; HEFERMEHL, FG Weitnauer, S. 356. Dies wird von REICH/TONNER bei Verbraucherkaufverträgen in Anbetracht der ökonomischen Funktion der Werbung als Ersatz für die weggefallene Händlerberatung kritisiert (JuS 1976, S. 578 f.).

besonderen Erklärungsinhalt der Werbung[429] oder ihre besondere Intensität[430] bejaht. Bei gebrauchten Sachen zeigt sie sich etwas großzügiger, weil der Käufer angesichts der weitgehenden Möglichkeit eines formularmäßigen Haftungsausschlusses schutzbedürftiger ist[431]. Vor allem im Gebrauchtwagenhandel wurden werbende Angaben in Zeitungsinseraten[432] und auf Verkaufsschildern[433] mit dem Hinweis als Zusicherung gewertet, daß der Käufer als Laie auf die überlegene Fachkunde seines Vertragspartners vertraut habe.

Dagegen stehen dem Käufer im Fall der Herstellerwerbung nach allgemeiner Auffassung weder gegenüber dem Hersteller noch gegenüber dem Verkäufer Gewährleistungsansprüche (§§ 459 ff. BGB) zu. Denn mit ersterem hat er keinen Kaufvertrag geschlossen[434] und letzterem können die werbenden Angaben nur zugerechnet werden, wenn er sich diese zu eigen macht[435]. Die Trevira-Entscheidung des BGH[436], in der der Verkäufer für die Werbeaussagen des Produzenten nach §§ 463, 480 Abs. 2 BGB haftbar gemacht wurde, stellt lediglich eine nicht verallgemeinerungsfähige Ausnahme dar[437]. In diesem Urteil bewertete der BGH die Lieferung von Stoffen unter der Bezeichnung „Trevira“ wegen der besonderen Art und Weise, mit der der Faserhersteller für die Qualität der unter Verwendung der Polyesterfaser „Trevira“ produzierten Textilien geworben hatte, als Zusicherung des Verkäufers, daß die Be- und Verarbeitungsrichtlinien des Herstellers auf allen Produktionsstufen eingehalten worden sind und die Ware die Eigenschaften besitzt, die sich aus einer „Trevira-mäßigen Behandlung“ ergeben[438]. Auch wenn im konkreten Fall ein zusicherungsrechtli-

---

[429] Z.B. wurde in der Entscheidung „Kontaktkleber“, in der der Verkäufer damit geworben hatte, daß die Zusammensetzung seines als „zuverlässiger Kontaktkleber für Kunst- und Gummibeläge“ bezeichneten Erzeugnisses zu dem alleinigen Zweck des Verklebens derartiger (Fußboden-) Beläge entwickelt worden sei, namentlich darauf abgestellt, daß diese Werbeerklärung die Spezialisierung des Produkts für eine bestimmte Verwendung zum Ausdruck brachte (LG Düsseldorf, BB 1972, 241 (242); HERRMANN, AcP 183 (1983), S. 264 f.).
[430] Z.B. wurde in der Entscheidung „Nottestamentsmappe“ die Erklärung des Verkäufers, daß das verkaufte Druckwerk eine zuverlässige Anleitung für die Errichtung von Nottestamenten gebe, aufgrund ihrer besonderen Eindringlichkeit als Zusicherung qualifiziert (BGH NJW 1973, 843 (845)).
[431] Siehe S. 87 f..
[432] OLG Karlsruhe, OLGZ 79, 431 (432); OLG Schleswig, MDR 1977, 929.
[433] BGH NJW 1975, 1693 (1694); WM 1976, 614 (615).
[434] HEFERMEHL, FG Weitnauer, S. 358.
[435] BGH NJW 1981, 1269 (1270).
[436] BGHZ 48, 118.
[437] Müko-WESTERMANN, § 459, Rn. 63; KATZENMEIER, Haftung, S. 36, Fn. 22; DÜRRSCHMIDT, Werbung und Verbrauchergarantien, S. 70; LEHMANN/DÜRRSCHMIDT, GRUR 1997, S. 552, Fn. 27.
[438] BGHZ 48, 118 (123 f.).

cher Vertrauensschutz des Käufers angemessen gewesen sein mag[439], stellt es nach geltendem Recht eine systemwidrige Zurechnung von Äußerungen eines Fremden dar, die Verkäuferhaftung generell mit der besonderen Gestaltung der Werbung des Produzenten zu begründen[440].

Im Schrifttum wurden verschiedene Vorschläge gemacht, um die gewährleistungsrechtliche Schutzlücke bei falschen Werbeaussagen zu schließen. Nach einer Auffassung sind die Vorschriften über die kaufrechtliche Sachmängelhaftung dahingehend zu ändern, daß der Verkäufer als Mitglied der Absatzkette für die Werbung des Herstellers einzustehen habe und der erforderliche Ausgleich innerhalb der Absatzkette entsprechend der Ausgleichspflicht unter Gesamtschuldnern (§ 426 BGB) unter analoger Anwendung von § 254 BGB vorgenommen werde[441]. Nach anderer Auffassung kann das in Rede stehende Rechtsschutzdefizit hingegen bereits *de lege lata* durch eine (quasi-) vertragliche Reformulierung des Zusicherungsbegriffs weitgehend geschlossen werden[442]. Ebenso wie die einfache Beschaffenheitsvereinbarung erfordere die Zusicherung kein besonderes Haftungsversprechen, sondern lediglich einen Rechtsbindungswillen[443]. Bei Werbeerklärungen ergebe sich dieser aus der jeder Form von Kommunikation immanenten Selbstbindung, die bei hinreichender inhaltlicher Bestimmtheit rechtsgeschäftliche Qualität erlange[444]. Auch eine individualvertragliche Inkorporation der Werbeaussage durch ausdrückliche oder stillschweigende Bezugnahme sei nicht notwendig. Da die Grundlage der Haftung das gegebene Wort und nicht eine Vertragsverletzung sei, genüge statt dessen, daß der Umworbene durch die Werbung zum Kauf bestimmt worden ist[445]. Mithin führe jede hinreichend konkrete Werbeerklärung zu einer (quasi-) vertraglichen Versprechenshaftung des Werbenden analog §§ 463, 480 Abs. 2 BGB, sofern sie für den

---

439 Nach Ansicht TEICHMANNS wird das Entscheidungsergebnis dadurch gerechtfertigt, daß der Verkäufer im Rahmen einer Warenzeichenlizenz eine sog. begleitende Marke mitbenutzte, mit der im Gegensatz zum einfachen Warenzeichen gewisse Qualitätserwartungen verbunden sind. Aufgrund dieser Mitbenutzung identifizierte ihn der Käufer mit dem das Warenzeichen führenden Betrieb, so daß er sich neben dem Warenzeicheninhaber als Hersteller behandeln lassen und für den Erklärungsinhalt der Marke haftungsrechtlich einstehen mußte (JuS 1968, S. 318 ff.).

440 TEICHMANN, JuS 1968, S. 320; WRONKA, UFITA 80 (1977), S. 225 f..

441 TRINKNER, BB 1975, S. 1495.

442 KÖNDGEN, Selbstbindung ohne Vertrag, S. 307.

443 KÖNDGEN, Selbstbindung ohne Vertrag, S. 310 ff..

444 KÖNDGEN, Selbstbindung ohne Vertrag, S. 301 ff., 342 ff., 347.

445 KÖNDGEN, Selbstbindung ohne Vertrag, S. 304, 346 ff., 351 f..

Vertragsabschluß kausal geworden ist[446]. Diese Ansicht ist aber wegen der mit ihr verbundenen Aufgabe des vertraglichen Charakters der Zusicherung mit dem geltenden Recht unvereinbar.

(2) Haftung aus (vertraglicher oder einseitiger) Garantie

Eine Haftung aufgrund einer Garantie des Inhalts, daß der Erklärende für das Vorhandensein einer zusicherungsfähigen Eigenschaft der Kaufsache verschuldensunabhängig einstehen will[447], geht im Fall der Verkäuferwerbung meist in der Zusicherungshaftung nach § 463 BGB auf[448]. Denn in der Regel beziehen sich Garantien ebenso wie die Gewährleistung nach §§ 459 ff. BGB auf den Ausgleich von Nachteilen aus Äquivalenzstörungen[449]. Bedeutsam ist die Haftung aufgrund einer Garantie somit im wesentlichen bei der Herstellerwerbung. Sie setzt grundsätzlich voraus, daß die Werbeaussagen des Herstellers zum Inhalt eines Garantievertrages zwischen ihm und dem Endabnehmer gemacht wurden. Der Abschluß eines solchen Vertrages, der neben dem Kaufvertrag zwischen dem Händler und dem Endabnehmer besteht, erfordert eine über das bloße Inverkehrbringen und die übliche Darbietung der Ware hinausgehende Garantieerklärung, die in den Vertragswillen beider Parteien aufgenommen wurde. Meistens kommt er dadurch zustande, daß der Händler die der Ware vom Hersteller beigefügte Garantiekarte als Vertreter oder Bote weitergibt und der Endabnehmer dieses Angebot konkludent annimmt (§ 151 BGB)[450]. Falls sich die

---

[446] KÖNDGEN, Selbstbindung ohne Vertrag, S. 344 ff., 349 ff.; zustimmend CHRISTOFFEL bezüglich werbender Angaben des Verkäufers (Garantie, S. 33); ablehnend HERRMANN, demzufolge diese Auffassung zu einem unzulässigen Kontrahierungszwang führt (AcP 183 (1983), S. 259 ff.).

[447] Nur solche Garantien stehen vorliegend in Rede (vgl. § 4, Fn. 414).

[448] Müko-WESTERMANN, § 459, Rn. 97; Soergel-HUBER, § 459, Rn. 205. Zur selbständigen und unselbständigen Garantie vgl. § 4, Fn. 366.

[449] TASCHNER/FRIETSCH, Produkthaftungsgesetz, Einführung, Rn. 24.

[450] BGHZ 78, 369 (372 f.); 104, 82 (85 f.); Soergel-HUBER, § 459, Rn. 14; Staudinger-HONSELL, § 459, Rn. 178; KATZENMEIER, Haftung, S. 56 f.; PFEIFER, Produktfehler, S. 51 f.; TASCHNER/FRIETSCH, Produkthaftungsgesetz, Einführung, Rn. 24; DÜRR-SCHMIDT, Werbung und Verbrauchergarantien, S. 73 f.. Im Schrifttum wurde teilweise eine großzügigere Annahme vertraglicher Garantien befürwortet, indem entweder beim Verkauf von Markenartikeln generell ein zusätzlicher Haftungsvertrag zwischen Hersteller und Endabnehmer bejaht (MARKERT, BB 1964, S. 322) oder die Herstellerangabe auf der Ware als eine entsprechende Verpflichtungserklärung des Produzenten ausgelegt wurde (K. MÜLLER, AcP 165 (1965), S. 304 ff.). Derartige Haftungskonstruktionen sind jedoch abzulehnen, da weder das Markenzeichen noch die Herkunftsbezeichnung als rechtsverbindliche Willenserklärungen verstanden werden können. Dies gilt erst recht für die noch weitergehende Ansicht HAGERS (AcP 184 (1984), S. 436), wonach eine vertragliche Einstandspflicht des Herstellers

Werbeangabe als unrichtig herausstellt, kann letzterer sodann die Rechte aus dem Garantievertrag beanspruchen[451].

In der Isolarglas-Entscheidung[452] wurde hingegen eine Haftung des Herstellers bejaht, obwohl dessen Garantieerklärung dem Endabnehmer der Ware bei Vertragsschluß nicht bekannt war. In Ermangelung eines direkten rechtsgeschäftlichen Kontakts nahm der BGH einen Vertrag zugunsten Dritter (§ 328 Abs. 1 BGB) an, der zwischen dem Produzenten und dem Zwischenhändler zugunsten des Endabnehmers geschlossen wurde[453]. Letztlich handelte es sich aber um eine einseitige Garantie des Herstellers, da die Heranziehung des Zwischenhändlers als Versprechensempfänger nur dazu diente, eine vertragliche Haftung „rechtsdogmatisch absichern zu können"[454]. Die in den Werbeprospekten des Produzenten enthaltene Garantieerklärung konnte zwar noch als ein an den Zwischenhändler gerichtetes Angebot zum Abschluß eines solchen Vertrages verstanden werden, die Begründung der Annahme des Zwischenhändlers mit seinem ökonomischem Interesse an einer möglichst weitgehenden Haftungsfreistellung verdeutlicht aber, daß der Vertragsabschluß „an eine rechtliche Fiktion gefährlich nahe herangerückt ist"[455]. Darüber hinaus fehlt das für einen Vertrag zugunsten Dritter typische Valutaverhältnis, das durch das originäre Interesse des Versprechensempfängers gekennzeichnet ist, dem Dritten durch die Leistung eine gesicherte Rechtsposition gegenüber dem Leistenden zu verschaffen. Eine solches Interesse des Zwischenhändlers an einer Garantiehaftung des Herstellers ist nicht ersichtlich, weil das vom BGH angeführte Freistellungsinteresse nicht Voraussetzung, sondern Resultat des Vertragsabschlusses gemäß § 328 Abs. 1 BGB war. Der Produzent gab die Garantieerklärung vielmehr ausschließlich im eigenen Interesse an einer Absatzbelebung und Umsatzsteigerung ab[456]. Ob die Entscheidung mithin als zu weitgehend abzulehnen ist[457], oder ob sie mit Hilfe von Äußerungen in der amtlichen Begründung zu § 13 a UWG[458] dahingehend konkreti-

---

bereits entsteht, wenn er in Werbeanzeigen, in Broschüren oder auf Verpackungen hinreichend genaue Produktaussagen macht oder Güte- und Prüfzeichen verwendet, die konkrete Zusagen beinhalten (TEICHMANN, BB 1966, S. 173; KATZENMEIER, Haftung, S. 56 f.; PFEIFER, Produktfehler, S. 51 f.).

[451] Wenn es sich um den Regelfall einer befristeten Haltbarkeitsgarantie handelt, findet auf die Garantie, soweit sich aus ihrem Inhalt nichts Abweichendes ergibt, Sachmängelrecht Anwendung (Soergel-HUBER, § 459, Rn. 217).

[452] BGH NJW 1979, 2036.

[453] BGH NJW 1979, 2036.

[454] LEHMANN, BB 1980, S. 968.

[455] LEHMANN, BB 1980, S. 967 f.; CHRISTOFFEL, Garantie, S. 171 ff..

[456] LEHMANN, BB 1980, S. 968.

[457] So Erman-GRUNEWALD, Vor § 459, Rn. 66.

[458] Siehe dazu S. 173 ff..

siert werden sollte, daß jeder Werbende aus einer Garantie „für den, den es angeht" haftet, wenn seine Werbung „Angaben über für den Vertragsschluß wesentliche Umstände" enthält[459], bleibt allerdings fraglich.

(3) Haftung aus *culpa in contrahendo*

Ansprüche wegen Verschuldens bei Vertragsschluß, gerichtet auf den Ersatz des negativen Interesses[460], scheiden bei unzutreffenden Werbeangaben in der Regel aus. Gegenüber dem Verkäufer werden sie teilweise bereits auf der Tatbestandsebene mit dem Hinweis verneint, daß der erforderliche gesteigerte „soziale Kontakt" bzw. die Inanspruchnahme besonderen Vertrauens fehle, da die Werbung erst der Einleitung der Kontaktaufnahme zwischen den Parteien diene[461]. In jedem Fall werden Ansprüche aufgrund falscher oder unterlassener Aufklärung über Umstände, die zu einem Sachmangel führen, aber auf der Konkurrenzebene durch die §§ 459 ff. BGB ausgeschlossen. Nach ständiger Rechtsprechung greift der Vorrang des Sachmängelrechts zwar nur bei Fahrlässigkeit und nicht bei Vorsatz ein[462], im letztgenannten Fall sind jedoch regelmäßig die Voraussetzungen des § 463 S. 2 BGB erfüllt, so daß der Käufer nicht nur den Vertrauensschaden, sondern das Erfüllungsinteresse geltend machen kann[463]. Gegenüber dem Hersteller scheitert eine Haftung aus *culpa in contrahendo* hingegen daran, daß er mit seiner Werbung keine eigenen Vertragsabschlüsse mit den Werbeadressaten bezweckt. Da es sich um ein das Vertragsrecht ergänzendes Instrument zum Schutze des Vertragsmechanismus handelt, muß ein Vertragsabschluß aber zumindest beabsichtigt sein[464].

Dritte haften für falsche Auskünfte im Rahmen der Vertragsanbahnung nur, sofern sie als Vertreter oder als sonstiger „Sachwalter" der anderen Vertragspartei auftreten und ein eigenes wirtschaftliches Interesse am Zustandekommen des angebahnten Vertrages haben oder ihnen bei den Vertragsverhandlungen ein

---

459 So SACK, BB 1987 S. 21; zustimmend MENKE, VuR 1994, S. 230.

460 Der Schadensersatz kann auch in der Rückgängigmachung eines Vertrages bestehen, der infolge des pflichtwidrigen Verhaltens des anderen Teils zustande gekommen ist (Palandt-HEINRICHS, § 276, Rn. 100).

461 WRONKA, UFITA 80 (1977), S. 230 f..

462 Siehe S. 13 m.w.N. auch zu den weiteren Ausnahmen der Verletzung einer besonderen Beratungspflicht und der fahrlässig falschen Auskunft über eine Eigenschaft „im weiteren Sinne".

463 Soergel-HUBER, Vor § 459, Rn. 228.

464 SACK, BB 1987 S. 22; STOLL, NJW 1982, S. 153.

besonderes persönliches Vertrauen entgegengebracht wird[465]. Denn diese Umstände implizieren die notwendige „außervertragliche Zusage" des Dritten, für die Richtigkeit seiner Angaben einstehen zu wollen. Obwohl der Hersteller durch seine Werbemaßnahmen gleichfalls Vertrauen in sein Produkt erzeugen will, erscheint es zweifelhaft, ob ihnen die Übernahme einer Einstandspflicht gegenüber einer unbegrenzten Zahl unbekannter Personen unabhängig von einem Vertragsschluß entnommen werden kann[466]. Selbst wenn man Werbeerklärungen dem Bereich des rechtsgeschäftlichen Verkehrs zurechnet und durch die Adressierung an alle Kaufinteressenten den Bezug zu bestimmten Vertragsverhältnissen gewährleistet sieht, kann ein den anerkannten Fällen der Eigenhaftung Dritter vergleichbares Maß an Vertrauen allenfalls bei Rechtsgeschäften bejaht werden, die schwer durchschaubar und besonders risikobehaftet sind[467].

Demgegenüber befürwortet eine Literaturansicht unter Anknüpfung an die von der Rechtsprechung entwickelte Prospekthaftung bei sog. Publikumspersonengesellschaften bei unzutreffenden Werbeangaben eine vertragsähnliche Erklärungshaftung nach den Grundsätzen der *culpa in contrahendo*[468]. Da der „Vorverkauf" von Waren durch die moderne Wirtschaftswerbung oft jede konkrete Vertragsverhandlung zwischen den Parteien überflüssig mache, beginne die vorvertragliche Beziehung zwischen Werbendem und Werbeadressaten zu Zwecken der Vertragsanbahnung bereits mit der Übermittlung der Werbebotschaft[469]. Wenn der Werbende erkannt habe oder bei pflichtgemäßer Prüfung hätte erkennen müssen, daß die Angabe einen unwahren oder irreführenden Inhalt habe, und der Werbeadressat zu einer vermögensmindernden Vertrauensinvestition veranlaßt worden sei, die einen Schaden für ihn darstelle, hafte der erstere dem letzteren auf den Ersatz des negativen Interesses[470]. Ob es tatsächlich zum Abschluß eines Kaufvertrages komme und ob dieser gerade mit demjenigen geschlossen werde, von dem die Werbung stamme, sei unerheblich. Denn auch der Hersteller, der sich im Wege der Sprungwerbung an den Endabnehmer wende, fördere als Dritter berufsmäßig im eigenen Interesse das Zustandekommen von bestimmten Kaufverträgen und beanspruche als Fachmann aus der Sphäre der Produktion ein besonderes Vertrauen der Werbeadressaten bezüglich der Richtigkeit seiner Produktangaben[471]. Ohne entsprechende gesetzgeberische Regelung ist die von

---

[465] Palandt-HEINRICHS, § 276, Rn. 95 ff. m.w.N. zur Rechtsprechung; SCHULZE, JuS 1983, S. 82.
[466] STOLL, NJW 1982, S. 153.
[467] SCHULZE, JuS 1983, S. 87.
[468] LEHMANN, Vertragsanbahnung, S. 347 ff.; ders., NJW 1981, 1239 ff.; zustimmend DÜRRSCHMIDT, S. 78.
[469] LEHMANN, Vertragsanbahnung, S. 344 f.; ders., NJW 1981, S. 1240.
[470] LEHMANN, NJW 1981, S. 1240, 1242.
[471] LEHMANN, Vertragsanbahnung, S. 366 ff.; ders., NJW 1981, S. 1240 f..

dieser Ansicht vertretene Erweiterung der herkömmlichen Grenzen der *culpa in contrahendo* jedoch als zu weitgehend zu erachten[472].

bb) Deliktische Ansprüche

Auf deliktsrechtlichem Wege könnte ein umfassender Schutz der Abnehmer vor unzutreffenden Werbeaussagen des Verkäufers oder des Herstellers namentlich durch die Zulassung von Schadensersatzansprüchen gemäß § 823 Abs. 2 BGB i.V.m. UWG erreicht werden[473]. In der Prüfzeichen-Entscheidung[474] lehnte der BGH einen Anspruch aus § 823 Abs. 2 i.V.m. § 3 UWG aber mit der Begründung ab, daß die bei einem schuldhaften Verstoß gegen letztgenannte Vorschrift eingreifende Sonderregelung des § 13 Abs. 2 UWG a.F. (§ 13 Abs. 6 UWG n.F.) die Anwendung von § 823 Abs. 2 BGB ausschließe[475]. Dieses Urteil ist im Schrifttum weitgehend als unbefriedigend und dogmatisch verfehlt abgelehnt worden[476]. Es sei zweifelhaft, ob die Vorschrift des § 13 Abs. 6 UWG n.F. (§ 13 Abs. 2 UWG a.F.), die nur Mitwerbern Schadensersatzansprüche einräume, Ansprüche der Abnehmer nach § 823 Abs. 2 BGB i.V.m. § 3 UWG im Wege der Spezialität verdrängen könne[477]. Im übrigen ließen sich aus dieser Konkurrenzfrage keine Schlußfolgerungen für die Frage der Schutzgesetzqualität des § 3 UWG ziehen[478]. Gleichwohl muß die Prüfzeichen-Entscheidung derzeit noch als

---

472 STOLL, NJW 1982, S. 153.

473 DÜRRSCHMIDT, Werbung und Verbrauchergarantien, S. 58. Zwar führt Werbung mit unwahren Angaben zu Ansprüchen aus § 823 Abs. 1 BGB, wenn sie kausal für die Verletzung eines absoluten Rechtsguts im Sinne dieser Vorschrift gewesen ist (TRINKNER, BB 1975, S. 1494), und zu Ansprüchen aus § 823 Abs. 2 BGB i.V.m. StGB, wenn sie die Voraussetzungen eines Straftatbestandes, namentlich den des § 263 StGB (Betrug) oder des § 264a StGB (Kapitalanlagebetrug), erfüllt (SACK, BB 1987 S. 22). Diese Fälle werden aber ebenso wie die einen Schädigungsvorsatz erfordernden Fälle einer sittenwidrigen Schädigung nach § 826 BGB (SACK, BB 1987 S. 22; SCHULZE, JuS 1983, S. 82; HEFERMEHL, FG Weitnauer, S. 352) äußerst selten sein.

474 BGH NJW 1974, 1503.

475 BGH NJW 1974, 1503 (1505).

476 SACK, BB 1987 S. 22 m.w.N.; SCHRICKER, GRUR 1975, S. 111 ff..

477 SACK, BB 1987 S. 22; SCHRICKER, GRUR 1975, S. 113.

478 SACK, BB 1987 S. 22; SCHRICKER, GRUR 1975, S. 113. Die Schutzgesetzqualität des § 3 UWG ist höchst strittig. Teilweise wird sie mit dem Hinweis verneint, daß sich aus den Materialien zur Einführung des Verbraucherverbandsklagerechts und des Rücktrittsrechts des § 13a UWG eine ablehnende Haltung des Gesetzgebers gegenüber weitergehenden Individualansprüchen des Verbrauchers ergebe (SCHERER, WRP 1992, S. 610 f.). Teilweise wird sie bejaht, da durch die Gewährung von Ansprüchen aus §§ 823 Abs. 2 BGB i.V.m. § 3 UWG der lückenhafte Konsumentenschutz des UWG ergänzt werden könne (SCHRICKER, GRUR 1975, S. 120).

ein faktisches Präjudiz hingenommen werden, das gegen die Möglichkeit von Ansprüchen aus § 823 Abs. 2 BGB i.V.m. UWG spricht[479].

cc) Wettbewerbsrechtliche Ansprüche

Allerdings sieht das Wettbewerbsrecht in § 13a UWG[480] sowohl für den privaten als auch für den gewerblichen Abnehmer[481] ein Rücktrittsrecht vor, sofern er durch unwahre und irreführende Werbeangaben seines Vertragspartners (§ 13a Abs. 1 S. 1 UWG) oder - wenn auch unter einschränkenden Voraussetzungen - durch unwahre und irreführende Werbeangaben eines Dritten (§ 13a Abs. 1 S. 2 UWG) zum Vertragsschluß veranlaßt worden ist[482].

Voraussetzung für das Bestehen eines solchen Rechts ist zunächst das Vorliegen einer unwahren und irreführenden Werbeangabe im Sinne von § 4 UWG (§ 13a Abs. 1 S. 1 UWG). Die Merkmale der Unwahrheit und der Irreführungseignung müssen kumulativ vorliegen, d.h. Werbung mit irreführenden, aber objektiv

---

479 SACK, BB 1987 S. 22; SCHRICKER, GRUR 1975, S. 120; TRINKNER, BB 1975, S. 1495; DÜRRSCHMIDT, Werbung und Verbrauchergarantien, S. 59; WRONKA, UFITA 80 (1977), S. 231.

480 Die am 1.1.1987 in Kraft getretene Vorschrift ist das Ergebnis längerer Reformdiskussionen, in deren Verlauf auf die ursprünglich geforderte Einführung eines individuellen Schadensersatzanspruchs verzichtet wurde (TEPLITZKY, Wettbewerbsrechtliche Ansprüche, 37. Kap., Rn. 1; SACK, BB 1987 S. 3). Aufgrund dieser bewußten Entscheidung des Gesetzgebers gegen die Schaffung eines solchen Anspruchs kann ein Schadensersatzanspruch des Abnehmers trotz der Tatsache, daß der Schutzzweck des UWG sich im Laufe der Jahre von einem reinen Mitbewerberschutz zu einem kombinierten Schutz der Gewerbetreibenden, der Allgemeinheit und der (einzelnen) Abnehmer gewandelt hat, auch nicht aus § 1 und § 13 Abs. 6 i.V.m. § 3 UWG hergeleitet werden (so SACK, BB 1987 S. 22 f.). Denn dadurch liefe die in § 13a UWG getroffene Einschränkung praktisch leer (DÜRRSCHMIDT, Werbung und Verbrauchergarantien, S. 54).

481 BAUMBACH/HEFERMEHL, Wettbewerbsrecht, § 13a UWG, Rn. 2; SCHAEFER, ZIP 1987, S. 556 f.; KÖHLER, JZ 1989, S. 262; SACK, BB 1987 S. 3. Der Begriff „Abnehmer" ist dem Sprachgebrauch der Wirtschaft entnommen und meint den jeweiligen Vertragspartner des die unwahre und irreführende Werbung betreibenden oder benutzenden Vertragsteils (KÖHLER, JZ 1989, S. 262; SCHAEFER, ZIP 1987, S. 557).

482 Anderweitige Rechtsbehelfe, insbesondere Anfechtungs- und Gewährleistungsrechte sowie Ansprüche aus *culpa in contrahendo* und unerlaubter Handlung, bleiben von § 13a UWG unberührt. Denn die Vorschrift bezweckt eine Verbesserung der Rechtsstellung des Abnehmers (KÖHLER, JZ 1989, S. 270; SCHAEFER, ZIP 1987, S. 563; TEPLITZKY, Wettbewerbsrechtliche Ansprüche, 37. Kap., Rn. 32).

wahren Werbeangaben wird von § 13a UWG nicht erfaßt[483]. Ferner bringt die Bezugnahme auf § 4 UWG in Verbindung mit der in der Begründung des Diskussionsentwurfs enthaltenen Feststellung, wonach „eine den objektiven Tatbestand des § 4 erfüllende unwahre und zur Irreführung geeignete Angabe" erforderlich ist[484], zum Ausdruck, daß die Werbung geschäftliche Verhältnisse betreffen[485] und im Wege öffentlicher Bekanntmachungen oder für einen größeren Personenkreis bestimmter Mitteilungen erfolgen muß. Werbeangaben, die im individuellen Verkaufsgespräch gegenüber Einzelpersonen gemacht werden, werden folglich ebenfalls ausgegrenzt[486].

Des weiteren muß die Werbeangabe für den Personenkreis, an den sie sich richtet, wesentlich sein (§ 13a Abs. 1 S. 1 UWG). Durch das Kriterium der Wesentlichkeit wird das Rücktrittsrecht in der Weise objektiviert, daß bestimmte „verkehrskreis-untypische" Fehlvorstellungen des einzelnen Abnehmers unberücksichtigt bleiben[487]. Denn die Frage, ob die Werbeangabe sich auf Umstände bezieht, die für die Wertschätzung einer Sache oder Leistung bei der Entschliessung über den Vertragsschluß von Bedeutung sind, ist nicht anhand der subjektiven Vorstellung des einzelnen Abnehmers, sondern anhand der objektiven Durchschnittsauffassung der Werbeadressaten zu entscheiden[488].

Schließlich verlangt § 13a Abs. 1 S. 1 UWG, daß der Abnehmer durch die in Rede stehende Werbung zur Abnahme bestimmt worden ist. Da unter dem Be-

---

483 BAUMBACH/HEFERMEHL, Wettbewerbsrecht, § 13a UWG, Rn. 4; KÖHLER, JZ 1989, S. 263; kritisch SACK, BB 1987 S. 4 f.. Für das Kriterium der Unwahrheit gilt nach allgemeiner Ansicht ein strengerer Maßstab als für das der Irreführungseignung, das nach der Auffassung eines nicht unerheblichen Teils der angesprochenen Verkehrskreise zu beurteilen ist (DÜRRSCHMIDT, Werbung und Verbrauchergarantien, S. 33 m.w.N.). Umstritten ist jedoch, ob es nach der verständigen Durchschnittsauffassung der umworbenen Verkehrskreise (BAUMBACH/HEFERMEHL, Wettbewerbsrecht, § 13a UWG, Rn. 4) oder sogar abstrakt, d.h. unabhängig vom Verständnis der jeweils beteiligten Verkehrskreise (ERBS/ KOHLHAAS/FUHRMANN,§ 4 UWG, Rn. 12) zu bestimmen ist.

484 BT-Drs. 10/4741, S. 19.

485 BAUMBACH/HEFERMEHL, Wettbewerbsrecht, § 13a UWG, Rn. 3; KÖHLER, JZ 1989, S. 263. Unter „geschäftlichen Verhältnissen" sind insbesondere die Beschaffenheit, der Ursprung, die Herstellungsart und die Preisbemessung von Waren oder gewerblichen Leistungen, die Art und die Quelle des Bezugs von Waren, der Besitz von Auszeichnungen sowie der Anlaß oder der Zweck des Verkaufs zu verstehen (KÖHLER, JZ 1989, S. 263).

486 BAUMBACH/HEFERMEHL, Wettbewerbsrecht, § 13a UWG, Rn. 3; KÖHLER, JZ 1989, S. 263; kritisch SCHAEFER, ZIP 1987, S. 556; a.A. SACK, BB 1987 S. 5 f..

487 SCHAEFER, ZIP 1987, S. 559.

488 BAUMBACH/HEFERMEHL, Wettbewerbsrecht, § 13a UWG, Rn. 5; TEPLITZKY, Wettbewerbsrechtliche Ansprüche, 37. Kap., Rn. 7; KÖHLER, JZ 1989, S. 264; a.A. SACK, BB 1987 S. 6.

griff „Abnahme" der Vertragsschluß zu verstehen ist[489], bedarf es mithin eines Kausalzusammenhangs zwischen der unwahren und irreführenden Werbeangabe und dem individuellen Vertragsschluß. Dies ist zu bejahen, wenn der Abnehmer den Vertrag ohne die Kenntnis der Werbeangabe entweder gar nicht oder zumindest nicht mit dem Inhalt bzw. zu dem Zeitpunkt, wie geschehen, geschlossen hätte[490]. Die Beweislast für diese Ursächlichkeit trägt nach allgemeinen zivilprozessualen Grundsätzen der Abnehmer[491]. Um eine Entwertung seines Rücktrittsrechts infolge der häufigen Beweisnot zu vermeiden, wird teilweise eine Beweislastumkehr[492], teilweise die Zulassung eines Anscheinsbeweises[493] gefordert. Gegen eine Umkehr der Beweislast spricht jedoch, daß sie § 13a UWG „in bedenkliche Nähe einer Gefährdungshaftung" brächte, da dem Werbenden eine Überprüfung der Motive und Beweggründe für die Kaufentscheidung des Abnehmers im Grunde nie möglich ist[494]. Ein Anscheinsbeweis wird aufgrund der Indizwirkung des objektiv zu bestimmenden Merkmals der Wesentlichkeit zwar häufig, aber nicht immer angenommen werden können. Denn der insoweit erforderliche typische Geschehensablauf kann angesichts der vielfältigen Möglichkeiten, den Abnehmer zum Vertragsschluß zu bestimmen, nicht immer bejaht werden[495]. In den übrigen Fällen sollte im Wege freier richterlicher Beweiswürdigung im Zweifel danach entschieden werden, wie ein objektiv denkender Dritter in der Lage des Abnehmers nach der Lebenserfahrung geurteilt hätte[496].

Bei Erfüllung der vorgenannten Voraussetzungen ist sodann zu differenzieren, ob die unwahren und irreführenden Werbeangaben vom Vertragspartner (Eigenwerbung) oder von einem Dritten (Drittwerbung) stammen. Wer „Dritter" im Sinne von § 13a Abs. 1 UWG ist, richtet sich in Anlehnung an die zu § 123 Abs. 2 BGB entwickelten Grundsätze nach der Funktion, die die Person beim Zustandekommen des Vertrages einnimmt. Sofern sie - wie z.B. ein Erklärungsempfänger, Verhandlungsgehilfe oder Stellvertreter - zur Tätigkeits- und Einflußsphäre des Vertragspartners gehört, sind die von ihr geäußerten Werbeangaben dem Ver-

---

489 BAUMBACH/HEFERMEHL, Wettbewerbsrecht, § 13a UWG, Rn. 7; SCHAEFER, ZIP 1987, S. 559; DÜRRSCHMIDT, Werbung und Verbrauchergarantien, S. 36 ff.; a.A. SACK, BB 1987 S. 6.

490 BAUMBACH/HEFERMEHL, Wettbewerbsrecht, § 13a UWG, Rn. 7 ff.; SCHAEFER, ZIP 1987, S. 559.

491 DÜRRSCHMIDT, Werbung und Verbrauchergarantien, S. 38.

492 SACK, BB 1987 S. 7.

493 OLG Nürnberg, GRUR 1990, 141 (142); BAUMBACH/HEFERMEHL, Wettbewerbsrecht, § 13a UWG, Rn. 10; LEHMANN, GRUR 1987, S. 213.

494 DÜRRSCHMIDT, Werbung und Verbrauchergarantien, S. 39.

495 KÖHLER, JZ 1989, S. 267; KÖHLER/PIPER, UWG, § 13a UWG, Rn. 6; DÜRRSCHMIDT, Werbung und Verbrauchergarantien, S. 39 f..

496 KÖHLER/PIPER, UWG, § 13a UWG, Rn. 6.

tragspartner als eigene zuzurechnen. Dagegen handelt es sich um Drittwerbung, wenn die andere Person - wie z.B. der Hersteller oder Großhändler[497] - am Vertragsabschluß unbeteiligt ist[498]. Während der Abnehmer im Fall der Eigenwerbung (§ 13a Abs. 1 S. 1 UWG) unabhängig von einem Verschulden des Werbenden[499] ohne weiteres vom Vertrag zurücktreten kann, ist im Fall der Drittwerbung (§ 13a Abs. 1 S. 2 UWG) erforderlich, daß der Vertragspartner sich die Werbeangabe zurechnen lassen muß. Dies ist zu bejahen, falls er entweder ihre Unwahrheit und ihre Irreführungseignung kannte bzw. kennen mußte[500] oder sie sich durch eigene Maßnahmen zu eigen gemacht hat. Für letzteres genügt ein bloßes Profitieren von der Drittwerbung in Form des Warenabsatzes nicht, obgleich die Schwelle zur Eigenwerbung nicht überschritten zu sein braucht. Erforderlich ist vielmehr eine Aktivität, die graduell zwischen dem bloßen Absetzen der Ware und eigener Werbung liegt. Hierzu gehören etwa Plakat- und Schaufensterwerbung, das Aufstellen besonderer Verkaufsständer oder das Auslegen von Prospektmaterial[501].

Der aufgrund werbender Angaben eines Dritten in Anspruch genommene Vertragspartner kann gemäß § 13a Abs. 3 S. 3 UWG den durch die Vertragsauflösung und die Rückabwicklung des Vertrages kausal verursachten Vermögensschaden gegenüber dem Dritten geltend machen[502]. Da sich aus dem Wortlaut der Vorschrift („allein") ergibt, daß eine Anwendung des § 254 Abs. 1 BGB ausgeschlossen sein soll, scheitert eine solche Schadensabwälzung nur bei positiver Kenntnis, nicht aber bei fahrlässiger Unkenntnis des Vertragspartners von

---

497 Zum Problem der sog. Konkurrentenwerbung vgl. TEPLITZKY, Wettbewerbsrechtliche Ansprüche, 37. Kap., Rn. 12 f. m.w.N..

498 TEPLITZKY, Wettbewerbsrechtliche Ansprüche, 37. Kap., Rn. 9; SACK, BB 1987 S. 8; ebenso BAUMBACH/HEFERMEHL, demzufolge die Eigenschaft einer Person als Dritter aber gegebenenfalls nach Billigkeitsgesichtspunkten zu verneinen ist (Wettbewerbsrecht, § 13a UWG, Rn. 15). Nach anderer Auffassung kann den Besonderheiten irreführender Werbung angesichts der im Vergleich zu § 123 Abs. 2 BGB unterschiedlichen Interessenlage durch eine analoge Anwendung von § 13 Abs. 4 UWG besser Rechnung getragen werden (KÖHLER, JZ 1989, S. 265; DÜRRSCHMIDT, S. 65 ff.).

499 BAUMBACH/HEFERMEHL, Wettbewerbsrecht, § 13a UWG, Rn. 12; SCHAEFER, ZIP 1987, S. 559.

500 Den Beweis, daß der Vertragspartner die unwahre und irreführende Werbeangabe kannte oder kennen mußte, ist vom Abnehmer zu führen (KÖHLER/PIPER, UWG, § 13a, Rn. 8; BAUMBACH/HEFERMEHL, Wettbewerbsrecht, § 13a UWG, Rn. 16). Bei der wegen des schwierigen Nachweises positiver Kenntnis bedeutsamen Feststellung des Kennenmüssens sind die berufsüblichen Kenntnisse und die berufsübliche Sorgfalt als Maßstab zu nehmen (SACK, BB 1987 S. 9; KÖHLER, JZ 1989, S. 266)

501 SCHAEFER, ZIP 1987, S. 561; KÖHLER, JZ 1989, S. 266.

502 SCHAEFER, ZIP 1987, S. 562; KÖHLER, JZ 1989, S. 270.

der Unwahrheit und der Irreführungseignung der Werbeangabe[503]. Auf diese Weise soll eine angemessene Risikoverteilung zwischen Handel und Industrie erreicht werden[504]

dd) Ergebnis

Im Ergebnis ist festzustellen, daß das deutsche Recht einen Käufer, der durch unrichtige Werbeangaben zum Abschluß eines Kaufvertrages veranlaßt wurde, nur unzureichend schützt. Das BGB stellt ihm zwar diverse Rechtsbehelfe mit unterschiedlichen Rechtsfolgen zur Verfügung. Ob diese im konkreten Fall tatsächlich eingreifen, ist jedoch „mehr oder weniger Glückssache"[505]. Der im Hinblick auf dieses Rechtsschutzdefizit eingeführte § 13a UWG erweist sich gleichfalls als ungenügend, weil er auf einen individuellen Schadensersatzanspruch des Abnehmers verzichtet[506] und Werbung mit irreführenden, aber objektiv wahren Angaben[507] ebenso ausgegrenzt wie die individuelle Käuferwerbung[508]. Der verbleibende Schutz wird weitgehend dadurch entwertet, daß der Abnehmer den Nachweis für die Ursächlichkeit der Werbung für den Vertragsschluß führen muß[509].

b) Die Lösung des englischen Rechts

Im englischen Recht können unzutreffende Werbeangaben zu einer Haftung wegen *misrepresentation* oder zu einer Haftung wegen *breach of contract* führen, wobei jeweils zu unterscheiden ist, ob die Werbung vom Verkäufer oder vom Hersteller stammt.

---

[503] BAUMBACH/HEFERMEHL, Wettbewerbsrecht, § 13a UWG, Rn. 29; KÖHLER, JZ 1989, S. 270; TEPLITZKY, Wettbewerbsrechtliche Ansprüche, 37. Kap., Rn. 25.
[504] KÖHLER, JZ 1989, S. 269; SCHAEFER, ZIP 1987, S. 561 f..
[505] SCHRICKER, GRUR 1979, S. 3.
[506] SACK, BB 1987 S. 3; TONNER, NJW 1987, S. 1922; DÜRRSCHMIDT, Werbung und Verbrauchergarantien, S. 87; LEHMANN/DÜRRSCHMIDT, S. 549.
[507] SACK, BB 1987 S. 4 f.; TONNER, NJW 1987, S. 1922.
[508] SCHAEFER, ZIP 1987, S. 556; DÜRRSCHMIDT, Werbung und Verbrauchergarantien, S. 84 f..
[509] LEHMANN, GRUR 1987, S. 212..

aa) Ansprüche wegen *misrepresentation*

Eine Haftung wegen *misrepresentation* setzt voraus, daß der Käufer durch eine erhebliche Äußerung über eine gegenwärtige Tatsache, auf deren Richtigkeit er vertraut hat, zum Vertragsschluß verleitet wurde[510]. Unabhängig davon, ob die Werbeangaben vom Verkäufer oder vom Hersteller gemacht wurden, scheitern derartige Ansprüche häufig daran, daß die betreffenden Aussagen lediglich als *mere puff* oder als *statement of opinion* einzustufen sind, denen die für eine Haftung erforderliche Rechtsverbindlichkeit abgesprochen wird[511]. Unter einem *mere puff* ist eine bloße Anpreisung der Ware zu verstehen, die entweder zu vage oder zu übertrieben ist, um ernst genommen werden zu können. Ob eine solche Erklärung vorliegt, ist abhängig vom Grad und der Offenkundigkeit ihrer Unwahrheit, von den Umständen, unter denen sie abgegeben wurde, und insbesondere von der Sachkunde und dem Wissen des Erklärenden (*representor*). Des weiteren ist zu berücksichtigen, ob der Erklärungsempfänger (*representee*) die Möglichkeit hatte, die Ware zu untersuchen oder nicht, da der Aussage im letzteren Fall eher eine rechtliche Bedeutung zukommt[512]. Bei einem *statement of opinion* handelt es sich um eine reine Meinungsäußerung, die keine Tatsachenbehauptung (*statement of fact*) darstellt, weil sie entweder ebenso wie *mere puffs* allein der Anpreisung der Ware dient oder dem Käufer anheimstellt, sich selbst ein Urteil zu bilden. Allerdings begründet die Kundgabe einer Meinung dann eine Verantwortlichkeit wegen *misrepresentation*, wenn sie ein *statement of fact* beinhaltet. Dies ist zu bejahen, wenn der *representor* eine Meinung äußert, die er in Wirklichkeit nicht hat, oder wenn sich seine Meinung auf das Vorliegen bestimmter Umstände stützt, die tatsächlich nicht vorhanden sind[513]. Falls er jedoch eine besondere Sachkunde oder besonderes Fachwissen besitzt, wird seine Aussage - vor allem in neuerer Zeit - schneller als Tatsachenbehauptung aufgefaßt[514].

Ansprüche des Käufers gegen den Verkäufer hängen im Fall der Verkäuferwerbung mithin von der nach den Umständen des Einzelfalls zu entscheidenden Frage ab, ob eine Werbeangabe als eine rechtlich relevante *representation* qualifiziert werden kann. Im Fall der Herstellerwerbung ist des weiteren erforderlich,

---

510 Siehe § 4, Fn. 73.

511 TREITEL, Law, S. 296; REYNOLDS in Benjamin, Rn. 10-005 f..

512 REYNOLDS in Benjamin, Rn. 10-005 m.w.N. zur Rechtsprechung.

513 TREITEL, Law, S. 296; REYNOLDS in Benjamin, Rn. 10-006; WHINCUP, Contract Law, S. 216, Anm. 11.4; COLLINS, Law of Contract, S. 178.

514 *Oscar Chess Ltd. v. Williams* (1957) 1 W.L.R. 370 (375); REYNOLDS in Benjamin, Rn. 10-006.

daß er die Werbeerklärung des Herstellers beim Weiterverkauf wiederholt, weil ihm diese andernfalls nicht zugerechnet werden kann.

Ansprüche des Käufers gegen den Hersteller sind in der Regel noch aus einem anderen Grund ausgeschlossen. Eine Haftung wegen *misrepresentation* nach dem *Misrepresentation Act* greift nur ein, wenn die zum Vertragsschluß verleitende Angabe entweder von der anderen Vertragspartei selbst oder von deren Vertreter im Rahmen seiner Vertretungsmacht gemacht wurde. Dritte haften für von ihnen geäußerte *misrepresentations* lediglich nach den Grundsätzen des *common law*, d.h. es muß eine arglistige (*fraudulent*) oder - in bestimmten Fällen - eine fahrlässige (*negligent*) unerlaubte Handlung (*tort*) vorliegen[515]. Mithin kann auch der Hersteller, der im Regelfall nicht Partei des Kaufvertrages wird und für den der Verkäufer nicht als Vertreter handelt, für seine Werbeangaben nur verantwortlich gemacht werden, wenn sie einen *fraudulent tort* oder einen *negligent tort* darstellen. Beides ist jedoch im Regelfall abzulehnen. Ein *fraudulent tort* scheitert meist am schwierigen Nachweis der Arglist, der vom Käufer zu erbringen ist. Ein *negligent tort* scheidet in Ermangelung einer Sorgfaltspflicht des Produzenten für die Richtigkeit seiner Werbung aus, obwohl diese seit der Entscheidung *Hedley Byrne & Co. Ltd. v. Heller and Partners Ltd.*[516] nicht nur bei vertraglichen oder treuhänderischen, sondern auch bei sonstigen durch eine ausreichende Nähe (*sufficient proximity*) gekennzeichneten besonderen Beziehungen (*special relationships*) zwischen *representor* und *representee* bejaht werden kann[517]. Denn das Verhältnis des Käufers zum Hersteller einer Ware wird von der Rechtsprechung nicht als ein solches *special relationship* qualifiziert[518].

bb) Ansprüche wegen *breach of contract*

Für eine Haftung wegen Vertragsbruchs ist erforderlich, daß die in Rede stehende Werbeaussage in vertraglich bindender Weise vereinbart worden ist. Sofern es

---

515 BEALE in Chitty, Vol. I, Rn. 423, 441. Zu den möglichen Rechtsbehelfen im Fall einer *misrepresentation* siehe S. 94 m.w.N..

516 (1964) A.C. 465.

517 BEALE in Chitty, Vol. I, Rn. 445; TREITEL, Law, S. 308 ff..

518 So entschied der *Court of Appeal* in der Rechtssache *Lambert v. Lewis* ((1982) 2 A.C. 225), daß eine Person, die Waren im Vertrauen auf die in den Werbeunterlagen des Produzenten enthaltenen Erklärungen kauft, sich nicht auf eine besondere Beziehung zum Produzenten berufen könne, auf deren Grundlage letzterer für fahrlässige Falschangaben hafte. Diese Entscheidung wurde teilweise im Hinblick darauf kritisiert, daß sie dem beeinflussenden Charakter der Werbung nicht gerecht werde (BEALE in Chitty, Vol. I, Rn. 449).

sich nicht ohnehin um einen *mere puff* oder ein *statement of opinion* handelt, ist daher im Wege der Auslegung zu klären, ob die werbende Angabe Vertragsbestandteil (*term*) geworden ist oder ob sie - ohne Vertragsinhalt zu werden - lediglich zum Vertragsschluß bestimmen sollte[519]. In Anbetracht der Tatsache, daß der Kaufvertrag zwischen Verkäufer und Käufer geschlossen wird, können aber nur die vom Verkäufer stammenden Werbeangaben vertraglich vereinbart werden, es sei denn, die Erklärungen des Produzenten werden beim Weiterverkauf wiederholt. Somit kommen kaufvertragliche Ansprüche ausschließlich gegen den Verkäufer in Betracht. Eine kaufvertragliche Haftung des Herstellers könnte bei Verbraucherkaufverträgen zwar auf der Grundlage eines Vorschlags des britischen Ministeriums für Handel und Industrie möglich werden, der 1992 in einem Konsultationspapier über Verbrauchergarantien zur Diskussion gestellt wurde[520]. Zwecks Sicherstellung, daß der Käufer das erhält, was er ausgehandelt hat, soll demnach auch der Produzent nach sec. 14 (2) SGA für die Qualität der Ware haften, weil er in dieser Hinsicht die weitestgehende Kontrolle hat und zur Instandsetzung der Ware oder zur Ersatzlieferung besser imstande ist[521]. Eine entsprechende Gesetzesänderung ist bislang allerdings noch nicht erfolgt.

Vielmehr sind gegen den Hersteller Ansprüche wegen *breach of contract* derzeit nur in den Fällen denkbar, in denen er dem Käufer - meist in Form einer gedruckten Karte oder Beilage in der Verpackung - eine Garantie für die Waren angeboten hat. Derartige Garantien können auch (werbende) Angaben über die Qualität der Ware beinhalten. Problematisch ist jedoch, ob sie als Nebenvertrag (*seperate* oder *collateral contract*) rechtlich durchsetzbar sind[522]. Sofern ein Vertrag nicht unter Erteilung eines Siegels (*under seal*) geschlossen wird, setzt die vertragliche Verbindlichkeit einer Verpflichtungserklärung (*promise*) nach der im englischen Recht geltenden *consideration rule* voraus, daß der Käufer dafür eine Gegenleistung (*consideration*) erbracht hat[523]. Da er in den meisten Fällen in Bezug auf die Garantie keinen gesonderten Preis zahlt, kommt insoweit lediglich die Benutzung der Ware gemäß den Anweisungen des Herstellers[524] oder der Abschluß des Kaufvertrages mit dem Verkäufer[525] in Betracht. Allerdings muß der Käufer vor Vertragsschluß von der Herstellergarantie gewußt haben. Andernfalls stellt seine Entscheidung zur Benutzung oder zum Kauf der

---

519 Zur Abgrenzung siehe S. 93 f..

520 KOM (93) 509 endg., Anhang V.

521 KOM (93) 509 endg., Anhang V, S. 10 f..

522 KOM (93) 509 endg., Anhang V, S. 5; WHINCUP, Contract Law, S. 54, Anm. 3.16.

523 TREITEL, Outline, S. 25 f..

524 *Carlill v. Carbolic Smoke Ball Co.* (1893) 1 Q.B. 256 (264).

525 *Shanklin Pier Ld.. v. Detel Products Ld.* (1951) 2 K.B. 854; *Wells (Merstham) Ltd. v. Buckland Sand and Silica Ltd.* (1965) 2 Q.B. 170 (171).

Waren nur eine rechtlich nicht anerkannte „vergangene Gegenleistung" („*past consideration*")[526] dar, die nicht im Austausch für die Abgabe des Garantieversprechens erfolgt. Mithin bleibt die Bindungswirkung einer Garantie in den Fällen zweifelhaft, in denen der Käufer erst nach Vertragsschluß z.B. beim Öffnen der Verpackung von ihrer Existenz erfährt[527]. Zwar geht die Rechtsprechung bei der Prüfung, ob eine *past consideration* vorliegt, nicht immer streng chronologisch vor, sondern betrachtet *consideration* und *promise* häufig als einheitliche Transaktion, bei der die genaue Reihenfolge der Geschehnisse keine Rolle spielt[528]. Die Rechtslage ist aber weiterhin unklar[529].

Auch diese Schwierigkeiten könnten bei Verbrauchergarantien durch einen im erwähnten Konsultationspapier des britischen Ministeriums für Handel und Industrie enthaltenen Vorschlag beseitigt werden. Dieser sieht eine gesetzliche Haftung des Produzenten für die Erfüllung der dem Verbraucher gegebenen Garantien vor, die aufgrund ihrer rechtlichen Ausgestaltung von den Beschränkungen der Vertragsrechtslehren des *common law*, namentlich dem Erfordernis der *consideration*, befreit sein soll[530].

cc) Ergebnis

Mithin fehlt auch im englischen Recht ein ausreichender Schutz des Käufers gegen unrichtige Werbeaussagen[531]. Ansprüche wegen *misrepresentation* oder wegen *breach of contract* können - sofern überhaupt eine rechtlich relevante *representation* bzw. eine vertragliche Vereinbarung vorliegt - nur gegen den Verkäufer geltend gemacht werden, der entweder selbst unrichtige Werbeangaben macht oder unrichtige Werbeangaben des Produzenten wiederholt. Letzterer kann hingegen in Ermangelung des für eine *misrepresentation* erforderlichen Näheverhältnisses oder der für einen *breach of contract* notwendigen vertraglichen Beziehung zwischen ihm und dem Käufer für seine Werbeerklärungen regelmäßig nicht haftbar gemacht werden.

---

[526] Vgl. dazu TREITEL, Outline, S. 30; ders. in Chitty, Vol. I, Rn. 172.

[527] WHINCUP, Contract Law, S. 55, Anm. 3.21.

[528] TREITEL, Outline, S. 30; ders. in Chitty, Vol. I, Rn. 173.

[529] WHINCUP, Contract Law, S. 55, Anm. 3.22.

[530] KOM (93) 509 endg., Anhang V, S. 7 ff..

[531] Durch die in Großbritannien weit verbreiteten Verhaltenskodizes (*codes of practice*), mittels derer Unternehmensvereinigungen und Wirtschaftsverbände ihre Verbandsmitglieder zu einem bestimmten Verhalten und zur Gewährung von Verbraucherrechten verpflichten (vgl. dazu KEMPER, Verbraucherschutzinstrumente, S. 130 ff.), wird diese Lücke nicht geschlossen, da sie sich nicht auf die Qualität der zu liefernden Waren oder zu erbringenden Dienstleistungen beziehen (KEMPER, Verbraucherschutzinstrumente, S. 136).

c) Rechtsvergleichende Würdigung

Das in allen untersuchten Rechtsordnungen bestehende Rechtsschutzdefizit beruht darauf, daß bestimmte werbespezifische Besonderheiten Probleme bei der Ermittlung eines sanktionierbaren Inhalts der Werbeangabe, bei der Feststellung ihrer Kausalität für den konkreten Kaufentschluß sowie bei der Bestimmung der haftbaren Person aufwerfen. Bevor die von Art. 2 Abs. 2 lit. d) RL vorgenommene Einbeziehung der Werbung in das gesetzliche Gewährleistungsrecht einer Bewertung unterzogen wird, ist daher zu klären, ob und wie die Richtlinie den genannten Schwierigkeiten Rechnung trägt.

a) Die Ermittlung eines sanktionierbaren Inhalts

Nach der modernen, informationsökonomischen Theorie der Werbung haben Werbeangaben regelmäßig sowohl persuasiven bzw. suggestiven als auch informatorischen Charakter. Sie versuchen also nicht nur, den Nachfrager zum Kauf zu überreden, indem sie durch die Betonung emotionaler Aspekte in ihm die Vorstellung wecken, die beworbene Ware erfülle ihm ein wirtschaftliches, soziales oder auch psychisches Bedürfnis, sondern sie vermitteln darüber hinaus sachliche Informationen über die Qualität des Produkts[532]. Trotz dieser Bifunktionalität bleibt es jedoch fraglich, ob Werbeaussagen überhaupt eine sanktionierbare Zusage hinsichtlich der Sollbeschaffenheit der Kaufsache beinhalten. Denn auch der informatorische Teil der Werbeerklärung ist aufgrund der (allgemein bekannten) suggestiven Tendenz häufig entweder so idealisierend und übertrieben verfaßt, daß das Publikum ihn nicht wörtlich nimmt, oder aber so vage formuliert, daß sich ein greifbarer Inhalt, d.h. eine bestimmte Sacheigenschaft, deren Vorliegen vom Gericht beurteilt werden kann, nicht ermitteln läßt[533].

---

[532] MENKE, GRUR 1993, S. 718; VANDENBERGH/LEHMANN, GRUR Int. 1992, S. 592 f.; KÖNDGEN, Selbstbindung ohne Vertrag, S. 298 ff.. Die früher vorherrschende Unterscheidung zwischen sog. persuasiver bzw. suggestiver Werbung und sog. informatorischer Werbung wurde zugunsten dieser Theorie aufgegeben (MENKE, GRUR 1993, S. 718), da sich eine solche Abgrenzung nur selten durchführen läßt (KÖNDGEN, Selbstbindung ohne Vertrag, S. 299 f.). Einerseits muß jede Informationsvermittlung auf suggestive Methoden zurückgreifen, um in Anbetracht der Fülle der auf den Menschen einströmenden Informationen wahrgenommen und verarbeitet zu werden (MENKE, GRUR 1993, S. 722), und andererseits ergeben sich bereits aus der bloßen Tatsache, daß der Anbieter für sein Produkt wirbt, indirekte Produktinformationen für den Nachfrager (MENKE, GRUR 1993, S. 720).

[533] KÖNDGEN, Selbstbindung ohne Vertrag, S. 301 ff. mit Beispielen.

Die Richtlinie berücksichtigt diese Problematik durch die Einschränkung, daß nur öffentliche Äußerungen „über konkrete Eigenschaften des Gutes" für die Festlegung der Qualitäts- und Leistungserwartungen des Käufers in Betracht zu ziehen sind (Art. 2 Abs. 2 lit. d) RL)[534]. Auch im deutschen und im englischen Recht wird die Rechtsverbindlichkeit einer Werbeangabe in vielen Fällen mit der Begründung verneint, daß ihr keine hinreichend konkrete Aussage über die Beschaffenheit oder die Qualität der Kaufsache entnommen werden könne[535].

Damit stellt sich die Frage, welcher Verständnishorizont bei der Bestimmung des Inhalts von Werbeerklärungen maßgeblich ist. Im Gegensatz zu dem in der deutschen Judikatur zu § 3 UWG geschaffenen Leitbild eines „flüchtigen" Verbrauchers, der Werbebehauptungen unkritisch aufnimmt und sie entsprechend seiner bisherigen Gewohnheiten interpretiert[536], legt der EuGH in seiner Rechtsprechung zu Art. 30 EGV das Leitbild eines „mündigen" bzw. „verständigen" Verbrauchers zugrunde, der solche Angaben sorgfältig prüft und sich dabei neuen Entwicklungen nicht verschließt[537]. Obwohl die Kompetenz des EuGH, ein für die Mitgliedstaaten verbindliches Verbraucherleitbild zu schaffen, umstritten ist[538], erscheint das von ihm entwickelte Modell im vorliegenden Zusammenhang vorzugswürdig. Es wird nicht nur durch den in Art. 2 Abs. 2 lit. d) RL postulierten Qualitätsmaßstab der vernünftigen Verbrauchererwartungen nahegelegt, sondern ist auch zur Erreichung des von der Richtlinie verfolgten Ziels einer größeren Markttransparenz[539] besser geeignet. Zwar wird ein „flüchtiger" Verbraucher werbenden Äußerungen eher eine Aussage über eine konkrete Produkteigenschaft entnehmen als ein „mündiger" bzw. „verständiger" Verbraucher. Werbung kann ihre wichtige Funktion als Informationsquelle für den Verbraucher aber nur behalten, wenn die übertriebenen Anforderungen, die mit dem

---

534 Die Kritik KIRCHERS, daß durch Art. 2 Abs. 2 lit. d) RL die Unterscheidung zwischen werbender Anpreisung und verbindlicher Willenserklärung aufgehoben werde, ist somit verfehlt (ZRP 1997, S. 292).

535 Zum deutschen Recht: siehe S. 164 f.; zum englischen Recht: siehe S. 178, 179 f..

536 BGH GRUR 1959, 365 (366); GRUR 1969, 415 (416); GRUR 1970, 425 (426); GRUR 1994, 219 (220); BAUMBACH/HEFERMEHL, Wettbewerbsrecht, § 3 UWG, Rn. 33. Dieses Leitbild kritisiert EMMERICH mit drastischen Worten als das „eines im Grunde an der Grenze zur Debilität verharrenden, unmündigen, einer umfassenden Betreuung bedürftigen Verbrauchers, ... der auch noch gegen die kleinste Gefahr einer Irreführung durch die Werbung geschützt werden muß" (Recht des unlauteren Wettbewerbs, S. 181).

537 EuGH Slg. I 1990, 667 (686 ff.) *GB-Inno*; Slg. I 1990, 4844 (4849) *Pall*; I 1991, 2980 (2984 f.) *Piageme*; Slg. I 1993, S. 2384 (2389 f.) *Yves Rocher*; Slg. I 1994, S. 330 (337) *Clinique*; Slg. I 1995, S. 1936 (1944) *Mars*; LEISNER, EuZW 1991, S. 502; A. MEYER, WRP 1993, S. 224; DAUSES, EuZW 1995, S. 429.

538 Vgl. EMMERICH, Recht des unlauteren Wettbewerbs, S. 181 f. m.w.N..

539 Vgl. Formblatt zu den Auswirkungen einer Richtlinie über den Verbrauchsgüterkauf und -garantien, KOM (95) 520 endg., S. 28.

deutschen Modell verbunden sind, vermieden werden. Denn diese erhöhen die Gefahr, daß die Werbetreibenden sich unter Verzicht auf jegliche sachliche Information in völlig inhaltsleere Formulierungen flüchten. Mithin sollten Werbebehauptungen nach der Richtlinienumsetzung aus der Sicht eines „mündigen" bzw. „verständigen" Verbrauchers ausgelegt werden, der zu einer aufmerksamen und kritischen Wahrnehmung willens und in der Lage ist.

bb) Die Feststellung der Kausalität

Ferner stellt Werbung eine Form der Massenkommunikation dar, die vom einzelnen Käufer selbst im Fall eines hohen Verbreitungs- und Bekanntheitsgrades oft lange vor Vertragsabschluß bzw. gar nicht zur Kenntnis genommen wird oder für seinen individuellen Kaufentschluß keine Rolle spielt. Eine falsche oder irreführende Werbeaussage könnte daher als willkommener Vorwand für die Auflösung eines lästig gewordenen Kaufvertrages dienen, obgleich sie dem Käufer vor dem Abschluß des Kaufvertrages nicht (mehr) bekannt oder für seine Kaufentscheidung unwesentlich war. Folglich muß ein Kausalitätserfordernis in dem Sinne bestehen, daß der Käufer durch die Werbeerklärung zum Vertragsschluß bestimmt worden ist. Eine solche „Kaufrelevanz" ist wegen des schwierigen Nachweises individueller Kenntnis und Wesentlichkeit aber meist nicht feststellbar[540].

Diesem Problem trägt die Richtlinie Rechnung, indem sie sowohl die Kenntnis des Käufers von der Werbeerklärung als auch deren Wesentlichkeit für seinen Kaufentschluß vermutet, es sei denn, der Verkäufer weist nach, daß die betreffende Äußerung zum Zeitpunkt des Vertragsschlusses berichtigt war (Art. 2 Abs. 4 2. Spiegelstrich RL) oder die Kaufentscheidung durch die betreffende Äußerung nicht beeinflußt sein konnte (Art. 2 Abs. 4 3. Spiegelstrich RL). Eine solche Umkehr der Beweislast ist im deutschen und im englischen Recht bislang unbekannt. Bei kaufvertraglichen Ansprüchen wird die Kausalität der Werbeangabe für den Vertragsschluß vom Erfordernis ihrer vertraglichen Vereinbarung umfaßt, die nach allgemeinen Beweislastgrundsätzen der Käufer zu beweisen hat[541]. Auch Ansprüche nach § 13a UWG bzw. Ansprüche wegen *misrepresentation* setzen zumindest den von ihm zu führenden Nachweis voraus, daß die Werbeangabe objektiv geeignet ist, einen verständigen Käufer unter den gegebenen Umständen zum Kauf zu veranlassen[542].

---

540 KÖNDGEN, Selbstbindung ohne Vertrag, S. 308 f..

541 Zum deutschen Recht: BAUMGÄRTEL, Handbuch der Beweislast, § 459, Rn. 24; zum englischen Recht: KOM (93) 509 endg., S. 58.

542 Zum deutschen Recht: siehe S. 174 f.; zum englischen Recht: TREITEL, Law, S. 307.

Wie bereits zu der Auffassung dargelegt wurde, die im Rahmen des Merkmals „zur Abnahme bestimmt“ in § 13a UWG eine Beweislastumkehr befürwortet[543], wird auf diese Weise letztlich eine Gefährdungshaftung des Verkäufers begründet. Denn im Gegensatz zu Werbeangaben, die im individuellen Verkaufsgespräch gegenüber Einzelpersonen gemacht werden, kann er die Vermutung der Kenntnis und Wesentlichkeit (Art. 2 Abs. 4 3. Spiegelstrich RL) bei werbenden Erklärungen, die im Vorfeld der Vertragsverhandlungen an einen größeren Personenkreis gerichtet werden, kaum widerlegen[544]. Eine Berichtigung der Werbebehauptung zum Zeitpunkt des Vertragsschlusses (Art. 2 Abs. 4 2. Spiegelstrich RL) wird in Anbetracht des heutigen Massenvertriebs ebenfalls nur äußerst selten möglich sein, da sie voraussetzt, daß der Verkäufer ihre Unwahrheit oder Irreführungseignung erkannt hat. Die von der Richtlinie vorgesehene Beweislastumkehr führt somit zu einer erheblichen Haftungsverschärfung. Allerdings wird diese durch die gesteigerte Verantwortung der Werbetreibenden gerechtfertigt, die aufgrund der relativ weiten Verbreitung von Werbeangaben eine größere Zahl von Personen irreführen können. Dagegen läßt sich zwar anführen, daß grundsätzlich jeder Käufer die Möglichkeit hat, in individuellen Vertragsverhandlungen eine vertragliche Vereinbarung über die in der Werbung genannte Eigenschaft des Produkts herbeizuführen. In der Regel sieht er dafür aber kein Bedürfnis, sondern setzt die Richtigkeit der Werbeerklärung als selbstverständlich voraus[545].

cc) Die Bestimmung der haftbaren Person

Schließlich erweist es sich als problematisch, daß der Absatz von Konsumgütern in einer modernen Konsumgesellschaft fast ausschließlich durch sog. Sprungwerbung gefördert wird. Dabei handelt es sich um Werbeaussagen des Produzenten, die eine oder mehrere Absatzstufen überspringen und direkt an den Letztverbraucher gerichtet sind. Ihr Inhalt wird allein vom Hersteller bestimmt. Der Handel, dem oft sowohl die Möglichkeit als auch die (ausreichende) Sachkunde fehlt, um die Richtigkeit der Herstellerwerbung anhand der Beschaffenheit der Kaufsache zu prüfen, hat keinerlei Einfluß auf ihre Gestaltung. Er wird allenfalls zu ihrer Übermittlung herangezogen und übernimmt ansonsten nur die Verteilung der Güter[546]. Diesen modernen Produktions- und Absatzbedingungen, bei denen der Käufer neben den Einwirkungen aus der Sphäre seines Vertrags-

---

[543] Siehe S. 175 m.w.N..
[544] Siehe S. 174 ff..
[545] DÜRRSCHMIDT, Werbung und Verbrauchergarantien, S. 51.
[546] LEHMANN, Vertragsanbahnung, S. 186 f.; DÜRRSCHMIDT, Werbung und Verbrauchergarantien, S. 27.

partners auch den Einflüssen Dritter - namentlich der Hersteller - ausgesetzt ist, entsprechen die bestehenden einzelstaatlichen Rechtsvorschriften nicht mehr. Denn letztere beruhen auf der Idealvorstellung eines Vertragsverhältnisses zwischen zwei gleichberechtigten Personen[547]. Die Aufgaben- und Funktionsaufteilung auf der Angebotsseite hat daher zur Folge, daß Ansprüche des Letztverbrauchers zwar gegenüber dem Händler, mit dem er den Kaufvertrag geschlossen hat, nicht aber gegenüber dem Hersteller, dessen Werbemaßnahmen seine Kaufentscheidung erheblich beeinflußt haben, in Betracht kommen[548]. Mithin stellt sich die Frage, ob der Verbraucher trotz fehlender Vertragsbeziehungen direkt gegen den für die Werbung verantwortlichen Hersteller vorgehen kann (Durchgriffslösung) oder ob er zunächst den Händler und dieser sodann den Hersteller in Anspruch nehmen muß (Regreßlösung).

(1) Die Lösung des Grünbuchs

Das Grünbuch entschied sich weder für eine reine Durchgriffslösung noch für eine reine Regreßlösung, sondern erweiterte im Interesse einer gesicherten Rechtsdurchsetzung des Verbrauchers den Kreis der Anspruchsgegner, indem es von einer gemeinsamen Haftung von Hersteller und Händler ausging. Allerdings postulierte es lediglich eine „quasisubsidiarische“ Verantwortlichkeit des Produzenten, die erst eingreifen sollte, wenn die Einleitung eines Verfahrens gegenüber dem Verkäufer unmöglich oder unzumutbar ist. Letzteres sei außer bei internationalen Käufen der Fall, falls der Verkäufer vom Markt verschwunden sei oder Konkurs angemeldet habe. Angesichts fehlender (kauf-) vertraglicher Beziehungen zwischen Hersteller und Verbraucher waren darüber hinaus sowohl auf der Ebene der Feststellung des Fehlers als auch auf der Ebene der Rechtsbehelfe Einschränkungen vorgesehen. Nach dem Kriterium der berechtigten Erwartungen hafte der Produzent nur, wenn sich der Anspruch auf Elemente beziehe, für die er verantwortlich sei. Dazu gehöre insbesondere die von ihm gemachte Werbung. Die Rückzahlung oder Herabsetzung des Kaufpreises könne der Verbraucher von ihm lediglich verlangen, falls Nachbesserung oder Ersatzlieferung unmöglich oder unzumutbar seien[549].

---

[547] KOM (95) 520 endg., S. 5; DÜRRSCHMIDT, Werbung und Verbrauchergarantien, S. 91 f..

[548] LEHMANN, Vertragsanbahnung, S. 188.

[549] KOM (93) 509 endg., S. 110 ff.. Diese Regelung beruhte auf der in Belgien, Frankreich und Luxemburg geltenden gesetzlichen bzw. durch Richterrecht entwickelten Konzeption, wonach die Gewährleistung der Mangelfreiheit ein der Kaufsache selbst innewohnendes Wesensmerkmal darstellt. Dementsprechend kann der Käufer gegen jede Person der Absatzkette, d.h. auch den Hersteller, vorgehen, sofern er nachweist, daß der Mangel zum Zeitpunkt

Die vertragliche Haftung des Verkäufers und die (eingeschränkte) gesetzliche Haftung des Herstellers ließen sich aber nur schwer aufeinander abstimmen. So blieb trotz dieser differenzierten Regelung z.B. die Frage offen, ob dem Verbraucher ein Gewährleistungsausschluß entgegengehalten werden kann, der zwischen Produzent und Verkäufer als Gewerbetreibenden (zulässigerweise) vereinbart wurde[550]. Ihre Beantwortung hängt davon ab, ob man der für Verbraucherkäufe vorgesehenen zwingenden Geltung der Gewährleistungsrechte oder der im Verhältnis zwischen Produzent und Verkäufer bestehenden Vertragsfreiheit den Vorrang einräumt. Ferner barg das Haftungssystem des Grünbuchs die Gefahr, daß die mit der „quasisubsidiarischen" Ausgestaltung der Herstellerhaftung verbundene Abgrenzung, wann die Rechtsverfolgung des Verkäufers unmöglich oder unzumutbar sei, und die in der Praxis schwer zu klärende Frage, wann ein Mangel auf ein in den Verantwortungsbereich des Herstellers fallendes Element zurückzuführen ist, Hersteller und Verkäufer willkommene Mittel bieten, die Verantwortung auf den jeweils anderen abzuschieben, ohne daß der Verbraucher zu seinem Recht kommt[551].

(2) Die Lösung der Richtlinie

Zwecks Vermeidung dieser Schwierigkeiten sieht die Richtlinie nunmehr eine Geltendmachung etwaiger Ansprüche innerhalb der jeweiligen Vertragsbeziehungen vor. Anspruchsgegner des Verbrauchers ist somit der ihm regelmäßig am nächsten stehende Letztverkäufer, dem die Werbeaussagen des Herstellers oder dessen Vertreters zugerechnet werden. Damit dem Letztverkäufer auf diese Weise nicht die gesamte Verantwortung für Abweichungen der Ware vom Inhalt der Werbung aufgebürdet wird, postuliert Art. 4 RL ein Rückgriffsrecht[552] innerhalb der Vertragskette, durch das die Haftung auf den eigentlich Verantwortlichen kanalisiert werden soll (Regreßlösung)[553]. Demgegenüber lassen die dargestellten Rechtsordnungen werbende Äußerungen des Herstellers weitgehend unsanktioniert, da die am Verlauf vertraglicher Beziehungen orientierten Rechts-

---

des Verkaufs durch diese Person bereits vorhanden war (vgl. im einzelnen KOM (93) 509 endg., S. 39 ff.).

[550] Vgl. zu den unterschiedlichen Lösungen dieses Problems im belgischen und im französischen Recht KOM (93) 509 endg., S. 39 f., 41.

[551] SCHNYDER/STRAUB, ZEuP 1996, S. 49 f..

[552] Da dieses jedoch unter dem Vorbehalt eines Verzichts des Letztverkäufers steht, werden Gewährleistungsausschlüsse zwischen den Beteiligten auf der Anbieterseite entsprechend dem Grundsatz der Vertragsfreiheit weiterhin als zulässig erachtet (ABl. L 171 vom 7.7.1999, S. 12 f., Erwägungsgrund (9)).

[553] Zum vergleichbaren Lösungsvorschlag TRINKNERS für das deutsche Recht siehe S. 174.

behelfe in Ermangelung einer Möglichkeit, dem Verkäufer solche Angaben zuzurechnen, zur Erfassung moderner Absatzsysteme ungeeignet sind. Lediglich das deutsche Recht normiert in § 13a UWG eine auf ein Rücktrittsrecht des Käufers beschränkte Haftung des Verkäufers, der die Werbebehauptungen des Produzenten entweder kannte bzw. kennen mußte oder sie sich zueigen gemacht hat.

Die von der Richtlinie gewählte Konzeption gewährleistet zwar einen umfassenden Schutz des Verbrauchers gegen unrichtige oder irreführende Werbung. Hinsichtlich der aus dem gewährleistungsrechtlichen Ansatzpunkt resultierenden Beschränkung auf den Verkäufer als seinem alleinigen Anspruchsgegner bestehen jedoch Bedenken. Trotz der vorgesehenen Regreßmöglichkeit wird ihm aufgrund der Zurechnung der Werbeerklärungen des Herstellers zumindest vorläufig das mit erheblichen wirtschaftlichen Folgen verbundene Risiko auferlegt, daß das Verbrauchsgut die in der Werbung angepriesenen Eigenschaften nicht aufweist[554]. Dies mag bei einem Händler, der im Rahmen eines Vertriebssystems tätig ist, wegen seiner engen Zusammenarbeit mit dem Produzenten noch als angemessen erachtet werden, bei sonstigen Händlern erscheint es angesichts ihres geringen Einflusses auf die Produktionsweise und die Methoden der Absatzförderung aber verfehlt[555]. Denn der Verkäufer kann die Zurechnung - abgesehen von dem selten möglichen Beweis mangelnder Kausalität der Werbeangabe - gemäß Art. 2 Abs. 4 RL nur verhindern, indem er nachweist, daß er die betreffende Äußerung nicht kannte oder vernünftigerweise nicht davon Kenntnis haben konnte. Da es insoweit allein auf die Kenntnis der Angabe als solche, nicht aber auf die Kenntnis ihrer Unwahrheit oder Irreführungseignung ankommt[556], ist in Anbetracht des hohen Verbreitungsgrades von Werbeerklärungen auch der Nachweis dieses „Dummheit schützt"-Arguments[557] äußerst schwer zu führen.

Einer derart weitgehenden Zurechnung fremder Erklärungen - so wünschenswert sie im vorliegenden Zusammenhang auch ist - werden aber durch den für das Vertragsrecht konstitutiven Grundsatz der Privatautonomie, der die Möglichkeit einer selbstbestimmten Entscheidung der Vertragsparteien beinhaltet[558], Grenzen gesetzt. Da die Sollbeschaffenheit des Verbrauchsguts nach dem auf diesem Grundsatz beruhenden Prinzip der Vertragsmäßigkeit allein von den Vertrags-

---

[554] WOLF, RIW 1997, S. 903.
[555] LEHMANN, Vertragsanbahnung, S. 188.
[556] DÜRRSCHMIDT, Werbung und Verbrauchergarantien, S. 114; LEHMANN/DÜRRSCHMIDT, GRUR 1997, S. 551.
[557] SCHÄFER/PFEIFFER, S. 1836.
[558] FLUME, BGB AT, S. 1 ff..

partnern, nicht aber von Dritten festgelegt wird[559], muß die Berücksichtigung von Herstellerangaben, deren Inhalt der Letztverkäufer nicht beeinflussen kann, wenigstens durch eine einem Zueigenmachen im Sinne von § 13a UWG vergleichbare Handlung gerechtfertigt werden. Andernfalls handelt es sich um eine einseitige Gestaltung eines Rechtsverhältnisses zu Lasten eines Dritten[560].

(3) Die Einführung einer direkten Herstellerhaftung

Allerdings wurde die Einführung einer direkten Herstellerhaftung nicht gänzlich verworfen. Vielmehr soll die Kommission in ihrem bis zum 7.7.2006 vorzulegenden Bericht über die Anwendung der Richtlinie u.a. prüfen, ob hierfür eine Veranlassung besteht (Art. 12 RL)[561]. Da diesem Bericht gegebenenfalls entsprechende Vorschläge beizufügen sind, könnten insoweit die in den dargestellten Rechtsordnungen entwickelten Lösungsansätze Bedeutung erlangen. So wird im deutschen Recht eine vertragsähnliche Haftung des Herstellers für die von ihm stammenden Werbeaussagen analog §§ 463, 480 Abs. 2 BGB bzw. entsprechend den Regeln der *culpa in contrahendo* vorgeschlagen[562] und im englischen Recht eine Erweiterung der sec. 14 SGA hin zu einer Solidarhaftung von Hersteller und Verkäufer für alle Qualitätsmängel in Erwägung gezogen[563].

Diese Konzeptionen sind aber gleichfalls mit Problemen verbunden. Während die englische Lösung in den Fällen, in denen der Produzent aufgrund von Mängeln in Anspruch genommen wird, die nicht seiner Kontrolle unterliegen, ebenfalls zu

---

559 Dementsprechend wurde der Änderungsvorschlag des Europäischen Parlaments, im Rahmen von Art. 2 Abs. 2 lit. a) RL nicht nur Beschreibungen sowie Muster und Proben des Verkäufers, sondern auch solche des Herstellers zu berücksichtigen (ABl. C 104 vom 6.4.1998, S. 34 (Änderung 18)), unter Hinweis auf seine Unvereinbarkeit mit dem Konzept der Vertragsmäßigkeit abgelehnt (KOM (1998) 217 endg., S. 3).

560 Ebenfalls kritisch: KIRCHER, ZRP 1997, S. 292; BR-Drs. 969/96, S. 2 f.. Dagegen begründet STAUDENMAYER die Abweichung vom Grundsatz der Vertragsmäßigkeit mit Zweckmäßigkeitserwägungen und sieht den notwendigen Ausgleich in den Ausschlußmöglichkeiten des Art. 2 Abs. 4 RL (S. 2394).

561 STAUDENMAYER bezeichnet diesen auf das Drängen von einigen Mitgliedstaaten und von Kreisen des Europäischen Parlaments zurückzuführenden Auftrag als bemerkenswert, da man in der Richtlinie trotz entgegenstehender Interessen des Handels zu Recht auf die Einführung einer Herstellerhaftung verzichtet habe. In jedem Fall sei aber die von Art. 12 RL gesetzte Frist zu kurz. Denn es bedürfe zunächst einer längeren Anwendungspraxis der umzusetzenden Richtlinienbestimmungen, bevor eine eventuelle Herstellerhaftung geprüft werden könne (NJW 1999, S. 2397).

562 Siehe S. 167 f., 171 f..

563 Siehe S. 180.

einer aus vertragsrechtlicher Sicht unzulässigen Zurechnung fremder Erklärungen führt, birgt die deutsche Lösung für den Verbraucher zum einen die Unsicherheit, ob er seine Ansprüche gegenüber dem Verkäufer oder gegenüber dem Hersteller geltend zu machen hat, und zum anderen den Nachteil, daß er oftmals gegen einen nicht in seiner Nähe ansässigen Hersteller vorgehen muß. Obwohl den aus der Unklarheit über den richtigen Anspruchsgegner und der räumlichen Distanz zum Produzenten resultierenden Schwierigkeiten lediglich im Fall einer klageweisen Geltendmachung von Ansprüchen durch entsprechende prozessuale Vorschriften Rechnung getragen werden kann, ist im Interesse einer sachgerechten Erfassung der vielschichtigen Beziehungen auf der Angebotsseite eine Anlehnung an die deutschen Regelungsvorschläge, d.h. die Einführung einer selbständigen Haftung des Produzenten für seine Werbeangaben, vorzuziehen.

dd) Stellungnahme

Die von der Richtlinie vorgesehene Berücksichtigung von Werbeerklärungen bei der Bestimmung der Vertragsmäßigkeit führt in den untersuchten Rechtsordnungen zu einer erweiterten Haftung des Verkäufers. Bislang erforderte die gewährleistungsrechtliche Relevanz derartiger Angaben im deutschen und im englischen Recht ihre vertragliche Vereinbarung, d.h. eine ausdrückliche oder stillschweigende Inbezugnahme, die nunmehr gemäß Art. 2 Abs. 2 lit. d) RL vermutet wird[564]. Dies erklärt auch die Wahl des Begriffes „öffentliche Äußerung“ in Abgrenzung zu den in individuellen Vertragsverhandlungen gemachten Werbebehauptungen, bei denen eine Inbezugnahme eher angenommen werden kann[565]. Die Rechtsänderung verliert durch die in Art. 2 Abs. 4 RL postulierten Ausschlußgründe aufgrund der insoweit bestehenden Beweisprobleme des Verkäu-

---

[564] TONNER, BB 1999, S. 1771; SCHÄFER/PFEIFER, ZIP 1999, S. 1834. Nach anderer Auffassung führt Art. 2 Abs. 2 lit. d) RL hingegen nicht zu einer Ausweitung des Sachmangelbegriffs, da die Rechtsprechung das Fehlen von Eigenschaften, deren Vorhandensein der Hersteller behauptet habe, bereits jetzt als Mangel anerkenne (SCHMIDT-RÄNTSCH, ZIP 1998, S. 851; ders., ZEuP 1999, S. 296; EHMANN/RUST, JZ 1999, S. 856). In den insoweit angeführten Entscheidungen, in denen es um den Kraftstoffverbrauch beim Neuwagenkauf geht, wurde aber die Betriebsanleitung zum Gegenstand bzw. der Prospekt des Herstellers zur Grundlage der Vertragsverhandlungen gemacht, so daß von einer Bezugnahme auf die entsprechenden Angaben ausgegangen werden kann (BGH ZIP 1996, 597; ZIP 1997, 1547).

[565] Trotzdem sollten Art. 2 Abs. 2 lit. d) RL sowohl die an einen größeren Personenkreis als auch die an Einzelpersonen gerichteten Angaben subsumiert werden, um zu vermeiden, daß der haftungsbegründende Charakter letzterer weiterhin in Frage gestellt und das von der Richtlinie angestrebte Ziel, den Verbraucher umfassend vor unrichtigen und irreführenden Werbeaussagen zu schützen (vgl. Formblatt zu den Auswirkungen einer Richtlinie über den Verbrauchsgüterkauf und -garantien, KOM (95) 520 endg., S. 28), nicht erreicht wird.

fers[566] nicht an Bedeutung[567]. Vielmehr muß sie sogar noch auf Handelskäufe erstreckt werden, um das Rückgriffsrecht des Letztverkäufers nach Art. 4 RL nicht von vorneherein auszuschließen. In Anbetracht der Möglichkeit derartiger Regreßansprüche beinhaltet Art. 2 Abs. 2 lit. d) RL aber auch für den Hersteller eine Haftungsverschärfung.

Obgleich die somit zu befürchtende Zunahme von Haftungsfällen mit der für den Verbraucher nachteiligen Gefahr einer Produktverteuerung und eines Innovationsrückgangs verbunden ist[568], ist die Einführung einer solchen Haftung grundsätzlich zu begrüßen. Angesichts der großen Bedeutung der Werbung für die Kaufentscheidung des Verbrauchers sollte verhindert werden, daß Hersteller und Händler die wirtschaftlichen Folgen der Nichtübereinstimmung der Kaufsache mit der Werbeangabe weiterhin auf ihn abwälzen können. Im übrigen widerspricht die derzeitige Rechtslage der Lehre von der ökonomischen Analyse des Rechts, derzufolge Rechte und Pflichten im Vertragsrecht so zu verteilen sind, daß die im Zusammenhang mit Güteraustauschbewegungen entstehenden Transaktionskosten im Interesse einer optimalen Allokation aller wirtschaftlichen Ressourcen minimiert werden[569]. Denn es kommt zu Fehlläufen in der Güterverteilung, falls der Käufer aufgrund von Fehlvorstellungen über die Qualität des Produkts, die durch falsche oder irreführende Werbebehauptungen hervorgerufen werden, nicht die für die Befriedigung seiner Bedürfnisse geeignete Ware erwirbt. Die unnötigen Transaktionskosten, die mit der Rückabwicklung dieser Geschäfte verbunden sind, können in Ermangelung autonom wirkender wirtschaftlicher Ordnungsmechanismen nur vermieden werden, wenn die Anbieter für die Verbreitung derartiger Angaben haftbar gemacht werden. Dann besteht für sie nämlich ein ökonomischer Anreiz zur korrekten Information[570]. Die not-

---

566 Siehe S. 188.

567 TONNER, BB 1999, S. 1771; a.A. MEDICUS, ZIP 1996, S. 1926 f..

568 SCHÄFER/PFEIFFER, S. 1835 f., 1836 f.; WOLF, RIW 1997, S. 903.

569 SCHULZ, S. 266; HORN, AcP 176 (1976), S. 310, 319 f.; LEHMANN, Vertragsanbahnung, S. 229 ff.; ders., NJW 1981, S. 1234 f..

570 LEHMANN, Vertragsanbahnung, S. 248 ff.; ders., NJW 1981, S. 1235; ähnlich auch KÖNDGEN, Selbstbindung ohne Vertrag, S. 309. Allerdings wird im Hinblick auf die angestrebte optimale Ressourcenallokation ein Schadensersatzanspruch gegen den jeweiligen Wettbewerbsteilnehmer als einzig sachgerechte Sanktion angesehen. Denn nach der Durchführung der meist schwierigen und langwierigen Rechtsbehelfe der Wandelung und der Minderung habe der Käufer immer noch keine Bedarfsbefriedigung erreicht, sondern müsse erneut tätig werden, um eine seinen Vorstellungen gemäße Ware zu beschaffen (LEHMANN, S. 260 ff.). Sofern entsprechend der hier vorgeschlagenen Lösung (siehe S. 105) allein eine schuldhafte Schutzpflichtverletzung als schadensersatzbegründend anerkannt wird, kann die Schadensersatzhaftung des Verkäufers in den problematischen Fällen unzutreffender Herstellerwerbung durch eine maßvolle Festlegung diesbezüglicher Aufklärungspflichten in angemessener Weise beschränkt werden.

wendige Haftungsbegrenzung kann bei der Ermittlung eines sanktionierbaren Inhalts vorgenommen werden, die entsprechend dem europäischen Verbraucherleitbild aus der Sicht eines „verständigen" Verbrauchers erfolgen sollte.

Die Konzeption der Richtlinie gibt aber insofern Anlaß zur Kritik, als die von ihr gewählte Regreßlösung keinen angemessenen Interessenausgleich zwischen den Beteiligten auf der Angebotsseite beinhaltet, sondern das aus unrichtigen oder irreführenden Werbeaussagen des Herstellers folgende Gewährleistungsrisiko weitgehend dem Verkäufer aufbürdet. Dies läßt unberücksichtigt, daß Produktion und Handel trotz der einvernehmlichen Aufgaben- und Funktionsteilung im Rahmen der Absatzorganisation nicht immer gleichgerichtete Interessen verfolgen[571]. Da ein umfassender Käuferschutz gleichwohl voraussetzt, daß auch werbende Angaben des Produzenten einbezogen werden, sollte zusätzlich eine Durchgriffsmöglichkeit gegen letzteren in Form einer quasivertraglichen Haftung geschaffen werden. Sie wäre zwar ein Fremdkörper im gewährleistungsrechtlichen System der Richtlinie. Auf diese Weise könnte jedoch stets der jeweilige Urheber der Werbeangabe für diesbezügliche Abweichungen des Verbrauchsguts verantwortlich gemacht werden.

---

[571] LEHMANN, Vertragsanbahnung, S. 187 f..

§ 5 Der Ausschluß der Haftung

Abschließend bleibt zu klären, in welchen Fällen die Verantwortlichkeit des Verkäufers trotz Vertragswidrigkeit des Verbrauchsguts ausgeschlossen ist. Insoweit ist zwischen vertraglichen und gesetzlichen Haftungsausschlüssen zu unterscheiden.

A. Vertraglicher Ausschluß

Nach der sog. Unabdingbarkeitsklausel in Art. 7 Abs. 1 RL sind alle Vertragsvereinbarungen unwirksam, durch welche die in der Richtlinie gewährten Rechte unmittelbar oder mittelbar[1] außer Kraft gesetzt oder eingeschränkt werden, sofern sie vor der Unterrichtung des Verkäufers von der Vertragswidrigkeit getroffen wurden. Dies bedeutet zwar im Umkehrschluß, daß die Parteien nach der Unterrichtung eine von den Bestimmungen der Richtlinie abweichende Vereinbarung treffen können. Da der Verbraucher nach Feststellung einer Vertragswidrigkeit aber nur selten bereit sein wird, sich auf eine für ihn ungünstigere Regelung einzulassen, wird dieser Möglichkeit kaum praktische Relevanz zukommen[2]. Im übrigen ist die Unabdingbarkeit umfassend, d.h. sie gilt sowohl beim Kauf neuer als auch beim Kauf gebrauchter Güter nicht nur für formularmäßige, sondern auch für individualvertragliche Haftungsfreizeichnungen[3]. Allerdings können die Mitgliedstaaten beim Gebrauchtwarenkauf nach Art. 7 Abs. 1 Uabs. 2 RL vorsehen, daß der Verkäufer und der Verbraucher sich auf eine kürzere als die in Art. 5 Abs. 1 RL postulierte Gewährleistungsfrist einigen können, wobei die kürzere Haftungsdauer ein Jahr jedoch nicht unterschreiten darf.

Dagegen ist es Verkäufer und Käufer im UN-Kaufrecht gemäß Art. 6 CISG unbenommen, Art. 35 CISG insgesamt oder teilweise vertraglich abzubedingen[4]. Die Auffassung, derzufolge eine Freizeichnung lediglich im Rahmen von Art. 35 Abs. 2 CISG in Betracht komme, der im Gegensatz zu Art. 35 Abs. 1 CISG auf

---

[1] Durch die Einbeziehung mittelbar einschränkender Vertragsabreden soll klargestellt werden, daß auch Klauseln wie „Verkauft wie besehen“ unter diese Vorschrift fallen, weil sie im Ergebnis ebenfalls einen Ausschluß der Verbraucherrechte beinhalten (STAUDENMAYER, NJW 1999, S. 2397).

[2] SCHILLER, PHi 1999, S. 127.

[3] EHMANN/RUST, JZ 1999, S. 860.

[4] Schlechtriem-SCHWENZER, Art. 35, Rn. 41.

abweichende Parteivereinbarungen Bezug nehme[5], ist abzulehnen. Denn die Formulierung „Haben die Parteien nichts anderes vereinbart,..." bezieht sich auf vertragliche Leistungsbeschreibungen im Sinne von Art. 35 Abs. 1 CISG, nicht aber auf die generelle Zulässigkeit von Haftungsausschlüssen[6]. Falls eine Freizeichnungsklausel nach Art. 14 ff. CISG in den Vertrag einbezogen und ihr Inhalt nach Art. 8 CISG festgestellt wurde, ist ihre Gültigkeit gemäß Art. 4 lit. a) CISG anhand des nationalen Rechts zu kontrollieren, das nach den Regeln des internationalen Privatrechts anwendbar ist[7]. Im Fall der Anwendbarkeit deutschen Rechts ist bei formularmäßigen Vereinbarungen nach § 9 Abs. 2 AGBG maßgeblich, ob die Abrede gegen wesentliche Grundgedanken der gesetzlichen Regelung verstößt (Nr. 1), oder ob sie wesentliche Pflichten des Verkäufers in einer die Erreichung des Vertragszwecks gefährdenden Weise einschränkt (Nr. 2). Dabei dient das UN-Kaufrecht als Prüfungsmaßstab, so daß insbesondere eine Freizeichnung von wesentlichen Vertragsverletzungen im Sinne von Art. 25 CISG, die dem Vertrag letztlich seinen Sinn nähme, unzulässig ist[8].

I. Die Lösung des deutschen Rechts

Im deutschen Recht sind die §§ 459 ff. BGB als dispositives Recht grundsätzlich abdingbar. Der Haftungsausschluß kann durch eine Individualvereinbarung oder durch Allgemeine Geschäftsbedingungen erfolgen. Eine individualvertragliche Freizeichnung findet ihre Grenzen entsprechend dem Grundsatz der Vertragsfreiheit in den §§ 138, 242 BGB. Eine spezifisch kaufrechtliche Schranke ergibt sich aus § 476 BGB, demzufolge ein vertraglicher Ausschluß nichtig ist, falls der Verkäufer den Mangel arglistig verschweigt[9]. Die Zulässigkeit einer formularmäßigen Freizeichnung richtet sich nach den §§ 10, 11 AGBG, die bei Verbraucherverträgen nach Maßgabe des § 24a AGBG gelten, oder, sofern der Käufer ein Unternehmer oder eine juristische Person des öffentlichen Rechts ist (§ 24 AGBG), nach § 9 AGBG. Wenn ein Fehler im Sinne von § 459 Abs. 1 BGB vorliegt, können die Ansprüche auf Wandelung und Minderung (§ 462 BGB) beim Verkauf neuer Sachen von der vorherigen Möglichkeit der Nachbesserung

---

[5] HYLAND, S. 315 f..

[6] Schlechtriem-SCHWENZER, Art. 35, Rn. 41.

[7] Schlechtriem-SCHWENZER, Art. 35, Rn. 42; Honsell-MAGNUS, Art. 35, Rn. 32. Als kleinster gemeinsamer Nenner kann jedoch für alle Rechtsordnungen davon ausgegangen werden, daß dem Käufer bei fehlender Vertragsmäßigkeit der Ware ein Minimalrechtsschutz verbleiben muß. Demnach ist ein umfassender Haftungsausschluß jedenfalls als unwirksam anzusehen (Schlechtriem-SCHWENZER, Art. 35, Rn. 42).

[8] Schlechtriem-SCHWENZER, Art. 35, Rn. 42.

[9] Staudinger-HONSELL, Vorbem zu §§ 459 ff, Rn. 91.

abhängig gemacht (§ 11 Nr. 10 AGBG) und beim Verkauf gebrauchter Sachen gänzlich ausgeschlossen werden. Auch der Schadensersatzanspruch aus positiver Vertragsverletzung kann außer im Fall des Vorsatzes oder der groben Fahrlässigkeit des Verkäufers oder seines Erfüllungsgehilfen ausgeschlossen oder beschränkt werden (§ 11 Nr. 7 AGBG)[10]. Wenn hingegen eine zugesicherte Eigenschaft im Sinne von § 459 Abs. 2 BGB fehlt, ist ein Ausschluß oder eine Einschränkung der Schadensersatzhaftung des Verkäufers gemäß § 11 Nr. 11 AGBG nicht möglich. Da sie aber in Form des kleinen Schadensersatzes die Minderung mit dem Ersatz weitergehender Schäden und in Form des großen Schadensersatzes die Wandelung mit dem Ersatz weitergehender Schäden verbindet[11], sind im Ergebnis letztlich alle Gewährleistungsrechte des Käufers dem formularmäßigen Ausschluß entzogen[12]. Die gleichen Grundsätzen gelten nach der Generalklausel des § 9 AGBG auch gegenüber einem Käufer, der Unterneh-meroder juristische Person des öffentlichen Rechts ist (§ 24 Abs. 2 AGBG)[13].

II. Die Lösung des englischen Rechts

Im englischen Recht ist ein Ausschluß der Sachmängelhaftung durch eine entsprechende Vertragsvereinbarung oder eine für beide Parteien bindende Gewohnheit zwar grundsätzlich möglich, er unterliegt aber den Einschränkungen des *Unfair Contract Terms Act* 1977 (sec. 55 (1) SGA). Dieser regelt die Freizeichnung von den *implied conditions* der ss. 13-15 SGA unabhängig davon, ob sie individualvertraglich oder formularmäßig erfolgt, in sec. 6 (2), (3) UCTA. Gegenüber einem Käufer, der als Verbraucher handelt, können die ss. 13-15 SGA gemäß sec. 6 (2) UCTA vertraglich weder ausgeschlossen noch eingeschränkt werden. Gegenüber einem Käufer, der nicht als Verbraucher handelt, ist gemäß sec. 6 (3) UCTA ein Ausschluß oder eine Einschränkung der Verantwortung nach ss. 13-15 SGA durch eine vertragliche Vereinbarung zulässig, wenn diese das Erfordernis der Angemessenheit (*requirement of reasonableness*) erfüllt.

---

[10] Soergel-HUBER, Vor § 459, Rn. 79.

[11] Vgl. § 2, Fn. 5.

[12] Soergel-HUBER, Vor § 459, Rn. 78.

[13] Soergel-HUBER, Vor § 459, Rn. 78 f.. Lediglich im Rahmen der Zusicherungshaftung sind die Einzelheiten noch ungeklärt. Zwar ist anerkannt, daß die Schadensersatzhaftung für Mangelfolgeschäden nicht abbedungen werden kann. Bei Mangelschäden ist jedoch streitig, ob ein derartiger Ausschluß unter dem Vorbehalt eines Wandelungsrechts oder gar nicht möglich ist (Soergel-HUBER, Vor § 459, Rn. 78).

Der vertragliche Ausschluß der Haftung für die Einhaltung eines *express term* richtet sich hingegen nach sec. 3 (2) UCTA. Diese Vorschrift ist anwendbar, sofern eine Vertragspartei als Verbraucher oder auf der Grundlage der Allgemeinen Geschäftsbedingungen der anderen Vertragspartei handelt (sec. 3 (1) UCTA). Nach sec. 3 (2) (a) UCTA ist es unzulässig, daß eine Partei die Verantwortung für die von ihr begangenen Vertragsverletzungen ausschließt oder einschränkt. Nach sec. 3 (2) (b) UCTA ist es unzulässig, daß eine Partei sich entweder das Recht, den Vertrag in einer Weise zu erfüllen, die wesentlich von dem abweicht, was vernünftigerweise von ihr erwartet werden kann, oder das Recht, den Vertrag ganz oder teilweise gar nicht zu erfüllen, einräumt. Eine Ausnahme besteht aber insofern, als Vereinbarungen im Sinne von sec. 3 (2) UCTA, die dem Erfordernis der Angemessenheit (*requirement of reasonableness*) entsprechen, wirksam sind.

Das *requirement of reasonableness* entscheidet somit im Fall der Freizeichnung von *express terms* stets und im Fall der Freizeichnung von den *implied conditions* der ss. 13-15 SGA bei Nichtverbraucherkäufen über die Zulässigkeit. Für die Beurteilung ist der Zeitpunkt maßgeblich, in dem die Freizeichnungsklausel in den Vertrag einbezogen wurde (sec. 11 (1) UCTA). Die Aspekte, die insoweit in Betracht zu ziehen sind, werden in *Schedule* 2 aufgezählt. Außer der jeweiligen Verhandlungsmacht der Parteien (lit. a) ist u.a. zu berücksichtigen, ob der Käufer einen ähnlichen Vertrag ohne Haftungsbeschränkung hätte abschließen können (lit. b), und ob der Käufer die Existenz und den Umfang der Freizeichnungsklausel kannte oder vernünftigerweise kennen mußte (lit. c).

Allerdings bestehen auch bei Verbraucherkäufen trotz des offenbar umfassenden Verbots in sec. 6 (2) UCTA begrenzte Möglichkeiten, die ss. 13-15 SGA auszuschließen oder einzuschränken. Erforderlich ist, daß der Verkäufer den Verbraucher dergestalt über die Beschaffenheit der Ware, ihre gewöhnliche und besondere Verwendungseignung sowie ihre Übereinstimmung mit einem Muster informiert, daß letzterer auf die Einhaltung der *implied conditions* vernünftigerweise nicht mehr vertrauen kann (sog. *concept of reasonable reliance*). Maßgeblich ist jedoch, ob eine solche Information tatsächlich erfolgt ist, so daß es nicht genügt, dies bloß durch eine schriftliche, möglicherweise sehr pauschale Vertragsklausel festzustellen[14]. Vor allem beim Verkauf gebrauchter Güter kann der Verkäufer

[14] ATIYAH/ADAMS, Sale of Goods, S. 203 ff.. Klauseln wie „*all defects have been drawn to the attention of the buyer and the buyer acknowledges this fact*“ oder „*the seller offers no opinion as to the suitability of the goods for any particular purpose and the buyer acknowledges that he does not rely on the seller's skill or judgement*“ verstoßen daher gegen sec. 6 (2) UCTA (ATIYAH/ADAMS, Sale of Goods, S. 204).

durch eine genaue Aufklärung über die Eigenschaften der Kaufsache der strengen Haftung für *satisfatory quality* nach sec. 14 (2) SGA entgehen.

III. Rechtsvergleichende Würdigung

Die in Art. 7 Abs. 1 RL normierte Unabdingbarkeit der Sachmängelhaftung weicht sowohl vom UN-Kaufrecht als auch vom deutschen Recht ab. Ersteres erlaubt individualvertragliche Freizeichnungen uneingeschränkt und formularmäßige Freizeichnungen in den Grenzen des nationalen Gültigkeitsrechts, das nach den Regeln des internationalen Privatrechts anwendbar ist (Art. 4 lit. a) CISG). Letzteres postuliert für individualvertragliche Freizeichnungen neben den allgemeinen Schranken aus §§ 138, 242 BGB eine besondere Schranke bei Arglist des Verkäufers (§ 476 BGB) und läßt formularmäßige Freizeichnungen nur in den Grenzen von §§ 10, 11 AGBG bzw. § 9 AGBG zu. Dagegen sieht das englische Recht bei Verbraucherkaufverträgen ebenfalls eine strikte Haftung des Verkäufers für die Einhaltung der ss. 13 ff. SGA vor (sec. 6 (2) UCTA), so daß die Richtlinienumsetzung hier keine Änderungen erfordert.

Der zwingende Charakter der Richtlinienbestimmungen soll eine Aushöhlung der den Verbrauchern gewährten Rechte verhindern. Er steht daher auch Klauseln entgegen, denen zufolge dem Verbraucher jede zum Zeitpunkt des Vertragsschlusses bestehende Vertragswidrigkeit des Verbrauchsguts bekannt war[15]. Ein so weitgehender Schutz wird im UN-Kaufrecht, das Kaufverträge zwischen Gewerbetreibenden regelt, und im deutschen Recht, das nicht zwischen Verbrauchern und Nichtverbrauchern, sondern zwischen Kaufleuten und Nichtkaufleuten differenziert, nicht als erforderlich erachtet. Dementsprechend ist die Unabdingbarkeit der Haftung namentlich von Vertretern des deutschen Rechts kritisiert worden[16]. Zum einen beinhalte sie eine Einschränkung der Vertragsfreiheit, die nur unter der Prämisse zu rechtfertigen sei, daß Käufer und Verkäufer trotz der Konkurrenz auf einem funktionierenden Markt keine annähernd gleichwertige Verhandlungsposition haben[17]. Zum anderen sei sie für den Verbraucher wirtschaftlich und rechtlich nachteilig. Denn der Verkäufer sei nunmehr gezwungen, die aus dem Gewährleistungsrisiko resultierenden Mehrkosten durch erhöhte Kaufpreise auf die Verbraucher abzuwälzen, während das bisherige Recht ihm die Wahl gelassen habe, statt dessen die Haftung zumindest teilweise auszuschließen. Dies habe nicht nur Preissteigerungen - vor allem beim Verkauf ge-

---

[15] ABl. L 171 vom 7.7.1999, S. 13, Erwägungsgrund (21).
[16] KIRCHER, ZRP 1997, S. 293; WOLF, RIW 1997, S. 902; EHMANN/RUST, JZ 1999, S. 860; vgl. auch die Kritik des Bundesrates, BR-Drs. 696/96, S. 4.
[17] KIRCHER, ZRP 1997, S. 293.

brauchter Güter - zur Folge, sondern führe auch zu einer erheblichen Rechtsunsicherheit für den Verbraucher. Da der an einem Haftungsausschluß interessierte Verkäufer versuchen wird, entweder den Tatbestand der Vertragsmäßigkeit im Sinne von Art. 2 RL durch eine detaillierte Leistungsbeschreibung möglichst eng zu fassen oder die in Art. 5 Abs. 3 RL postulierten Ausnahmegründe „Art des Gutes“ oder „Art der Vertragsmäßigkeit“ nachzuweisen, wird das Bestehen von Gewährleistungsrechten künftig oft von der richterlichen Klärung dieser unbestimmt gehaltenen Ausnahmegründe abhängen[18].

Bezüglich des Verbots formularmäßiger Haftungsbeschränkungen ist der Richtlinienregelung zwar zugute zu halten, daß sie der fragwürdigen Rechtsprechung zur stillschweigenden Zusicherung den Boden entzieht[19], die insbesondere beim Gebrauchtwagenkauf vorrangig dem Schutz unerfahrener Käufer dient[20]. Bezüglich des Verbots individualvertraglicher Haftungsbeschränkungen ist die dargelegte Kritik jedoch zutreffend. Aus diesem Grund sollte zumindest im deutschen Recht, wo die durch Art. 5 Abs. 1 RL bedingte Verlängerung der Verjährungfrist auf zwei Jahre ohnehin eine erhebliche Haftungsverschärfung für die Verkäufer beinhaltet, von der in Art. 5 Abs. 2 Uabs. 1 RL vorgesehenen Möglichkeit, Verkäufer und Verbraucher die Vereinbarung einer kürzeren Haftungsdauer zu erlauben, Gebrauch gemacht werden.

B. Gesetzlicher Ausschluß

Die Richtlinie postuliert einen umfassenden und einen eingeschränkten gesetzlichen Ausschlußgrund. Nach Art. 2 Abs. 3 RL liegt eine Vertragswidrigkeit im Sinne von Art. 2 RL nicht vor, wenn der Verbraucher zum Zeitpunkt des Vertragsschlusses Kenntnis von der Vertragswidrigkeit hatte oder vernünftigerweise nicht darüber in Unkenntnis sein konnte[21]. Während ihm in diesem Fall keines der in Art. 3 Abs. 2 RL genannten Gewährleistungsrechte zusteht, wird nach Art. 3 Abs. 6 RL allein der Anspruch auf Vertragsauflösung ausgeschlossen, sofern die Vertragswidrigkeit nur geringfügig ist. Eine Untersuchungpflicht trifft den Verbraucher dagegen weder vor Vertragsschluß noch bei Lieferung des Verbrauchsguts. Allerdings können die Mitgliedstaaten gemäß Art. 5 Abs. 2 Uabs. 1

---

[18] EHMANN/RUST, JZ 1999, S. 860.
[19] SCHILLER, PHi 1999, S. 127 f..
[20] Siehe § 4, Fn. 39.
[21] Ferner scheidet eine Vertragswidrigkeit gemäß Art. 2 Abs. 3 RL aus, wenn sie auf den vom Verbraucher gelieferten Stoff zurückzuführen ist. Diese Tatbestandsalternative bleibt im folgenden aber außer Betracht, da sie sich auf die hier nicht erörterten Montagefehler im Sinne von Art. 2 Abs. 5 RL bezieht.

RL vorsehen, daß der Verbraucher den Verkäufer zur Wahrung seiner Rechte binnen zwei Monaten nach der Feststellung der Vertragswidrigkeit über diese unterrichten muß. Über die von ihnen gewählte Lösung bezüglich einer solchen Rügeobliegenheit müssen sie die Kommission unterrichten, die die Auswirkungen der verschiedenen mitgliedstaatlichen Konzeptionen überwacht und bis zum 7. Januar 2003 einen Bericht erstellt, der im Amtsblatt der Europäischen Gemeinschaften zu veröffentlichen ist (Art. 5 Abs. 2 Uabs. 2, 3 RL).

Das UN-Kaufrecht enthält in Art. 35 Abs. 3 CISG ebenfalls einen Haftungsausschluß für solche Vertragswidrigkeiten, die der Käufer bei Vertragsabschluß kannte oder über die er nicht in Unkenntnis sein konnte[22]. Fraglich ist aber, welcher Grad der Unkenntnis sich hinter der Formulierung „Nicht-In-Unkenntnis-Sein-Können" verbirgt. Während die überwiegende Auffassung sie als grobes Verschulden versteht[23], wird teilweise vertreten, daß damit mehr als grobe Fahrlässigkeit gemeint sei[24]. In jedem Fall ist die Haftung bei evidenten Mängeln ausgeschlossen, die dem Käufer gleichsam „ins Auge springen", wobei die Evidenz unter Berücksichtigung seiner Person und nicht rein objektiv festzustellen ist[25]. Für den Käufer folgt aus Art. 35 Abs. 3 CISG jedoch keine Pflicht, die Ware vor Vertragsschluß zu untersuchen[26]. Da dies bei grenzüberschreitenden Käufen häufig gar nicht möglich ist, muß er eine Untersuchung der Kaufsache gemäß Art. 38, 39 CISG erst bei ihrer Ankunft am Liefer- bzw. Bestimmungsort vornehmen[27]. Dabei handelt es sich nicht um eine Verpflichtung, sondern um eine bloße Obliegenheit, deren Nichtbeachtung zu einem Verlust seiner Gewährleistungsrechte führt[28]. Demgegenüber bewirkt die Unterlassung einer Untersuchung zu einem früheren Zeitpunkt je nach den Umständen des

---

22 Die Voraussetzungen dieser Vorschrift sind, da es sich um einen Ausnahmetatbestand handelt, vom Verkäufer zu beweisen (Schlechtriem-SCHWENZER, Art. 35, Rn. 52; Staudinger-MAGNUS, Art. 35, Rn. 57; AUE, Mängelgewährleistung im UN-Kaufrecht, S. 81).

23 Honsell-MAGNUS, Art. 35, Rn. 29; HERBER/CZERWENKA, Internationales Kaufrecht, Art. 35, Rn. 10; Staudinger-MAGNUS, Art. 35, Rn. 48; BIANCA-BONELL, International Sales Law, Art. 35, Anm. 2.8.1.; REINHART, UN-Kaufrecht, Art. 35, Rn. 9.

24 Schlechtriem-SCHWENZER, Art. 35, Rn. 34; HUBER, RabelsZ 43 (1979), S. 479; unklar AUE, Mängelgewährleistung im UN-Kaufrecht, S. 82, 84 f..

25 Schlechtriem-SCHWENZER, Art. 35, Rn. 34; AUE, Mängelgewährleistung im UN-Kaufrecht, S. 84 f..

26 Schlechtriem-SCHWENZER, Art. 35, Rn. 35; AUE, Mängelgewährleistung im UN-Kaufrecht, S. 83.

27 Honsell-MAGNUS, Art. 38, Rn. 19, 25, 29.

28 Honsell-MAGNUS, Art. 38, Rn. 34.

Einzelfalls allenfalls dann einen Rechtsverlust, wenn der Verkäufer ihn dazu unter Hinweis auf mögliche Mängel aufgefordert hat[29].

Problematisch sind die Fälle, in denen der Verkäufer einen Mangel arglistig verschwiegen oder eine bestimmte Eigenschaft zugesichert hat. Sie sind zwar nicht ausdrücklich geregelt, aber Art. 35 Abs. 3 CISG beruht ebenso wie Art. 40 CISG auf dem Grundgedanken, daß der Verkäufer sich nicht auf ein Verhalten des Käufers berufen kann, wenn ihn selbst ein größerer Vorwurf trifft. Mithin kommt bei Arglist oder Zusicherung ein Haftungsausschluß gegenüber dem grob fahrlässig unwissenden Käufer nicht in Betracht, da letzterer schutzwürdiger erscheint[30]. Bei Zusicherungen ist ohnehin zweifelhaft, ob Art. 35 Abs. 3 CISG eingreift. Denn der Anwendungsbereich dieser Bestimmung bezieht sich ihrem Wortlaut zufolge nur auf Vertragswidrigkeiten im Sinne von Art. 35 Abs. 2 CISG. Ob sie auch bei Nichtübereinstimmung der Kaufsache mit einer ausdrücklichen Beschaffenheitsvereinbarung eingreift, ist hingegen umstritten. Nach einer Ansicht ist Art. 35 Abs. 3 CISG auf Mängel im Sinne von Art. 35 Abs. 1 CISG stets analog[31], nach anderer Ansicht gar nicht anzuwenden[32]. Letztlich ist es eine Frage der Auslegung, ob die explizit festgelegte oder die vom Käufer erkannte bzw. grob fahrlässig nicht erkannte Beschaffenheit vertraglich vereinbart wurde. Zuzustimmen ist daher der vermittelnden Auffassung, die danach differenziert, ob der Käufer berechtigterweise annehmen durfte, daß der Verkäufer die Vertragswidrigkeit bis zur Lieferung beseitigen werde oder nicht. Im ersteren Fall schade ihm weder positive Kenntnis noch grob fahrlässige Unkenntnis. In letzterem Fall schade ihm entsprechend dem Grundsatz von Treu und Glauben zwar positive Kenntnis, nicht aber grob fahrlässige Unkenntnis[33].

Des weiteren kann der Käufer bei Lieferung mangelhafter Ware das Recht auf Ersatzlieferung gemäß Art. 46 Abs. 2 CISG und das Recht zur Vertragsaufhebung gemäß Art. 49 Abs. 1 lit. a) CISG nur geltend machen, falls die Vertragswidrigkeit eine wesentliche Vertragsverletzung im Sinne von Art. 25 CISG darstellt. Die Wesentlichkeit der Vertragsverletzung ist jedoch nicht als Aus-

---

[29] Schlechtriem-SCHWENZER, Art. 35, Rn. 35; AUE, Mängelgewährleistung im UN-Kaufrecht, S. 85.
[30] Schlechtriem-SCHWENZER, Art. 35, Rn. 37; AUE, S. 85; Staudinger-MAGNUS; Art. 35, Rn. 42.
[31] REINHART, UN-Kaufrecht, Art. 35, Rn. 10; ENDERLEIN in Internationales Kaufrecht, Art. 35, Anm. 19; HERBER/CZERWENKA, Internationales Kaufrecht, Art. 35, Rn. 11.
[32] SCHLECHTRIEM, Internat. UN-Kaufrecht, Rn. 144; BIANCA-BONELL, International Sales Law, Art. 35, Anm. 2.9.2.; Schlechtriem-SCHWENZER, Art. 35, Rn. 38; AUE, Mängelgewährleistung im UN-Kaufrecht, S. 80.
[33] Honsell-MAGNUS, Art. 35, Rn. 30; Staudinger-MAGNUS, Art. 35, Rn. 50 f..

schlußgrund, sondern als Anspruchsvoraussetzung konzipiert[34]. Eine wesentliche Vertragsverletzung erfordert einen Pflichtverstoß des Verkäufers, der die durch den Vertrag konkretisierten und für den Verkäufer oder eine vernünftige Person in seiner Lage vorhersehbaren Interessen des Käufers so schwerwiegend beeinträchtigt, daß letzterem das Festhalten am Vertrag nach Treu und Glauben (Art. 7 Abs. 1 CISG) nicht zuzumuten ist[35]. Obwohl die Beurteilung vorrangig subjektiv erfolgt, ist der Vertrag allein der Maßstab für die Beachtlichkeit des Nachteils. Ob und inwieweit die Vertragsverletzung sich tatsächlich auf die Interessen des Käufers ausgewirkt, ist rein objektiv *ex post* festzustellen und ausschließlich durch das Kriterium der Vorhersehbarkeit beschränkt[36]. Liefert der Verkäufer vertragswidrige Ware, so kann eine Interessenbeeinträchtigung gemäß Art. 25 CISG bejaht werden, wenn die Vertragswidrigkeit überhaupt nicht oder nicht angemessen behebbar ist und eine zumutbare Verwertung der Ware durch den Käufer nicht in Betracht kommt[37].

I. Die Lösung des deutschen Rechts

Unter bestimmten Voraussetzungen schließt das deutsche Recht die Haftung des Verkäufers gleichfalls bei Kenntnis oder grob fahrlässiger Unkenntnis des Käufers vom Mangel sowie bei Unerheblichkeit eines Mangels aus.

1. Kenntnis bzw. grob fahrlässige Unkenntnis

So ist in den Fällen, in denen der Käufer den Mangel kennt oder infolge grober Fahrlässigkeit nicht kennt, zwischen dem Zeitpunkt des Vertragsschlusses und dem der Annahme der Kaufsache zu unterscheiden. Bei Vertragsschluß[38] schadet dem Käufer nicht nur die positive Kenntnis (§ 460 S. 1 BGB), sondern auch die grob fahrlässige Unkenntnis vom Mangel, sofern der Verkäufer nicht die Abwesenheit des Fehlers zugesichert oder den Fehler arglistig verschwiegen hat (§ 460 S. 2 BGB). Bei Annahme der Kaufsache schadet ihm hingegen allein die positive

---

[34] Schlechtriem-SCHLECHTRIEM, Art. 25, Rn. 4. Die Beweislast für die Umstände, die die Wesentlichkeit begründen, trifft mithin den Käufer (Schlechtriem-HUBER, Art. 25, Rn. 4).
[35] Siehe S. 36.
[36] Honsell-KAROLLUS, Art. 25, Rn. 17.
[37] PILTZ, Kaufrecht, § 5, Rn. 161 ff.; SCHLECHTRIEM, UN-Kaufrecht, Rn. 115.
[38] Zur Bestimmung dieses Zeitpunkts in Sonderfällen wie etwa schwebend unwirksamen, bedingten oder genehmigungspflichtigen Kaufverträgen vgl. Staudinger-HONSELL, § 460, Rn. 5; Soergel-HUBER, § 460, Rn. 18; Müko-WESTERMANN, § 460, Rn. 5.

Kenntnis vom Mangel und diese auch nur, sofern er sich seine Rechte wegen des Mangels bei der Annahme nicht vorbehält (§ 464 BGB)[39].

a) Im Zeitpunkt des Vertragsschlusses

§ 460 BGB gilt bei Stückkäufen und bei Gattungskäufen zumindest dann, wenn der Mangel der ganzen Gattung anhaftet[40]. Wie sich aus der Überschrift der §§ 459 ff. BGB ergibt, umfaßt der Begriff „Mangel“ in § 460 S. 1 BGB sowohl das Vorhandensein eines Fehlers gemäß § 459 Abs. 1 BGB als auch das Fehlen einer zugesicherten Eigenschaft gemäß § 459 Abs. 2 BGB. Dagegen enthält § 460 S. 2 BGB eine Sonderregelung für Mängel der in § 459 Abs. 1 BGB bezeichneten Art[41]. Kenntnis im Sinne von § 460 S. 1 BGB schließt jede Gewährleistung aus, d.h. die Sache wird als vertragsgemäß angesehen[42]. Gemeint ist positive Kenntnis. Der dringende Verdacht oder gar die bloße Vermutung, daß die Ware mangelhaft ist, genügt nicht. Ferner ist erforderlich, daß der Käufer den Mangel in seiner Gesamtheit, insbesondere seiner rechtlichen Bedeutung, und in seiner Erheblichkeit für den Wert oder die Tauglichkeit der Kaufsache kennt. Falls der Käufer nur einen Teil der vorhandenen Mängel entdeckt, bleibt die Haftung des Verkäufers für die nicht erkannten Mängel unberührt[43].

Grobe Fahrlässigkeit im Sinne von § 460 S. 2 BGB führt ebenfalls dazu, daß der Verkäufer für den Mangel nicht einstehen muß. Der Haftungsausschluß greift aber nur ein, sofern er nicht die Abwesenheit des Fehlers zugesichert oder den Fehler arglistig verschwiegen hat[44]. Der Käufer handelt grob fahrlässig, wenn er die im Verkehr erforderliche Sorgfalt in besonders schwerem Maße mißachtet. Entscheidend ist, ob nach den ihm bekannten Tatsachen und Indizien der Schluß auf mögliche Mängel so naheliegt, daß es unverständlich erscheint, weitere Nachforschungen zu unterlassen. Eine allgemeine Pflicht, die Kaufsache zu untersuchen, wird dem Käufer dadurch jedoch nicht auferlegt, da er sich in der

---

[39] Die *ratio legis* beider Vorschriften ist umstritten. Überwiegend wird ein Verzicht des Käufers auf seine Gewährleistungsansprüche oder ein Verbot des *venire contra factum proprium* angenommen (Staudinger-HONSELL, § 460, Rn. 1; § 464, Rn. 1; Müko-WESTERMANN, § 460, Rn. 1; § 464, Rn. 2; Soergel-HUBER, § 460, Rn. 3 f.; § 464, Rn. 1).
[40] Staudinger-HONSELL, § 460, Rn. 1; Soergel-HUBER, § 460, Rn. 2; a.A. Palandt-PUTZO, § 460, Rn. 2.
[41] Staudinger-HONSELL, § 460, Rn. 4; Palandt-PUTZO, § 460, Rn. 2.
[42] Soergel-HUBER, § 460, Rn. 14.
[43] Staudinger-HONSELL, § 460, Rn. 2; Müko-WESTERMANN, § 460, Rn. 4; Soergel-HUBER; § 460, Rn. 15 f.; LARENZ, SchuldR, S. 47.
[44] Müko-WESTERMANN, § 460, Rn. 10; Soergel-HUBER, § 460, Rn. 19.

Regel auf die Angaben des Verkäufers verlassen darf[45]. Allerdings können besondere Umstände im Einzelfall nach Treu und Glauben eine Untersuchungspflicht begründen, deren Versäumung als grob fahrlässig zu bewerten ist. Als Anhaltspunkte, die aber durch andere Umstände durchaus widerlegt werden können, kommen z.B. eine besondere Sachkunde des Käufers oder ein konkreter Hinweis des Verkäufers auf mögliche Mängel in Betracht. Ferner besteht beim Kauf bestimmter Sachen, namentlich bei Häusern, Gebrauchtwagen, Kunstwerken und Kostbarkeiten, eine Verkehrssitte, die den Käufer verpflichtet, das Kaufobjekt zu untersuchen, falls er sich nicht dem Vorwurf grober Fahrlässigkeit aussetzen will[46].

b) Im Zeitpunkt der Annahme der Lieferung

Der strenge Maßstab des § 460 BGB, demzufolge auch grobe Fahrlässigkeit des Käufers die Verkäuferhaftung ausschließt, setzt sich auch durch, wenn - wie praktisch häufig - der Abschluß und die Erfüllung des Kaufvertrages direkt aufeinander folgen. Die Bedeutung von § 464 BGB beschränkt sich daher auf die Fälle, in denen Vertragsabschluß und Übergabe zeitlich auseinanderfallen und der Käufer zwischen diesen Zeitpunkten oder unmittelbar bei Annahme der Kaufsache einen Mangel entdeckt[47]. Eine Annahme in diesem Sinne ist nicht gleichbedeutend mit einer Abnahme nach § 433 Abs. 2 BGB. Zusätzlich zur tatsächlichen Entgegennahme der Ware setzt sie nämlich voraus, daß der Käufer ausdrücklich oder stillschweigend zu erkennen gibt, daß er die Leistung als in der Hauptsache vertragsgemäß billigt[48]. Der Begriff „Kenntnis" entspricht dem in § 460 S. 1 BGB[49]. Da dem Käufer fahrlässige oder grob fahrlässige Unkenntnis nicht schadet, trifft ihn beim bürgerlich-rechtlichen Kauf folglich keine Pflicht, die Ware bei Ablieferung zu untersuchen und erkennbare Mängel zu rügen. Eine solche Verpflichtung besteht gemäß § 377 HGB lediglich beim beiderseitigen

---

[45] Staudinger-HONSELL, § 460, Rn. 7; Müko-WESTERMANN, § 460, Rn. 8 f.; Soergel-HUBER, § 460, Rn. 19; LARENZ, SchuldR, S. 47.

[46] Staudinger-HONSELL, § 460, Rn. 7 ff.; Palandt-PUTZO, § 460, Rn. 12. Die Vorschrift wirkt sich somit praktisch als Beweiserleichterung für einen Verkäufer aus, der zwar nicht die Kenntnis des Käufers von dem Fehler, wohl aber Umstände beweisen kann, die belegen, daß letzterer über die Mangelhaftigkeit der Kaufsache nicht hat im unklaren sein können (Soergel-HUBER, § 460, Rn. 4).

[47] Staudinger-HONSELL, § 464, Rn. 1; Müko-WESTERMANN, § 464, Rn. 1.

[48] Soergel-HUBER, § 464, Rn. 9; LARENZ, SchuldR, S. 48; Palandt-PUTZO, § 464, Rn. 6.

[49] Staudinger-HONSELL, § 464, Rn. 2; Soergel-HUBER, § 464, Rn. 14.

Handelskauf[50]. Die Annahme in Kenntnis eines Mangels führt selbst bei arglistigem Verhalten des Verkäufers zum Verlust sämtlicher in §§ 462, 463 BGB genannten Ansprüche[51]. Das gilt gemäß § 480 Abs. 1 S. 2 BGB auch für den Ersatzlieferunganspruch beim Gattungskauf[52].

Allerdings kann der Käufer diese Rechtsfolge vermeiden, indem er sich seine Rechte bei der Annahme vorbehält. Das geschieht durch eine einseitige empfangsbedürftige Willenserklärung, die nicht nur einen konkreten Mangel bezeichnen, sondern auch zum Ausdruck bringen muß, daß der Käufer auf die sich daraus ergebenden Gewährleistungsansprüche nicht verzichten will. Ein allgemein gehaltener Vorbehalt ist somit nicht ausreichend. Da auch eine schlüssige Erklärung in Betracht kommt, genügt bei einem vor der Annahme erklärten Vorbehalt, daß der Käufer ihn erkennbar aufrecht erhält[53]. Ferner bezieht sich § 464 BGB ausschließlich auf Mängel, die ihm schon bei der Annahme bekannt sind. Bei einer späteren Kenntniserlangung ist je nach den Umständen des Einzelfalls allenfalls ein Verzicht denkbar, an den jedoch strenge Anforderungen zu stellen sind[54].

2. Geringfügigkeit

Ob die Haftung des Verkäufers wegen Unerheblichkeit des Mangels ausscheidet, ist für § 459 Abs. 1 BGB und für § 459 Abs. 2 BGB getrennt zu beurteilen. Ein Fehler begründet Sachmängelansprüche des Käufers gemäß § 459 Abs. 1 S. 2 BGB nur, wenn er den Wert oder die Tauglichkeit der Kaufsache erheblich beeinträchtigt. Die Vorschrift geht auf den römischen Rechtssatz *minima non curat praetor* zurück[55]. Für die Frage der Erheblichkeit ist die sachliche Bedeutung des Fehlers nach den Umständen des Einzelfalles und der Verkehrsauffassung maßgeblich, wobei vor allem der Verwendungszweck zu berücksichtigen

---

[50] Staudinger-HONSELL, § 464, Rn. 2; Soergel-HUBER, § 464, Rn. 2. Nach § 377 HGB ist der Käufer verpflichtet, die Ware unverzüglich nach der Ablieferung zu untersuchen und dem Verkäufer die erkennbaren Mängel unverzüglich sowie im Rahmen der Untersuchung nicht erkennbare Mängel unverzüglich nach ihrer Entdeckung anzuzeigen (§ 377 Abs. 1 HGB), da die Ware sonst als genehmigt gilt (§ 377 Abs. 2, 3 HGB) und er seine Gewährleistungsrechte verliert.

[51] Müko-WESTERMANN, § 464, Rn. 7; Soergel-HUBER, § 464, Rn. 19.

[52] Zum Ausschluß der konkurrierenden Rechtsbehelfe aus positiver Vertragsverletzung, *culpa in contrahendo* und unerlaubter Handlung vgl. Soergel-HUBER, § 464, Rn. 21 ff.

[53] Staudinger-HONSELL, § 464, Rn. 5 f.; Müko-WESTERMANN, § 464, Rn. 6; Palandt-PUTZO, § 464, Rn. 8.

[54] Staudinger-HONSELL, § 464, Rn. 11 f.; Soergel-HUBER, § 464, Rn. 3.

[55] Mot. II, S. 225.

ist. Gegen die Erheblichkeit spricht insbesondere, daß der Fehler innerhalb kürzerer Frist von selbst verschwindet oder leicht behoben werden kann[56]. Mehrere Fehler sind insgesamt zu würdigen, so daß sich mehrere unerhebliche Einzelfehler zu einem erheblichen Gesamtfehler summieren können[57].

Demgegenüber setzt die Zusicherungshaftung gemäß § 459 Abs. 2 BGB gar nicht voraus, daß durch das Fehlen der Eigenschaft der Wert oder die Gebrauchstauglichkeit der Sache beeinträchtigt wird[58]. Daher muß der Verkäufer im Rahmen dieser Vorschrift auch für unerhebliche Abweichungen einstehen, es sei denn, aus dem durch Auslegung zu ermittelnden Willen der Vertragsparteien ergibt sich etwas anderes. Bei äußerst geringfügigen Abweichungen kann die Berufung des Käufers auf § 459 Abs. 2 BGB aber, sofern nicht das Fehlen der zugesicherten Eigenschaft überhaupt zu verneinen ist, gegen Treu und Glauben verstoßen. Dies ist zu bejahen, falls der Käufer sie vernünftigerweise nicht zum Anlaß genommen hätte, um vom Vertrag Abstand zu nehmen oder zumindest auf einem Preisnachlaß zu bestehen[59].

II. Die Lösung des englischen Rechts

Im englischen Recht ist hinsichtlich der Frage, ob der Verkäufer auch für dem Käufer bekannte oder infolge grober Fahrlässigkeit unbekannte Vertragswidrigkeiten sowie für geringfügige Vertragswidrigkeiten haften muß, zwischen den einzelnen *implied conditions* des *Sale of Goods Act* zu differenzieren.

1. Kenntnis bzw. grob fahrlässige Unkenntnis

In sec. 13 SGA wird der Fall, daß der Käufer im Rahmen einer Untersuchung der Kaufsache feststellt oder hätte feststellen sollen, daß die Beschreibung ganz oder teilweise unzutreffend ist, nicht geregelt. Da die Anforderungen an eine Haftungsfreizeichnung durch den Verkäufer sehr streng sind[60], kann ein stillschweigender Ausschluß selbst dann, wenn der Käufer die Abweichung von der Beschreibung kennt, nicht angenommen werden. Die Gerichte können aber in derartigen Fällen die widersinnig erscheinende Verantwortlichkeit des Verkäu-

---

[56] Staudinger-HONSELL, § 459, Rn. 59; BROX, SchuR BT, Rn. 65.
[57] Soergel-HUBER, § 459, Rn. 77.
[58] Soergel-HUBER, § 459, Rn. 136.
[59] Soergel-HUBER, § 459, Rn. 137.
[60] Siehe S. 195 ff..

fers vermeiden, indem sie die für einen *sale by description* erforderliche Kausalität der Beschreibung für den Vertragsabschluß verneinen[61].

In Bezug auf die stillschweigende Vereinbarung, daß die Waren zufriedenstellende Qualität aufweisen (sec. 14 (2) SGA), statuiert sec. 14 (2C) SGA zwei Ausnahmen, die für alle Kaufverträge gelten, und eine Sonderregelung, die den Kauf nach Muster (sec. 15 SGA) betrifft. Nach sec. 14 (2C) (a) SGA ist der Verkäufer nicht für Vertragswidrigkeiten verantwortlich, auf die der Käufer vor Vertragsschluß aufmerksam gemacht wurde („*specifically drawn to the buyer's attention*"). Welche Anforderungen an den Inhalt und die Art und Weise eines solchen Hinweises zu stellen sind, ist jedoch unklar und hängt im wesentlichen von den Umständen des Einzelfalls ab. Allgemein wird vorausgesetzt, daß der Verkäufer oder ein Dritter, der nicht unbedingt für den Verkäufer tätig sein muß, dem Käufer den Mangel in seinen wesentlichen Grundzügen mündlich oder schriftlich[62] zur Kenntnis bringt. Daß er die Vertragswidrigkeit selbst entdeckt, genügt nicht[63]. Allerdings kann auch ein Käufer, der Mängel im Laufe der Geschäftsbeziehung bemerkt und die Ware trotzdem weiterhin bestellt, sich ab einem bestimmten Zeitpunkt nicht mehr auf diese berufen[64]. Sofern der Käufer die Kaufsache vor Vertragsschluß untersucht, haftet der Verkäufer gemäß sec. 14 (2C) (b) SGA nicht für Vertragswidrigkeiten, die im Rahmen dieser Untersuchung erkennbar waren. Im Gegensatz zur früheren Formulierung „*such examination*" verdeutlicht die jetzige Formulierung „*that examination*", daß für die Beurteilung der Erkennbarkeit auf die tatsächlich durchgeführte Untersuchung abzustellen ist und nicht auf eine hypothetische Untersuchung, die der Käufer hätte machen sollen[65]. Demgegenüber ist bei einem Kauf nach Muster (sec. 15 SGA) entscheidend, welche Mängel bei einer angemessenen Untersuchung des Musters zutage getreten wären[66]. Denn bei einem *sale by sample* enthält der Vertrag gemäß sec. 15 (2) (c) SGA eine stillschweigende Vereinbarung, daß die Kaufsache frei von Mängeln ist, die ihre zufriedenstellende Qualität beeinträchtigen und durch eine angemessene Untersuchung des Musters nicht festgestellt werden können. Dementsprechend ist die Haftung des Verkäufers nach sec. 14 (2C) (c) SGA auch nur hinsichtlich solcher Vertragswidrigkeiten ausgeschlossen, selbst wenn der Käufer das Muster nicht in angemessener Weise untersucht hat.

---

[61] ATIYAH/ADAMS, Sale of Goods, S. 128.

[62] Teilweise wird vertreten, daß die bloße Information in den Vertragsunterlagen nicht ausreicht (ATIYAH/ADAMS, Sale of Goods, S. 136).

[63] GOODE, Commercial Law, S. 317 f..

[64] ATIYAH/ADAMS, Sale of Goods, S. 136.

[65] GOODE, Commercial Law, S. 319; REYNOLDS in Benjamin, Rn. 11-055.

[66] GOODE, Commercial Law, S. 319 f.; REYNOLDS in Benjamin, Rn. 11-096; BRIDGE, Sale of Goods, S. 345.

Die Haftung für die besondere Gebrauchstauglichkeit der Ware (sec. 14 (3) SGA) setzt voraus, daß der Käufer auf die Sachkunde oder das Urteilsvermögen des Verkäufers vertraut hat oder vernünftigerweise darauf vertrauen konnte. Dies wird meist zu verneinen sein, wenn der Käufer den Mangel kennt oder infolge grober Fahrlässigkeit nicht kennt. Ob und inwieweit aufgrund einer vor Vertragsschluß durchgeführten Untersuchung der Kaufsache die Kenntnis oder die grobfahrlässige Unkenntnis des Käufers zu bejahen und folglich sein (vernünftiges) Vertrauen auf die Sachkunde oder das Urteilsvermögen des Verkäufers zu verneinen ist, hängt von der Art und dem Umfang der jeweiligen Untersuchung ab[67].

Nach der Lieferung besteht für den Käufer zwar keine Pflicht, wohl aber eine Obliegenheit zur Untersuchung der Kaufsache, um den Verlust des Rechts zur Zurückweisung der Ware gemäß sec. 35 (4) SGA zu verhindern. Demnach kann er einen Verstoß gegen die ss. 13 ff. SGA - vorbehaltlich einer ausreichenden Möglichkeit, die Ware zu untersuchen (sec. 35 (5) SGA) - nur noch als *breach of warranty* behandeln, wenn er die Ware über einen angemessenen Zeitraum behalten hat, ohne gegenüber dem Verkäufer die Zurückweisung zu erklären. Die Dauer eines angemessenen Zeitraums ist, obwohl sie vom Gericht je nach den Umständen des Einzelfalls festgelegt wird, regelmäßig sehr kurz bemessen[68].

2. Geringfügigkeit

Im Rahmen von sec. 13 SGA ist der Verkäufer zur strikten Einhaltung der Beschreibung verpflichtet, d.h. er haftet grundsätzlich auch für äußerst geringfügige Abweichungen. Diese sog. *perfect tender rule* wird allein durch das Prinzip *de minimis non curat lex* (*the law does not pay attention to trifles*) eingeschränkt. Danach kann der Käufer sich nicht auf Vertragsverstöße berufen, die völlig unerheblich und damit rein technischer Natur sind[69].

---

[67] Siehe S. 122 ff..

[68] Siehe S. 22 f..

[69] ATIYAH/ADAMS, Sale of Goods, S. 106 f., 126; MACLEOD, Consumer Sales Law, Anm. 13.12. Beispielhaft ist in dieser Hinsicht der Fall *Arcos Ltd. v. E.A. Ronaasen & Son*, in dem die verkauften Holzstäbe statt der vereinbarten Dicke von 1/2 inch zum größten Teil eine Dicke von 9/16 inch aufwiesen. Lord Atkin führte zur Frage der Geringfügigkeit der Abweichung aus ((1933) A.C. 470 (479 f.)): *„If the written contract specifies conditions of weight, measurement and the like, those conditions must be complied with. A ton does not mean about a ton, or a yard about a yard. Still less when you descend to minute measurements does 1/2 inch mean about 1/2 inch. If the seller wants a margin he must and in my experience does stipulate for it.....No doubt there may be microscopic deviations which business men and therefore lawyers will ignore.....But apart from this consideration the right view is that the conditions of the contract must be strictly performed.“*

Ob kleinere Mängel der Ware die in sec. 14 (2) SGA geforderte Qualität beeinträchtigen, war vor der Einführung des Begriffs „*satisfactory quality*" hingegen problematisch. Denn die in sec. 14 (6) des *Sale of Goods Act* 1979[70] erstmals eingeführte gesetzliche Definition der *merchantable quality* stellte allein auf die Gebrauchstauglichkeit ab (*test of fitness for purpose*) und ermöglichte dem Verkäufer darüber hinaus die Darlegung, daß es „vernünftigerweise zu erwarten" sei, daß die Kaufsache mit einigen kleinen Fehlern behaftet sei. Neben einer allgemeinen Verschlechterung des Qualitätsstandards bestand daher insbesondere bei Geschäften des täglichen Lebens die Gefahr, daß die Gerichte Waren, die für ihren Verwendungszweck grundsätzlich geeignet sind, aber andere kleine Mängel wie Schrammen und Beulen oder leicht zu beseitigende Defekte wie etwa eine fehlende Schraube aufweisen, als *merchantable* erachten und gänzlich unsanktioniert lassen[71]. Die Befürchtung eines verminderten Käuferschutzes wurde jedoch auch in diesem Punkt[72] durch die Entscheidung *Rogers v. Parish (Scarborough) Ltd.*[73] widerlegt, in der die handelbare Qualität eines Kraftfahrzeugs abgelehnt wurde, das zwar im wesentlichen fahrtauglich, aber mit mehreren, durch Reparaturen nicht zu behebenden Mängeln behaftet war[74]. Diese Rechtsprechung wurde nunmehr gesetzlich niedergelegt, indem in der in sec. 14 (2B) SGA enthaltenen Liste von Aspekten, die in geeigneten Fällen bei der Beurteilung der Qualität zu berücksichtigen sind, auch die Freiheit von geringfügigen Defekten (*freedom from minor defects*) genannt wird (sec. 14 (2B) (c) SGA).

Bei sec. 14 (3) SGA ist derselbe Ansatz zugrunde zu legen. Demnach erstreckt sich die *implied condition* der besonderen Gebrauchstauglichkeit auch auf kleine oder leicht zu beseitigende Mängel unabhängig davon, ob das Produkt durch sie bis zur Reparatur lediglich unbrauchbar oder seine Verwendung sogar gefährlich wird[75]. Namentlich bei Kraftfahrzeugkäufen ist dabei zu beachten, daß der Käufer meistens mehrere Zwecke verfolgt. Da er das Auto nicht allein zur Fortbewegung nutzen, sondern beispielsweise während der Fahrt auch Radio hören und den Zigarettenanzünder benutzen will, können auch diesbezügliche Mängel die besondere Gebrauchstauglichkeit beeinträchtigen[76]. Beim Kauf nach Muster muß die Hauptlieferung gemäß sec. 15 (2) (a) SGA mit dem Muster übereinstimmen.

---

[70] Zum Wortlaut vgl. § 4, Fn. 278.
[71] ATIYAH/ADAMS, Sale of Goods, S. 150 f.; GIESEN, JZ 1993, S. 21.
[72] Zu Schönheitsfehlern siehe S. 146.
[73] (1987) Q.B. 933.
[74] ATIYAH/ADAMS, Sale of Goods, S. 151; GIESEN, JZ 1993, S. 21.
[75] ATIYAH/ADAMS, Sale of Goods, S. 175.
[76] ATIYAH/ADAMS, Sale of Goods, S. 175 f..

Dies ist auch dann zu verneinen, wenn die Abweichungen leicht zu beheben sind[77].

Allerdings gelten diese strengen Maßstäbe seit dem *Sale and Supply of Goods Act* 1994 nur noch bei Verbraucherkäufen uneingeschränkt. Dagegen scheidet bei Nichtverbraucherkäufen vorbehaltlich anderweitiger vertraglicher Absprachen ein normalerweise gemäß sec. 13, 14 oder 15 SGA bestehendes *right to reject* des Käufers nach der neu eingeführten sec. 15A SGA aus, wenn die Vertragswidrigkeit so geringfügig ist, daß es unangemessen wäre, die Ware zurückzuweisen.

III. Rechtsvergleichende Würdigung

Der gesetzliche Ausschluß der Gewährleistungshaftung ist in den untersuchten Rechtsordnungen mithin sehr unterschiedlich geregelt. Das UN-Kaufrecht schließt die Verantwortung des Verkäufers aus, wenn der Käufer die Vertragswidrigkeit bei Vertragsschluß kennt oder infolge grober Fahrlässigkeit nicht kennt (Art. 35 Abs. 3 CISG), sofern der Verkäufer den Mangel nicht arglistig verschwiegen oder eine Eigenschaft zugesichert hat. Eine Untersuchungs- und Rügeobliegenheit trifft den Käufer nach Art. 38, 39 CISG erst nach der Lieferung der Ware. Die Rechtsbehelfe der Ersatzlieferung (Art. 46 Abs. 2 CISG) und der Vertragsaufhebung (Art. 49 Abs. 1 lit. a) CISG) setzen voraus, daß die Vertragswidrigkeit eine erhebliche Vertragsverletzung beinhaltet.

Im deutschen Recht haftet der Verkäufer weder für Fehler gemäß § 459 Abs. 1 BGB noch für zugesicherte Eigenschaften gemäß § 459 Abs. 2 BGB, wenn der Käufer den Mangel bei Vertragsschluß kennt (§ 460 S. 1 BGB). Falls letzterem bei Abschluß des Kaufvertrages hingegen nur grob fahrlässige Unkenntnis des Mangels vorzuwerfen ist, muß der Verkäufer zwar für das Fehlen zugesicherter Eigenschaften, für das Vorhandensein von Fehlern jedoch nur einstehen, sofern er ihre Abwesenheit zugesichert oder sie arglistig verschwiegen hat (§ 460 S. 2 BGB). Ferner schadet dem Käufer die Kenntnis des Mangels in dem Zeitpunkt, in dem er die Kaufsache als Erfüllung annimmt, es sei denn, daß er sich seine Rechte bei der Annahme vorbehält (§ 464 BGB). Eine Untersuchungspflicht des Käufers besteht aber ausschließlich bei beiderseitigen Handelskäufen (§ 377 HGB). Die Fehlerhaftung erfordert gemäß § 459 Abs. 1 S. 2 BGB eine erhebliche Beeinträchtigung des Werts oder der Gebrauchstauglichkeit des Kaufobjekts,

---

[77] ATIYAH/ADAMS, Sale of Goods, S. 179.

während die Zusicherungshaftung auch bei geringfügigen Abweichungen eingreift.

Im englischen Recht wird im Fall der Kenntnis des Käufers vom Mangel ein Verstoß gegen sec. 13 SGA wegen mangelnder Kausalität der Beschreibung für den Vertragsschluß abgelehnt. Die Haftung nach sec. 14 (2) SGA tritt nicht ein, wenn der Verkäufer oder ein Dritter dem Käufer den Mangel in seinen wesentlichen Grundzügen mündlich oder schriftlich zur Kenntnis gebracht hat (sec. 14 (2C) (a) SGA) oder wenn die Vertragswidrigkeit durch die vom Käufer tatsächlich durchgeführte Untersuchung hätte festgestellt werden können (sec. 14 (2C) (c) SGA). Demgegenüber ist die Verantwortung des Verkäufers bei einem Kauf nach Muster (sec. 15 SGA) hinsichtlich aller Mängel der Hauptlieferung ausgeschlossen, die bei einer angemessenen Untersuchung des Muster erkennbar waren (sec. 14 (2C) (c) SGA). Im Rahmen von sec. 14 (3) SGA kann eine Untersuchung der Kaufsache durch den Käufer je nach Art und Umfang dazu führen, daß er nicht auf die Sachkunde oder das Urteilsvermögen des Verkäufers vertraut oder vernünftigerweise darauf vertrauen kann, da er die Vertragswidrigkeit erkannt oder grob fahrlässig nicht erkannt hat. Nach Lieferung der Kaufsache besteht für den Käufer zumindest eine Untersuchungsobliegenheit, um den Verlust seines *right to reject* wegen eines Verstoßes gegen die ss. 13 ff. SGA zu verhindern (sec. 35 (4) SGA). Für geringfügige Vertragswidrigkeiten haftet der Verkäufer bei Verbraucherkäufen uneingeschränkt. Bei Nichtverbraucherkäufen steht die Ausübung des Zurückweisungsrechts unter dem Vorbehalt der Angemessenheit (sec. 15A SGA).

Die Ausschlußgründe der Richtlinie unterlagen im Zuge der Beratungen mehrfachen Änderungen. Der ursprüngliche Kommissionsvorschlag schloß die Haftung des Verkäufers aus, sofern der Verbraucher die Vertragswidrigkeit kannte oder nicht über sie in Unkenntnis sein konnte (Art. 3 Abs. 1) und räumte den Mitgliedstaaten die Möglichkeit ein, bestimmte der dem Käufer alternativ zur Verfügung stehenden Rechtsbehelfe bei geringfügigen Vertragswidrigkeiten auszuschließen (Art. 3 Abs. 4 Uabs. 2). Ferner wurde dem Verbraucher die Pflicht auferlegt, dem Verkäufer die Vertragswidrigkeit innerhalb eines Monats ab dem Zeitpunkt, zu dem er sie festgestellt hat oder hätte feststellen müssen, anzuzeigen (Art. 4 Abs. 1). Nach dem geänderten Kommissionsvorschlag galt ein Verbrauchsgut hingegen nur dann als vertragsgemäß, wenn der Verbraucher die Vertragswidrigkeit bei Vertragsabschluß kannte (Art. 2 Abs. 3). Die Einschränkung der Verbraucherrechte bei geringfügigen Vertragswidrigkeiten war im Hinblick auf die vorgesehene Abstufung der Rechtsbehelfe, die den Vorrang der Nachbesserung oder der Ersatzlieferung sicherstellte, nicht mehr möglich (Art. 3 Abs. 4). Auch die Anzeigepflicht des Verbrauchers wurde gestrichen.

In Anbetracht der vielfach geäußerten Kritik in Bezug auf die wirtschaftlichen Auswirkungen der Richtlinie für Händler und Hersteller[78] wurden diese den Verbraucher begünstigenden Änderungen in der endgültigen Fassung jedoch weitgehend wieder rückgängig gemacht. Durch den Ausschluß sämtlicher Rechtsbehelfe für den Fall, daß der Verbraucher über die Vertragswidrigkeit vernünftigerweise nicht in Unkenntnis sein konnte (Art. 2 Abs. 3 RL)[79] und den Ausschluß der Vertragsaufhebung für den Fall, daß die Vertragswidrigkeit geringfügig ist (Art. 3 Abs. 6 RL), wird die zwingende Wirkung der Richtlinienbestimmungen (Art. 7 Abs. 1 RL) abgemildert. Die (fakultative) Einführung einer Anzeigepflicht des Verbrauchers (Art. 5 Abs. 2 RL) wurde namentlich von deutscher Seite gefordert, um den Verbraucher zu einer zügigen Bekanntgabe eventueller Mängel zu veranlassen und so die Verlängerung der Gewährleistungsfrist auf zwei Jahre abzufedern[80]. Unter dem Gesichtspunkt des Verbraucherschutzes sind diese Regelungen allerdings zu kritisieren. Zum einen besteht für den Verbraucher eine erhebliche Unsicherheit über die Durchsetzung seiner Rechte, weil unklar ist, wann ihm grob fahrlässige Unkenntnis des Mangels vorzuwerfen und wann eine Vertragswidrigkeit als geringfügig einzustufen ist. Zum anderen ist eine Rügeobliegenheit des Käufers beim Verbraucherkauf in Deutschland gar nicht[81] und in England nur zwecks Wahrung des *right to reject* bekannt.

Während Art. 2 Abs. 3 RL und Art. 3 Abs. 6 RL im Interesse einer ausgewogenen Gesamtregelung anzuerkennen und ihre nähere Konkretisierung der Judikatur zu überlassen ist, scheint die Rügeobliegenheit insoweit nicht mehr erforderlich zu sein. Denn der Verbraucher hat anders als im ersten Kommissionsentwurf nicht mehr die freie Auswahl zwischen den Rechtsbehelfen des Art. 3 Abs. 2 RL,

---

[78] Siehe S. 226 f..

[79] Der Begründung des ursprünglichen Kommissionsvorschlags zufolge ist eine Vertragswidrigkeit, über die der Verbraucher nicht in Unkenntnis sein konnte, ein offenkundiger Mangel an einer Sache, die der Verbraucher vor dem Kauf in Augenschein genommen hat (KOM (95) 520 endg., Kommentierung zu Art. 3 Abs. 1, S. 13). Ob die nunmehr vorgesehene Formulierung „Vernünftigerweise-Nicht-In-Unkenntnis-Sein-Können" somit dahingehend verstanden werden muß, daß mehr als grobe Fahrlässigkeit des Verbrauchers notwendig ist, bleibt ebenso wie im UN-Kaufrecht fraglich. Da aber keine indirekte Untersuchungspflicht für den Verbraucher geschaffen werden soll, muß es sich jedenfalls um Mängel handeln, die sich wegen ihrer Evidenz geradezu aufdrängen (REICH, NJW 1999, S. 2402).

[80] SCHMIDT-RÄNTSCH, ZIP 1998, S. 852; EHMANN/RUST, JZ 1999, S. 862; SCHILLER, PHi 1999, S. 125. Teilweise wird aber bezweifelt, ob eine derartige Obliegenheit des Verbrauchers die Rechtsstellung der Händler und Hersteller wirklich verbessert. Denn die zweimonatige Ausschlußfrist ist relativ lang und der Verkäufer hat - abgesehen von der Beweisproblematik - regelmäßig keine Kenntnis, wann der Verbraucher die Vertragswidrigkeit tatsächlich erkannt hat (LEHR/WENDEL, EWS 1999, S. 325).

[81] Zur diesbezüglichen Kritik des Bundesrates vgl. BR-Drs. 696/96, S. 3.

sondern muß dem Verkäufer vor der Geltendmachung der Ansprüche auf Minderung oder Vertragsauflösung stets die Gelegenheit zur Nachbesserung oder Ersatzlieferung geben[82]. Eine gewisse Sorgfaltspflicht des Verbrauchers, die gekaufte Sache zumindest in Augenschein zu nehmen, wäre mit einer solchen Rügefrist zwar nicht mehr verbunden, da Art. 5 Abs. 2 Uabs. 1 RL für den Fristbeginn ausschließlich auf den Zeitpunkt, zu dem der Verbraucher die Vertragswidrigkeit festgestellt hat, und nicht mehr alternativ auf den Zeitpunkt, zu dem der Verbraucher die Vertragswidrigkeit hätte erkennen müssen, abstellt. Die Lösung, ihre Einführung in das Ermessen der Mitgliedstaaten zu stellen, widerspricht aber dem Grundgedanken der Harmonisierung[83]. Im Zuge der Richtlinienumsetzung sollte daher auf eine derartige Verschärfung der Rügeobliegenheit des Verbrauchers sowohl im deutschen als auch im englischen Recht verzichtet werden.

Im Hinblick auf die Umsetzung von Art. 2 Abs. 3 RL muß im deutschen Recht § 464 BGB gestrichen oder zumindest auf Nichtverbraucherkäufe beschränkt werden, da dem Verbraucher eine etwaige Kenntnis, die er zwischen Vertragsabschluß und Lieferung des Verbrauchsguts erlangt hat, nach der Richtlinienkonzeption nicht schadet. Der in § 460 BGB vorgesehene Ausschluß der Verkäuferhaftung bei Kenntnis oder grob fahrlässiger Unkenntnis des Käufers vom Mangel im Zeitpunkt des Vertragsschlusses entspricht hingegen den Vorgaben der Richtlinie[84]. Die Beschränkung des § 460 S. 2 BGB auf Mängel im Sinne von § 459 Abs. 1 BGB erübrigt sich aufgrund der hier befürworteten Gleichstellung von einfachen Beschaffenheitsvereinbarungen und Zusicherungen[85] ebenso wie die Ausnahme, der Verkäufer trotz grober Fahrlässigkeit des Käufers haftet, wenn er die Abwesenheit des Fehlers zugesichert hat. Dagegen bleibt die Ausnahme, daß einen arglistig handelnden Verkäufer auch bei grober Fahrlässigkeit des Käufers für Mängel einstehen zu lassen, nach der Umsetzung der Richtlinie weiterhin anwendbar. Denn sie beruht auf der allgemeinen gesetzgeberischen Wertung, daß der Verkäufer sich nicht auf ein Verhalten des Käufers berufen kann, wenn ihn

---

[82] STAUDENMAYER, NJW 1999, S. 2396.

[83] So STAUDENMAYER, der „...in der kaum praktikablen Notlösung des Art. 5 Abs. 2 Uabs. 2 und 3 Richtlinie 1999/44/EG sowie den einschlägigen Erwägungsgründen 19 und 20..." einen Beleg für das „...schlechte Gewissen, das der Rat selbst mit dieser Lösung hatte,..." sieht (NJW 1999, S. 2396); ebenso SCHURR, ZfRV 1999, S. 227.

[84] Demgegenüber enthält der Schuldrechtsreformvorschlag in § 443 KE eine § 464 BGB entsprechende Regelung (SCHURKOM, Abschlußbericht, S. 227) und schließt die Haftung des Verkäufers im Interesse der Gleichbehandlung von Sach- und Rechtsmängeln in § 442 KE nur bei Kenntnis, nicht aber bei grob fahrlässiger Unkenntnis des Käufers im Zeitpunkt des Vertragsschlusses aus (SCHURKOM, Abschlußbericht, S. 226). Art. 2 Abs. 3 RL steht somit einer Gleichbehandlung von Sach- und Rechtsmängeln entgegen.

[85] Siehe S. 104.

selbst ein größerer Vorwurf trifft. Im Hinblick auf die Umsetzung von Art. 3 Abs. 6 RL bedarf § 459 Abs. 1 S. 2 BGB, der für unerhebliche Sachmängel bisher jede Gewährleistung ausschließt, einer Änderung. Fortan kann lediglich das Recht zur Vertragsauflösung an die Voraussetzung der Erheblichkeit geknüpft werden[86].

Im englischen Recht erfordert die Umsetzung von Art. 2 Abs. 3 RL eine ausdrückliche Klarstellung, daß die Verantwortung des Verkäufers nach ss. 13 ff. SGA bei Verbraucherkäufen im Fall der Kenntnis oder der grob fahrlässigen Unkenntnis des Verbrauchers von der Vertragswidrigkeit ausgeschlossen ist Denn bislang wurde für die Frage des Haftungsausschlusses vorrangig auf die Erkennbarkeit im Zuge einer (angemessenen) Untersuchung abgestellt. Ob und inwieweit mit der Einführung einer solchen Vorschrift inhaltliche Änderungen verbunden sind, hängt davon ab, welche *implied condition* einschlägig ist. Obwohl die Richtlinie keine Untersuchungspflicht des Verbrauchers statuiert, kann das Kriterium der Erkennbarkeit in den Fällen, in denen der Verbraucher die Ware vor dem Kauf in Augenschein nimmt, zur Konkretisierung der groben Fahrlässigkeit herangezogen und zumindest bei evidenten Mängeln die Verantwortung des Verkäufers abgelehnt werden. Die Umsetzung von Art. 3 Abs. 6 RL macht hingegen keine Rechtsänderung notwendig, da der Verkäufer gegenüber dem Verbraucher bereits jetzt uneingeschränkt für *minor defects* haftet. Zwar ist nunmehr ein Ausschluß der Vertragsauflösung wegen Geringfügigkeit möglich, die bisherige Regelung kann aber als eine ein höheres Verbraucherschutzniveau gewährleistende Bestimmung gemäß Art. 8 Abs. 2 RL aufrechterhalten werden.

---

[86] Dies entspricht dem Vorschlag der Schuldrechtskommission, die gemäß §§ 439 Abs. 1, 323 Abs. 3 KE nur die Vertragsaufhebung bei Unerheblichkeit des Mangels ausschließt (SCHURKOM, Abschlußbericht, S. 216).

§ 6 Schlußbetrachtung

Wie eingangs dargelegt, soll anhand der gefundenen Ergebnisse abschließend sowohl eine Bewertung der von der Richtlinie getroffenen Regelung vorgenommen als auch ein Vorschlag in Bezug auf die Art und Weise der Richtlinienumsetzung gemacht werden.

A. Zusammenfassung der Einzelergebnisse

Die vorliegende Untersuchung hat gezeigt, daß die Umsetzung von Art. 2 RL trotz seiner weitgehenden Übereinstimmung mit dem im deutschen und im englischen Recht herrschenden Sachmangelbegriff verschiedene Änderungen entweder zwingend erfordert oder wenigstens als sachgerecht erscheinen läßt. Im Vergleich zum UN-Kaufrecht ergeben sich dagegen nur wenige Unterschiede, die durch die spezifischen Besonderheiten des Verbraucherkaufs gerechtfertigt werden. Abgesehen davon, daß die Richtlinie nicht wie das deutsche Recht eine negative, sondern wie das UN-Kaufrecht und das englische Recht eine positive Regelung der Sollbeschaffenheit zugrunde legt, wurde im einzelnen folgendes festgestellt:

I. Subjektive oder objektive Bestimmung

Entsprechend dem in Art. 2 Abs. 1 RL niedergelegten Prinzip der Vertragsmäßigkeit bestimmt die Richtlinie den Sachmangelbegriff subjektiv, indem sie die in Art. 2 Abs. 2 RL enthaltenen Kriterien für die Vertragsmäßigkeit des Verbrauchsguts als konkludente Beschaffenheitsvereinbarungen ausgestaltet. Im deutschen Recht ermöglicht die Umsetzung somit eine ausdrückliche gesetzliche Klarstellung der ohnehin herrschenden subjektiven Fehlertheorie. Der Vorschlag der Schuldrechtskommission sieht ebenfalls vor, daß der Sachmangel subjektiv determiniert werden sollte (§ 435 Abs. 1 KE). Im englischen Recht entsteht dagegen Änderungsbedarf. Denn die ss. 13-15 SGA werden bislang nur von einer Mindermeinung als subjektiv zu bestimmende stillschweigende Vertragsvereinbarungen aufgefaßt, während die überwiegende Meinung sie als objektiv determinierten gesetzlichen Qualitätsstandard versteht.

II. Falschlieferungen und Mengenabweichungen

Ferner legt der Grundsatz der Vertragsmäßigkeit in Art. 2 Abs. 1 RL die Angleichung der für die Nichterfüllung einer Lieferpflicht und der für die Gewährleistung für Mängel geltenden Regeln nahe. Denn auf diese Weise können - wie die Situation im UN-Kaufrecht und im bisherigen englischen Recht zeigt - die in Deutschland angesichts divergierender Rechtsfolgen bedeutsamen Abgrenzungen zwischen Sachmangel und Falschlieferung sowie zwischen Sachmangel und Mengenabweichung vermieden oder zumindest in ihrer Bedeutung reduziert werden.

Die Probleme des deutschen Rechts beruhen im wesentlichen darauf, daß das kaufrechtliche Gewährleistungsrecht ein Recht zur sofortigen Wandelung (§ 462 BGB) und eine kurze Verjährungsfrist (§ 477 BGB), das allgemeine Leistungsstörungsrecht hingegen das Erfordernis einer Nachfrist (§ 326 BGB) und längere Verjährungsfristen (§ 195, 196 BGB) enthält. Da die aus Art. 3 Abs. 5 RL folgende Nacherfüllungsberechtigung des Verkäufers mit einer Nachfristsetzung vergleichbar ist, werden die unterschiedlichen Rechtsfolgen beider Regelungskomplexe in diesem Punkt zwar angeglichen. Die dafür erforderliche Ausgestaltung der §§ 459 ff. BGB erweist sich jedoch als problematisch. Während die mit der Nacherfüllungsberechtigung des Verkäufers (Art. 3 Abs. 5 RL) verbundene Beschränkung des Verbrauchers bei der Wahl seiner Rechtsbehelfe als Entscheidung des Gemeinschaftsgesetzgebers zugunsten der Verkäuferinteressen hinzunehmen ist, stößt die Einführung eines Nacherfüllungsanspruchs des Verbrauchers (Art. 3 Abs. 2, 3 RL) beim Stückkauf auf dogmatische Schwierigkeiten. Sie können aber gelöst werden, sofern im Rahmen der Richtlinienumsetzung bestimmte Aspekte des Schuldrechtsreformentwurfs, der dem Käufer ebenfalls einen Nacherfüllungsanspruch einräumt (§ 438 Abs. 1 KE), berücksichtigt werden. Damit dieser Anspruch beim Kauf einer Speziessache nicht regelmäßig an der Nichtigkeit des Kaufvertrages scheitert, ersetzt die Schuldrechtskommission die Unterscheidung zwischen Stück- und Gattungskäufen durch die Unterscheidung zwischen dem Kauf vertretbarer und dem Kauf nicht vertretbarer Sachen und streicht den Nichtigkeitsgrund der objektiven Unmöglichkeit (§ 306 BGB). Neben einer Übernahme dieser Änderungen bedarf es ferner einer Reform des ohnehin überarbeitungsbedürftigen Verjährungsrechts, um die weiterhin erhebliche Diskrepanz zwischen den Verjährungsfristen der §§ 195, 196 BGB und der Gewährleistungsfrist des Art. 5 Abs. 1 RL zu beseitigen. Auch insoweit kann auf die Vorschläge der Schuldrechtskommission zurückgegriffen werden. Die von ihr vorgesehene weitergehende Neuordnung des Schuldrechts mit dem Ziel, das Gewährleistungsrecht in das allgemeine Leistungsstörungsrecht zu integrieren, ist für die Beseitigung der in Rede stehenden Differenzierungen hingegen nicht notwendig. Allerdings sollte die Gleichsetzung mit dem Sachmangel wegen der mangelnden Eignung der in der Richtlinie festgelegten Rechtsbehelfe bei Zuviellieferungen ebenso wie in § 435 Abs. 2 KE auf Falsch- und Zuweniglieferungen beschränkt werden. Auf die von der Schuldrechtskommission postulierte Ausnahme für Lieferungen, die als Erfüllung offensichtlich nicht in Betracht kommen, sollte dagegen im Interesse der Vermeidung neuer Abgrenzungsschwierigkeiten verzichtet werden.

Im englischen Recht erlangen die Differenzierungen zwischen Sachmangel und Falschlieferung sowie zwischen Sachmangel und Mengenabweichung durch die Richtlinienumsetzung erstmals Bedeutung. Denn mit dem Nachbesserungs- und Ersatzlieferungsrecht des Art. 3 Abs. 2 RL wird ein bei anderen Vertragsbrüchen nicht bestehender zwingender Erfüllungsanspruch des Verbrauchers in das Sachmängelrecht eingeführt, der bislang wegen der damit verbundenen Vollstreckungsprobleme insbesondere bei Verträgen über persönliche Dienstleistungen oder Verträgen mit langer Laufzeit überwiegend abgelehnt wurde. In Anbetracht der derzeitigen deutschen Rechtslage ist auch hier eine Gleichsetzung der Falsch- und der Zuweniglieferung mit dem Sachmangel zu empfehlen, so daß die für die Nichterfüllung einer Lieferpflicht und für die kaufrechtliche Mängelgewährleistung geltenden Bestimmungen (erneut) angeglichen werden müßten.

III. Übereinstimmung mit einer Beschreibung

Obwohl die Formulierung „...vom Verkäufer *gegebenen* Beschreibung...“[1] in Art. 2 Abs. 2 lit. a) RL impliziert, daß auch einseitige Angaben und unverbindliche Anpreisungen des Verkäufers ausreichen, muß eine Beschreibung im Sinne dieser Vorschrift stets in Form einer verbindlichen vertraglichen Vereinbarung erfolgen. Dem angestrebten Verbraucherschutz ist dadurch Rechnung zu tragen, daß einseitige Erklärungen des Verkäufers als „öffentliche produktbezogene Äußerungen“ nach Art. 2 Abs. 2 lit. d) RL relevant sein können und bei der Klärung der Verbindlichkeit einer Aussage auf den Standpunkt eines verständigen Käufers abgestellt wird. Inhalt einer Beschreibung gemäß Art. 2 Abs. 2 lit. a) RL können nicht nur die physischen Merkmale, sondern auch die tatsächlichen, rechtlichen und wirtschaftlichen Umweltbeziehungen der Kaufsache sein, sofern angesichts der kaufrechtlichen Natur der Vereinbarung zumindest ein Bezug zu selbiger gegeben ist. Während diese Feststellungen mit der bisherigen Rechtslage in den untersuchten Rechtsordnungen übereinstimmen, sollten die weiteren, dort vorhandenen Unterscheidungen bezüglich der Form und des Inhalts einer Be-

---

[1] Hervorhebung durch die Verf..

schreibung im Zuge der Richtlinienumsetzung abgeschafft werden, soweit sie nicht ohnehin an Bedeutung verlieren.

Die im deutschen Recht im Hinblick auf das Eingreifen eines Schadensersatzanspruchs bedeutsame Differenzierung zwischen einfachen Beschaffenheitsvereinbarungen und Zusicherungen kann gemäß Art. 8 Abs. 1 RL zwar beibehalten werden. Aufgrund der aus dieser Unterscheidung resultierenden Rechtsunsicherheit ist aber eine begriffliche Gleichstellung von Fehlern und zugesicherten Eigenschaften vorzuziehen. Da es letztlich um die Durchsetzung einer angemessenen Haftungsverteilung geht, sollte die Frage, ob der Käufer Schadensersatz geltend machen kann, nicht vom subjektiven Haftungswillen des Verkäufers abhängig gemacht, sondern dem Haftungsmaßstab zugeordnet werden. Dabei ist wegen des Widerspruchs zu Wortlaut und Systematik des Gesetzes eine Lösung *de lege ferenda* zu befürworten, die entweder durch eine Reformulierung des allgemeinen Leistungsstörungsrechts oder durch eine kaufrechtliche Sondervorschrift erfolgen kann. Unter der Voraussetzung, daß nur eine Schutzpflichtverletzung als Grundlage eines Schadensersatzanspruchs anerkannt und dieser somit bei anfänglichen Mängeln einer Speziessache auf das negative Interesse beschränkt wird, sollte auf einem dieser Wege anstelle der bisherigen, auf Zusicherung und Arglist beschränkten Schadensersatzhaftung eine allgemeine Verschuldenshaftung eingeführt werden. Zu beachten ist, daß mit dieser Konzeption die Annahme einer Untersuchungspflicht des Verkäufers verbunden ist, deren schuldhafte Verletzung ebenfalls einen Schadensersatzanspruch begründen kann. Dies erscheint trotz der bisherigen Ablehnung im deutschen Recht in Anbetracht der Gegebenheiten der heutigen hochtechnisierten Wirtschaftswelt angemessen, weil der Käufer meist nicht mehr in der Lage ist, die immer komplizierter werdenden Produkte zu kontrollieren.

Ferner wird zwischen der für Sachmängel geltenden Gewährleistungshaftung und der bei falschen Auskünften über sonstige Umstände eingreifenden Haftung aus *culpa in contrahendo* nach der Dauerhaftigkeit des zugesagten Merkmals abgegrenzt und für eine zugesicherte Eigenschaft gemäß § 459 Abs. 2 BGB im Gegensatz zu einem einfachen Beschaffenheitsmerkmal gemäß § 459 Abs. 1 BGB verlangt, daß der Umstand der Sache „ohne weiteres“ anhaftet bzw. sich aus der Sache „als solcher“ ergibt. Die letztgenannte Unterscheidung entfällt bereits aufgrund der begrifflichen Gleichstellung von Beschaffenheitsvereinbarungen und Zusicherungen. Demgegenüber kann die erstgenannte Unterscheidung auch durch die Einführung des einheitlichen Tatbestandes der Pflichtverletzung und die Angleichung des Verjährungsrechts entsprechend den Vorschlägen der Schuldrechtskommission nicht beseitigt werden, so daß es insoweit in jedem Fall einer ergänzenden Kodifizierung des richterrechtlich entwickelten Rechtsbehelfs der *culpa in contrahendo* bedarf. Da das Konkurrenzverhältnis der positiven

Vertragsverletzung zu den gesetzlichen Gewährleistungsrechten gleichfalls umstritten ist, sollte auch dieses Rechtsinstitut gesetzlich geregelt werden.

Für die im englischen Recht in Bezug auf das Bestehen eines Vertragsauflösungsrechts relevante Differenzierung zwischen *conditions*, *warranties* und *innominate terms* verbleibt nach der Richtlinienumsetzung bei Verbraucherkäufen kein Anwendungsbereich. Denn die hinsichtlich des möglichen Inhalts einer Beschreibung vorgenommene Unterscheidung zwischen Angaben bezüglich bloßer *attributes* und Angaben bezüglich der *identity* der Ware, mittels derer das mit einer Beschreibung im Sinne von sec. 13 SGA notwendigerweise verbundene Recht zur Vertragsaufhebung eingeschränkt werden soll, wird aufgrund von Art. 3 Abs. 6 RL hinfällig. Danach wird das Vertragsauflösungsrecht (Art. 3 Abs. 2 RL) bei geringfügigen Vertragswidrigkeiten ausgeschlossen, so daß seine Geltendmachung ohnehin nur beim Fehlen bedeutsamer bzw. wesentlicher Eigenschaften der Kaufsache in Betracht kommt.

IV. Übereinstimmung mit einer Probe oder einem Muster

Das Kriterium der Übereinstimmung des Verbrauchsguts mit einer Probe oder einem Muster gemäß Art. 2 Abs. 2 lit. a) RL setzt stets voraus, daß zwischen dem Verkäufer und dem Verbraucher eine entsprechende vertragliche Vereinbarung getroffen wurde, die bei Verbraucherkäufen eher selten sein wird. Falls ein Probe- oder Musterstück ausnahmsweise nicht allein zur Ansicht oder zur Kaufanregung vorgelegt wird, müssen dessen Merkmale und die durch eine wörtliche Beschreibung zugesagten Umstände grundsätzlich kumulativ vorliegen. Bei Widersprüchen ist der maßgebliche Parteiwille durch Auslegung zu ermitteln. Hinsichtlich dieses Merkmals ergeben sich durch die Richtlinienumsetzung in den untersuchten Rechtsordnungen mithin keine Änderungen.

V. Eignung für einen bestimmten, vom Käufer angestrebten Zweck

Unter einem bestimmten, vom Verbraucher angestrebten Zweck im Sinne von Art. 2 Abs. 2 lit. b) RL ist eine ausdrücklich erklärte oder aus den Umständen erkennbare Gebrauchsabsicht zu verstehen, die auch gewöhnlicher Natur sein kann. Allerdings haftet der Verkäufer wegen des Erfordernisses seiner Zustimmung für einen konkludent mitgeteilten Verwendungszweck nur, wenn er diesen tatsächlich erkannt hat. Auf diese Weise wird vermieden, daß er bei jedem einzelnen der massenweise getätigten Verbraucherkäufe eine eventuelle besondere Zweckbestimmung des Verbrauchers in Erfahrung bringen und gegebenenfalls auf die fehlende Tauglichkeit des Verbrauchsguts hinweisen muß. Letztlich ist somit eine vertragliche Vereinbarung über die besondere Gebrauchstauglichkeit zwischen ihm und dem Verbraucher erforderlich. Während diese Lösung mit der des deutschen Rechts im Ergebnis übereinstimmt, beinhaltet sie für das englische Recht eine Verschärfung der Haftungsvoraussetzungen zum Nachteil des Verbrauchers. Denn der bisher geltende Ausschlußgrund des fehlenden oder unvernünftigen Vertrauens, für den der Verkäufer die Beweislast trägt, wird durch die positive Voraussetzung der Zustimmung ersetzt, die der Verbraucher zu beweisen hat. Die derzeitige englische Regelung kann jedoch gemäß Art. 8 Abs.2 RL im Interesse eines höheren Verbraucherschutzniveaus beibehalten werden.

Da der Verkäufer durch die Zustimmung sein Einverständnis mit der Risikoübernahme zum Ausdruck bringt, erscheint es angemessen, ihm das Risiko aufzuerlegen, daß das von ihm verkaufte Verbrauchsgut mit den öffentlichen-rechtlichen Produktbestimmungen im Käufer- oder Verwendungsstaat übereinstimmt, sofern der besondere Zweck der Ware in der Verwendung der Ware in diesem Land besteht. Er wird sich der Möglichkeit derartiger Einschränkungen der Gebrauchstauglichkeit aufgrund seiner beruflichen Tätigkeit nämlich eher bewußt sein als der in dieser Hinsicht unerfahrene Verbraucher.

VI. Eignung für die gewöhnlichen Gebrauchszwecke

Die gewöhnliche Gebrauchstauglichkeit des Verbrauchsguts ist objektiv, d.h. aus der Sicht eines vernünftigen Verbrauchers bzw. nach der Verkehrsauffassung zu bestimmen. Auch für die Frage, ob das Produkt für alle oder lediglich für einen normalen Verwendungszweck geeignet sein muß, sollte entscheidend sein, was ein Verbraucher unter Beachtung der Umstände des Einzelfalls, insbesondere der Beschreibung und des Zustands der Ware, vernünftigerweise erwarten kann. Als möglicher Anknüpfungspunkt für eine derartige Differenzierung kommt das Tatbestandsmerkmal „Güter der gleichen Art“ in Betracht.

Die gewöhnliche Verwendungseignung kann auch durch öffentlich-rechtliche Bestimmungen beeinträchtigt werden. Wie die Lage im bisherigen englischen Recht zeigt, können die daraus resultierenden Abgrenzungsschwierigkeiten zwischen Sach- und Rechtsmängeln nur vermieden werden, wenn die jeweils einschlägigen Rechtsnormen so weit wie möglich synchronisiert werden. Damit besteht nicht allein im deutschen, sondern wegen des in der Richtlinie vorgesehenen zwingenden Erfüllungsanspruchs auch im englischen Recht (erneuter) Anpassungsbedarf. Der deutsche Gesetzgeber könnte insoweit auf einen entsprechenden Vorschlag der Schuldrechtskommission zurückgreifen. Sie erreicht eine weitgehende Angleichung der für Sach- und für Rechtsmängel geltenden Vorschriften, indem sie das kaufrechtliche Gewährleistungsrecht ebenfalls in das auf der Grundlage des einheitlichen Tatbestandes der Pflichtverletzung (§ 280 Abs. 1 KE) neugeordnete allgemeine Leistungsstörungsrecht integriert. Allerdings begründet auch diese Konzeption in zweierlei Hinsicht die Gefahr, daß frühere Differenzierungen wieder auftauchen. Zum einen ist aufgrund der unterschiedlichen Bestimmung des Sach- und des Rechtsmangelbegriffs namentlich bei öffentlich-rechtlichen Verwendungsbeschränkungen fraglich, ob die Tauglichkeit der Sache subjektiv, d.h. im Hinblick auf einen konkreten Verwendungszweck, oder objektiv, d.h. im Hinblick auf alle normalen Verwendungszwecke festzustellen ist. Zum anderen wird die bislang bei Rechtsmängeln geltende Garantiehaftung (§ 437 BGB) zugunsten einer Verschuldenshaftung (§ 276 KE) aufgegeben, so daß zu klären ist, bei welchen rechtlichen Beeinträchtigungen sich aus dem Inhalt oder der Natur des Schuldverhältnisses eine stillschweigende Garantieübernahme ergibt. In jedem Fall wird eine möglichst weitgehende Gleichbehandlung von Sach- und Rechtsmängeln - mag sie auch von der Richtlinie nicht zwingend gefordert werden - durch das Prinzip der Vertragsmäßigkeit nahegelegt, dem beide Formen von Mängeln subsumierbar sind. Denn für den Verbraucher macht es keinen Unterschied, ob er die Kaufsache infolge eines Sachmangels oder eines Rechtsmangels nicht benutzen kann.

Ob sich die gewöhnliche Gebrauchstauglichkeit bei grenzüberschreitenden Kaufverträgen nach dem Maßstab des Käufer- oder des Verkäuferlandes richtet, ist im Wege der Auslegung der vermuteten Parteivereinbarung des Art. 2 Abs. 2 lit. c) RL zu ermitteln. Zu den dabei zu berücksichtigenden Umständen des Einzelfalls, die für eine Maßgeblichkeit des Standards des Käufer- bzw. Verwendungsstaates sprechen, gehören insbesondere ein regelmäßiger Export des Verkäufers in das betreffende Land sowie seit längerem bestehende Geschäftsbeziehungen mit dem Käufer.

VII. Übliche Qualität und Leistungen des Verbrauchsguts

Die in Art. 2 Abs. 2 lit. d) RL aufgestellte Voraussetzung, daß das Verbrauchsgut eine Qualität und Leistungen aufweisen muß, die bei Gütern der gleichen Art üblich sind und die der Verbraucher vernünftigerweise erwarten kann, geht auf das von der Kommission im Grünbuch favorisierte Konzept der berechtigten Erwartungen zurück. Eine vergleichbare Vorschrift findet sich weder im UN-Kaufrecht noch im deutschen Recht, sondern lediglich im englischen Recht, dessen Regelung über *satisfactory quality* (sec. 14 (2) SGA) offensichtlich als Vorbild für die Richtlinienbestimmung diente.

Unter „Qualität und Leistungen“ im Sinne von Art. 2 Abs. 2 lit. d) RL sind alle Eigenschaften des Verbrauchsguts zu verstehen, die für seine Wertschätzung und seine Verwendbarkeit bedeutsam sind. Hierzu zählen vor allem die Aspekte „äußeres Erscheinungsbild und Fertigung“ sowie „Sicherheit“, die im deutschen Recht bisher im Rahmen der gewöhnlichen Gebrauchstauglichkeit (§ 459 Abs. 1 S. 1 2. Alt. BGB) bzw. der Wertbeeinträchtigung (§ 459 Abs. 1 S. 1 1. Alt. BGB) geprüft werden. Ob auch die Haltbarkeit der Ware zu den qualitativen Merkmalen des Art. 2 Abs. 2 lit. d) RL gehört, erscheint entgegen der Auffassung der Kommission fraglich, weil das deutsche Recht insoweit eine gesonderte Garantieerklärung des Verkäufers verlangt. Allerdings führt die in Art. 5 Abs. 3 RL vorgesehene befristete Beweislastumkehr dazu, daß ein Verkäufer, der weder die Vertragsmäßigkeit der Kaufsache bei Lieferung beweisen noch die Unvereinbarkeit der in Art. 5 Abs. 3 RL postulierten Vermutung mit der Art des Gutes oder der Art der Vertragswidrigkeit darlegen kann, während der ersten sechs Monate nach der Lieferung für den Fortbestand der vertragsmäßigen Beschaffenheit haften muß. Da die Einstandspflicht des Verkäufers auf diese Weise über den eigentlich maßgeblichen Haftungszeitpunkt hinaus verlängert wird, wird folglich das gleiche Ergebnis erreicht wie durch ein Haltbarkeitserfordernis.

Die Bestimmung des geschuldeten Qualitäts- und Leistungsniveaus richtet sich bei Stückkäufen nach den vernünftigen Verbrauchererwartungen, bei Gattungskäufen nach dem bei Gütern der gleichen Art üblichen Standard, der aber gleichfalls anhand der Erwartungen eines vernünftigen Verbrauchers zu ermitteln ist. Bei der Feststellung der vernünftigen Verbrauchererwartungen sind insbesondere die Beschaffenheit des Gutes und die öffentlichen Äußerungen des Verkäufers oder des Herstellers in der Werbung oder auf dem Etikett, nicht aber der gezahlte Preis zu beachten.

Dabei ist der Begriff „Beschaffenheit“ nicht als Summe aller für die Wertschätzung und die Verwendbarkeit der Sache bedeutsamen Eigenschaften zu verstehen, sondern zwecks Abgrenzung von dem Begriff „Qualität und Leistungen“ einschränkend im Sinne der vertraglich vereinbarten Beschaffenheit auszulegen. Beim Kauf gebrauchter Sachen können innerhalb dieses Kriteriums je nach Alter und Abnutzungsgrad der Ware zur Zeit des Vertragsschlusses die erforderlichen Differenzierungen vorgenommen werden. Die Einbeziehung öffentlicher Äußerungen des Verkäufers oder des Herstellers in der Werbung oder auf dem Etikett führt in den untersuchten Rechtsordnungen zu einer erweiterten Haftung des Verkäufers, da die gewährleistungsrechtliche Relevanz derartiger Angaben nun keine entsprechende vertragliche Vereinbarung mehr voraussetzt. Eine solche Haftung erscheint angesichts defizitären Käuferschutzes gegenüber unzutreffender und irreführender Werbung jedoch sowohl im deutschen als auch im englischen Recht grundsätzlich angemessen, sofern bei der Prüfung, ob sich die

Äußerung auf eine konkrete Produkteigenschaft bezieht, auf die Sicht eines „verständigen“ Verbrauchers abgestellt wird. Zu kritisieren ist lediglich, daß ein angemessener Interessenausgleich zwischen den Beteiligten auf der Angebotsseite dadurch verhindert wird, daß der Verkäufer und nicht der Produzent selbst das Gewährleistungsrisiko für die von letzterem stammenden Werbeaussagen zu tragen hat. Dagegen wurde das Kriterium des gezahlten Preises im geänderten Kommissionsvorschlag zu Recht gestrichen. Zwar wird es im englischen Recht beim Kauf von Waren, die in verschiedenen Qualitätsstufen erhältlich sind, bei der Bestimmung des geschuldeten Qualitätsstandards berücksichtigt. Art. 2 Abs. 2 lit. d) RL löst diese Fälle aber ebenso wie das deutsche Recht durch die Vorgabe eines bestimmten Qualitätsgrades. Denn der geforderte Vergleich mit der Qualität und den Leistungen, die bei Gütern der gleichen Art üblich sind, impliziert, daß Durchschnittsqualität geschuldet ist.

VIII. Der Ausschluß der Haftung

Nach der sog. Unabdingbarkeitsklausel in Art. 7 Abs. 1 RL sind sowohl beim Kauf neuer als auch beim Kauf gebrauchter Güter nicht nur formularmäßige, sondern auch individualvertragliche Haftungsfreizeichnungen unwirksam, sofern sie vor der Unterrichtung des Verkäufers von der Vertragswidrigkeit getroffen wurden. Während das englische Recht bei Verbraucherkaufverträgen in sec. 6 (2) UCTA eine ähnlich strenge Verantwortung des Verkäufers für die Einhaltung der ss. 13 ff. SGA vorsieht, bedeutet die Umsetzung von Art. 7 Abs. 1 RL im deutschen Recht eine erhebliche Haftungsverschärfung zu Lasten des Verkäufers. Obwohl durch den zwingenden Charakter der Richtlinienvorschriften eine Aushöhlung der dem Verbraucher gewährten Rechte vermieden werden soll, wirkt er sich für letzteren im Ergebnis wirtschaftlich und rechtlich nachteilig aus. Zum einen hat die strikte Sachmängelhaftung Preissteigerungen - vor allem beim Verkauf gebrauchter Güter - zur Folge, weil der Verkäufer nunmehr gezwungen ist, die aus dem Gewährleistungsrisiko resultierenden Mehrkosten durch erhöhte Kaufpreise auf die Verbraucher abzuwälzen. Zum anderen führt sie zu einer erheblichen Rechtsunsicherheit für den Verbraucher, da das Bestehen seiner Gewährleistungsrechte künftig oft von der richterlichen Klärung unbestimmt gehaltener Tatbestände, namentlich der in Art. 5 Abs. 3 RL normierten Ausnahmegründe, abhängen wird. Auch wenn durch das Verbot formularmäßiger Haftungsbeschränkungen der insbesondere beim Gebrauchtwagenkauf bedeutsamen Rechtsprechung zur stillschweigenden Zusicherung der Boden entzogen wird, sollte im Hinblick auf diese Kritik von der Möglichkeit, beim Gebrauchtwarenkauf die Vereinbarung einer kürzeren Gewährleistungsfrist zu erlauben, zumindest im deutschen Recht Gebrauch gemacht werden.

Im Rahmen der gesetzlichen Ausschlußgründe sollte auf die Einführung der in Art. 5 Abs. 2 Uabs. 1 RL fakultativ vorgesehenen Rügeobliegenheit des Verbrauchers sowohl im deutschen als auch im englischen Recht verzichtet werden. Im Hinblick auf die Umsetzung von Art. 2 Abs. 3 RL muß im deutschen Recht § 464 BGB gestrichen oder wenigstens auf Nichtverbraucherkäufe beschränkt werden, da dem Verbraucher eine etwaige Kenntnis, die er zwischen Vertragsabschluß und Lieferung des Verbrauchsguts erlangt, nach der Richtlinienkonzeption nicht schadet. § 460 BGB entspricht hingegen den Vorgaben der Richtlinie. Die Beschränkung des § 460 S. 2 BGB auf Mängel im Sinne von § 459 Abs. 1 BGB erübrigt sich aufgrund der hier befürworteten Gleichstellung von einfachen Beschaffenheitsvereinbarungen und Zusicherungen ebenso wie die Ausnahme, daß der Verkäufer trotz grober Fahrlässigkeit des Käufers haftet, wenn er die Abwesenheit des Fehlers zugesichert hat. Die auf einer allgemeinen gesetzgeberischen Wertung beruhende Ausnahme, einen arglistig handelnden Verkäufer auch bei grober Fahrlässigkeit des Käufers für Mängel einstehen zu lassen, bleibt aber weiterhin anwendbar. Dagegen ist im englischen Recht im Zuge der Richtlinienumsetzung eine ausdrückliche Klarstellung erforderlich, daß die Verantwortung des Verkäufers nach ss. 13 ff. SGA bei Verbraucherkäufen im Fall der Kenntnis oder der grob fahrlässigen Unkenntnis des Verbrauchers von der Vertragswidrigkeit ausgeschlossen ist. Denn bislang wurde für die Frage des Haftungsausschlusses vorrangig auf die Erkennbarkeit durch eine (angemessene) Untersuchung abgestellt. Ob und inwieweit mit der Einführung einer solchen Vorschrift inhaltliche Änderungen verbunden sind, hängt jedoch davon ab, welche *implied condition* einschlägig ist. Im Hinblick auf die Umsetzung von Art. 3 Abs. 6 RL bedarf § 459 Abs. 1 S. 2 BGB, der für unerhebliche Sachmängel bisher jede Gewährleistung ausschließt, einer Änderung. Fortan kann lediglich das Recht zur Vertragsauflösung an die Voraussetzung der Erheblichkeit geknüpft werden. Im englischen Recht haftet der Verkäufer gegenüber dem Verbraucher bereits jetzt uneingeschränkt auch für *minor defects*. Diese Regelung kann als eine ein höheres Verbraucherschutzniveau gewährleistende Bestimmung gemäß Art. 8 Abs. 2 RL aufrechterhalten werden.

IX. Vergleich mit dem UN-Kaufrecht

Der Sachmangelbegriff des Art. 2 RL stimmt zwar weitgehend, aber nicht vollständig mit dem des Art. 35 CISG überein. Beim Kriterium der Eignung für einen bestimmten, vom Käufer angestrebten Zweck läßt Art. 35 Abs. 2 lit. b) CISG im Gegensatz zu Art. 2 Abs. 2 lit. b) RL die einseitige Bekanntgabe des Verwendungzwecks genügen, es sei denn, der Käufer hat hinsichtlich der Gebrauchstauglichkeit nicht auf die Sachkunde und das Urteilsvermögen des Verkäufers vertraut oder konnte vernünftigerweise nicht darauf vertrauen. Mithin haftet letzterer für einen konkludent geäußerten Verwendungszweck in Ermangelung eines Zustimmungserfordernisses schon, wenn er ihn vernünftigerweise hätte erkennen können und nicht erst, wenn er ihn tatsächlich erkannt hat. Diese im Vergleich zur Richtlinie für den Käufer günstigere Regelung des UN-Kaufrechts erklärt sich daraus, daß es sich bei Kaufverträgen unter Gewerbetreibenden nicht wie bei Verbraucherkäufen um Massengeschäfte ohne näheren persönlichen Kontakt zwischen den Vertragsparteien handelt und eine Nachforschungspflicht des Verkäufers in Bezug auf die Gebrauchsabsicht des Käufers somit vertretbar ist. Das Tatbestandsmerkmal des Vertrauens in die Sachkunde und das Urteilsvermögen des Verkäufers bildet ferner den Anknüpfungspunkt für die Entscheidung, ob er für die Vereinbarkeit der Ware mit den öffentlich-rechtlichen Produktvorschriften im Käufer- oder Verwendungsstaat einzustehen hat, so daß eine differenziertere Betrachtungsweise möglich ist als in den von der Richtlinie geregelten Fällen.

Die im Rahmen der Eignung für die gewöhnlichen Gebrauchszwecke erörterte Frage der Abgrenzung von Sach- und Rechtsmängeln ist auch im UN-Kaufrecht trotz der weitgehenden Vereinheitlichung der Rechtsfolgen nicht gänzlich ohne Bedeutung. Es erscheint es aber ohnehin fraglich, ob und wie die von der Richtlinie nahegelegte völlige Gleichbehandlung dieser beiden Tatbestände in den nationalen Rechtsordnungen realisiert wird.

Eine Art. 2 Abs. 2 lit. d) RL vergleichbare Voraussetzung ist in Art. 35 CISG nicht enthalten. Die für den üblichen Qualitäts- und Leistungsstandard relevanten Aspekte des äußeren Erscheinungsbildes und der Fertigung, der Sicherheit sowie der Haltbarkeit der Ware können zwar ebenfalls einen Sachmangel begründen, sie werden aber der gewöhnlichen Gebrauchstauglichkeit im Sinne von Art. 35 Abs. 2 lit. a) CISG zugeordnet. Werbeangaben werden hingegen nur berücksichtigt, wenn sie vom Verkäufer stammen und die Parteien sie durch eine ausdrückliche oder stillschweigende Inbezugnahme zum Inhalt des Vertrages gemacht haben. Allerdings ist der gewerbliche Käufer auch weniger schutzbedürftig als der Verbraucher, da der Leistungsinhalt bei den vom UN-Kaufrecht erfaßten Verträgen in der Regel näher konkretisiert wird.

Schließlich ist es Verkäufer und Verbraucher im UN-Kaufrecht gemäß Art. 6 CISG möglich, Art. 35 CISG ganz oder teilweise durch eine individualvertragliche oder eine formularmäßige Vereinbarung abzubedingen. Die von der Richtlinie im Interesse des Verbraucherschutzes vorgesehene Unabdingbarkeit der Sachmängelhaftung ist im Hinblick auf den persönlichen Anwendungsbereich des Übereinkommens nicht erforderlich.

B. Bewertung

Insbesondere die (erneute) Gleichsetzung von Schlechtlieferungen mit Falsch- und Zuweniglieferungen und die (erneute) Anpassung der für Sach- und für Rechtsmängel geltenden Regeln im deutschen und englischen Recht sowie die Gleichstellung von einfachen Beschaffenheitsvereinbarungen und Zusicherungen im deutschen Recht - selbst wenn sie von der Richtlinie nicht zwingend gefordert werden - bedingen somit umfangreiche, teilweise auch strukturelle Änderungen des geltenden Rechts. Trotzdem stellt die Umsetzung von Art. 2 RL und der mit ihm in Zusammenhang stehenden Normen die nationalen Gesetzgeber abgesehen von der Frage der Angleichung der Sach- und der Rechtsmängelhaftung nicht vor unlösbare Probleme. Vielmehr bietet sie vor allem im deutschen, aber auch im englischen Recht die Gelegenheit, bestehende Probleme zu beseitigen und zum Zwecke der Modernisierung erforderliche Regelungen - wie etwa die Haftung für Werbeangaben - zu ergänzen. Da die hier vorgeschlagenen Änderungen dazu führen, daß in beiden Rechtsordnungen ebenso wie im UN-Kaufrecht sowohl die Gleichbehandlung der Nichterfüllung einer Lieferpflicht und der Gewährleistung für Mängel als auch die Einräumung von Erfüllungsansprüchen verwirklicht wird, ist auch die von der Richtlinie angestrebte Angleichung der nationalen Vorschriften an dessen Bestimmungen im wesentlichen als gelungen anzusehen.

Allerdings dürfen bei einer Bewertung der in dieser Arbeit erörterten Richtlinienregelungen die wirtschaftlichen Folgen, die mit ihrer Umsetzung eintreten, nicht außer Betracht bleiben. Ausweislich des Formblatts zu den Auswirkungen, das dem ursprünglichen Kommissionsvorschlag beigefügt ist, bietet die Richtlinie abgesehen von den Hauptzielen ausschließlich zusätzliche Vor- und keine Nachteile. Genannt werden die globale Qualitätsverbesserung der am europäischen Markt angebotenen Produkte, die Steigerung der Wettbewerbsfähigkeit der europäischen Wirtschaft, die Verlängerung der Produkt-Lebensdauer und die damit verbundenen positiven Auswirkungen auf die Umwelt und auf die Beschäftigung sowie die Erleichterung grenzüberschreitender Unternehmenstätigkeiten[2]. Zwar sei eine durch die Haftung für mangelhafte Produkte bedingte Preissteigerung theoretisch möglich, sie halte sich aber stark in Grenzen und könne im übrigen von Händlern und Herstellern durch eine Verbesserung ihrer Qualitätskontrollsysteme vermieden werden[3].

Ob sich diese Einschätzung als zutreffend erweist, ist jedoch zu bezweifeln. Unberücksichtigt bleibt nämlich, daß die im Zuge der Richtlinienumsetzung erforderlichen Änderungen im deutschen und im englischen Recht zu einer

[2] KOM (95) 520 endg., S. 25.
[3] KOM (95) 520 endg., S. 26 f..

erheblichen Haftungsverschärfung für Händler und Hersteller führen. Wie im Rahmen dieser Untersuchung festgestellt wurde, werden erstere in beiden Rechtsordnungen durch die Haftung für Werbeaussagen (Art. 2 Abs. 2 lit. d) RL) und die befristete Beweislastumkehr (Art. 5 Abs. 3 RL), im deutschen Recht darüber hinaus durch die Verlängerung der Gewährleistungsfrist (Art. 5 Abs. 1 RL) und die Unabdingbarkeit der Richtlinienbestimmungen (Art. 7 Abs. 1 RL) belastet. Für letztere ist sowohl in Deutschland als auch in England die Regreßmöglichkeit des Letztverkäufers (Art. 4 RL) nachteilig[4]. Diese von der Richtlinie durchaus bezweckte Begünstigung des Verbrauchers könnte sich letztendlich zu seinen Lasten auswirken. Denn mit einem derart erhöhten Gewährleistungsrisiko sind entgegen der Auffassung der Kommission erhebliche Mehrkosten verbunden. Obgleich es für die Anbieter angesichts des scharfen Wettbewerbs gerade im Bereich der Verbrauchsgüter ratsam ist, zunächst das tatsächliche Ausmaß einer naheliegenden, aber keinesfalls sicheren Reklamationsflut abzuwarten, besteht die Gefahr, daß sie die zusätzlichen Kosten im Wege einer Produktverteuerung an die Abnehmer weitergeben[5]. Ferner könnte die verschärfte Sachmängelhaftung einen Innovationstopp zur Folge haben, der dem Interesse des Verbrauchers an einer Qualitätssteigerung zuwiderläuft[6]. In Anbetracht dieser möglichen Konsequenzen empfiehlt es sich, einige der hier diskutierten Richtlinienbestimmungen auf Verbraucherkäufe zu beschränken, auch wenn auf diese Weise ein gleichlaufender Haftungsstandard innerhalb der Absatzkette vereitelt wird. Namentlich die befristete Beweislastumkehr (Art. 5 Abs. 3 RL) und die Unabdingbarkeit der Haftung (Art. 7 Abs. 1 RL) sollten nicht auf andere Kaufvertragsarten ausgedehnt werden, da sie allenfalls unter dem Gesichtspunkt des Verbraucherschutzes gerechtfertigt werden können.

Allerdings stört die Einschränkung des Anwendungsbereichs dieser Vorschriften den Rückgriff des Letztverkäufers gegen seine Vormänner. Um zu vermeiden, daß er infolgedessen die gesamte Verantwortung für die Mangelfreiheit des Verbrauchsguts zu tragen hat, muß in den nationalen Rechtsordnungen eine praktikable Regreßlösung geschaffen werden[7]. Durch eine bloße Verlängerung der Verjährungsfrist auch bei anderen als den von der Richtlinie geregelten Kaufverträgen kann die „Gewährleistungsfalle" im deutschen Recht aber nicht

---

[4] Es reicht somit nicht aus, für die Frage der ökonomischen Auswirkungen der Richtlinienumsetzung allein auf die Verlängerung der Gewährleistungsfrist (Art. 5 Abs. 1 RL) abzustellen (so SCHURR, ZfRV 1999, S. 226).

[5] LEHR/WENDEL, EWS 1999, S. 327; WOLF, RIW 1997, S. 903 f.; SCHÄFER/PFEIFFER, S. 1835 f., 1837.

[6] WOLF, RIW 1997, S. 903 f.; SCHÄFER/PFEIFFER, S. 1836 f..

[7] EHMANN/RUST, JZ 1999, S. 862.

geschlossen werden[8]. Denn der Rückgriff des Letztverkäufers würde trotzdem regelmäßig scheitern, weil er im Verhältnis zu seinem Vormann - sofern er mit diesem nicht ohnehin einen Haftungsausschluß vereinbart hat - den schwierigen Nachweis in Bezug auf das Vorhandensein des Mangels im maßgeblichen Haftungszeitpunkt meist nicht führen kann. Deshalb wurde vorgeschlagen, zugunsten des Letztverkäufers, der auf die Klage eines Verbrauchers hin verurteilt wird, weil er die Vermutung des Art. 5 Abs. 3 RL nicht widerlegen kann, eine gesetzlich unabdingbare Garantiehaftung der Vorverkäufer und des Produzenten einzuführen. Demnach müßten ihm letztere den Gewährleistungsschaden als Gesamtschuldner nach Kopfteilen ersetzen, falls nicht das überwiegende Verschulden eines der Beteiligten nachgewiesen werden kann, der in diesem Fall allein haften müßte (§§ 426, 254 BGB)[9]. Auf diese Weise wird das Beweisrisiko auf der Anbieterseite gleichmäßig verteilt. Eine solche Konzeption ist zwar auch im englischen Recht denkbar. Allerdings besteht eine gesamtschuldnerische Haftung (*joint liability*) dort nur unter strengen Voraussetzungen[10], so daß eine entsprechende Rechtsänderung fraglich erscheint. Ob andere Alternativen zur Vermeidung einer Alleinverantwortlichkeit des Letztverkäufers in Betracht kommen, ist hingegen offen.

C. Umsetzungsvorschlag

Aber nicht nur eine sinnvolle Lösung der Regreßproblematik ist sowohl aus deutscher als auch aus englischer Sicht Voraussetzung für eine positive Bewertung der in Rede stehenden Richtlinienregelungen. Sie hängt vielmehr davon ab, wie die Richtlinie insgesamt in Deutschland und in England umgesetzt wird.

I. Die Umsetzung im deutschen Recht

Im deutschen Recht sollte auf eine Unterteilung des Kaufrechts in einen „Allgemeinen Teil", der in §§ 433 ff. BGB geregelt ist, und einen „Besonderen Teil", der aus drei Sonderkaufrechten in jeweils eigenem Normenzusammenhang (im HGB, im CISG und in dem zu erlassenden Verbraucherkaufgesetz) besteht,[11] verzichtet werden. Zwar trifft es zu, daß eine umfassende Regelung aller Bereiche des Kaufrechts (Handelskäufe, Verbraucherkäufe und Käufe zwischen Privatleuten) zu einer sehr komplexen und unübersichtlichen Normenstruktur

[8] So SCHURR, ZfRV 1999, S. 227 f..
[9] EHMANN/RUST, JZ 1999, S. 863.
[10] Vgl. dazu BEALE in Chitty, Vol. I. Rn. 1301 f..
[11] So SCHURR, ZfRV 1999, S. 223 f., 228 f..

führen würde[12]. Allerdings hat die vorliegende Untersuchung gezeigt, daß die meisten Richtlinienvorschriften sowohl bei Verbraucherkaufverträgen als auch bei Kaufverträgen zwischen Privatpersonen angemessen sind. Daher erscheint es im Interesse der Rechtsvereinfachung vorzugswürdig, zumindest die für diese Bereiche geltenden Normen - vorbehaltlich vereinzelter verbraucherschutzspezifischer Ausnahmebestimmungen wie etwa der befristeten Beweislastumkehr (Art. 5 Abs. 3 RL) oder der Unabdingbarkeit der Haftung (Art. 7 Abs. 1 RL) - einheitlich zu regeln. Auf diese Weise wird die Schaffung einer weiteren Rechtsebene vermieden.

Zur Diskussion steht mithin entweder eine punktuelle Änderung der §§ 433 ff. BGB (sog. „kleine Lösung“) oder eine grundlegende Überarbeitung des Schuldrechts (sog. „große Lösung“). Im erstgenannten Fall werden lediglich die von den Richtlinienvorgaben abweichenden Vorschriften - im wesentlichen also die §§ 459 ff. BGB - angepaßt und fehlende Regelungen ergänzt. Im letztgenannten Fall wird dagegen das gesamte Schuldrecht auf der Grundlage des Reformvorschlags der Schuldrechtskommission erneuert. Die Entscheidung zwischen Mindestumsetzung oder vollständiger Durchführung der Schuldrechtsreform wird teilweise allein unter praktischen Gesichtspunkten erörtert. Demnach spricht für die erste Alternative, daß sie mit Gewißheit innerhalb der kurzen Umsetzungsfrist des Art. 11 Abs. 1 RL realisierbar ist, und für die zweite Alternative, daß ein zweimaliges Eingreifen des Gesetzgebers in eine so bedeutsame Rechtsmaterie vermieden wird[13].

1. Der Entwurf eines Schuldrechtsmodernisierungsgesetzes

Das Bundesjustizministerium hat im Hinblick auf die Richtlinienumsetzung nunmehr den Entwurf eines Schuldrechtsmodernisierungsgesetzes veröffentlicht[14]. Durch dieses Gesetz soll nicht nur die hier in Rede stehenden Richtlinie, sondern auch die Richtlinie 2000/35/EG des Europäischen Parlaments und des Rates vom 29. Juni 2000 zur Bekämpfung des Zahlungsverzugs im Geschäftsverkehr[15] und die Art. 10, 11 und 18 der Richtlinie 2000/31/EG des Europäischen Parlaments und des Rates vom 8. Juni 2000 über bestimmte rechtliche Aspekte der Dienste der Informationsgesellschaft, insbesondere des elektronischen Geschäftsverkehrs, im Binnenmarkt[16], umgesetzt werden.

---

[12] SCHURR, ZfRV 1999, S. 228.
[13] GASS, FS Rolland, NJW 1992, S. 138 f..
[14] Siehe S. 7.
[15] ABl. L 200 vom 8.8.2000, S. 35.
[16] ABl. L 178 vom 17.7.2000, S. 1.

Der Diskussionsentwurf sieht eine grundlegende Überarbeitung des gesamten Schuldrechts, d.h. eine „große Lösung" vor. Die Vorschläge der Schuldrechtskommission sollen fast vollständig übernommen werden[17]. Die wenigen Abweichungen sind teilweise sachlich und teilweise durch Richtlinienvorgaben bedingt. Aus sachlichen Gründen wurde beispielsweise im Rahmen der Festlegung der regelmäßigen Verjährungsfrist auf die Unterscheidung zwischen gesetzlichen und vertraglichen Ansprüchen verzichtet[18] und eine einheitliche Verjährung beim Zusammentreffen vertraglicher und deliktischer Ansprüche im Fall von Sachschäden abgelehnt[19]. Im Interesse einer ordnungsgemäßen Richtlinienumsetzung wurde z.B. in § 323 SMGE bei Versäumung einer Fristsetzung kein Ausschluß des Rücktrittsrecht, sondern die Fiktion einer angemessenen Fristsetzung vorgesehen[20].

Darüber hinaus sieht der Diskussionsentwurf vor, daß alle vertragsrechtlichen Sondergesetze, die bislang neben dem Bürgerlichen Gesetzbuch bestehen, aufgehoben werden. Ihre Bestimmungen sollen statt dessen in das Bürgerliche Gesetzbuch und in das Einführungsgesetz zum Bürgerlichen Gesetzbuch integriert werden. Diese Änderung betrifft namentlich das Haustürwiderrufsgesetz, das Verbraucherkreditgesetz, das Fernabsatzgesetz, das Teilzeit-Wohnrechtegesetz sowie das Diskontsatz-Überleitungsgesetz. Auch das AGB-Gesetz soll in das Bürgerliche Gesetzbuch aufgenommen werden[21]. Allerdings soll sein Verfahrensteil als übersichtlich gestaltetes Unterlassungsklagengesetz erhalten bleiben[22].

Die Rückführung der genannten Verbraucherschutzvorschriften in das Bürgerliche Gesetzbuch wird damit begründet, daß auf diese Weise die Bedeutung des Bürgerlichen Gesetzbuchs als zentraler zivilrechtlicher Kodifikation wiederhergestellt und gestärkt werde.[23] Für die Übernahme des Reformentwurfs der Schuldrechtskommission wird hingegen angeführt, daß dieser eine verläßliche Grundlage für die Modernisierung des deutschen Schuld- und Verjährungsrechts bilde, die aufgrund der Verknüpfung der Richtlinienbestimmungen mit weiteren, nicht unmittelbar erfaßten Bereichen des Schuld- und Verjährungsrechts erforderlich sei.[24]

---

[17] BMJ, Diskussionsentwurf, S. 167.
[18] BMJ, Diskussionsentwurf, S. 225 f..
[19] BMJ, Diskussionsentwurf, S. 226 f..
[20] BMJ, Diskussionsentwurf, S. 393.
[21] BMJ, Diskussionsentwurf, S. 198 f., 213, 539.
[22] SCHMIDT-RÄNTSCH, ZIP 2000, S. 1643.
[23] BMJ, Diskussionsentwurf, S. 167.
[24] BMJ, Diskussionsentwurf, S. 167.

2. Stellungnahme

Unabhängig davon, ob der Schuldrechtsreformvorschlags tatsächlich bereits so ausgereift ist, daß er bis zum 1.1.2002 verwirklicht werden könnte, ist letztlich entscheidend, ob die von der Schuldrechtskommission entworfene Konzeption in vollem Umfang wünschenswert ist.

Diesbezüglich hat sich vorliegend ergeben, daß zwecks Beseitigung diverser Schwierigkeiten des geltenden Rechts im Zuge einer Reform der §§ 459 ff. BGB folgende Vorschläge der Schuldrechtskommission - wenn auch zum Teil mit gewissen Abänderungen - übernommen werden sollten: (1) die Gleichsetzung von Schlechtlieferungen mit Falsch- und Zuweniglieferungen; (2) die Ersetzung der Differenzierung zwischen Gattungs- und Stückschuld durch die Anknüpfung an die Vertretbarkeit der Kaufsache; (3) die Streichung von § 306 BGB; (4) die Überarbeitung des Verjährungsrechts; (5) die Gleichstellung von einfacher Beschaffenheitsvereinbarung und Zusicherung; (6) die Einführung einer allgemeinen Verschuldenshaftung des Verkäufers für den Fall der Verletzung einer Schutzpflicht; (7) die Kodifikation von *culpa in contrahendo* und positiver Vertragsverletzung. Dagegen hat sich die Verknüpfung des allgemeinen Leistungsstörungsrechts mit dem kaufrechtlichen Gewährleistungsrecht im Wege der Einführung eines zentralen Haftungstatbestandes zur Vermeidung der hier erörterten Probleme nicht als erforderlich erwiesen. Insbesondere die Frage der Angleichung der Sach- und der Rechtsmängelhaftung kann auch durch diesen Kernpunkt der Schuldrechtsreform nicht gelöst werden, da die Differenzierungen gleichwohl wieder auftauchen.

Insoweit ist - neben der bereits dargelegten Kritik - zu beachten, daß mit der Einführung eines zentralen Haftungstatbestandes eine weitreichende Umgestaltung des Schuldrechts verbunden ist, die eine erhebliche Rechtsunsicherheit zur Folge hat[25]. Denn schon durch den bloßen Umstand einer neuen Paragraphenzählung wird der Zugang zu älterer Literatur und Rechtsprechung erschwert oder sogar vollständig verschüttet[26]. Obwohl die Schuldrechtskommission das überkommene System verschiedener Leistungsstörungstatbestände lediglich einfacher und durchschaubarer strukturieren will[27], wird die Rechtsfindung dadurch in gewisser Weise auf den Punkt Null zurückgeworfen, d.h. es kommt zu einem

---

[25] Unverständlich ist daher, daß SCHMIDT-RÄNTSCH die von der Schuldrechtskommission vorgeschlagene Umstrukturierung des Leistungsstörungsrecht lediglich als eine dezente Ergänzung der traditionellen Begrifflichkeit versteht (ZIP 2000, S. 1641).

[26] So BRAUN zur Änderung der Zivilprozeßordnung, die mit Wirkung ab dem 1.1.1900 mit einer neuen Paragraphenzählung versehen wurde (JZ 1993, S. 6 f.).

[27] MEDICUS, NJW 1992, S. 2384.

Kontinuitätsbruch[28]. Zwar mag man sich aus systematischen Gründen an der hier vertretenen Lösung, im Kaufrecht der Sache nach allgemeines Leistungsstörungsrecht zu schaffen, stören. Im Hinblick auf das überwiegende Interesse der Rechtssicherheit erscheint eine solche Kritik jedoch sehr formalistisch.

Aus diesem Grund sollte auf eine Verknüpfung des allgemeinen Leistungsstörungsrechts mit dem kaufrechtlichen Gewährleistungsrecht im Wege der Einführung eines zentralen Haftungstatbestandes nicht nur - im Interesse einer zügigen Richtlinienumsetzung - vorübergehend, sondern – aus Gründen der Rechtssicherheit - endgültig verzichtet werden. Folglich ist im deutschen Recht eine Richtlinienumsetzung auf der Grundlage einer teilweisen Verwirklichung der Schuldrechtsreform, d.h. eine „kleine Lösung" zu befürworten.

II. Die Umsetzung im englischen Recht

Im englischen Recht können die Vorgaben der Richtlinie entweder als gesondertes Verbraucherkaufrecht umgesetzt oder auf alle Arten von Kaufverträgen ausgedehnt und in das bestehende Kaufrecht integriert werden. Dabei ist zu berücksichtigen, daß Art. 3 Abs. 2, 3 RL dem Käufer in Abweichung vom bisherigen Recht zwingende Erfüllungsansprüche einräumt. Die damit erstmals relevanten Unterscheidungen zwischen Schlechtlieferungen und Falsch- oder Zuweniglieferungen einerseits und zwischen Sach- und Rechtsmängeln andererseits werden im erstgenannten Fall nur bei Verbraucherkäufen, im letztgenannten Fall hingegen bei allen Kaufverträgen bedeutsam sein. Sie könnten vermieden werden, wenn dem Käufer grundsätzlich, d.h. auch bei Nichtlieferung oder bei Lieferung einer mit einem Rechtsmangel behafteten Kaufsache, ein Erfüllungsanspruch zugebilligt wird. Die Bedenken wegen der mit einem solchen Anspruch verbundenen Vollstreckungsschwierigkeiten beziehen sich zwar weniger auf Kaufverträge, sondern vor allem auf Verträge über persönliche Dienstleistungen (*contracts involving personal service*) und Verträge mit langer Laufzeit (*contracts requiring constant supervision*). Es erscheint jedoch sehr zweifelhaft, ob der englische Gesetzgeber eine so grundlegende Neuerung im System der Rechtsbehelfe - falls er sie überhaupt vornimmt - auf das gesamte Kaufrecht erstreckt.

Somit ist in England eine Richtlinienumsetzung in Form eines gesonderten Verbraucherkaufrechts die wahrscheinlichere Alternative. Dies bedeutet, daß fortan sehr weitgehend zwischen Verbraucherkaufverträgen und sonstigen Kaufverträ-

---

[28] So BRAUN zum gesamten Schuldrechtsreformentwurf (JZ 1993, S. 5 f.).

gen zu differenzieren wäre. Obwohl die Befürchtung, daß die nationalen Rechtsordnungen durch die Richtlinienumsetzung komplizierter werden, infolgedessen im englischen Recht nicht gänzlich von der Hand zu weisen ist, belegen die ss. 15A, 30 (2A), 35 (3) SGA, daß der *Sale of Goods Act* diese Unterscheidung bereits jetzt an verschiedenen Stellen vornimmt.

ANHANG 1:
ENGLISCHE RECHTSNORMEN

A. Misrepresentation Act 1967

2.* Damages for misrepresentation.

(1) Where a person has entered into a contract after a misrepresentation has been made to him by another party thereto and as a result thereof he has suffered loss, then, if the person making the misrepresentation would be liable to damages in respect thereof had the misrepresentation been made fraudulently, that person shall be so liable notwithstanding that the misrepresentation was not made fraudulently, unless he proves that he had reasonable ground to believe and did believe up to the time the contract was made that the facts represented were true.

(2) Where a person has entered into a contract after a misrepresentation has been made to him otherwise than fraudulently, and he would be entitled, by reason of the misrepresentation, to rescind the contract, then, if it is claimed, in any proceedings arising out of the contract, that the contract ought to be or has been rescinded, the court or arbitrator may declare the contract subsisting and award damages in lieu of rescission, if of opinion that it would be equitable to do so, having regard to the nature of the misrepresentation and the loss that would be caused by it if the contract were upheld, as well as to the loss that rescission would cause to the other party.

B. Unfair Contract Terms Act 1977

3. Liability arising in contract.

(1) This section applies as between contracting parties where one of them deals as consumer or on the other's written standard terms of business.

(2) As against that party, the other cannot by reference to any contract term-

(a) when himself in breach of contract, exclude or restrict any liability of his in respect of the breach; or

(b) claim to be entitled-

(i) to render a contractual performance substantially different from that which was reasonably expected of him, or

---

*Die den Überschriften vorangestellten Ziffern bezeichnen die jeweilige *section*.

(ii) in respect of the whole or any part of his contractual obligation, to render no performance at all,

except in so far as (in any of the cases mentioned above in this subsection) the contract term satisfies the requirement of reasonableness.

6. Sale and hire-purchase.

(1)...

(2) As against a person dealing as consumer, liability for breach of the obligations arising from-

(a) (section 13, 14 or 15 of the (1979) Act) (seller's implied undertakings as to conformity of goods with description or sample, or as to their quality or fitness for a particular purpose);

(b) ...

cannot be excluded or restricted by reference to any contract term.

(3) As against a person dealing otherwise than a consumer, the liability specified in subsection (2) above can be excluded or restricted by reference to a contract term, but only in so far as the term satisfies the requirement of reasonableness.

C. Sale of Goods Act (1979)

2. Contract of sale.

(1) A contract of sale of goods is a contract by which the seller transfers or agrees to transfer the property to the buyer for a money consideration, called the price.

(2)...

11. When condition to be treated as warranty.

(1)...

(2) Where a contract of sale is subject to a condition to be fulfilled by the seller, the buyer may waive the condition, or may elect to treat the breach of the condition as a breach of warranty and not as a ground for treating the contract as repudiated.

(3) Whether a stipulation in a contract of sale is a condition, the breach of which may give rise to a right to treat the contract as repudiated, or a warranty, the breach of which may give rise to a claim for damages but not to a right to reject the goods and treat the contract as repudiated, depends in each case on the

construction of the contract; and a stipulation may be a condition, though called a warranty in the contract.

(4) (Subject to section 35A below) Where a contract of sale is not severable and the buyer has accepted the goods or part of them, the breach of a condition to be fulfilled by the seller can only be treated as a breach of warranty, and not as a ground for rejecting the goods and treating the contract as repudiated, unless there is an express or implied term of the contract to that effect.

(5)...

12. Implied terms about title, etc.

(1) In a contract of sale, other than one to which subsection (3) below applies, there is an implied (term) on the part of the seller that in the case of a sale he has a right to sell the goods, and in the case of an agreement to sell he will have such a right at the time when the property is to pass.

(2) In a contract of sale, other than one to which subsection (3) below applies, there is also an implied (term) that-

(a) the goods are free, and will remain free until the time when the property is to pass, from any charge or encumbrance not diclosed or known to the buyer before the contract is made, and

(b) the buyer will enjoy quiet possession of the goods except so far as it may be disturbed by the owner or other person entitled to the benefit of any charge or encumbrance so disclosed or known.

(3) This subsection applies to a contract of sale in the case of which there appears from the contract or is to be inferred from its circumstances an intention that the seller should transfer only such title as he or a third person may have.

(4) In a contract to which subsection (3) above applies there is an implied (term) that all charges or encumbrances known to the seller and not known to the buyer have been disclosed to the buyer before the contract is made.

(5) In a contract to which subsection (3) above applies there is also an implied (term) that none of the following will disturb the buyer's quiet possession of the goods, namely-

(a) the seller;

(b) in a case where the parties to the contract intend that the seller should transfer only such title as a third person may have, that person;

(c) anyone claiming through or under the seller or that third person otherwise than under a charge or encumbrance disclosed or known to the buyer before the contract is made.

((5A) As regards England and Wales and Northern Ireland, the term implied by subsection (1) above is a condition and the terms implied by subsections (2), (4) and (5) above are warranties.)

(6)...

13. Sale by description.

(1) Where there is a contract for the sale of goods by description, there is an implied (term) that the goods will correspond with the description.

((1A) As regards England and Wales and Northern Ireland, the term implied by subsection (1) above is a condition.)

(2) If the sale is by sample as well as by description it is not sufficient that the bulk of the goods corresponds with the sample if the goods do not also correspond with the description.

(3) A sale of goods is not prevented from being a sale by description by reason only that, being exposed for sale or hire, they are selected by the buyer.

(4) ...

14. Implied terms about quality or fitness.

(1) Except as provided by this section and section 15 below and subject to any other enactment, there is no implied (term) about the quality or fitness for any particular purpose of goods supplied under a contract of sale.

((2) Where the seller sells goods in the course of a business, there is an implied term that the goods supplied under the contract are of satisfactory quality.

(2A) For the purposes of this Act, goods are of satisfactory quality if they meet the standard that a reasonable person would regard as satisfactory, taking account of any description of the goods, the price (if relevant) and all the other relevant circumstances.

(2B) For the purposes of this Act, the quality of goods includes their state and condition and the following (among others) are in appropriate cases aspects of the quality of goods-

- (a) fitness for all the purposes for which goods of the kind in question are commonly supplied,
- (b) appearance and finish,
- (c) freedom from minor defects
- (d) safety, and
- (e) durability.

(2C) The term implied by subsection (2) above does not extend to any matter making the quality of goods unsatisfactory-

(a) which is specifically drawn to the buyer`s attention before the contract is made,

(b) where the buyer examines the goods before the contract is made, which that examination ought to reveal, or

(c) in the case of a contract for sale by sample, which would have been apparent on a reasonable examination of the sample.)

(3) Where the seller sells goods in the course of a business and the buyer, expressly or by implication, makes known-

(a) to the seller, or

(b) where the purchase price or part of it is payable by instalments and the goods were previously sold by a credit-broker to the seller, to that credit-broker,

any particular purpose for which the goods are being bought,

there is an implied (term) that the goods supplied under the contract are reasonably fit for that purpose, whether or not that is a purpose for which such goods are commonly supplied, except where the circumstances show that the buyer does not rely, or that it is unreasonable for him to rely, on the skill or judgment of the seller or credit-broker.

(4) An implied (term) about quality or fitness for a particular purpose may be annexed to a contract of sale by usage.

(5)...

((6) As regards England and Wales and Northern Ireland, the terms implied by subsections (2) and (3) above are conditions.)

(7)...

15. Sale by sample.

(1) A contact of sale is a contract for sale by sample where there is an express or implied term to that effect in the contract.

(2) In the case of a contract for sale by sample there is an implied (term)-

(a) that the bulk will correspond with the sample in quality;

(b)

(c) that the goods will be free from any defect, making their quality unsatisfactory which would not be apparent on reasonable examination of the sample.

((3) As regards England and Wales and Northern Ireland, the term implied by subsection (2) above is a condition.)

(4)...

15A. Modification of remedies for breach of condition in non-consumer cases.

(1) Where in the case of a contract of sale-

(a) the buyer would, apart from this subsection, have the right to reject goods by reason of breach on the part of the seller of a term implied by section 13, 14 or 15 above, but

(b) the breach is so slight that it would be unreasonable for him to reject them, then, if the buyer does not deal as consumer, the breach is not to be treated as a breach of condition but may be treated as a breach of warranty.

(2) This section applies unless a contrary intention appears in, or is to be implied from, the contract.

(3) It is for the seller to show that a breach fell within subsection (1) (b) above.

(4)...

18. Rules for ascertaining intention.

Unless a different intention appears, the following are rules for ascertaining the intention of the parties as to the time at which the property in the goods is to pass to the buyer.

Rule 1. - Where there is an unconditional contract for the sale of specific goods in a deliverable state the property in the goods passes to the buyer when the contract is made, and it is immaterial whether the time of payment or the time of delivery, or both, be postponed.

Rule 2. - ...

Rule 3. - ...

Rule 4. - ...

Rule 5. - (1) Where there is a contract for the sale of unascertained or future goods by description, and goods of that description and in a deliverable state are unconditionally appropriated to the contract, either by the seller with the assent of the buyer or by the buyer with the assent of the seller, the property in the goods then passes to the buyer; and the assent may be express or implied, and may be given either before or after the appropriation is made.

(2) Where, in pursuance of the contract, the seller delivers the goods to the buyer or to a carrier or other bailee or custodier (whether named by the buyer or not) for the purpose of transmission to the buyer, and does not reserve the right of disposal, he is to be taken to have unconditionally appropriated the goods to the contract.

((3)...

20. Risk prima facie passes with property.

(1) Unless otherwise agreed, the goods remain at the seller's risk until the property in them is transferred to the buyer, but when the property in them is transferred to the buyer the goods are at the buyer's risk whether delivery has been made or not.

(2)...

27. Duties of seller and buyer.

It is the duty of the seller to deliver the goods, and of the buyer to accept and pay for them, in accordance with the terms of the contract of sale.

28. Payment and delivery are concurrent conditions.

Unless otherwise agreed, delivery of the goods and payment of the price are concurrent conditions, that is to say, the seller must be ready and willing to give possession of the goods to the buyer in exchange for the price and the buyer must be ready and willing to pay the price in exchange for possession of the goods.

29. Rules about delivery.

(1) Whether it is for the buyer to take possession of the goods or for the seller to send them to the buyer is a question depending in each case on the contract, expess or implied, between the parties.

(2) Apart from any such contract, express or implied, the place of delivery is the seller's place of business if he has one, and if not, his residence; except, that, if the contract is for the sale of specific goods, which to the knowledge of the parties when the contract is made are in some other place, then that place is the place of delivery.

(3) Where under the contract of sale the seller is bound to send the goods to the buyer, but no time for sending them is fixed, the seller is bound to send them within a reasonable time.

(4) Where the goods at the time of sale are in the possession of a third person, there is no delivery by seller to buyer unless and until the third person acknowledges to the buyer that he holds the goods on his behalf; but nothing in this section affects the operation of the issue or transfer of any document of title to goods.

(5) Demand or tender of delivery may be treated as ineffectual unless made at a reasonable hour; and what is a reasonable hour is a question of fact.

(6) Unless otherwise agreed, the expenses of and incidental to putting the goods into a deliverable state must be borne by the seller.

30. Delivery of wrong quantity.

(1) Where the seller delivers to the buyer a quantity of goods less than he contracted to sell, the buyer may reject them, but if the buyer accepts the goods so delivered he must pay for them at the contract rate.

(2) Where the seller delivers to the buyer a quantity of goods larger than he contracted to sell, the buyer may accept the goods included in the contract and reject the rest, or he may reject the whole.

((2A) A buyer who does not deal as consumer may not-

(a) where the seller delivers a quantity of goods less than he contracted to sell, reject the goods under subsection (1) above, or

(b) where the seller delivers a quantity of goods larger than he contracted to sell, reject the whole under subsection (2) above,

if the shortfall or, as the case may be, excess is so slight that it would be unreasonable for him to do so.

(2B) It is for the seller to show that a shortfall or excess fell within subsection (2A) above.

(2C)...)

((2D)...

(2E)...)

(3) Where the seller delivers to the buyer a quantity of goods larger than he contracted to sell and the buyer accepts the whole of the goods so delivered he must pay for them at the contract rate.

(5) This section is subject to any usage of trade, special agreement, or course of dealing between the parties.

31. Instalment deliveries.

(1) Unless otherwise agreed, the buyer of goods is not bound to accept delivery of them by instalments.

(2) Where there is a contract for the sale of goods to be delivered by stated instalments, which are to be separately paid for, and the seller makes defective deliveries in respect of one or more instalments, or the buyer neglects or refuses to take delivery of or pay for one or more instalments, it is a question in each case depending on the terms of the contract and the circumstances of the case whether the breach of contract is a repudiation of the whole contract or whether it is a severable breach giving rise to a claim for compensation but not to a right to treat the whole contract as repudiated.

32. Delivery to carrier.

(1) Where, in pursuance of a contract of sale, the seller is authorised or required to send the goods to the buyer, delivery of the goods to a carrier (whether named by the buyer or not) for the purpose of transmission to the buyer is prima facie deemed to be delivery of the goods to the buyer.

(2) Unless otherwise authorised by the buyer, the seller must make such contract with the carrier on behalf of the buyer as may be reasonable having regard to the nature of the goods and the other circumstances of the case; and if the seller omits to do so, and the goods are lost or damaged in course of transit, the buyer may decline to treat the delivery to the carrier as a delivery to himself or may hold the seller responsible in damages.

(3) Unless otherwise agreed, where goods are sent by the seller to the buyer by a route involving sea transit, under circumstances in which it is usual to insure, the seller must give such notice to the buyer as may enable him to insure them during their sea transit, and if the seller fails to do so, the goods are at his risk during such sea transit.

35. Acceptance.

(1) The buyer is deemed to have accepted the goods (subject to subsection (2) below)-

(a) when he intimates to the seller that he has accepted them, or

(b) when the goods have been delivered to him and he does any act in relation to them which is inconsistent with the ownership of the seller.

(2) Where goods are delivered to the buyer, and he has not previously examined them, he is not deemed to have accepted them under subsection (1) above until he has had a reasonable opportunity of examining them for the purpose-

(a) of ascertaining whether they are in conformity with the contract, and

(b) in the case of a contract for sale by sample, of comparing the bulk with the sample.

(3) Where the buyer deals as a consumer or (in Scotland) the contract of sale is a consumer contract, the buyer cannot lose his right to rely on subsection (2) above by agreement, waiver or otherwise.

(4) The buyer is also deemed to have accepted the goods when after the lapse of a reasonable time he retains the goods without intimating to the seller that he has rejected them.

(5) The questions that are material in determining for the purposes of subsection (4) above whether a reasonable time has elapsed include whether the buyer has had a reasonable opportunity of examining the goods for the purpose mentioned in subsection (2) above.

(35A. Right of partial rejection.

(1) If the buyer-

(a) has the right to reject the goods by reason of a breach on the part of the seller that affects some or all of them, but

(b) accepts some of the goods, including, where there are any goods unaffected by the breach, all such goods,

he does not by accepting them lose his right to reject the rest.

(2) In the case of a buyer having the right to reject an instalment of goods, subsection (1) above applies as if references to the goods were references to the goods comprised in the instalment.

(3) For the purposes of subsection (1) above, goods are affected by a breach if by reason of the breach they are not in conformity with the contract.

(4) This section applies unless a contrary intention appears in, or is to be implied from, the contract.)

51. Damages for non-delivery.

(1) Where the seller wrongfully neglects or refuses to deliver the goods to the buyer, the buyer may maintain an action against the seller for damages for non-delivery.

(2) The measure of damages is the estimated loss directly and naturally resulting, in the ordinary course of events, from the seller's breach of contract.

(3) Where there is an available market for the goods in question the measure of damages is prima facie to be ascertained by the difference between the contract price and the market or current price of the goods at the time or times when they ought to have been delivered or (if no time was fixed) at the time of the refusal to deliver.

52. Specific performance.

(1) In any action for breach of contract to deliver specific or ascertained goods the court may, if it thinks fit, on the plaintiff s application, by its judgment or decree direct that the contract shall be performed specifically, without giving the defendant the option of retaining the goods on payment of damages.

(3) The judgment or decree may be unconditional, or on such terms and conditions as to damages, payment of the price and otherwise as seem just to the court.

53. Remedy for breach of warranty.

(1) Where there is a breach of warranty by the seller, or where the buyer elects (or is compelled) to treat any breach of a condition on the part of the seller as a breach of warranty, the buyer is not by reason only of such breach of warranty entitled to reject the goods, but he may-

(a) set up against the seller the breach of warranty in diminution or extinction of the price, or

(b) maintain an action against the seller for damages for the breach of warranty.

(2) The measure of damages for breach of warranty is the estimated loss directly and naturally resulting, in the ordinary course of events, from the breach of warranty.

(3) In the case of breach of warranty of quality such loss is prima facie the difference between the value of the goods at the time of delivery to the buyer and the value they would have had if they had fulfilled the warranty.

(4) The fact that the buyer has set up the breach of warranty in diminution or extinction of the price does not prevent him from maintaining an action for the same breach of warranty if he has suffered further damage.

(5)...

54. Interest, etc.

Nothing in this Act affects the right of the buyer or the seller to recover interest or special damages in any case where by law interest or special damages may be recoverable, or to recover money paid where the consideration for the payment of it has failed.

55. Exclusion of implied terms.

(1) Where a right, duty or liability would arise under a contract of sale of goods by implication of law, it may (subject to the Unfair Contract Terms Act 1977) be negatived or varied by express agreement, or by the course of dealing between the parties, or by such usage as binds both parties to the contract.

(2)...

61. Interpretation.

(1) In this Act, unless the context or subject matter otherwise requires,...

„specific goods“ means goods identified and agreed on at the time a contract of sale is made; (and includes an undivided share, specified as a fraction or percentage, of goods identified and agreed on as aforesaid)

„warranty“ (as regards England and Wales and Northern Ireland) means an agreement with reference to goods which are the subject of a contract of sale, but collateral to the main purpose of such contract, the breach of which gives rise to a claim for damages, but not to a right to reject the goods and treat the contract as repudiated.

62. Savings: rule of law etc.

(1)...

(2) The rules of the common law, including the law merchant, except in so far as they are insonsistent with the provisions of this Act, and in particular the rules relating to the law of principal and agent and the effect of fraud, misrepresentation, duress or coercion, mistake, or other invalidating cause, apply to contracts for the sale of goods.

(3)...

D. Limitation Act 1980 (1980)

5. Time limit for actions founded on simple contract.

An action founded on simple contract shall not be brought after the expiration of six years from the date on which the cause of action accrued.

11. Special time limit for actions in respect of personal injuries.

(1)...

(3)...

(4) Except where subsection (5) below applies, the period applicable is three years from-

(a) the date on which the cause of action accrued; or

(b) the date of knowledge (if later) of the person injured.

(5)...

14. Definition of date of knowledge for purposes of sections 11 and 12.

(1) (Subject to subsection (1A) below,) In sections 11 and 12 of this Act references to a person's date of knowledge are references to the date on which he first had knowledge of the following facts-

(a) that the injury in question was significant; and

(b) that the injury was attributable in whole or in part to the act or omission which is alleged to constitute negligence, nuisance or breach of duty; and

(c) the identity of the defendant; and

(d) if it is alleged that the act or omission was that of a person other than the defendant, the identity of that person and the additional facts supporting the bringing of an action against the defendant;

and knowledge that any acts or omissions did or did not, as a matter of law, involve negligence, nuisance or breach of duty is irrelevant.

((1A)...)

(2) For the purposes of this section an injury is significant if the person whose date of knowledge is in question would reasonably have considered it sufficiently serious to justify his instituting proceedings for damages against a defendant who did not dispute liability and was able to satisfy a judgment.

(3) For the purposes of this section a person's knowledge includes knowledge which he might reasonably have been expected to acquire-

(a) from facts observable or ascertainable by him; or

(b) from facts ascertainable by him with the help of medical or other appropiate expert advice which it is reasonable for him to seek;

but a person shall not be fixed under this subsection with knowledge of a fact ascertainable only with the help of expert advice so long as he has taken all reasonable steps to obtain (and where appropriate, to act on) that advice.

32. Postponement of limitation period in case of fraud, concealment or mistake.

(1) Subject to (subsections (3) and (4A)) below, where in the case of any action for which a period of limitation is prescribed by this Act, either-

(a) the action is based upon the fraud of the defendant; or

(b) any fact relevant to the plaintiff's right of action has been deliberately concealed from him by the defendant, or

(c) the action is for relief from the consequences of a mistake;

the period of limitation shall not begin to run until the plaintiff has discovered the fraud, concealment or mistake (as the case may be) or could with reasonable diligence have discovered it.

References in this subsection to the defendant include references to the defendant's agent and to any person through whom the defendant claims and his agent.

(2)...

Sections 11 (2) and 24 (2)

SCHEDULE 2
„GUIDELINES" FOR APPLICATION OF REASONABLENESS TEST

The matters to which regard is to be had in particular for the purposes of sections 6 (3), 7 (3) and (4), 20 and 21 are any of the following which appear to be relevant-

(a) the strength of the bargaining positions of the parties relative to each other, taking into account (among other things) alternative means by which the customer's requirements could have been met;

(b) whether the customer received an inducement to agree to the term, or in accepting it had an opportunity of entering into a similar contract with other persons, but without having to accept a similar term;

(c) whether the customer knew or ought reasonably to have known of the existence and extent of the term (having regard, among other things, to any custom of the trade and any previous course of dealing between the parties);

(d) where the term excludes or restricts any relevant liability if some condition is not complied with, whether it was reasonable at the time of the contract to expect that compliance with that condition would be practicable;

(e) whether the goods were manufactured, processed or adapted to the special order of the customer.

ANHANG 2: RICHTLINIE 1999/44/EG ZU BESTIMMTEN ASPEKTEN DES VERBRAUCHSGÜTERKAUFS UND DER GARANTIEN FÜR VERBRAUCHSGÜTER

DAS EUROPÄISCHE PARLAMENT UND DER RAT DER EUROPÄISCHEN UNION – gestützt auf den Vertrag zur Gründung der Europäischen Gemeinschaft, insbesondere auf Art. 95,
auf Vorschlag der Kommission,
nach Stellungnahme des Wirtschafts- und Sozialausschusses,
gemäß dem Verfahren des Art. 251 EGV, aufgrund des vom Vermittlungsausschuß am 18.3.1999 gebilligten gemeinsamen Entwurfs,
in Erwägung nachstehender Gründe:
...[1]
HABEN FOLGENDE RICHTLINIE ERLASSEN:

Art. 1. *Geltungsbereich und Begriffsbestimmungen.* (1) Zweck dieser Richtlinie ist die Angleichung der Rechts- und Verwaltungsvorschriften der Mitgliedstaaten zu bestimmten Aspekten des Verbrauchsgüterkaufs und der Garantien für Verbrauchsgüter zur Gewährleistung eines einheitlichen Verbraucherschutz-Mindestniveaus im Rahmen des Binnenmarkts.
(2) Im Sinne dieser Richtlinie bezeichnet der Ausdruck
- a) „Verbraucher“ jede natürliche Person, die im Rahmen der unter diese Richtlinie fallenden Verträge zu einem Zweck handelt, der nicht ihrer beruflichen oder gewerblichen Tätigkeit zugerechnet werden kann;
- b) „Verbrauchsgüter“ bewegliche körperliche Gegenstände, mit Ausnahme von
  - Gütern, die aufgrund von Zwangsvollstreckungsmaßnahmen oder anderen gerichtlichen Maßnahmen verkauft werden,
  - Wasser und Gas, wenn sie nicht in einem begrenzten Volumen oder in einer bestimmten Menge abgefüllt sind,
  - Strom;

[1] Auf die Wiedergabe der Begündung wurde verzichtet.

c) „Verkäufer" jede natürliche oder juristische Person, die aufgrund eines Vertrags im Rahmen ihrer beruflichen oder gewerblichen Tätigkeit Verbrauchsgüter verkauft;
d) „Hersteller" den Hersteller von Verbrauchsgütern, deren Importeur für das Gebiet der Gemeinschaft oder jede andere Person, die sich dadurch, daß sie ihren Namen, ihre Marke oder ein anderes Kennzeichen an den Verbrauchsgütern anbringt als Hersteller bezeichnet;
e) „Garantie" jede von einem Verkäufer oder Hersteller gegenüber dem Verbraucher ohne Aufpreis eingegangene Verpflichtung, den Kaufpreis zu erstatten, das Verbrauchsgut zu ersetzen oder nachzubessern oder in sonstiger Weise Abhilfe zu schaffen, wenn das Verbrauchsgut nicht den in der Garantieerklärung oder in der einschlägigen Werbung genannten Eigenschaften entspricht;
f) „Nachbesserung" bei Vertragswidrigkeit die Herstellung des vertragsgemäßen Zustands des Verbrauchsgutes.

(3) Die Mitgliedstaaten können festlegen, daß unter „Verbrauchsgütern" keine gebrauchten Güter zu verstehen sind, die in einer öffentlichen Versteigerung verkauft werden, bei der die Verbraucher die Möglichkeit haben, dem Verkauf persönlich beizuwohnen.
(4) Als Kaufverträge im Sinne dieser Richtlinie gelten auch Verträge über die Lieferung herzustellender oder zu erzeugender Verbrauchsgüter.

Art. 2. *Vertragsmäßigkeit.* (1) Der Verkäufer ist verpflichtet, dem Verbraucher dem Kaufvertrag gemäße Güter zu liefern.
(2) Es wird vermutet, daß Verbrauchsgüter vertragsgemäß sind, wenn sie
a) mit der vom Verkäufer gegebenen Beschreibung übereinstimmen und die Eigenschaften des Gutes besitzen, das der Verkäufer dem Verbraucher als Probe oder Muster vorgelegt hat;
b) sich für einen bestimmten vom Verbraucher angestrebten Zweck eignen, den der Verbraucher dem Verkäufer bei Vertragsschluß zur Kenntnis gebracht hat und dem der Verkäufer zugestimmt hat;
c) sich für die Zwecke eignen, für die Güter der gleichen Art gewöhnlich gebraucht werden;
d) eine Qualität und Leistungen aufweisen, die bei Gütern der gleichen Art üblich sind und die der Verbraucher vernünftigerweise erwarten kann, wenn die Beschaffenheit des Gutes und gegebenenfalls die insbesondere in der Werbung oder bei der Etikettierung gemachten öffentlichen Äußerungen des Verkäufers, des Herstellers oder dessen Vertreters über die konkreten Eigenschaften des Gutes in Betracht gezogen werden.

(3) Es liegt keine Vertragswidrigkeit im Sinne dieses Artikels vor, wenn der Verbraucher zum Zeitpunkt des Vertragsschlusses Kenntnis von der Vertragswidrigkeit hatte oder venünftigerweise nicht in Unkenntnis darüber sein konnte oder wenn die Vertragswidrigkeit auf den vom Verbraucher gelieferten Stoff zurückzuführen ist.
(4) Der Verkäufer ist durch die in Absatz 2 lit. d genannten öffentlichen Äußerungen nicht gebunden, wenn er

- nachweist, daß er die betreffende Äußerung nicht kannte und vernünftigerweise nicht davon Kenntnis haben konnte,
- nachweist, daß die betreffende Äußerung zum Zeitpunkt des Vertragsschlusses berichtigt war, oder
- nachweist, daß die Kaufentscheidung nicht durch die betreffende Äußerung beeinflußt sein konnte.

(5) Ein Mangel infolge unsachgemäßer Montage des Verbrauchsgutes wird der Vertragswidrigkeit gleichgestellt, wenn die Montage Bestandteil des Kaufvertrags über das Verbrauchsgut war und vom Verkäufer oder unter dessen Verantwortung vorgenommen wurde. Das gleiche gilt, wenn das zur Montage durch den Verbraucher bestimmte Erzeugnis vom Verbraucher montiert worden ist und die unsachgemäße Montage auf einen Mangel in der Montageanleitung zurückzuführen ist.

Art. 3. *Rechte des Verbrauchers.* (1) Der Verkäufer haftet dem Verbraucher für jede Vertragswidrigkeit, die zum Zeitpunkt der Lieferung des Verbrauchsgutes besteht.
(2) Bei Vertragswidrigkeit hat der Verbraucher entweder Anspruch auf die unentgeltliche Herstellung des vertragsgemäßen Zustands des Verbrauchsgutes durch Nachbesserung oder Ersatzlieferung nach Maßgabe des Absatzes 3 oder auf angemessene Minderung des Kaufpreises oder Vertragsauflösung in bezug auf das betreffende Verbrauchsgut nach Maßgabe der Absätze 5 und 6.
(3) Zunächst kann der Verbraucher vom Verkäufer die unentgeltliche Nachbesserung des Verbrauchsgutes oder eine unentgeltliche Ersatzlieferung verlangen, sofern dies nicht unmöglich oder unverhältnismäßig ist.
Eine Abhilfe gilt als unverhältnismäßig, wenn sie dem Verkäufer Kosten verursachen würde, die

- angesichts des Wertes, den das Verbrauchsgut ohne die Vertragswidrigkeit hätte
- unter Berücksichtigung der Bedeutung der Vertragswidrigkeit und
- nach Erwägung der Frage, ob auf die alternative Abhilfemöglichkeit ohne erhebliche Unannehmlichkeiten für den Verbraucher zurückgegriffen werden könnte,

verglichen mit der alternativen Abhilfemöglichkeit unzumutbar wären.
Die Nachbesserung oder die Ersatzlieferung muß innerhalb einer angemessenen Frist und ohne erhebliche Unannehmlichkeiten für den Verbraucher erfolgen, wobei die Art des Verbrauchsgutes sowie der Zweck, für den der Verbraucher das Verbrauchsgut benötigte, zu berücksichtigen sind.
(4) Der Begriff „unentgeltlich“ in den Absätzen 2 und 3 umfaßt die für die Herstellung des vertragsgemäßen Zustands des Verbrauchsgutes notwendigen Kosten, insbesondere Versand-, Arbeits- und Materialkosten.
(5) Der Verbraucher kann eine angemessene Minderung des Kaufpreises oder eine Vertragsauflösung verlangen,
- wenn der Verbraucher weder Anspruch auf Nachbesserung noch auf Ersatzlieferung hat oder
- wenn der Verkäufer nicht innerhalb einer angemessenen Frist Abhilfe geschaffen hat oder
- wenn der Verkäufer nicht ohne erhebliche Unannehmlichkeiten für den Verbraucher Abhilfe geschaffen hat.

(6) Bei einer geringfügigen Vertragswidrigkeit hat der Verbraucher keinen Anspruch auf Vertragsauflösung.

Art. 4. *Rückgriffsrechte.* Haftet der Letztverkäufer dem Verbraucher aufgrund einer Vertragswidrigkeit infolge eines Handelns oder Unterlassens des Herstellers, eines früheren Verkäufers innerhalb derselben Vertragskette oder einer anderen Zwischenperson, so kann der Letztverkäufer den oder die Haftenden innerhalb der Vertragskette in Regreß nehmen. Das innerstaatliche Recht bestimmt den oder die Haftenden, den oder die der Letztverkäufer in Regreß nehmen kann, sowie das entsprechende Vorgehen und die Modalitäten.

Art. 5. *Fristen.* (1) Der Verkäufer haftet nach Art. 3, wenn die Vertragswidrigkeit binnen zwei Jahren nach der Lieferung des Verbrauchsgutes offenbar wird. Gilt nach dem innerstaatlichen Recht für die Ansprüche nach Art. 3 I eine Verjährungsfrist, so endet sie nicht vor Ablauf eines Zeitraums von zwei Jahren ab dem Zeitpunkt der Lieferung.
(2) Die Mitgliedstaaten können vorsehen, daß der Verbraucher den Verkäufer zur Inanspruchnahme seiner Rechte über die Vertragswidrigkeit binnen zwei Monaten nach dem Zeitpunkt, zu dem er die Vertragswidrigkeit festgestellt hat, unterrichten muß.
Die Mitgliedstaaten unterrichten die Kommission über ihre bezüglich dieses Absatzes gewählte Lösung. Die Kommission überwacht die Auswirkungen dieser den Mitgliedstaaten eingeräumten Möglichkeit auf die Verbraucher und den Binnenmarkt.

Die Kommission erstellt bis zum 7.1.2003 einen Bericht über die von den Mitgliedstaaten bezüglich dieses Absatzes gewählte Lösung. Dieser Bericht wird im Amtsblatt der Europäischen Gemeinschaften veröffentlicht.
(3) Bis zum Beweis des Gegenteils wird vermutet, daß Vertragswidrigkeiten, die binnen sechs Monaten nach der Lieferung des Gutes offenbar werden bereits zum Zeitpunkt der Lieferung bestanden, es sei denn, diese Vermutung ist mit der Art des Gutes oder der Art der Vertragswidrigkeit unvereinbar.

Art. 6. *Garantien.* (1) Die Garantie muß denjenigen, der sie anbietet, zu den in der Garantieerklärung und der einschlägigen Werbung angegebenen Bedingungen binden.
(2) Die Garantie muß
- darlegen, daß der Verbraucher im Rahmen der geltenden innerstaatlichen Rechtsvorschriften über den Verbrauchsgüterkauf gesetzliche Rechte hat, und klarstellen, daß diese Rechte von der Garantie nicht berührt werden;
- in einfachen und verständlichen Formulierungen den Inhalt der Garantie und die wesentlichen Angaben enthalten, die für die Inanspruchnahme der Garantie notwendig sind, insbesondere die Dauer und den räumlichen Geltungsbereich des Garantieschutzes sowie Namen und Anschrift des Garantiegebers.

(3) Auf Wunsch des Verbrauchers muß diesem die Garantie schriftlich zur Verfügung gestellt werden oder auf einem anderen dauerhaften Datenträger enthalten sein, der dem Verbraucher zur Verfügung steht und ihm zugänglich ist.
(4) Die Mitgliedstaaten, in denen das Verbrauchsgut in Verkehr gebracht wird, können, soweit dies mit den Vorschriften des Vertrags vereinbar ist, für ihr Gebiet vorschreiben, daß die Garantie in einer oder in mehreren Sprachen abzufassen ist, die der jeweilige Mitgliedstaat unter den Amtssprachen der Gemeinschaft auswählt.
(5) Werden für eine Garantie die Anforderungen der Absätze 2, 3 oder 4 nicht erfüllt, so berührt dies in keinem Fall die Gültigkeit dieser Garantie; der Verbraucher kann sie weiterhin geltend machen und ihre Einhaltung verlangen.

Art. 7. *Unabdingbarkeit.* (1) Vertragsklauseln oder mit dem Verkäufer vor dessen Unterrichtung über die Vertragswidrigkeit getroffene Vereinbarungen, durch welche die mit dieser Richtlinie gewährten Rechte unmittelbar oder mittelbar außer Kraft gesetzt oder eingeschränkt werden, sind für den Verbraucher gemäß dem innerstaatlichen Recht nicht bindend.
Im Fall gebrauchter Güter können die Mitgliedstaaten vorsehen, daß der Verkäufer und der Verbraucher sich auf Vertragsklauseln oder Vereinbarungen

einigen können, denen zufolge der Verkäufer weniger lange haftet als in Art. 5 I vorgesehen. Diese kürzere Haftungsdauer darf ein Jahr nicht unterschreiten.
(2) Die Mitgliedstaaten treffen die erforderlichen Maßnahmen, damit dem Verbraucher der durch diese Richtlinie gewährte Schutz nicht dadurch vorenthalten wird, daß das Recht eines Nichtmitgliedstaats als das auf den Vertrag anzuwendende Recht gewählt wird, sofern dieser Vertrag einen engen Zusammenhang mit dem Gebiet der Mitgliedstaaten aufweist.

Art. 8. *Innerstaatliches Recht und Mindestschutz.* (1) Andere Ansprüche, die der Verbraucher aufgrund innerstaatlicher Rechtsvorschriften über die vertragliche oder außervertragliche Haftung geltend machen kann, werden durch die aufgrund dieser Richtlinie gewährten Recht nicht berührt.
(2) Die Mitgliedstaaten können in dem unter diese Richtlinie fallenden Bereich mit dem Vertrag in Einklang stehende strengere Bestimmungen erlassen oder aufrechterhalten, um ein höheres Schutzniveau für die Verbraucher sicherzustellen.

Art. 9. Die Mitgliedstaaten ergreifen geeignete Maßnahmen zur Unterrichtung der Verbraucher über das innerstaatliche Recht, mit dem diese Richtlinie umgesetzt wird, und rufen, falls angebracht, Berufsorganisationen dazu auf, die Verbraucher über ihre Rechte zu unterrichten.

Art. 10. Der Anhang der Richtlinie 98/27/EG wird wie folgt ergänzt: „10. Richtlinie 1999/44/EG des europäischen Parlaments und des Rates vom 25.5.1999 zu bestimmten Aspekten des Verbrauchsgüterkaufs und der Garantien für Verbrauchsgüter (ABl. EG Nr. L 171 v. 7.7.1999, S. 12)."

Art. 11. *Umsetzung.* (1) Die Mitgliedstaaten setzen die Rechts- und Verwaltungsvorschriften in Kraft, die erforderlich sind, um dieser Richtlinie spätestens ab dem 1.1.2002 nachzukommen. Sie setzen die Kommission unverzüglich davon in Kenntnis.
Wenn die Mitgliedstaaten diese Vorschriften erlassen, nehmen sie in den Vorschriften selbst oder durch einen Hinweis bei der amtlichen Veröffentlichung auf diese Richtlinie Bezug. Die Mitgliedstaaten regeln die Einzelheiten der Bezugnahme.
(2) Die Mitgliedstaaten teilen der Kommission den Wortlaut der innerstaatlichen Rechtsvorschriften mit, die sie auf dem unter diese Richtlinie fallenden Gebiet erlassen.

Art. 12. *Überprüfung.* Die Kommission überprüft die Anwendung dieser Richtlinie spätestens zum 7.7.2006 und legt dem Europäischen Parlament und dem Rat einen Bericht vor. In dem Bericht ist u.a. zu prüfen, ob Veranlassung besteht, eine unmittelbare Haftung des Herstellers einzuführen; der Bericht ist gegebenenfalls mit Vorschlägen zu versehen.

Art. 13. *Inkrafttreten.* Diese Richtlinie tritt am Tag ihrer Veröffentlichung im Amtsblatt der Europäischen Gemeinschaften in Kraft.

Art. 14. Diese Richtlinie ist an die Mitgliedstaaten gerichtet.

Saarbrücker Studien zum Privat- und Wirtschaftsrecht

Herausgeber:
Johann Paul Bauer, Michael Martinek und Helmut Rüßmann

Band 1 Susanne Jaschinski: Die Haftung von Schwestergesellschaften im GmbH-Unterordnungskonzern. Ein Beitrag zum Konzernverfassungsrecht. 1997.

Band 2 Roman Sascha Ahnert: Die *actio individualis*. Ein Beitrag zur verfassungsrechtlichen Fundierung der Aktionärsklage bei sogenannten Aktien-Interessenverbänden. 1997.

Band 3 Torsten Peters: Der Cateringvertrag. Rechtstatsachen, Rechtsnatur und Rechtsprobleme eines modernen Dienstleistungsvertrags. 1998.

Band 4 Michael Meissner: Persönlichkeitsschutz juristischer Personen im deutschen und US-amerikanischen Recht. Eine rechtsvergleichende Untersuchung des allgemeinen Persönlichkeitsrechts juristischer Personen. 1998.

Band 5 Thomas Tegen: Joint Venture-Vertrag und Projektträgergesellschaft im amerikanischen und deutschen Recht. 1998.

Band 6 Gerhard Wolter: Treuhandrecht im Umbruch? Ein Blick nach Frankreich, Luxemburg, in die Schweiz und in den Libanon sowie auf das Haager Trust-Übereinkommen. 1999.

Band 7 Thomas Dehlfing: Das Recht der irreführenden Werbung in Deutschland, Großbritannien und Frankreich. 1999.

Band 8 Hanno Dornseifer: Börsentermingeschäfte und Börsentermingeschäftsfähigkeit. Zur börsengesetzlichen Behandlung von finanzwirtschaftlichen Festgeschäften, Options- und Optionsscheingeschäften. 1999.

Band 9 Patrick Lenz: Absatzförderung durch *zinssubventionierte* Darlehen. Eine wettbewerbs- und kartellrechtliche Studie zur Zulässigkeit von Niedrigzins-Kreditangeboten unter besonderer Berücksichtigung des Automobilmarktes. 1999.

Band 10 Mansur Pour Rafsendjani: Der Goodwill-Ausgleichsanspruch des Franchisenehmers. Ein Vergleich des deutschen, französischen und US-amerikanischen Franchiserechts. 1999.

Band 11 Jörg Hartmann: Juristische und ökonomische Regelungsprobleme des Insiderhandels. Eine rechtsvergleichende Darstellung USA – Deutschland. 1999.

Band 12 David Altmeier: Rückstellungsbilanzierung in Deutschland und Frankreich. Eine vergleichende Untersuchung der französischen Rückstellungsbilanzierung aus der Perspektive des deutschen Bilanzrechts. 1999.

Band 13 Barbara Günther: Aktivische Bilanzierungshilfen im deutschen und französischen Bilanzrecht. 1999.

Band 14 Bernhard Glasow: Vertikale Preisbindung, Wettbewerbstheorie und Wettbewerbsrecht in den USA, Deutschland und Europa. Bestandsaufnahmen, Kritik und Zukunftsperspektiven. 2000.

Band 15 Dorota Nowak-James: Der Börsenzugang für Anleger in Deutschland und Polen. Eine rechtsvergleichende Untersuchung zum deutschen Finanzkommissionsgeschäft und zum polnischen Brokerauftragsvertrag. 2000.

Band 16 Mathias Queck: Der Nießbrauch am Anteil einer offenen Handelsgesellschaft. Eine Form der (un-)mittelbaren Unternehmensbeteiligung. 2000.

Band 17 Ina Roth: Umweltbezogene Unternehmenskommunikation im deutschen und europäischen Wettbewerbsrecht. 2000.

Band 18 Jörg Preiss: Die Anwendung des markenrechtlichen Erschöpfungsgrundsatzes auf Dienstleistungsmarken. 2000.

Band 19 Kevin M. McDonald: Der Begriff der Dienstleistung im europäischen Binnemarkt und WTO-System (GATS). 2001.

Band 20 Carolin Opgenhoff: Die europäische Fusionskontrolle zwischen Wettbewerbsrecht und Industriepolitik. 2001.

Band 21 Susanne Schäfer: Die Deliktsfähigkeit juristischer Personen. Eine rechtsvergleichende Untersuchung zur Übertragbarkeit des englischen Modells. 2001.

Band 22 Kay Diedrich: Die Interventionswirkung – Ausprägung eines einheitlichen Konzepts zivilprozessualer Bindungswirkung. 2001.

Band 23 Michael Fröhlich: Zentrale Institutionen des deutschen Urheberrechts und des französischen Droit d'auteur auf dem Prüfstand der elektronischen Netzwerke. 2001.

Band 24 Joël Benjamin Münch: Abtretungsverbote im deutschen und französischen Recht. Rechtsvergleichende Untersuchung der Übertragungshindernisse im deutschen und französischen Forderungsverkehr als Beitrag zu einer weiteren Schuldrechtsvereinheitlichung in Europa. 2001.

Band 25 Monika Prieß: Der Begriff des Sachmangels im deutschen und englischen Kaufrecht. Reformbedarf aufgrund der Verbrauchsgüterkauf-Richtlinie 1999/44/EG. 2001.

Peter Lang · Europäischer Verlag der Wissenschaften

Carolin Opgenhoff

Die europäische Fusionskontrolle zwischen Wettbewerbsrecht und Industriepolitik

Frankfurt/M., Berlin, Bern, Bruxelles, New York, Oxford, Wien, 2001. 251 S.
Saarbrücker Studien zum Privat- und Wirtschaftsrecht. Bd. 20
Herausgegeben von Johann Paul Bauer, Michael Martinek
und Helmut Rüßmann
ISBN 3-631-36942-5 br. DM 79.–*

Die Untersuchung arbeitet die Spielräume und Ausgangspunkte für industriepolitische Zielsetzungen heraus, welche die europäische Fusionskontrollverordnung in der heute geltenden Fassung neben den rein wettbewerblichen Aspekten bietet. Ausgehend von einer umfassenden Bestandsaufnahme der einschlägigen Theorie und Praxis werden die industriepolitischen Beurteilungsspielräume exakt umschrieben. Zwecks besserer Vorhersehbarkeit der Kommissionsentscheidungen und um deren nachträgliche Analyse zu ermöglichen, werden Maßstäbe definiert und Leitlinien entwickelt. Die Autorin leistet damit einen wichtigen Beitrag zur Verbesserung von Transparenz und Rechtssicherheit im europäischen Fusionskontrollrecht.

Aus dem Inhalt: Förderung der Marktintegration zwischen Industrie- und Wettbewerbspolitik: Fusionskontrolle und Binnenmarktförderung; Methodischer und rechtlicher Rahmen der Berücksichtigung industriepolitischer Erwägungen bei der Beurteilung von Zusammenschlüssen – Prognostische Elemente und Wertungen in der Marktabgrenzung: Sachlich relevanter Markt; Geographisch relevanter Markt – Einfluß dynamischer Elemente in der Marktbeherrschungsprüfung: Systematik der Marktbeherrschungsprüfung; Marktzutrittsschranken und potentieller Wettbewerb; Relativierung einer marktbeherrschenden Stellung durch gegengewichtige Nachfragemacht; Einfluß industriepolitischer Erwägungen und Bestehen einer wettbewerblichen Abwägungsklausel

Frankfurt/M · Berlin · Bern · Bruxelles · New York · Oxford · Wien
Auslieferung: Verlag Peter Lang AG
Jupiterstr. 15, CH-3000 Bern 15
Telefax (004131) 9402131

*inklusive Mehrwertsteuer
Preisänderungen vorbehalten

Homepage http://www.peterlang.de